高等教育会计类专业创新与重构系列规划教材

ACCOUNTING

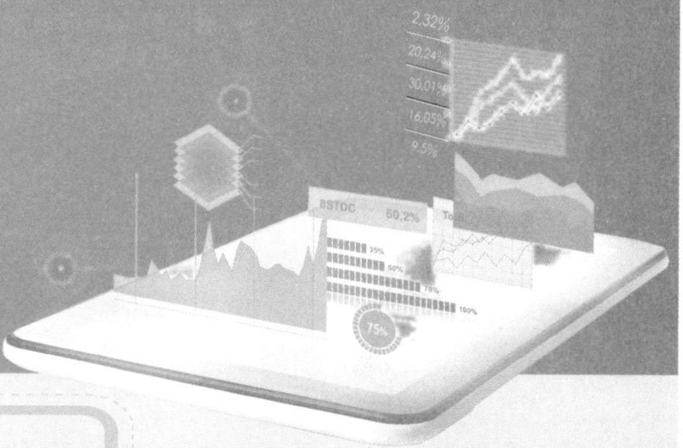

会计学

刘永泽　主编

东北财经大学出版社
Dongbei University of Finance & Economics Press
大连

图书在版编目（CIP）数据

会计学 / 刘永泽主编. —大连：东北财经大学出版社，2021.3
（高等教育会计类专业创新与重构系列规划教材）
ISBN 978-7-5654-3939-1

Ⅰ. 会…　Ⅱ. 刘…　Ⅲ. 会计学-高等学校-教材　Ⅳ. F230

中国版本图书馆CIP数据核字（2020）第144450号

东北财经大学出版社出版
（大连市黑石礁尖山街217号　邮政编码　116025）
网　　址：http：//www.dufep.cn
读者信箱：dufep@dufe.edu.cn
大连图腾彩色印刷有限公司印刷　东北财经大学出版社发行

幅面尺寸：185mm×260mm　　字数：438千字　　印张：20
2021年3月第1版　　2021年3月第1次印刷

责任编辑：王　丽　　责任校对：王　晗
封面设计：冀贵收　　版式设计：原　皓

定价：58.00元

高等教育会计类专业创新与重构系列规划教材编委会

前　言

本教材是“高等教育会计类专业创新与重构系列规划教材”之一，是为适应新时代的要求编写的。伴随着经济的发展和科学技术的进步，人类社会进入了数字经济时代，有着悠久历史的会计行业，正在发生巨变。以大数据、云计算、移动互联、物联网、人工智能、区块链等为代表的科技创新给会计带来了新的挑战。企业较低端的核算业务已被计算机和财务机器人替代，大中企业基本实现了财务共享，小微企业实现了会计外包，传统的普通核算岗位将随之减少。为适应新环境的变化，在我们的会计教学中，必须淡化核算，注重管理。许多高校会计专业的人才培养方案，将“基础会计”和“中级财务会计”合并为“会计学”，以适应会计转型的需要。为了跨界与融合，财务管理、审计和其他经济、管理类专业也将“会计学”作为专业基础课。

本教材在我们以前编写的《会计学》教材的基础上进行了内容创新和形式重构，主要体现在以下两点：

1.立体化和可视化

从平面到立体，从纸质到可视化是教材的发展趋势，所谓“立体”就是通过扫码将教材和线上教学资源链接。本教材利用现代科学技术，实现线上线下结合，形成立体化教材体系，以接口的方式与平台打通，如预习打通、课堂互动打通、测试打通、案例打通、思考题和作业打通。

2.业财融合

淡化核算重视管理，在我们教材的内容上尽量减少核算的内容，增加管理的内容，在讲解会计业务时，也要讲相关的经济业务，让学生知道会计的业务和相关经济业务的关系。比如，在举例的时候，尽量用真实原始凭证。

本教材由东北财经大学刘永泽教授任主编，负责全书写作大纲的拟定和编写的组织工作，并总纂定稿。第一、二章由刘永泽教授执笔；第三、五、七、八、九、十一章由南京农业大学张娆教授执笔。第四、六章由东北财经大学陈文铭教授执笔；第十章由东北财经大学傅荣教授执笔；各章业务流程图由东北财经大学甄阜铭教授设计。

本教材在编写的过程中，得到了有关院校同行和实务界人士的大力支持，特别是沈阳跃客教育科技有限公司总经理付伟，为本教材提供了实际案例和资料，谨此一并致谢。

由于时间仓促，加之首次进行教材立体化尝试，书中还存在疏漏或不足，恳请读者和同行批评指正，以便再版时完善和修订。

编　者

2020年12月

目　录

第一章
总　论

学习目标

本章阐述的是会计学中的基本理论问题，通过对本章内容的学习，需要达到以下目标：

1. 了解会计的产生与发展，人类的经济活动为什么离不开会计。

2. 理解会计的含义，主要理解会计是什么，会计干什么。

3. 掌握会计信息的用途及其使用者；主要掌握会计向谁提供会计信息，会计信息有何用途。

4. 了解会计的分类，主要了解会计有哪些种类。

思维导图

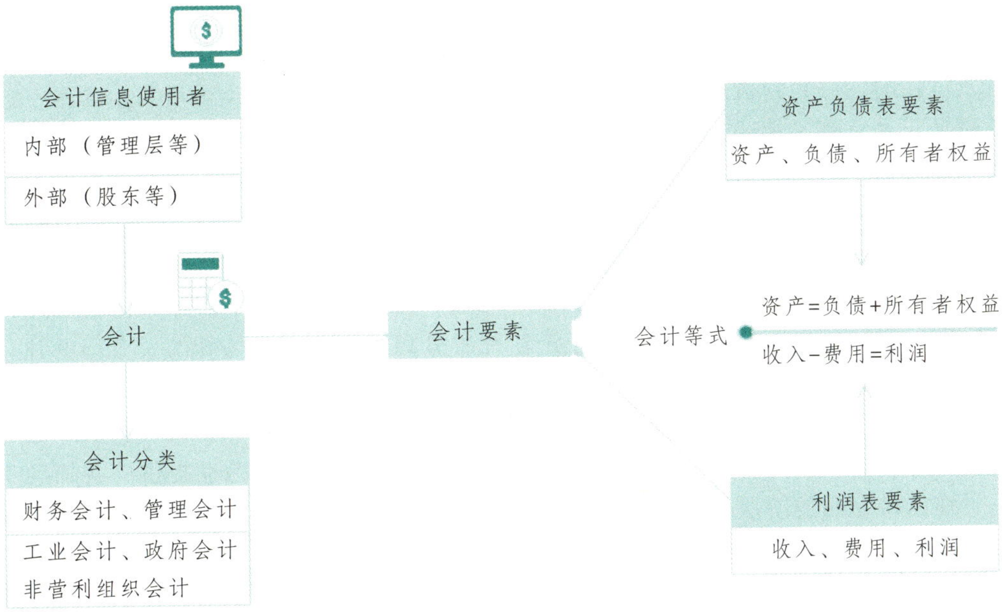

引导案例

小王今年读高三，正为高考报志愿而发愁，父亲在一家会计师事务所工作，主张让他报考会计专业，因为会计专业的学生好就业。但他又听说企业的会计工作都被计算机、机器人替代了，会计就要消亡了，未来企业、单位不再需要会计了。为此小王犹豫不决，就去问在中国联通从事会计工作的李叔叔，李叔叔告诉他：“经济越发展，会计越重要。会计是为管理提供信息的，管理决策永远离不开信息，因此，会计永远不会消失。只是提供信息的方式和信息的内容变了，对会计人员的要求更高了。你不但要学会会计的理论和方法，还有掌握大数据、人工智能、云计算、区块链等现代信息技术，成为跨界的复合型会计人才。会计是专业性非常强的专业，未来大有作为。”听完李叔叔的话，小王对会计的未来充满信心，决定报考会计专业。

第一节 会计的意义

视频

会计的产生与发展

一、会计的产生与发展

在人类社会中，生产是人们赖以生存和发展的最基本的实践活动。人们的衣、食、住、行都需要消费一定的物质资料，而要取得这些物质资料，就要进行生产。人们在生产实践中，一方面要了解创造多少财富，另一方面还要了解耗费多少成本。同时，人们更关心对剩余劳动成果的管理和分配。为了合理地安排劳动时间，以尽可能少的劳动耗费生产出尽可能多的物质财富，合理地管理和分配剩余劳动成果，需要对它们进行计量、计算和记录，因而产生了会计行为，有了会计的萌芽。

由此可见，会计的产生是人类社会在其生存发展中对物质财富的生产过程占用、消耗的关心和管理的必然要求，是人类生存的需要。在人类生产与生活水平还极端低下、人类生存受到严重威胁的情况下，根本不可能产生会计理论和会计方法。“结绳记事”“刻竹为书”“垒石计数”都是最初的会计手段。这些原始的计量方式适应了当时社会生产力的发展水平，较好地满足了早期人类社会狩猎、捕鱼、采集、牧养、取种、物物交换以及论功行赏的需要。但是，在当时的原始社会里，会计只是“生产职能的附带部分”，没有成为一项专门的工作。只有当社会生产力发展到一定阶段后，会计才逐渐从生产职能中分离出来，形成特殊的、专门的独立职能，成为专职人员从事的一项经济管理工作。

经过会计学家的考证，人类社会只有在奴隶社会的晚期，随着社会剩余产品的增多，在劳动者之外，才出现了一些专门的阶层，他们为生产劳动提供一些辅助工作。在这些专门的阶层中，有专门记录、报告劳动过程和结果的人员。这一阶层的出现标志着会计萌芽的产生。

进入封建社会后，社会制度的发展呈现出一定的差异。在中国是以皇帝为统治者的高度中央集权的社会体制，整个社会是一个封建大家庭。同一时期的欧洲封建社会，则是以各封建主为中心，形成了大大小小的庄园。各庄园主在自己的庄园内拥有至高无上的权力。这样就出现了两种不同的社会结构：一种是中央高度集权的社会体制；另一种则是各庄园主相对独立的社会体制。社会制度的这种发展，导致产生了两种侧重点不同的会计，即服务于奴隶主和后来封建王朝的，以财产记录与保管为主的官厅会计，以及中世纪服务于庄园主的、以最初报告委托与受托责任为目的的庄园会计。这一阶段的会计总体水平较低，不存在专门的记账方法，也不存

延伸阅读

会计的产生与发展

在统一的货币计价。对财富和经济活动的记录，是通过文字叙述的方式进行的，这一时期的会计基本上属于单式簿记。而单式簿记对经济活动采取序时流水登记的方法，仅仅起到“账房管家”的作用。

随着资本主义的产生，各种商业活动开始活跃起来，商人们在大量的商业交易中，经常发生贷入和借出资金业务，此时，会计知识得到空前普及，单式簿记已很难满足商业经营管理对会计的基本要求。为适应经营管理的需要，较为成熟的复式簿记方法开始产生，并运用于地中海沿岸的威尼斯、热那亚和佛罗伦萨。1494年，修道士卢卡·帕乔利（Luca Pacioli）出版了《算术·几何·比及比例概要》一书。在这本书中，以“计算与记录样论”为题，系统地介绍了流行在意大利威尼斯一带的复式簿记方法。这标志着会计从单式簿记时期进入复式簿记时期，成为会计发展史上的第一个里程碑。

股份有限公司这种经营形式的出现，使资产的所有权与经营权分离。投资者和债权人迫切要求公司公开财务报表，政府相应公布了有关法规，会计职业界为此制定了公开会计信息的基本规范——会计原则，于是形成了以提供对外财务信息为主要任务的财务会计。与此同时催生了服务于社会的执业会计师制度。随着现代经济的不断发展，现代会计分化为财务会计和管理会计，会计方法不断创新，会计信息的处理手段从手工操作转向电算化。会计发展到现在，在“大、智、移、云、物”的环境下，会计信息的处理手段已经逐渐实现智能化，如财务共享、财务机器人正在替代传统的会计方法，会计理论也在不断创新和发展。

会计产生和发展的历史证明，会计是应人类生产实践和经济管理的客观要求而产生与发展的。经济愈发展，会计愈重要。正如马克思指出的，“生产过程越是按社会的规模进行，越是失去纯粹个人的性质，作为对过程的控制和观念总结的簿记就越是必要；因此，簿记对资本主义生产比对手工业和农业的分散生产更为重要，对公有生产比对资本主义生产更为重要”。

社会越发展，管理就越重要。管理越重要，就越需要信息的支持，尤其是在数字经济时代，数据是管理的基础，管理永远离不开信息。会计是为管理提供信息的，这是永恒的。因此，会计永远不会消失，但必须适应环境的变化，不断创新和发展。

我国“会计”一词的含义，在清代焦循《孟子正义》一书中解释为“零星算之为计，总合算之为会”。由“会”与“计”组成“会计”一词，其狭义的含义是指计算、记录，如企业要记录有多少财产、收入多少钱、外面欠他多少钱、他欠外面多少钱等。与现在所说的记账、算账近似。在记账过程中，为了一目了然，要将经济业务进行分类，给每一类起一个名称，比如，将那些大的生产工具归为一类，称为“固定资产”，将那些原料、材料等归为一类，称为“原材料”。这些分类的名称就是我们会计上所说的会计科目。会计上所说的记录是按会计科目进行反映的。在记录的基础上还要进行计算，如企业到年底要算一算成本、算一算盈亏，知道哪些产品赚钱、哪些产品不赚钱，算一下需缴多少税、股东要分多少股利等。期末，企业要向股东、债权人、政府（税务局）等利益相关者报告企业的财务状况和经营成果，一般是通过编制会计报表对外报告。从这个意义上讲，会计就是加工、生成会计信息的信息系统，也就是我们通常说的财务会计。从广义上讲，会计不仅仅是记账、算账和报账。在实际工作中，会计人员不仅从事核算工作，还主要利用会计信息进行管理和理财。尤其是在当今社会，会计核算工作已实现智能化，会计工作要从核算转向管理。会计工作除了包括记录、计算等会计核算工作外，还包括成本管理、预算管理、业绩考核、投资、融资、盈利预测等内容。因此，从广义上讲，会计不仅包括财务会计，还包括管理会计。会计人员不仅从事会计工作，也从事理财工作。

二、会计信息的使用者

视频

会计信息的使用者及其用途

每个企业和单位都要发布各种各样的会计信息，以满足利益相关者的需要。一个公司有不同的利益相关者，如股东、员工、银行、税务局等，它们需要公司的会计信息，又对公司的会计信息有不同的要求。这就产生了不同的会计信息使用者。

会计信息需求来自企业外部和内部两方面，它们分别是会计信息的外部使用者和内部使用者。

（一）会计信息的外部使用者

会计信息的外部使用者是与企业具有利益关系的组织、个人和其他企业，但他们不参与企业的日常管理，具体包括：

1.股东

公司的股东就是公司的投资者，他们最关心公司的经营。股东利用会计信息进行投资决策，他们通过会计信息了解自己的投资有无风险，能否保值增值；通过会计信息了解企业的盈利能力，预测投资收益，以此来决定是否出售股票、是否追加投资等。

财务报告是获取会计信息的最重要的手段，财务报告也是公司管理部门向股东报告的重要形式。向股东提供财务报告是会计信息系统的传统职能，股东借助于财务报告反映的常规信息，获得有关企业盈亏和股利支付等情况，从而作出投资决策。

2.债权人

债权人是指那些对企业提供需偿还的资金的机构和个人，包括给企业提供贷款的机构或个人（贷款债权人）和以出售货物或劳务形式提供短期融资的机构或个人（商业债权人）。贷款债权人主要是指银行等金融机构，如我国的各大商业银行、金融资产管理公司、信托投资公司、财务公司、金融租赁公司等。商业债权人主要是指那些出售货物或劳务给公司，尚未收款的单位或个人，如企业的供应商、劳务公司、会计师事务所等中介公司等。

债权人对公司的信誉、偿债能力及企业的未来发展是非常关心的，他们通过会计信息判断企业的财务状况、偿债能力和盈利能力，以便进行信贷决策。

他们特别需要有关企业偿债能力的常规信息，如企业的现金流、盈利状况、资产的质量、产品的销售情况和未来发展前景等信息。

3.政府部门

政府部门是指企业的政府管理部门，如国资委、证监会、财政局、税务局、统计局和企业的主管部门等。会计信息是政府宏观管理的重要信息来源，许多统计指标来自会计信息。政府的许多部门需要有关企业的信息。税务机关需要有关公司利润和向国家缴纳税款的信息；社会保障机关需要有关企业缴纳各项社会保障基金的信息；国有企业还必须向国资委、财政机关、审计机关等部门提供财务报告，以便接受经济监督。

4.供应商

供应商是指向企业提供材料、商品和劳务的企业单位。供应商往往有很多原材料、产成品或其他可供销售的商品采取赊销方式，需要通过会计信息了解有关企业经营稳定性、信用状况以及支付能力等方面的信息。

5.客户

在市场经济体制下，企业的客户可以说是最重要的外部利益集团。客户对于信息的需要，包括有关企业及其产品的信息，如价格、性能、企业信誉、企业商业信用方面的政策、可得到的折扣额等。这些常规的信息一般也是由会计提供的。

以上列举了企业外部需要会计信息的主要利益相关者，除此之外还有许多关心企业会计信息的机构和个人，包括：（1）信用代理人，这种机构专门公布有关公司信用的信息；（2）工商业协会，这种机构会公布某一行业的有关信息，需要利用会计信息进行行业管理；（3）竞争者，它们对公司的价格政策和获利能力感兴趣；（4）企业组织所在的社区；（5）财务分析家，他们向委托人提出投资建议；（6）关心公司某个方面经济活动的公民等。

向企业外部会计信息使用者提供的会计信息，绝大部分是属于“强制性的”或是“必需的”。例如，向政府部门报送的应税收益和代扣税款的报表，以及向股东报送的财务报告，均属于强制性的信息。又如，向贷款人提供的信用能力相关信息属于必需的信息，会计人员报告这些信息具有一定程度的强制性。需要指出的是，企业管理当局向外界提供决策有用的信息，但管理当局并不是外界获取会计信息的唯一渠道，外界还可以通过财务报告以外的渠道来获取信息，如通过大数据来获取对决策有用的信息。

（二）会计信息的内部使用者

企业内部也需要会计信息，企业内部使用会计信息的机构和个人就是会计信息的内部使用者。企业会计信息内部使用者主要是董事会和管理层，以及企业的员工，具体包括：

1.董事会和管理层

董事会是由董事组成的、对内掌管公司事务、对外代表公司的经营决策机构，它是公司的最高决策机构。管理层是指公司的管理部门，包括总经理（CEO），以及公司各个管理部门的负责人和管理人员，如人力资源、财务、生产、营销、后勤等部门的负责人。

他们利用会计信息来考核本部门的业绩和经营目标的完成情况，从中发现经营中存在的问题，以便改善经营管理。如通过会计提供的各项指标计算奖金、年薪，制订经营计划，安排财务预算等。

2.员工

企业员工也是企业会计信息的使用者。企业单位的经营状况、经营业绩直接决定员工的工资水平和福利待遇，甚至影响员工持续就业，因此，企业员工也对会计信息特别关注。

职工代表大会、工会也会代表职工要求获取这些信息，这些信息的大部分是由会计信息系统提供的。

与外部的信息需求相比，向企业内部报送的会计信息显然具有较多的“自由性”，大部分属于管理会计信息。因此，企业经营管理需要的会计信息系统，要根据企业的具体情况和管理要求进行设计。

三、会计的分类

视频

会计的分类

随着现代经济的不断发展，会计所面临的环境也越来越复杂，相应地，会计学科也在不断地发展和完善。因此，会计分化出许多分支，每一分支都形成了一个独立的学科。这些学科相互促进、相互补充，构成了一个完整的会计学科体系。会计的种类很多，按不同的标准可以划分为不同的种类。

（一）按会计信息的使用者分类

1.财务会计

财务会计是当代企业会计的一个重要组成部分。财务会计作为一个会计信息系统，是以复式簿记作为数据处理和信息加工的基本方法，以公认会计原则作为组织会计工作、处理会计业务的基本规范，旨在为所有者、债权人及其他利益相关者提供会计信息的对外报告会计。因此，财务报告是财务会计的核心。

财务会计的目标主要是向会计信息的外部使用者，包括投资人、债权人、社会公众和政府部门等提供会计信息，使会计信息的使用者利用这些信息了解企业的财务状况和经营成果。

2.管理会计

管理会计是企业为了加强内部经营管理，提高企业经济效益，在企业经营管理过程中直接发挥作用的会计。管理会计的目标是通过运用管理会计工具方法，如预测分析、决策分析、预算编制、控制、业绩评价及考核等，参与企业的经营管理和战略决策。管理会计的核心理念是价值的创造与维护。因此，也有人称其为内部会计。

管理会计与财务会计不同，它并不要求运用复式记账方法，也不要求遵循公认会计原则，它通过对财务会计信息的深加工和再利用，实现对经营过程的预测、决策、规划、控制和绩效评价。

管理会计和财务会计有如下区别：

（1）财务会计必须遵循公认会计原则的要求，而管理会计则不用。

（2）财务会计的服务对象主要为外部信息使用者，而管理会计的服务对象是企业内部的管理部门。

（3）财务会计由固定的确认、计量、记录和报告等程序组成，而管理会计则无固定的会计程序。

（二）按会计所服务的领域分类

1.企业会计

企业会计是指服务于企业的会计。因为企业是以营利为目的的营利组织，因此也将企业会计称为经营会计。企业会计主要反映企业的财务状况和经营者的经营业绩。它有特定的会计对象和专门的会计方法。财务会计和管理会计等都属于企业会计的范围。

2.非营利组织会计

非营利组织会计是指服务于非营利组织的会计。所谓非营利组织，一般是指民间非营利组织，包括社会团体、基金会、民办非企业单位等民间组织，但不包括公立非营利组织。在我国，公立非营利组织一般是依靠国有资产运营的国有事业单位，这类非营利组织与政府公共部门比较接近，往往适用预算会计制度，属于政府会计范畴。

延伸阅读

政府会计准则制度

3.政府会计

政府会计是指用于确认、计量、记录和报告政府和事业单位财务收支活动及其受托责任的履行情况的会计体系，主要用来反映政府公共部门的财务状况和财务活动成果，以及政府公共管理部门的成本费用。过去，我国政府部门执行的是包括财政总预算会计、行政单位会计和事业单位会计在内的预算会计。目前，我国政府会计正在改革中，根据《政府会计准则——基本准则》，将建立政府财务会计与预算会计既适度分离又相互衔接的新的政府会计体系，即保留反映预算收支情况的预算会计，同时增加反映资产、负债以及成本情况的政府财务会计，既要报送预算报告，还要报送政府综合财务报告。

自测题 1-1

第二节 会计要素

会计要素，也称财务报告要素，是对会计对象的基本分类，是会计对象的具体化，是反映会计主体的财务状况和经营成果的基本单位。我国《企业会计准则——基本准则》严格定义了资产、负债、所有者权益、收入、费用和利润等六大会计要素。这六大会计要素又可以划分为两大类，即反映财务状况的会计要素（又称资产负债表要素）和反映经营成果的会计要素（又称利润表要素）。其中，反映财务状况的会计要素包括资产、负债和所有者权益；反映经营成果的会计要素包括收入、费用和利润（如图1-1所示）。

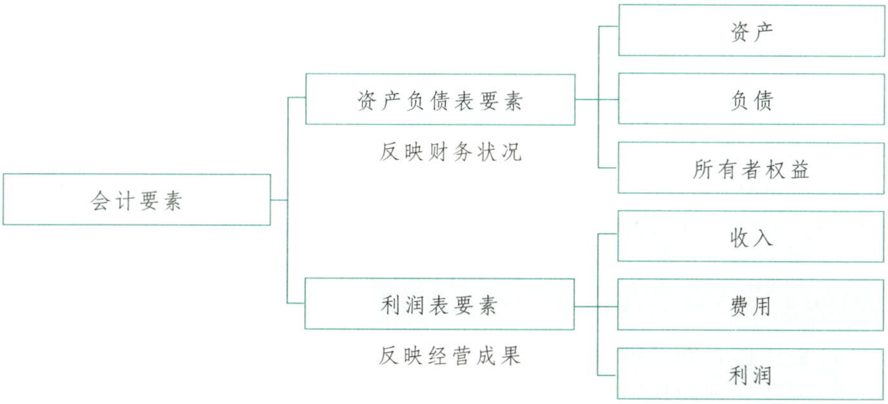

图1-1 会计要素

下面，我们将详细阐述各会计要素的具体内容。

一、资产负债表要素

资产负债表要素是反映企业财务状况的会计要素，包括资产、负债和所有者权益。为了便于对会计要素的理解，增加初学者的感性认识，下面先举一个发生在我们身边的例子。

王强和孙力是某大学大二的学生，听说国家鼓励学生创业，并提供无息贷款，2019年1月，两人在学校旁边租房开了一间强强咖啡店。两人各筹资10 000元，贷款20 000元，共计40 000元。用其中的30 000元购买相关设备和原料，剩余资金存入银行。购买的设备和原料如下：

（1）咖啡机：2台，每台3 000元，共计6 000元。

（2）冰柜：2台，每台2 500元，共计5 000元。

（3）榨汁机：2台，每台4 000元，共计8 000元。

（4）其他设备及器具：6 000元。

（5）原料：5 000元。

根据以上资料，我们可以用会计语言表述如下：强强咖啡店，王强和孙力两人筹资20 000元，贷款20 000元，共计有40 000元现金，用30 000元购买相关设备和原料，剩余10 000元存入银行。存在银行的这10 000元，会计上称其为银行存款。购买的原料5 000元，会计上称其为存货。购买的咖啡机6 000元、冰柜5 000元、榨汁机8 000元、其他设备及器具6 000元，共计25 000元，会计上称其为固定资产。王强和孙力两人的筹资20 000元，会计上称其为股本。银行贷款20 000元，会计上称其为银行借款。2019年1月末，强强咖啡店的资产负债表（简表）见表1-1。

表1-1　资产负债表（简表）

20××年1月31日　　单位：元

资产	金额	负债及所有者权益	金额
银行存款	10 000	银行借款	20 000
原材料	5 000		
固定资产	25 000	股本	20 000
合计	40 000	合计	40 000

表中的银行存款、原材料和固定资产就是资产，银行借款就是负债，股本就是所有者权益。在实际工作中，资产、负债、所有者权益所包含的内容要复杂得多，下面我们详细说明资产负债表各要素的具体内容。

（一）资产

资产是企业拥有的经济资源，类似于一个家庭的财产。但企业的资产要比家庭财产复杂得多，远远超出财产的概念。通过强强咖啡店的例子，我们对资产有了一个初步的感性认识，在实际工作中，企业资产的种类和形态是纷繁复杂的，除了强强咖啡店中涉及的现金、原料和设备外，还有很多，如厂房、办公楼、车辆、产成品、债权、专利权等各种资源。

企业的资产按其流动性的不同可以划分为流动资产和非流动资产。所谓流动性，是指资产的变现速度。相对来说，变现快的资产称为流动资产，变现慢的资产称为非流动资产。

1.流动资产

流动资产是指可以在1年或者超过1年的一个营业周期内变现或者耗用的资产，主要包括库存现金、银行存款、应收及预付款项、存货等。流动资产的种类如图1-2所示。

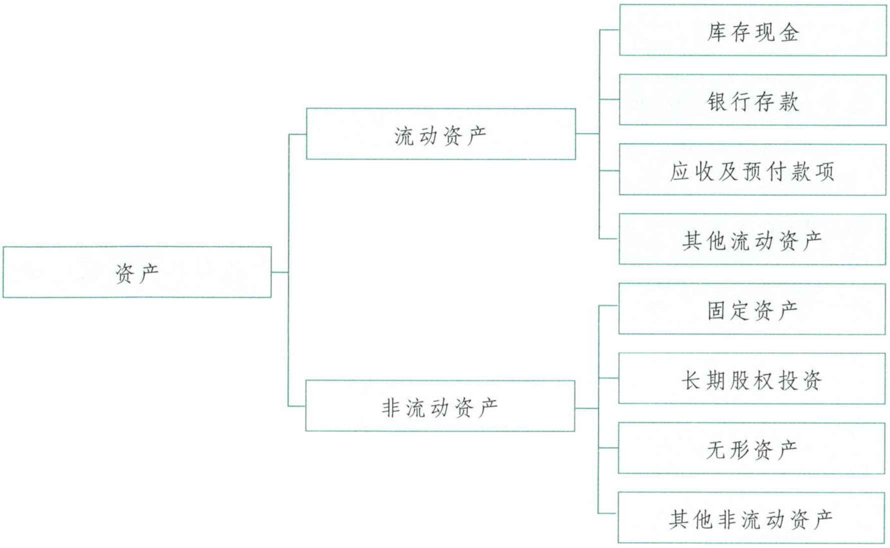

图1-2 资产的种类

（1）库存现金

库存现金是指企业持有的现款，也称“现金”，一般是指存放在企业作为零星支出的现款。

（2）银行存款

银行存款是指企业存入某一银行账户的款项，或者说是存放在银行里的现金。

（3）应收及预付款项

应收及预付款项是指企业在日常生产经营过程中发生的各项债权，包括应收款项（应收票据、应收账款、其他应收款等）和预付账款等。

（4）存货

存货是指企业在日常的生产经营过程中持有以备出售，如库存商品，或者仍然处在生产过程中将要消耗，如半成品、在产品，或者在生产或提供劳务的过程中将要耗用的各种材料或物料等。

2.非流动资产

非流动资产是指不能在1年或者超过1年的一个营业周期内变现或者耗用的资

产，主要包括长期投资、固定资产、无形资产等。

（1）长期投资

长期投资是指持有时间超过1年（不含1年）、不能变现或不准备随时变现的股票和其他对外投资。

（2）固定资产

固定资产是指企业使用年限超过1年的房屋、建筑物、机器、机械、运输工具，以及其他与生产经营有关的设备、器具、工具等。

（3）无形资产

无形资产是指企业拥有或者控制的没有实物形态的可辨认非货币性资产，包括专利权、非专利技术、商标权、著作权、土地使用权等。

（4）其他非流动资产

其他非流动资产是指除流动资产、长期投资、固定资产、无形资产等以外的各项资产，如长期待摊费用等。

（二）负债

负债就是企业需要偿还的债务，在强强咖啡店的例子中，银行借款就是企业的负债，因为它是需要偿还的。银行借款，除了短期借款，还有长期借款。在实际工作中，除了银行借款，负债还有很多其他形式，比如各种应付款项。负债的种类如图1-3所示。

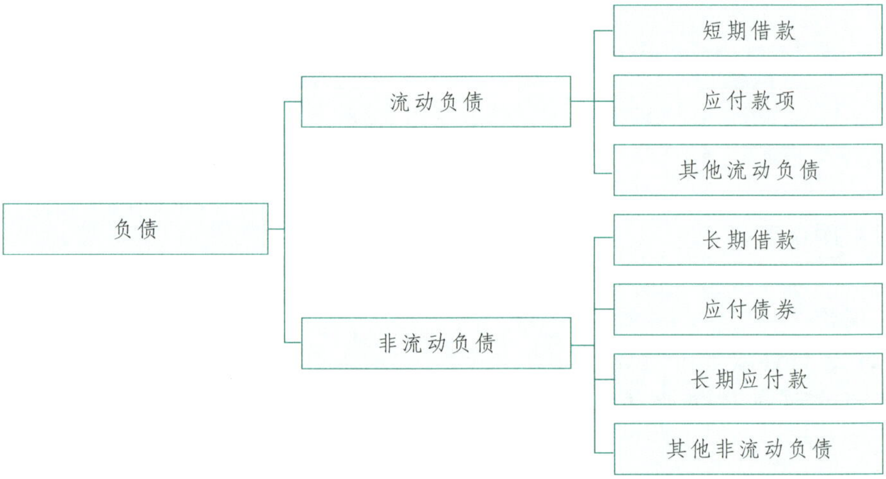

图1-3 负债的种类

负债通常是按照流动性进行分类的。所谓流动性是指负债偿还的时间长短。负债按照流动性不同，可以分为流动负债和非流动负债。

1.流动负债

流动负债是指将在1年（含1年）或者超过1年的一个营业周期内偿还的债务，包括短期借款、应付及预收款项等。

（1）短期借款

短期借款是指企业从银行或其他金融机构借入的期限在1年以下的各种借款，如企业从银行取得的、用来补充流动资金的临时性借款。

（2）应付款项

应付款项是指企业在日常生产经营过程中发生的各项债务，包括应付票据、应付账款、应付职工薪酬、应交税费、应付利息、应付股利、其他应付款等。

2.非流动负债

非流动负债是指偿还期在1年或者超过1年的一个营业周期以上的债务，包括长期借款、应付债券、长期应付款等。

（1）长期借款

长期借款是指企业从银行或其他金融机构借入的期限在1年以上的各项借款。

（2）应付债券

应付债券是指企业为筹集长期资金而实际发行的长期债券。

（3）长期应付款

长期应付款是指除长期借款和应付债券以外的其他长期应付款项，包括应付引进设备款、融资租入固定资产应付款等。

（三）所有者权益

所有者权益是企业所有者拥有的权益，具体来说是指企业资产扣除负债后的差额。如强强咖啡店例子中，王强和孙力两人筹资20 000元就属于所有者权益，也是资产40 000元扣除负债20 000元的差额。一般来说，所有者权益包括企业所有者投入的，如股本，还包括企业在经营过程中的增值归属于企业所有者的部分，如资本公积和留存收益等。所有者权益通常由实收资本、资本公积和留存收益构成，如图1-4所示。

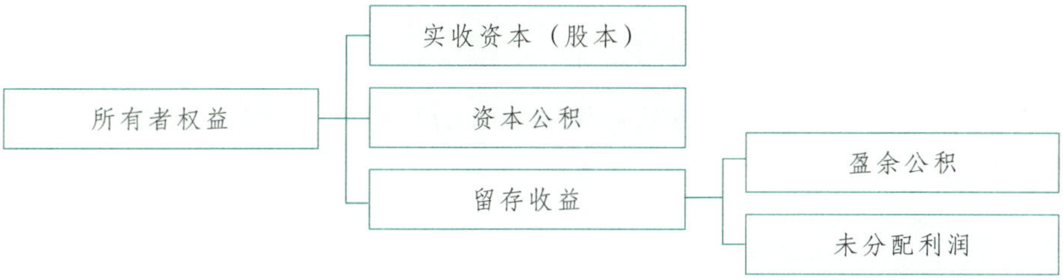

图1-4　所有者权益的构成

1.实收资本

企业的实收资本（即股份制企业的股本）是指投资者按照企业章程或合同、协议的约定，实际投入企业的资本。它是企业注册成立的基本条件之一，也是企业承担民事责任的财力保证。

2.资本公积

企业的资本公积也称准资本，是指归企业所有者共有的资本，主要来源于资本在投入过程中所产生的溢价，以及直接计入所有者权益的利得和损失。

3.留存收益

留存收益包括盈余公积和未分配利润。盈余公积是指企业按照法律、法规的规定从净利润中提取的留存收益。未分配利润是指企业留待以后年度分配的利润。这部分利润也属于企业的留存收益。

(四)所有者权益与负债的区别

所有者权益和负债虽然同是企业的权益，都体现企业的资金来源，但两者之间却有着本质的不同，具体表现为：

(1)负债是企业对债权人承担的经济责任，企业负有偿还的义务；而所有者权益则是企业对投资人承担的经济责任，在一般情况下是不需要归还给投资者的。

(2)债权人只享有按期收回利息和债务本金的权利，而无权参与企业的经营管理和利润分配；投资者则既可以参与企业的经营管理，也可以参与企业的利润分配。

(3)在企业清算时，负债拥有优先求偿权；所有者权益则在清偿了所有的负债以后，才能返还给投资者。

二、利润表要素

利润表要素也称反映经营成果的要素。经营成果是指企业在一定时期内生产经营活动的结果，具体地说，它是指企业生产经营过程中取得的收入与发生的耗费相比较的差额。经营成果要素一般通过利润表来反映，由收入、费用和利润三个要素构成。

王强和孙力经营的强强咖啡店从2019年1月1日开始经营，截止到2019年年末，发生收入和费用如下：

(1)全年取得收入65 600元。

(2)发生费用51 600元。其中：房租12 000元，人工费24 000元，原料10 000元，水电费600元，设备折旧费5 000元。

因国家鼓励学生创业，对强强咖啡店免税。收入扣除费用后剩余14 000元，这个差额就是会计上的利润。根据这些资料编制的利润表（简表）见表1-2。

表1-2 利润表（简表） 单位：元

项目	金额
一、收入	65 600
二、费用	
工资	24 000
原料	10 000
水电费	600
房租	12 000
设备折旧	5 000
小计	51 600
三、利润	14 000

表中的收入65 600元就是会计上的收入，表中的费用51 600元就是会计上的费用，其差额14 000元就是会计上的利润。

1.收入

会计收入和我们日常生活中理解的收入不完全相同。会计收入是指在经济活动中取得的收入，是企业在销售商品、提供劳务及让渡资产使用权等日常活动中形成的营业收入。如强强咖啡店取得的65 600元收入就是经营收入。但不是所有的现金流入都是企业的收入，因为有些现金收入并不是由于企业销售商品、提供劳务及提供他人使用本企业的资产而引起的，如企业收到股东投资、从银行借入资金也会增加现金流入，但这不是收入。收入有广义和狭义两种理解。广义的收入把所有经营活动和非经营活动的所得都看成收入，就是把企业净资产增加的部分都看作收入，包括营业收入、投资收入、营业外收入以及资产收益等。狭义的收入则仅把经常的、主体性的经营业务中取得的收入作为收入，即营业收入和投资收入。营业收入包括主营业务收入和其他业务收入。会计上通常所说的收入是指狭义的收入，主要包括主营业务收入、其他业务收入和投资收益等（如图1–5所示）。

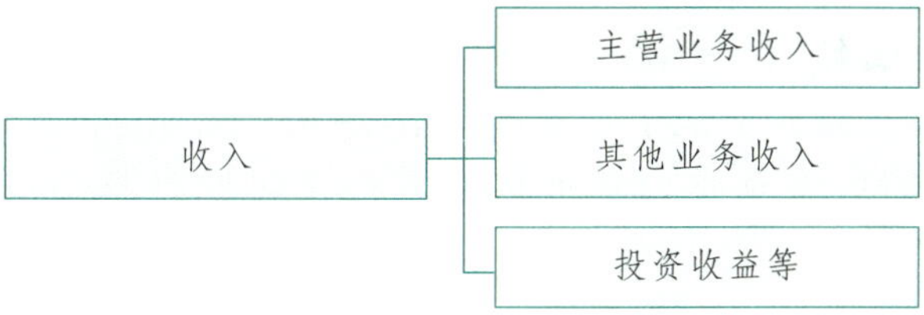

图1–5　收入的构成

（1）主营业务收入

主营业务收入也称基本业务收入，是指企业在其经常性的、主要的业务活动中所获得的收入，如工商企业的商品销售收入、服务业的劳务收入等。

（2）其他业务收入

其他业务收入也称附营业务收入，是指企业在其非主要业务活动中所获得的收入。如机床厂销售机床的收入是主营业务收入，但如果机床厂销售原材料、出租包装物等，从中取得的收入就属于其他业务收入。

（3）投资收益

投资收益是指企业对外投资所取得的收益减去发生的投资损失后的净额。

2.费用

会计上所说的费用有严格界限，虽然大部分费用也是企业的支出，但与我们日常生活中的支出是不同的。会计上所说的费用是指企业在获取收入过程中的必要支出。比如，强强咖啡店为了取得收入，就必须支付人工费、材料费、租金、水电费，以及使用设备的费用，这些支出共计51 600元，就是会计上的费用。费用是相对于收入而言的，没有收入就没有费用。因此，费用必须按照一定的期间与收入相配比。如一定期间的产品销售收入必须与当期的产品销售成本相配比。费用也有广义和狭义之分。会计上通常所说的费用是狭义的费用，主要包括主营业务成本、其他业务成本、管理费用、销售费用、财务费用（如图1–6所示）。

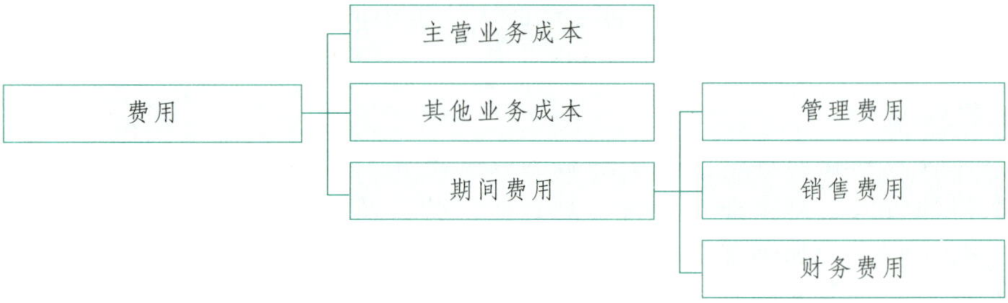

图 1-6 费用的构成

（1）主营业务成本

主营业务成本是指企业从事主要生产经营活动所发生的成本。主营业务成本属于费用，是与收入配比的结果。如工业企业的产品销售成本是指已经实现销售的产品的成本，没有实现销售的产品的成本不属于费用，它属于资产。

不同性质的企业其主营业务成本的具体内容有所不同，如工业企业的主营业务成本就是企业所生产并销售的产品的成本，商品流通企业的主营业务成本是指企业购买并对外销售的商品的成本，施工企业的主营业务成本是工程结算成本等。

（2）其他业务成本

其他业务成本是指企业从事主要经营活动以外的其他业务所发生的成本。如机床厂销售机床的成本是主营业务成本，但出售原材料的成本就是其他业务成本。

（3）管理费用

管理费用是指企业为组织和管理生产经营活动而发生的各项费用，包括企业的董事会和行政管理部门的工资、修理费、办公费和差旅费等公司经费，以及聘请中介机构的费用、咨询费（含顾问费）、业务招待费等费用。管理费用的受益对象是整个企业，属于共同费用。

（4）销售费用

销售费用是指企业在销售商品的过程中发生的各项费用，包括企业在销售商品的过程中发生的运输费、装卸费、包装费、保险费、展览费和广告费，以及为销售本企业的商品而专设的销售机构（含销售网点、售后服务网点等）的职工薪酬等经营费用。

（5）财务费用

财务费用是指企业为筹集生产经营所需资金而发生的各项费用，包括应当作为期间费用的利息支出（减利息收入）、汇兑损失（减汇兑收益）以及相关的手续费等。

管理费用、销售费用和财务费用因不能计入特定核算对象，而应计入发生期间的当期损益，所以统称期间费用。

3. 利润

利润是指企业在一定会计期间的经营成果，包括收入减去费用后的净额。利润具体可分为营业利润、利润总额和净利润（如图 1-7 所示）。

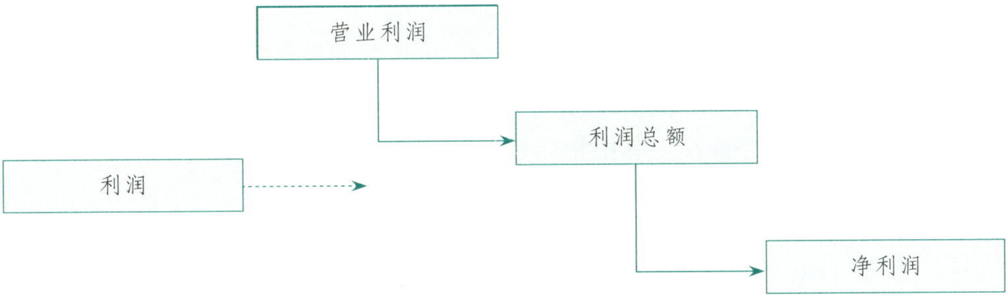

图 1-7　利润的种类

（1）营业利润

营业利润是指企业经营活动产生的利润，这里所说的经营活动，除了主要的生产经营活动外，还包括其他业务和投资业务，如工业企业的材料销售业务和投资业务等。因此，营业利润除了包括主营业务利润，还包括其他业务利润和投资收益。其计算公式如下：

营业利润=主营业务收入+其他业务收入-主营业务成本-其他业务成本-税金及附加-销售费用-管理费用-财务费用+投资收益

（2）利润总额

利润总额是指营业利润加上营业外收入，减去营业外支出后的金额。其计算公式如下：

利润总额=营业利润+营业外收入-营业外支出

（3）净利润

净利润是指利润总额减去所得税费用后的金额。其计算公式如下：

净利润=利润总额-所得税费用

延伸阅读

企业会计准则
——基本准则

三、会计等式

会计对象的具体内容是由资产、负债、所有者权益、收入、费用和利润六大要素组成的。六大要素之间存在着内在联系和数量关系，这种相互之间的数量关系用数学公式表达就是会计等式。

会计等式也称为会计平衡公式、会计方程式，是指表明各会计要素之间基本关系的恒等式。

1.存量会计等式

存量会计等式也称为静态会计等式。资产和负债加所有者权益，实际上是同一价值运动的两个方面。因此，这两个方面之间必然存在着恒等关系。也就是说，一定数额的资产必然对应着相同数额的负债与所有者权益。一般来说，资产代表资金的占用，负债和所有者权益代表资金的来源，有多少资金占用必然有多少资金来源。这一恒等关系用公式表示出来就是：

资产=负债+所有者权益

这一会计等式是最基本的会计等式，也称为静态会计等式、存量会计等式，既表明了某一会计主体在某一特定时点所拥有的各种资产，同时也表明了这些资产的归属关系。它是设置账户、复式记账以及编制资产负债表的理论依据，在会计核算体系中有着举足轻重的地位。

2.增量会计等式

增量会计等式也称为动态会计等式。企业在取得收入的同时，必然要发生相应的费用。将一定期间的收入与费用相比较，收入大于费用的差额为利润；反之，收入小于费用的差额则为亏损。

收入-费用=利润

这一等式也称为第二会计等式、增量会计等式，反映了企业某一时期收入、费用和利润的恒等关系，表明了企业在某一会计期间所取得的经营成果，是编制利润表的理论依据。

存量会计等式“资产=负债+所有者权益”，与增量会计等式“收入-费用=利润”，二者之间也存在内在联系和数量关系。企业的生产经营成果必然影响所有者权益，即企业获得的利润将使所有者权益增加，资产也会随之增加；企业发生亏损将使所有者权益减少，资产也会随之减少。利润在按规定程序进行分配以后，留存企业的部分，即未分配利润，将体现为所有者权益的增加。

自测题 1-2

本章小结

会计是应人类生产实践和经济管理的客观要求而产生与发展的。经济越发展，会计越重要。会计永远不会消失，但必须适应环境的变化，不断创新和发展。

从狭义上讲，会计是加工、生成会计信息的信息系统，也就是我们通常说的财务会计。从广义上讲，会计不仅仅是记账、算账和报账。会计工作除了包括会计核算工作外，还包括成本管理、预算管理、业绩考核、投资、融资、盈利预测等内容。因此，会计不仅包括财务会计，还包括管理会计。

企业的利益相关者一般为会计信息的使用者，包括会计信息的外部使用者和内部使用者。外部使用者包括股东、债权人、政府、供应商和客户等。内部使用者包括董事会、管理层和员工等。

会计有许多分支，分为不同的种类。按会计信息的使用者分类，会计可以分为财务会计和管理会计；按会计所服务的领域分类，会计可以分为企业会计、非营利组织会计和政府会计。

会计要素，也称财务报告要素，是对会计对象的基本分类，是会计对象的具体化。会计要素分为：反映财务状况的会计要素，包括资产、负债和所有者权益；反映经营成果的会计要素，包括收入、费用和利润。六大会计要素之间存在着内在联系和数量关系，这种相互之间的数量关系用数学公式表达就是会计等式。会计等式分为存量会计等式（资产=负债+所有者权益）和增量会计等式（收入-费用=利润）。

复习思考

1.什么是会计？会计是如何产生和发展的？

2.试举5个会计信息使用者的例子，并说明他们怎样使用会计信息。

3.会计要素有哪些？简述各会计要素之间的关系。

4.说明财务会计与管理会计的区别与联系。

5.说明预算会计与政府会计的关系。

课后作业

第二章 会计核算基础

学习目标

通过对本章内容的学习，需要达到以下目标：

1. 理解会计基本前提的含义、内容及其设立的意义。
2. 理解各项会计信息质量要求的基本含义。
3. 掌握会计确认的基础。
4. 理解复式记账的含义和基本原理。
5. 重点掌握借贷记账法的具体内容，并能运用其进行简单经济业务处理。

思维导图

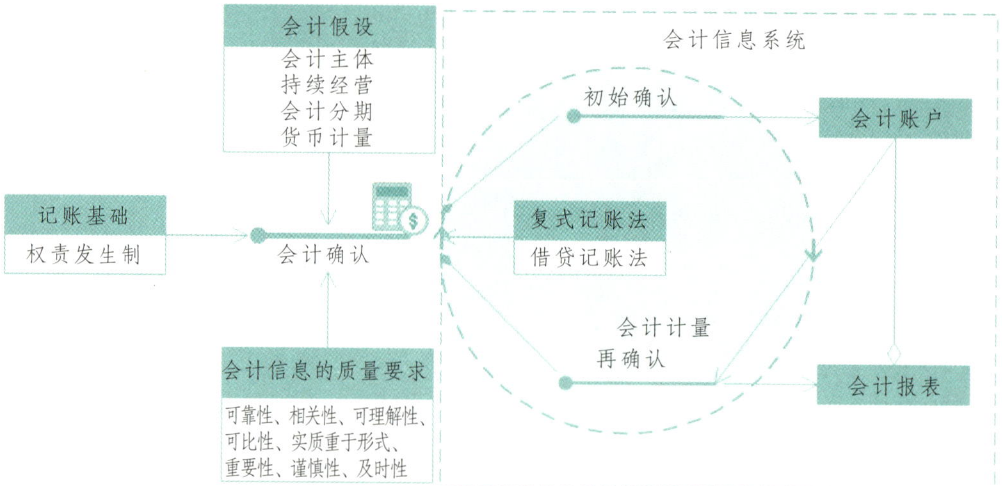

引导案例

李梅和曲折是某大学会计专业的学生，今年正在学习“基础会计”这门课程。他们在预习时对复式记账法产生了不少疑惑。李梅说：“我上网查阅了许多资料，资料记载，1494年修道士卢卡·帕乔利（Luca Pacioli）出版了《算术·几何·比与比例概要》一书。在这本书中，以‘计算与记录祥论’为题，系统地介绍了流行在意大利威尼斯一带的复式簿记方法，标志着复式记账的诞生。社会经济学家维纳·肖伯特曾说过，复式记账法的诞生，其意义可以与伽利略和牛顿的发现齐名。为什么他们对复式记账给予如此高的评价呢？复式记账法到底科学在哪里呢？”。曲折说：“我也不理解，我家在农村，我们村的会计没有上过大学，也在做会计。我的家人和朋友都不赞成我学会计，他们说，当会计还用上大学吗?”带着这些疑问他们去问了教会计课程的老师，老师没有直接回答他们的问题，老师说：会计并不像你们想象的那么深奥，也不像人们想象的那么简单，但会计确实是一门计量科学，在发达国家，会计师具有非常高的社会地位，你们在学习过程中就会慢慢理解的。

第一节　会计核算的基本前提

视频

了解会计基本假设

会计所处的环境充满了不确定性，会计人员在工作中面对的是变化不定的经济环境。因此，必须对存在不确定性的经济活动作出基本假定，也称其为会计核算的基本前提。会计核算的基本前提是对会计核算所处的时间、空间范围所作的合理设定。因为这些设定都是以合理推断或人为的规定而作出的，所以也称为会计假设。

会计假设不是毫无根据的虚构设想，而是在长期的会计实践中，人们逐步认识和总结形成的，是对客观情况合乎事理的推断。会计假设规定了会计核算工作赖以存在的一些基本前提条件，是企业设计和选择会计方法的重要依据。只有规定了这些会计假设，会计核算才得以正常地进行下去。因此，会计假设既是会计核算的基本依据，也是制定会计准则和会计核算制度的重要指导思想。

会计假设通常包括以下四个方面：

一、会计主体

会计主体是指会计核算的主体或会计报告的主体。它确定了会计核算的空间范围，即会计为谁核算。基于这一假设，会计所反映的只能是它所在的特定单位的经济活动，而不包括企业所有者的经济活动和其他单位的经济活动。

一般来讲，凡是独立核算的单位，在会计上都设定为一个会计主体。会计只记录本主体的账，只核算和监督本主体所发生的经济业务，它确定了经济业务的边界。只有明确会计主体这一基本前提，才能使会计的核算范围得以确认，才能够使企业的财务状况及经营成果独立地、真实地反映出来，企业的所有者、债权人以及企业的管理人员和企业财务报表的其他使用者才有可能从会计记录和财务报表中获得有价值的会计信息。

会计主体作为一个经济实体与企业法人主体是不完全相同的。尽管所有经营法人都是会计主体，但有些会计主体不一定是法人。例如，一些企业集团下属很多子公司，这些子公司也都是法人，但出于经营管理的需要，为全面考核和反映集团公司的经营活动和财务成果，就必须将所有子公司连同母公司作为一个会计主体。

基于会计主体假设，将企业的经济活动与该企业所有者的经济活动区别开来，即使是独资企业，企业的经济活动与企业所有者的经济活动也要加以区分。如所有者个人的收入不能作为企业的收入，所有者个人的支出也不能作为企业的费用。

二、持续经营

持续经营是指会计核算应当以企业持续、正常的生产经营为前提，假定会计主体在可以预见的未来不存在清算、破产的可能。从开始营业起，在市场经济条件下竞争非常激烈，每个企业都有清算、破产的可能。因此，只能假设企业是持续经营的。

会计正是在持续经营这一前提条件下，才可能建立起会计确认和计量的原则，使会计方法和程序建立在非清算的基础之上，解决了很多财产计价和收益确认的问题，保持了会计信息处理的一致性和稳定性。如只有基于持续经营假设，企业的房屋才可以按50年提取折旧，资产才能够按历史成本入账，而不按清算价格入账，企业会计核算才能采用权责发生制作为核算基础。

三、会计分期

持续经营的假定意味着企业经济活动在时间的长河中无休止地运行，那么，在会计实践活动中，会计人员提供的会计信息应从何时开始，又在何时终止？显然，等到企业的经营活动全部结束时再进行盈亏核算和编制财务报表是不可能的。因此，会计核算应当划分会计期间，即人为地将持续不断的企业生产经营活动划分为一个个首尾相接、等间距的会计期间，通常为一年，可以是日历年，也可以是营业年。我国规定以日历年作为企业的会计年度，即以公历1月1日起至12月31日止为一个会计年度。

由于划分会计分期，才能定期计算企业的盈亏，才使不同类型的会计主体有了记账的基准，从而出现了权责发生制和收付实现制的区别。

四、货币计量

货币计量是指企业在会计核算过程中采用货币为计量单位，记录、反映企业的经营情况。企业在日常的经营活动中，有大量错综复杂的经济业务。在企业的整个生产经营活动中所涉及的业务又表现为一定的实物形态，如厂房建筑物、机器设备、库存现金、各种存货等。由于它们的实物形态不同，因此可采用的计量方式也多种多样。如厂房建筑物的计量单位按建筑面积，即平方米；机器设备按台；原材料可能按千克等。为了全面反映企业的生产经营活动，会计核算客观上需要一种统一的计量单位作为会计核算的计量尺度。因此，会计核算就必然选择货币作为计量单位，以货币形式来反映企业的生产经营活动的全过程。这就产生了货币计量这一会计核算前提。因此，在我国，企业会计准则规定，“会计核算应以人民币为记账本位币”。

我国企业的会计核算以人民币为记账本位币。业务收支以人民币以外的货币为主的企业，可以选定其中一种货币作为记账本位币，但是编报的财务会计报告应当折算为人民币。在境外设立的中国企业向国内报送的财务报告，应当折算为人民币。

自测题 2-1

第二节 会计要素的确认

会计确认是指会计数据进入会计系统时确定如何进行记录的过程，即将某一会计事项作为资产、负债、所有者权益、收入、费用或利润等会计要素正式加以记录和列入报表的过程。它同时包括用文字和数字描述一个项目。如企业购入一台设备，登记入账时需要确定购入时间、数量和金额，登记入账的过程就是会计确认。企业经济活动产生的数据或信息，能否进入及何时进入会计系统，均由会计确认这一程序决定。

在会计实务中，会计确认分为“初始确认”和“再确认”两个基本环节。

一、会计确认

（一）初始确认

初始确认是指何时以何种金额并通过什么要素记录，如记入某一账户。它是对经济活动产生的有关信息进行具体识别、判断、选择和归类，以便能为复式簿记正式接受和记录，如会计确认一般以发生的原始凭证作为证明。会计要素的确认要符合有关条件，如有关经济业务确认为一项要素，首先必须符合该要素的定义。其价值能够可靠地计量。如果不能可靠计量，确认就没有意义。如企业购入一台机床，要确认入账必须具备一定条件，即必须取得相关票据，证明其所有权属于企业，有明确的数量和金额。具备这些条件后才可以将其记入“固定资产”账户。这个过程就是初始确认。

（二）再确认

再确认是指何时以何种金额并通过什么要素列入会计报表的过程。经济活动产生的大量经济数据，经过初始确认已经记入会计账簿，产生了初步具备会计信息特征的账簿信息。然而，会计的任务是把信息传递给会计信息使用者，其传递手段是编制对外财务报告。因此，会计账簿信息转化为会计报表信息需要再确认。将会计账簿信息转化为会计报表信息的过程，就是会计的再确认。会计再确认也包括已确认过的项目在日后发生变动时的确认。有关具体项目的确认标准将在以后章节中加以介绍。

延伸阅读
会计计量

二、会计确认基础

视频
收付实现制与权责发生制

由于会计分期假设的存在，为了使收入与费用相互配比，进而计算企业的盈利或亏损，在实际工作中，对于那些款项的收支时间与其归属期间不一致的经济业务，客观上就要求必须明确这些经济业务所产生的经济后果究竟应该归属于哪一个会计期间，也就是在与该项经济业务有关的现金收支的期间记录，还是要归入该项经济业务所产生的实际影响的期间。对此的确定方法有两种：一种是以收入和费用的收支期间为标准来确认收入和费用，称之为收付实现制；另一种是以收入和费用的归属期间为标准来确认收入和费用，称之为权责发生制。

（一）收付实现制

收付实现制，也称现收现付制，它以款项是否实际收到或付出作为确定本期收入和费用的标准。凡是本期实际收到款项的收入和付出款项的费用，不论其是否归属于本期，都作为本期的收入和费用处理。反之，凡本期没有实际收到款项和付出款项，即使应归属于本期，但也不作为本期的收入和费用处理。由于款项的收付实际上以现金收付为准，所以一般称为现金制。

例如，企业于7月10日销售商品一批，于7月25日收到货款并存入银行，这笔款项应作为7月份的收入记账；企业于7月10日销售商品一批，于8月10日收到货款并存入银行，则应作为8月份的收入记账；企业于7月10日收到购货单位一笔货款，存入银行，但按合同规定于9月份交付商品，则应作为7月份的收入记账。

收付实现制确认收入和费用不考虑预收与预付款项，以及应计收入和应计费用，只要款项已收到或支出，就作为当期收入和费用处理。收付实现制不存在期末账项调整问题，其核算手续简单，强调财务状况的切实性，也可避免人为估计造成的随意性；但缺乏不同会计期间的可比性，不利于明确经营责任，也不利于业绩考核。

（二）权责发生制

权责发生制，也称应收应付制，是指企业以收入的权利和支出的义务是否归属于本期作为确认收入、费用的标准，而不是以款项的实际收支是否在本期发生，也就是以应收应付为标准。在权责发生制下，凡是属于本期实现的收入和发生的费用，不论款项是否实际收到或实际付出，都应作为本期的收入和费用入账。凡是不属于本期的收入和费用，即使款项在本期收到或付出，也不作为本期的收入和费用处理。由于它不管款项的收付，而以收入和费用是否归属于本期为准，所以称为应计制。

以前述例子说明如下：企业于7月10日销售商品一批，于7月25日收到货款并存入银行，这笔款项应作为7月份的收入记账，在权责发生制下，其收入与费用的归属和款项的实际收付同属相同的会计期间，确认的收入和费用与收付实现制相同；企业于7月10日销售商品一批，于8月10日收到货款并存入银行，则应作为7月份的收入，因为收入的权利在7月份就实现了，尽管货款在8月份收到；企业于7月10日收到购货单位一笔货款，存入银行，但按合同规定于9月份交付商品，则应作为9月份的收入，因为7月份只是收到款项，并没有实现收入的权利。

与收付实现制相反，在权责发生制下，必须考虑预收与预付款项，以及应计收入和应计费用。日常账簿记录不能完整反映本期收入和费用，应于会计期末进行账项调整。权责发生制核算手续复杂，反映不同会计期间收入和费用比较合理，可以正确计算经营成果，明确经营责任，因此主要适用于企业单位。

三、会计信息的质量要求

会计作为一项管理活动，其主要目的之一是向企业的利益相关者提供反映经营者受托责任和对投资者决策有用的会计信息。要达到这个目的，就必须要求会计信息具有一定的质量特征。会计信息质量特征也称为会计信息质量要求、会计信息质量标准。它是指对会计信息应具有的质量标准所作的具体描述或要求，也是对会计信息质量进行评判的最一般和最基本的依据。它具体规定了会计信息为实现会计目标应具备的质量要求。根据我国2006年2月15日颁布、2014年7月23日修改的《企业会计准则——基本准则》的规定，会计信息质量要求主要包括以下几项：可靠性、相关性、可理解性、可比性、实质重于形式、重要性、谨慎性、及时性。其中，可靠性、相关性、可理解性和可比性是会计信息的首要质量要求，是企业财务报告中所提供会计信息应具备的基本质量特征；实质重于形式、重要性、谨慎性和及时性是会计信息的次级质量要求，是对可靠性、相关性、可理解性和可比性等首要质量要求的补充和完善，尤其是在对某些特殊交易或事项进行处理时，需要根据这些质量要求来把握其会计处理原则。另外，及时性还是会计信息相关性和可靠性的制约因素，企业需要在相关性和可靠性之间寻求一种平衡，以确定会计信息及时披露的时间。

（一）可靠性

可靠性是指要求企业应当以实际发生的交易或事项为依据进行确认、计量和报告，如实反映符合确认和计量要求的各项会计要素及其他相关信息。可靠性，也称客观性、真实性，是对会计信息质量的一项基本要求。因为会计所提供的会计信息是投资者、债权人、政府及其有关部门和社会公众的决策依据，如果会计数据不能客观、真实地反映企业经济活动的实际情况，势必无法满足各有关方面了解企业财务状况和经营成果以进行决策的需要，甚至可能导致错误的决策。可靠性要求会计核算的各个阶段，包括会计确认、计量、记录和报告，必须力求真实、客观，必须以实际发生的经济活动及表明经济业务发生的合法凭证为依据。

在会计实务中，有些数据只能根据会计人员的经验或对未来预期进行估计性的计算。例如，固定资产的折旧年限，对制造费用分配方法的选择等，都会受到一定程度的个人主观意志的影响。但是，会计估计不是随意的，会计准则规定了相关的处理原则，会计人员应在统一标准的条件下将可能发生的误差降到最低限度，以保证会计核算提供的会计信息真实、可靠。

会计信息的可靠性程度取决于以下三个方面的因素：

第一，真实性。所谓真实性，就是要如实表达，即会计核算应以实际发生的经济业务为依据，内容真实、数字准确、资料可靠，会计的记录和报告不加任何掩饰。

第二，可核性。所谓可核性，是指信息应经得住复核和验证，即由独立的专业和文化素养基本相同的人员，分别采用同一计量方法，对同一事项加以计量，能得出相同的结果。

第三，中立性。所谓中立性，是指会计信息应不偏不倚，不带主观成分。将真相如实地和盘托出，结论让用户自己去判断。会计人员不能为了某种特定利益者的意愿或偏好而对会计信息做特殊安排，故意选用不适当的计量和计算方法，隐瞒或歪曲部分事实，来诱使特定的行为反应。

会计信息的可靠性一方面取决于会计人员的工作质量，但又不完全为会计人员所左右。

（二）相关性

相关性是指会计信息要同信息使用者的经济决策相关联，即人们可以利用会计信息作出有关的经济决策。相关性，也称有用性，也是会计信息质量的一项基本要求。信息要成为有用的，就必须与使用者的决策需要相关。当信息通过帮助使用者评估过去、现在或未来的事项，或者可以纠正使用者过去的评价，影响使用者的经济决策时，信息就具有相关性。这就要求信息具有预测价值和反馈价值。

会计信息的相关性程度取决于以下两个方面的因素：

第一，预测价值。如果一项信息能帮助决策者对过去、现在及未来事项的可能结果进行预测，则此项信息具有预测价值。决策者可根据预测的可能结果，作出其认为最佳的选择，从而影响其决策。因此，预测价值是相关性的重要因素，具有影响决策者决策的作用。

第二，反馈价值。一项信息如能有助于决策者验证或修正过去的决策和实施方案，即具有反馈价值。把过去决策所产生的实际结果反馈给决策者，使之与当初预期的结果相比较，验证过去的决策是否有误，总结经验，防止今后决策时再犯同样的错误。因此，反馈价值有助于未来决策。信息反馈价值与信息预测价值同时存在，并相互影响。验证过去才有助于预测未来。不明白过去，预测就缺乏基础。

最佳的会计信息当然是既具备很强的相关性又有很高的可靠性，也就是说，会计信息应在可靠性前提下，尽可能地做到相关性，以满足投资者等财务报告使用者的决策需要。

（三）可理解性

可理解性，也称明晰性，是对会计信息质量的一项重要要求。会计信息的可理解性要求企业提供的会计信息应当清晰明了，便于投资者等财务报告使用者理解和使用。企业编制财务报告、提供会计信息的目的在于使用，要使用就必须了解会计信息的内涵，明确会计信息的内容，这就要求会计核算和财务会计报告必须清晰明了。如果无法做到这一点，就谈不上对决策有用。信息是否被使用者所理解，取决于信息本身是否易懂，也取决于使用者理解信息的能力。可理解性是决策者与决策有用性的连接点。如果信息不能被决策者所理解，那么这种信息毫无用处。因此，可理解性不仅是信息的一种质量标准，也是一个与信息使用者有关的质量标准。会计人员应尽可能传递、表达易被人理解的会计信息，而使用者也应设法提高自身的综合素养，以增强理解会计信息的能力。

会计信息要能够被信息使用者所理解，就必须做到会计记录准确、清晰；填制会计凭证、登记会计账簿的依据合法；账户对应关系清楚、文字摘要完整；在编制会计报表时，项目钩稽关系清楚、内容完整、数字准确。

（四）可比性

可比性是指会计核算必须提供相互可比的会计核算资料。它包括两个方面的含义，即同一企业在不同时期的纵向可比，不同企业在同一时期的横向可比。要做到这两个方面的可比，就必须做到：同一企业不同时期发生的相同或者相似的交易或者事项，应当采用一致的会计政策，不得随意变更。确需变更的，应当在附注中说明。不同企业发生的相同或者相似的交易或者事项，应当采用规定的会计政策，确保会计信息口径一致、相互可比。

不同的企业可能处于不同的行业、不同的地区，经济业务发生于不同时点，为了保证会计信息能够满足决策的需要，便于比较不同企业的财务状况、经营成果和现金流量，企业应当遵循可比性要求。如果对于相同或相似的交易或事项，不同的企业或者同一企业在不同的会计期间采用不同的会计政策，将不利于财务会计报告使用者对会计信息的理解，不利于会计信息作用的发挥。

（五）实质重于形式

实质重于形式原则是指企业应当按照交易或事项的经济实质进行会计核算，而不应当仅仅以它们的法律形式作为会计核算的依据。实质重于形式就是要求在对会计要素进行确认和计量时，应重视交易的实质，而不管其采用何种形式。实质重于形式原则在会计核算过程中有较多的应用。如以融资租赁的形式租入的固定资产，虽然从法律形式来讲企业并不拥有其所有权，但是由于租赁合同中规定的租赁期相当长，接近于该资产的使用寿命，租赁期结束时承租企业有优先购买的选择权，在租赁期内承租企业有权支配资产并从中受益。所以，从实质上看，企业控制了该项资产的使用权及受益权。所以在会计核算上，将融资租赁的固定资产视为企业的资产。

如果企业的会计核算仅仅按照交易或事项的法律形式或人为形式进行，而这些形式又没有反映其经济实质和经济现实，那么，其最终结果将不仅不会有利于会计信息使用者的决策，反而会误导会计信息使用者决策。

（六）重要性

重要性原则是指在会计核算过程中对交易或事项应区别其重要性程度，采用不同的核算方式，对某些不重要的会计事项可以采取灵活的方法进行处理。具体来说，对于重要的经济业务，应单独核算、分项反映，力求准确，并在财务报告中做重点说明；对于不重要的经济业务，在不影响会计信息真实性的情况下，可适当简化会计核算或合并反映，以便集中精力抓好关键。

对经营决策有重要影响的会计信息是最需要的，如果会计信息不分主次，反而会有损于使用，甚至影响决策。而且，对不重要的经济业务简化核算或合并反映，可以节省人力、物力和财力，符合成本效益原则。

需要明确的是，重要性具有相对性。并不是同样的业务对不同的企业都是重要或不重要的事项。对某项会计事项判断其重要性，在很大程度上取决于会计人员的职业判断。一般来说，重要性可以从质和量两个方面进行判断。从性质方面来说，如果某会计事项的发生可能对决策产生重大影响，则该事项属于具有重要性的事项；从数量方面来说，如果某会计事项的发生达到一定数量或比例可能对决策产生重大影响，则该事项属于具有重要性的事项。

（七）谨慎性

谨慎性原则又称稳健性原则，是指某一会计程序有几种处理方案可供选择时，应当选用对股东权益所产生的乐观程度最小的那一个方案，即确认一切可能发生的损失，但避免预计可能发生的收益，使财务报表不会引起人们根据不足的乐观。即在处理不确定性经济业务时，应持谨慎态度，如果一项经济业务有多种处理方法可供选择，应选择不导致夸大资产、虚增利润的方法。

谨慎性的要求体现于会计核算的全过程，在会计上的应用是多方面的。例如，要求企业在资产负债表日判断企业的资产是否存在可能发生减值的迹象，如果是，应确认为资产减值损失，计入当期损益，同时计提相应的资产减值准备。再如，对企业使用的某些固定资产采用加速折旧法计提折旧等，都属于谨慎性要求的具体体现。

企业在运用谨慎性原则时，不能滥用，不能以谨慎性原则为由任意计提各种准备，即秘密准备。例如，按照有关规定，企业应当计提坏账准备、存货跌价准备等减值准备。但是在实际执行时，有些企业滥用会计准则给予的会计政策，在前一年度大量计提减值准备，待后一年度再予以转回。这种行为属于滥用谨慎性原则，计提秘密准备是会计准则所不允许的。

（八）及时性

及时性原则是指会计核算应当及时进行，不得提前或滞后，以免使会计信息失去时效。如果信息不能及时提供，信息就会失去相关性，对信息使用者的决策失去意义。当然，及时性与可靠性之间有时会产生矛盾。企业需要权衡及时报告与提供可靠信息的优缺点。如何在及时性和可靠性之间做到平衡，主要取决于如何最佳地满足会计信息使用者的经济决策需要。

上述八项会计信息质量要求，在实务中，常常需要在各特征之间权衡或取舍。其目的一般是达到质量要求之间的适当平衡，以便实现财务报告的目标。会计信息的质量要求在不同情况下的相对重要性，属于会计人员的职业判断问题。可以将以上所述的会计信息质量要求通过图2-1加以理解。

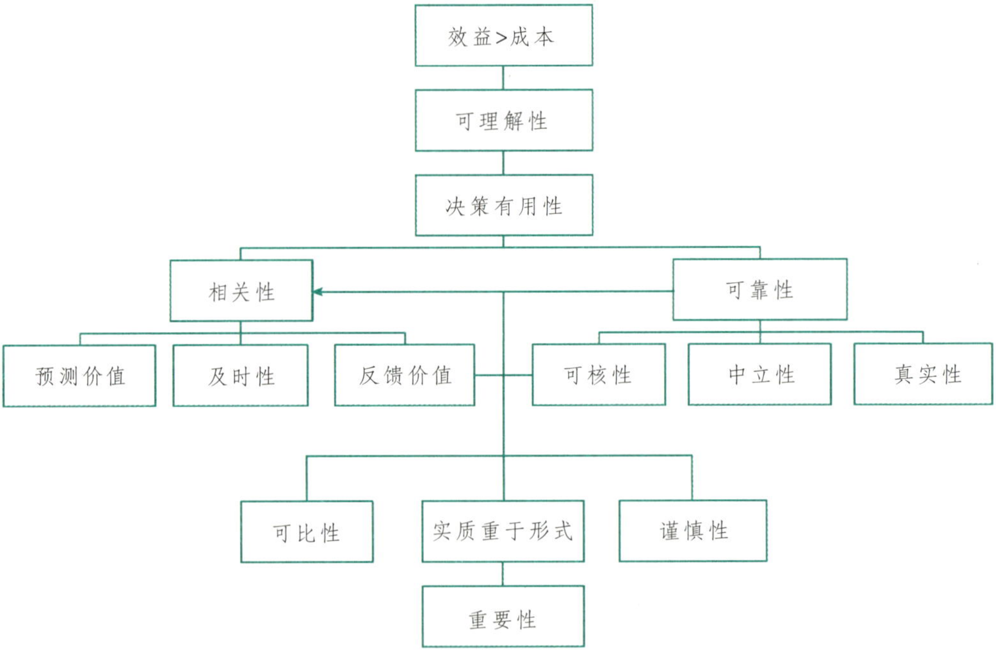

图2-1 会计信息质量要求示意图

自测题2-2

第三节 账户与复式记账

企业的经济业务是纷繁复杂的，要将这些复杂的经济业务加工成系统的、有价值的会计信息，就必须利用账户和复式记账方法，将这些经济业务转换成会计语言，才能以财务报表的方式表达出来。

一、会计科目

视频

会计科目

会计科目是账户的名称，同时也是各单位设置账户的一个重要依据。会计科目按其所提供信息的详细程度及其统驭关系不同，又分为总分类科目和明细分类科目。总分类科目，如“应付账款”“原材料”等。明细分类科目，如“应付账款”科目按债权人名称或姓名设置明细科目，反映应付账款的具体对象；“原材料”科目按材料的种类、规格等设置明细科目，反映各种材料的具体构成内容。

会计科目分为资产类科目、负债类科目、共同类科目、所有者权益类科目、成本类科目和损益类科目计六大类。

延伸阅读

总账与明细账的平行登记

为了便于编制会计凭证、登记账簿、查阅账目、实行会计电算化，还应在对会计科目进行分类的基础上，为每个会计科目编一个固定的号码，这些号码称为会计科目编号，简称科目编号。科目编号能清楚地表示会计科目所属的类别及其在类别中的位置。如资产类科目均以1为第一位数字；负债类科目均以2为第一位数字；所有者权益类科目均以3为第一位数字；成本类科目均以4为第一位数字；损益类科目均以5为第一位数字，在上述主要类别之下，业务性质相同的会计科目都以同样的号码为第二位数字，在相同业务性质的会计科目下，再以第三位依次排列各个会计科目。在会计科目的第三位数之间留有适当的空号，供新增会计科目之用，为了便于会计工作的进行，通常在会计制度中以会计科目表的形式对会计科目的编号、类别和名称加以规范。

延伸阅读

企业会计科目表

二、会计账户

会计账户是根据会计科目设立的，具有一定的格式，用来分类、连续地记录经济业务，反映会计要素增减变动及其结果的一种工具。如“银行存款”账户、“固定资产”账户等。会计上为了记录经济业务，提供会计信息，需要将经济业务按照一定的标志进行分类。第一次分类，也是最基本的分类就是会计要素。如资产、负债、所有者权益、收入、费用和利润。通过这种分类，可以了解一个企业拥有或控制的经济资源有多少，承担多少债务，投资人的权益是多少，以及一定时期内企业取得多少收入、发生多少耗费、实现多少利润等信息。然而，会计信息使用者在决策过程中，除了需要上述概括性资料外，往往还需要详细的资料。例如，在掌握了企业有多少资产之后，还需要知道都是些什么资产，如有多少固定资产、多少无形资产、多少存货、多少应收款项、多少货币资金等。因此，还需要在会计要素的基础上进行第二次分类，如将资产进一步分为固定资产、无形资产、原材料、产成品、应收账款、银行存款、库存现金等。这些具体的项目就是会计账户。

账户与会计科目既有联系也有区别，会计科目是账户的名称，账户是根据会计科目设置的，但账户与会计科目反映的经济内容是相同的。

账户之所以能够反映和记录经济业务的发生引起会计要素的增减变动，是由于账户具有一定的结构。随着企业单位经济业务的不断发生，会计要素就必然随之发生变化，而且这种变化不管多么错综复杂，从数量上看不外乎增加和减少两种情况。因此，用来记录企业在某一会计期间内各种有关数据的账户，在结构上就应分为两方，即左方和右方。一方登记增加数，另一方登记减少数，至于哪一方登记增加，哪一方登记减少，则由所采用的记账方法和所记录的经济内容来决定。这就是账户的基本结构。这一基本结构，不论企业实际上所使用账户的具体格式如何，总是一样的。当然对于一个完整的账户而言，除了必须反映增加数和减少数两项外，还应该包括其他栏目和内容。一个完整的账户结构应包括以下内容：

（1）账户名称；

（2）登记会计事项的日期；

（3）凭证号数；

（4）摘要；

（5）增减金额及余额。

为了方便学习，一般采用简化的“T”形账户格式，格式如下：

借方	账户名称	贷方

在一个账户中，一般具有期初余额、本期增加发生额、本期减少发生额和期末余额四项金额。一定时期（如一个会计期间）的增加额合计，称为本期增加发生额；一定时期（如一个会计期间）的减少额合计，称为本期减少发生额；本期增加发生额与本期减少发生额相抵后的差额，称为期末余额；本期的期末余额转入下期，便是下期的期初余额。这四项金额的关系可以用下列等式表示：

期末余额=期初余额+本期增加发生额-本期减少发生额

账户如有期初余额，首先应当在记录增加额的一方登记，会计事项发生后，要将增减内容记录在相应的栏内。每个账户的本期发生额反映的是该类经济内容在本期内变动的情况，而期末余额则反映变动的结果。例如，某企业在某一期间“库存现金”账户的记录如下：

借方		库存现金	贷方
期初余额	1 500		
本期增加	500	本期减少	1 000
本期发生额	500	本期发生额	1 000
期末余额	1 000		

三、复式记账原理

视频

记账方法之复式记账法

复式记账是对每一项经济业务发生时所引起的会计要素数量的增减变化，以相等的金额同时在两个或两个以上相联系的账户中进行全面登记的一种记账方法。其实质是通过两个或两个以上相互对应的账户反映一项经济业务。复式记账可以全面、系统地反映企业的经济业务，可以更好地反映经济业务的来龙去脉，将账户之间的内在联系有机地联结起来。

延伸阅读

复式记账法的诞生及发展阶段

复式记账法是由单式记账法演变而来的。单式记账法是指对发生的经济业务，除了有关债权、债务的现金收付业务以外，只在一个账户中进行记录的记账方法。例如，用银行存款购买材料的业务，只在账户中记录银行存款的付出业务，而对材料的收入业务不在账户中记录。再如，企业赊购一项设备所增加的固定资产不予登记，只是记录企业应付款增加。单式记账法在会计产生、发展的早期应用得比较普遍，但目前一般不采用。

复式记账法是建立在会计等式的基础上的，并以此作为理论依据。前已述及，基本的会计等式为：资产=负债+所有者权益。会计等式反映了企业资金运动的内在规律性，任何经济业务的发生都会对会计要素产生影响，但都不会破坏会计等式的平衡。按照复式记账法，对任何经济业务的发生都在两个或两个以上账户中以相等的金额加以记录，最终都不会破坏会计等式的平衡，是对资金运动规律的体现。

复式记账法的基本原理可以归纳为以下几个方面：

1.对于每一项经济业务，都必须在两个或两个以上相互联系的账户中进行记录。需要强调的是，复式记账法所记录的对象是企业发生的任何一项经济业务，不能有所遗漏。每项业务所涉及的至少是两个账户，而这些账户之间存在着一种对应关系。

2.对于每一项经济业务，必须以相等的金额进行记录。不仅在相互联系的账户中记录，还要以相等的金额进行记录。如企业用银行存款支付水电费1 000元，在复式记账法下，一方面要在“银行存款”账户中登记减少数1 000元，另一方面要在有关费用账户中登记增加数1 000元。这样，我们可以很容易检查账户记录是否正确。检查的方法是进行试算平衡。关于试算平衡，将在后续内容中详述。

复式记账法由于具备上述特点，因而被世界各国公认为一种科学的记账方法，并被广泛采用。采用复式记账法能够把所有经济业务相互联系地、全面地记入有关账户，使各账户完整地、系统地反映各项经济活动和财务收支的发生过程和结果，进而通过账户间的相互联系了解经济业务的内容及其来龙去脉，检查经济业务是否合理合法，而且由于复式记账都以相等的金额进行记录，便于根据这种相等关系检查账户记录是否正确。

复式记账法包括借贷记账法、增减记账法、收付记账法等，但现在国际上均采用借贷记账法。我国于1993年实施的企业会计准则也规定了境内所有企业在进行会计核算时，都必须统一采用借贷记账法。

四、借贷记账法

借贷记账法是以“借”和“贷”作为记账符号，反映会计要素增减变化过程和结果的一种复式记账方法。借贷记账法属于复式记账法，目前，我国的企业和行政、事业单位采用的记账方法都是借贷记账法。

（一）借贷记账法的记账符号

“借”和“贷”最初是从借贷资本家的角度来解释的。借贷资本家以经营货币资金为主要业务，对于收进来的存款，记在贷主的名下，表示自身的债务，即“欠人”的增加；对于付出去的放款，记在借主的名下，表示自身的债权，即“人欠”

的增加。“借”和“贷”也就是表示债权（应收款）和债务（应付款）的增减变动。随着社会经济的发展，经济活动的内容日益复杂，记录的经济业务已不局限于货币资金的收付业务，而逐渐扩展到财产物资、经营损益和经营资本等的增减变化。这时，为了求得账簿记录的统一，对于非货币资金的收付活动，也利用“借”“贷”两个字来记录其增减变动情况。这样，“借”“贷”两个字逐渐失去了原来的含义，而转化为纯粹的记账符号。

“借”“贷”两个符号与具体的账户相结合，具有不同的含义，具体说明如下：

1.在一个账户中，“借”和“贷”表示两个固定且对立的部位，每一个账户均设立这两个部位以记录某一内容的增减变化，同时确立每个账户的左方为借方，右方为贷方。

2.“借”和“贷”两个符号与具体账户相结合，对该账户所反映的内容具有增加或减少的含义，但绝不可以说“借”就表示增加、“贷”就表示减少；反之，亦然。

（二）借贷记账法的账户结构

在前面有关账户的内容中，把账户分为左右两方，不同类型的账户在登记增加或减少时的方向不同，主要取决于所采用的记账方法。在借贷记账法下，账户的基本结构是：左方为借方，右方为贷方。记账时，账户的借贷两方必须做相反方向的记录，即对于每一个账户来说，如果借方用来登记增加额，则贷方就用来登记减少额；反之，亦然。

视频

借贷记账法的账户结构

1.资产、负债、所有者权益类账户

我们规定，资产类账户的期初余额登记在借方，本期增加额记在借方，本期减少额记在贷方，期末余额一般在借方。而负债与所有者权益类账户的期初余额记在贷方，本期增加额记在贷方，本期减少额记在借方，则期末余额一般在贷方。

资产类账户期末余额的计算公式为：

资产类账户期末借方余额=期初借方余额+本期借方发生额-本期贷方发生额

负债与所有者权益类账户期末余额的计算公式为：

负债与所有者权益类账户期末贷方余额=期初贷方余额+本期贷方发生额-本期借方发生额

2.收入、费用、利润类账户

收入、费用、利润类账户是用来反映企业一定时期内经营成果的账户，期末一般经过结转没有余额，也就是说，这类账户一般只有本期的发生额。但根据会计等式，收入、利润的增加可以表示为所有者权益的增加，而费用的增加可以表示为资产的转化，在抵销收入之前可以将其看作一种资产。因此，收入、利润类账户可以比照负债与所有者权益类账户的登记方法，费用类账户可以比照资产类账户的登记方法。

收入、利润类账户的增加额记在贷方，减少额记在借方。收入类账户在期末一般没有余额。利润类账户期末在没有结转前会有余额，余额可能在贷方，也可能在借方，表示本期所有者权益的变动额。若余额在贷方，表示所有者权益的增加额；若余额在借方，则表示所有者权益的减少额。

费用类账户的增加额记在借方，减少（或转销）额记在贷方。期末结转后一般没有余额，若有余额，则表示期末尚未结转的费用，一般在借方。

在借贷记账法下，账户的基本结构是：左方为借方，右方为贷方。由于会计内容已经划分为会计要素，并按会计要素的进一步分类设置了会计科目和账户，借贷记账法在登记经济业务数据时，就按经济业务所属的会计要素及其发生的增加金额和减少金额，分别确定其在账户中的记录方向，即：

（1）属于资产要素的增加额记入借方，减少额记入贷方；

（2）属于负债要素的增加额记入贷方，减少额记入借方；

（3）属于所有者权益要素的增加额记入贷方，减少额记入借方。

由于资产在会计等式的左边，其增加额就记在借方，减少额就记在贷方。负债和所有者权益在会计等式的右边，它们的增加额就记在贷方，减少额就记在借方。按此种记录方法登记的结果，既保证了借方等于贷方，也保证了会计等式的平衡。

收入、费用和利润要素增减变动在账户中的记录方向是：

（1）属于收入要素的增加额记入贷方，减少额记入借方；

（2）属于费用要素的增加额记入借方，减少额记入贷方；

（3）属于利润要素的增加额记入贷方，减少额记入借方。

上述会计要素增减变动在账户中的记录方向如图2-2所示。

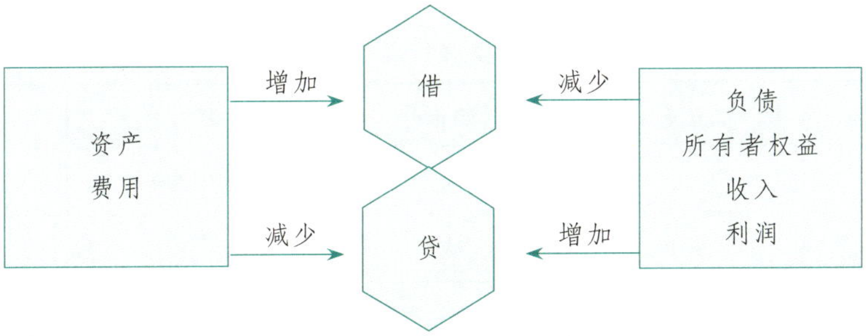

图2-2　会计要素增减变动在账户中的记录方向

在借贷记账法下，账户的借方和贷方都可以登记经济业务发生时会计要素增加和减少的金额。在一个会计期间内，借方登记的合计数称为借方发生额，贷方登记的合计数称为贷方发生额。那么，究竟用哪一方来登记增加额，用哪一方来登记减少额呢？这要根据各个账户所反映的经济内容，也就是它的性质来确定。

一般来说，资产类账户的借方登记资产的增加额，贷方登记资产的减少额；由于资产的减少额不可能大于它的期初余额与本期增加额之和，所以，这类账户期末如有余额，通常在借方。

负债及所有者权益类账户的贷方登记负债及所有者权益的增加额，借方登记负债及所有者权益的减少额，由于负债及所有者权益的增加额与期初余额之和一般情况下要大于本期减少额，所以，这类账户如有余额，通常在贷方。

收入类账户的结构与所有者权益类账户的结构基本相同，借方登记收入的减少额，贷方登记收入的增加额，由于本期实现的收入要于期末全部转出，以便与相配比的费用相抵来确定当期利润或亏损。因此，收入类账户在期末经转销后通常无余额。

费用类账户与资产类账户的结构基本相同，借方登记费用的增加额，贷方登记费用的减少额或转销额，由于与收入相配比的支出要在期末全部转出，以便与收入相抵，因此，费用类账户在期末经转销后通常也无余额。

利润类账户的贷方登记利润的增加额，借方登记利润的减少额，期末余额可能在贷方，也可能在借方。如果在贷方表示利润，如在借方则表示亏损。

通过以上的账户结构可以看出，各类账户的期末余额通常都在记录增加额的一方，即资产类账户的期末余额在借方，负债及所有者权益类账户的期末余额在贷方。

（三）借贷记账法的记账规则

前已述及，按照复式记账的原理，任何经济业务都要以相等的金额，在两个或两个以上相互联系的账户中进行记录。那么，在借贷记账法下，如何记录经济业务呢？下面通过几笔简单的业务实例，说明借贷记账法的具体运用，进而总结出借贷记账法的记账规则（也称记账规律）。

【例2-1】用银行存款40 000元购买原材料。

这项业务的发生，使同属于资产的原材料和银行存款两个项目发生变动：原材料增加，银行存款减少。按照借贷记账法下的账户结构，资产增加记借方，资产减少记贷方，而且两者金额相等。对该项经济业务的分析见表2-1。

表2-1 经济业务分析表（一） 单位：元

受影响的账户	账户类别	金额的变化方向	借方	贷方
原材料	资产	增加	40 000	
银行存款	资产	减少		40 000

【例2-2】向银行借入短期借款1 200 000元，直接偿还前欠货款。

这项经济业务的发生，使同属于负债的短期借款和应付账款发生变动：短期借款增加，应付账款减少。按照借贷记账法下的账户结构，负债增加记贷方，负债减少记借方，而且两者金额相等。对该项经济业务的分析见表2-2。

表2-2 经济业务分析表（二） 单位：元

受影响的账户	账户类别	金额的变化方向	借方	贷方
应付账款	负债	减少	1 200 000	
短期借款	负债	增加		1 200 000

【例2-3】接受某单位投入全新设备一台，价值5 000 000元。

这项经济业务的发生，使属于所有者权益的实收资本和属于资产的固定资产发生变动：实收资本增加，固定资产增加。按照借贷记账法下的账户结构，资产增加记借方，所有者权益增加记贷方，而且两者金额相等。对该项经济业务的分析见表2-3。

表 2-3　　经济业务分析表（三）　　单位：元

受影响的账户	账户类别	金额的变化方向	借方	贷方
固定资产	资产	增加	5 000 000	
实收资本	所有者权益	增加		5 000 000

【例 2-4】用银行存款 1 000 000 元归还长期借款。

这项经济业务的发生，使属于负债的长期借款和属于资产的银行存款发生变动：长期借款减少，银行存款减少。按照借贷记账法下的账户结构，负债减少记借方，资产减少记贷方，而且两者金额相等。对该项经济业务的分析见表 2-4。

表 2-4　　经济业务分析表（四）　　单位：元

受影响的账户	账户类别	金额的变化方向	借方	贷方
长期借款	负债	减少	1 000 000	
银行存款	资产	减少		1 000 000

总结以上几个例子可以看出，在借贷记账法下，对任何经济业务进行分析，都会涉及两个或两个以上的账户，不论引起账户的增加还是减少，如果一个账户记在借方，那么另一个账户一定记在贷方，而且两者所记录的金额相等。因此，我们可以得出借贷记账法的记账规则是：有借必有贷，借贷必相等。

以上记账规则可用图 2-3 表示。

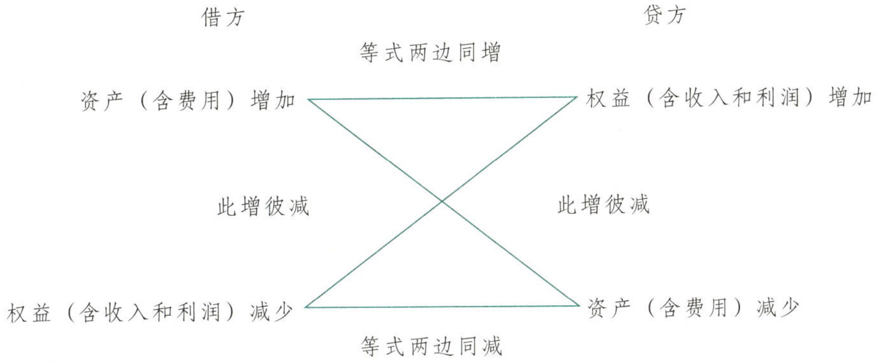

图 2-3　记账规则图

（四）账户对应关系和会计分录

通过复式记账法，各项貌似孤立而实际上互有联系的经济业务，才能真实地反映在账户中，从而有效地反映企业的生产经营活动及其同有关各方的经济关系。同时，运用复式记账法处理经济业务，一笔业务所涉及的几个账户之间必然存在着某种相互依存的对应关系，这种关系称为账户对应关系，存在对应关系的账户称为对应账户。由于账户对应关系反映了每项经济业务的内容，以及由此而引起的资金运动的来龙去脉，因此，在采用借贷记账法登记某项经济业务时，应先通过编制会计分录来确定其所涉及的账户及其对应关系，从而保证账户记录的正确性。所谓会计分录（简称分录），是指预先确定每笔经济业务所涉及的账户名称，以及记入账户的方向和金额的一种记录。它是会计语言的表达方式。

编制会计分录是会计工作的初始阶段，在实际工作中，这项工作一般是通过编制记账凭证或登记日记账来完成的。编制会计分录，就意味着对经济业务做会计确认，为经济业务数据记入账户提供依据，所以，为了确保账户记录的真实和正确，就必须严格把好会计分录这一关。

现将前面4笔经济业务的会计分录列示如下：

（1）借：原材料	40 000	
贷：银行存款		40 000
（2）借：应付账款	1 200 000	
贷：短期借款		1 200 000
（3）借：固定资产	5 000 000	
贷：实收资本		5 000 000
（4）借：长期借款	1 000 000	
贷：银行存款		1 000 000

会计分录按其所运用账户的多少分为简单会计分录和复合会计分录两种。简单会计分录是指由两个账户所组成的会计分录。以上每笔会计分录，都只有一“借”一“贷”，故均属于简单会计分录。复合会计分录是指由两个以上账户所组成的会计分录，实际上它是由几个简单会计分录组成的，因此必要时可将其分解为若干个简单会计分录。编制复合会计分录，既可以简化记账手续，又能集中反映某项经济业务的全面情况。现举例说明如下：

【例2-5】新世纪有限责任公司购进原材料60 000元，其中40 000元货款已用银行存款付讫，其余20 000元货款尚未支付（暂不考虑增值税）。

这项经济业务一方面使公司的资产原材料增加60 000元，应记入“原材料”账户的借方；另一方面使公司的资产银行存款减少40 000元，负债应付账款增加20 000元，应记入“银行存款”和“应付账款”账户的贷方。其会计分录为：

借：原材料	60 000	
贷：银行存款		40 000
应付账款		20 000

【例2-6】新世纪有限责任公司以银行存款120 000元偿还银行短期借款80 000元和前欠某单位货款40 000元。

这项经济业务一方面使公司的资产银行存款减少120 000元，应记入“银行存款”账户的贷方；另一方面使公司的负债短期借款和应付账款分别减少80 000元和40 000元，应记入“短期借款”和“应付账款”账户的借方。其会计分录为：

借：短期借款	80 000	
应付账款	40 000	
贷：银行存款		120 000

会计分录不仅要对原始凭证上的内容进行提炼和概括，而且要按照复式记账原理将原始凭证上的内容转换为会计账簿所能接受的专有语言，因此，作为一笔完整的会计分录，应具备三个基本要素，即借记或贷记的记账符号、账户名称和记账金额，并应附有经济业务的内容摘要。

面对经济业务，初学者在编制会计分录时，应学会以下的分析步骤：

第一步，分析经济业务所涉及的会计要素有哪些（以便于判断账户性质）；

第二步，分析经济业务所涉及的具体账户有哪些；

第三步，分析各个账户所记录的内容在这项业务中是增加还是减少；

第四步，按照借贷记账法的账户结构和记账规则的要求判断应记入账户的借方还是贷方。

在实际工作中，会计分录是通过记账凭证加以表现的，也就是说，会计分录的载体是记账凭证，会计分录构成记账凭证的主体。

应该指出，为了使账户对应关系一目了然，在借贷记账法下，应尽量编制一“借”一“贷”、一“借”多“贷”和一“贷”多“借”的会计分录，而一般不宜编制多“借”多“贷”的会计分录。这是因为，多“借”多“贷”的会计分录容易使账户之间的对应关系模糊不清，难以据此分析经济业务的实际情况。

（五）借贷记账法的试算平衡

为了保证或检查一定时期内所发生的经济业务在账户中登记的正确性和完整性，需要在一定时期终了时，对账户记录进行试算平衡。所谓试算平衡，是指根据资产与权益（包括负债和所有者权益）的恒等关系以及借贷记账法的记账规则，检查所有账户的记录过程和结果是否正确的专门方法。

1.发生额试算平衡法

由于对任何经济业务都是按照“有借必有贷、借贷必相等”的记账规则记入各有关账户的，所以不仅每一笔会计分录借贷发生额相等，而且当一定会计期间的全部经济业务都记入相关账户后，所有账户的借方发生额合计数必然等于贷方发生额合计数。这个平衡关系用公式表示为：

全部账户本期借方发生额合计=全部账户本期贷方发生额合计

这种利用借贷记账法记账规则来检验一定时期内账户发生额是否正确的方法称作发生额试算平衡法。

2.余额试算平衡法

到某一会计期末，将所有账户的期末余额计算出来以后，由于所有账户的期初借方余额与贷方余额合计数是相等的，因此，所有账户的期末借方余额合计数也必然等于贷方余额合计数。这个平衡用公式表示为：

全部账户期末借方余额合计=全部账户期末贷方余额合计

这种利用会计等式的原理来检验一定会计期末账户余额是否正确的方法称作余额试算平衡法。

试算平衡通常是通过编制试算平衡表进行的。必须指出，试算平衡只是通过借贷金额是否平衡来检查账户记录是否正确的一种方法。如果借贷双方发生额或余额相等，可以表明账户记录基本正确，但不足以说明账户记录完全没有错误。因为有些错误并不影响借贷双方的平衡，如漏记或重记某项经济业务，或者应借应贷科目用错，或者借贷方向颠倒，或者借方和贷方都多记或少记相同的金额等。如果经试算的借贷双方金额不等，则可以肯定账户记录或计算有误，需要进一步查实。

自测题 2-3

本章小结

会计所处的环境充满了不确定性，会计人员在工作中面对的是变化不定的经济环境。因此，必须对存在不确定性的经济活动作出基本假定，也称其为会计核算的基本前提。会计核算基本前提通常包括：会计主体、持续经营、会计分期和货币计量。

会计确认是指会计数据进入会计系统时确定如何进行记录的过程。在会计实务中，会计确认分为“初始确认”和“再确认”两个基本环节。会计确认的基础有两种：一种是以收入和费用的收支期间为标准来确认收入和费用，称之为收付实现制；另一种是以收入和费用的归属期间为标准来确认收入和费用，称之为权责发生制。

对会计信息的质量标准提出了具体的要求，包括可靠性、相关性、可理解性、可比性、实质重于形式、重要性、谨慎性、及时性。其中，可靠性、相关性、可理解性和可比性是会计信息的首要质量要求，是企业财务报告中所提供会计信息应具备的基本质量特征；实质重于形式、重要性、谨慎性和及时性是会计信息的次级质量要求。

复式记账法是对每一项经济业务发生时所引起的会计要素数量的增减变化，以相等的金额同时在两个或两个以上相联系的账户中进行全面登记的一种记账方法。复式记账法包括借贷记账法、增减记账法、收付记账法等，但现在国际上均采用借贷记账法。

借贷记账法是以“借”和“贷”作为记账符号，反映会计要素增减变化过程和结果的一种复式记账方法。在借贷记账法下，属于资产要素的增加额记入借方，减少额记入贷方；属于负债要素的增加额记入贷方，减少额记入借方；属于所有者权益要素的增加额记入贷方，减少额记入借方；属于收入要素的增加额记入贷方，减少额记入借方；属于费用要素的增加额记入借方，减少额记入贷方。在借贷记账法下，任何经济业务都会涉及两个或两个以上的账户，不论引起账户的增加还是减少，如果一个账户记在借方，那么另一个账户一定记在贷方，而且两者所记录的金额相等。因此，我们可以得出借贷记账法的记账规则是：有借必有贷，借贷必相等。为了保证或检查一定时期内所发生的经济业务在账户中登记的正确性和完整性，需要在一定时期终了时，对账户记录进行试算平衡，一般采用发生额试算平衡法和余额试算平衡法。

复习思考

1.什么是会计假设？为什么要设定会计假设？

2.持续经营假设与会计分期假设有何联系？

3.高质量的会计信息必须具备哪些要求?

4.可靠性与相关性是什么关系?

5.企业会计核算为什么要以权责发生制为基础?

6.复式记账的特征是什么?

7.借贷记账法中借和贷的含义是什么?

8.为什么在借贷记账法下，所有账户的借方发生额合计与贷方发生额合计总是相等，借方余额合计与贷方余额合计总是相等?

课后作业

第三章
会计循环

学习目标

通过对本章内容的学习，需要达到以下目标：

1.理解并掌握会计循环的基本程序。

2.理解并掌握会计凭证和会计账簿的概念、分类以及构成。

3.掌握简单经济业务的处理过程。

4.了解会计凭证和会计账簿的登记方法。

5.理解对账和结账工作。

6.理解并掌握权责发生制和收付实现制。

7.了解资产负债表和利润表等主要财务报表的组成内容和简单的编制方法。

思维导图

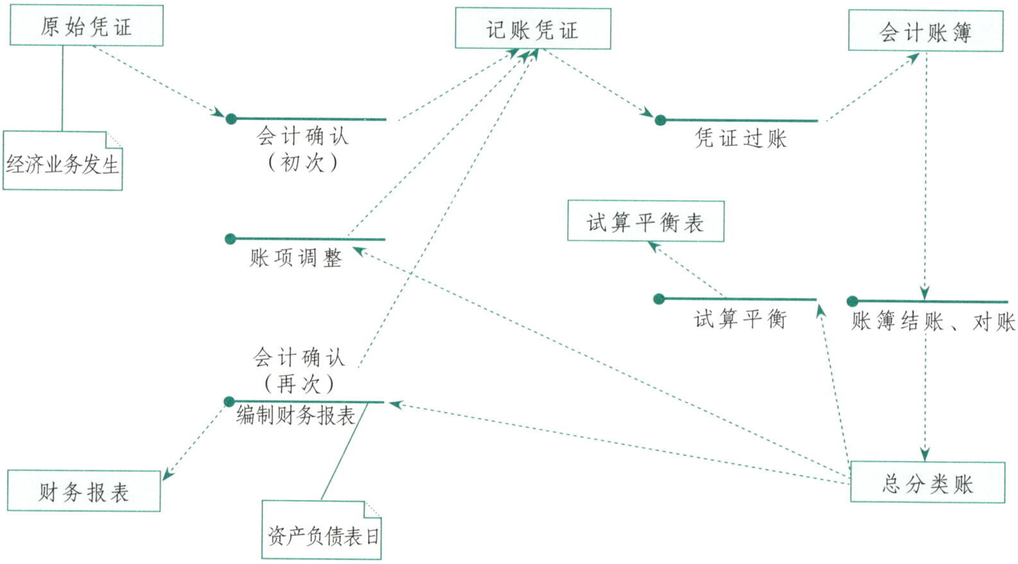

引导案例

陈华曾就读于一所知名的财经大学会计本科专业，毕业后顺利地找到一份能发挥其所学的工作——在一家新成立的公司做会计。这家公司虽然刚刚成立，但是业务开展得很好，财务部门需要处理的经济业务非常多，陈华经常加班。

工作了一段时间后，细心的陈华发现这家公司的会计工作和在学校学习的内容有很大不同，具体表现为：

（1）公司业务很多，财务部门的人员比较少，财务负责人以此为理由，对大部分会计人员没有作明确的分工，说大家可以互相帮助，进而提高工作效率。

（2）记账错误时，允许使用涂改液，只要有财务负责人的签字就可以。

（3）每个月编制的会计报表要编制两份，一份是真实反映公司财务状况、经营成果和现金流量的会计报表，一份是虚假的会计报表。真实的报表留给公司内部管理者阅读和使用，虚假的会计报表提交给公司外部会计信息使用者（如银行、政府部门、投资者等）阅读和使用；而编制的虚假会计报表经常是数据之间缺乏内在的钩稽关系，很多数据是拼凑的；财务会计报告对外报送时，填制人、审核人都是随意填写的，财务部门的任何一个人员都可以签字、盖章。

问题：

（1）该公司的会计工作存在哪些问题？

（2）会计核算程序包括哪些依次完成的基本步骤？

相信通过对本章内容的学习，你会找到以上问题的答案。

第一节 会计循环概述

会计是一个提供会计信息的系统，这个系统是由会计人员运用一定的方式，对企业在一定期间发生的经济业务进行收集、归类、记录，最终编制财务报表来完成的。其中，收集、归类、记录是会计人员“生产”会计信息的过程，财务报表则是会计人员“生产”的产品。企业为了取得真实可靠的会计信息数据，必须对日常所发生的各种经济业务，通过依次完成的一系列基本步骤，并借助于这些步骤把数量繁多的日常经济业务归类整理和综合汇总，最终通过财务报表的形式向有关方面反映企业的财务状况、经营成果和现金流量等信息。

一、会计循环的含义

通过对上一章内容的学习，我们已经知道，复式记账的会计系统为处理企业单位的业务活动提供了可能，而处理的过程包括确认[①]和计量[②]经济业务、编审原始凭证、编审记账凭证、登记会计账簿、对账簿记录进行对账与结账、编制财务报表等一系列会计核算程序，在这些会计核算程序中包括了依次完成的一系列基本步骤，这些步骤始于会计期初、终于会计期末，这就是我们所说的会计循环。简单来说，会计循环就是指会计信息系统周而复始地对会计信息进行加工处理的过程。

会计分期这一基本前提，把企业延续不断的经营过程划分为会计期间（年度、半年度、季度和月份）。会计期间规定了会计工作的时间范围。如果一个单位以一年为一个会计期间，则会计循环历时一年；如果企业按月（或季）结账和编制财务报表，则会计循环历时一个月（或季）。之所以称之为会计循环，是因为企业在每

① 确认是指对交易、事项中的一个项目应否和何时以及如何作为一个要素加以记录和记入财务报表内容与合计的过程。

② 计量是从数量的角度描述一个事物的过程，或者是根据特定的规则把数额分配给物体或事物的活动。

一个会计期间都要重复这些步骤。

二、会计循环的基本程序

会计循环是会计信息产生的步骤，也可以说是会计核算的基本过程。在企业经营过程中，会计人员一开始接受的是大量的、零星的经济业务，如原材料的购买、发出，产品的生产、销售等。要在企业编制的财务报告中充分反映这些情况，就必须经过一系列有条不紊的工作程序，对这些原始的会计事项进行分类、汇总。由于每个企业单位的规模、经济业务的性质和繁简程度各有特点，在具体组织会计核算工作时，其具体要求也就有所不同，但会计处理的基本过程总体上是一致的。一般来说，所有的会计处理过程都需要经过证（会计凭证）、账（会计账簿）、表（财务报表）三个基本环节。完整的会计循环所涉及的基本步骤应该包括：

（1）确认、计量经济业务，填制、取得原始凭证。企业单位的经济业务发生之后，会计人员首先要填制、取得原始凭证，并审核其合法性、合规性。

（2）整理原始凭证，编制记账凭证（会计分录）。对每笔经济业务列示其应借记和贷记的账户名称及金额，并填入记账凭证。

（3）根据记账凭证登记会计账簿。根据记账凭证所确定的会计分录，在有关日记账和分类账中进行登记。

（4）会计期末对会计账簿记录进行对账与结账。会计期间终了，对各账簿中的有关账户记录进行核对，结清收入、费用类账户，以确定当期损益，并结出资产、负债、所有者权益账户余额，以结转至下期连续记录。

（5）根据账簿记录编制财务报表。会计期间结束，要将本期所有经济业务的记录及其结果汇总编制出资产负债表和利润表等，以反映企业的财务状况和经营成果，并对其加以必要的注释和说明。

尽管目前会计电算化已得到长足发展，财务软件得到普遍应用，会计人员通过计算机搜集、处理并最终生成会计信息，但是无论是手工操作还是电算化，在会计处理过程中，相关流程指令还是以复式记账原理和会计循环的基本程序为依据，因此，对会计循环基本流程内容的了解和掌握仍有其必要性。会计循环的基本步骤如图3-1所示。

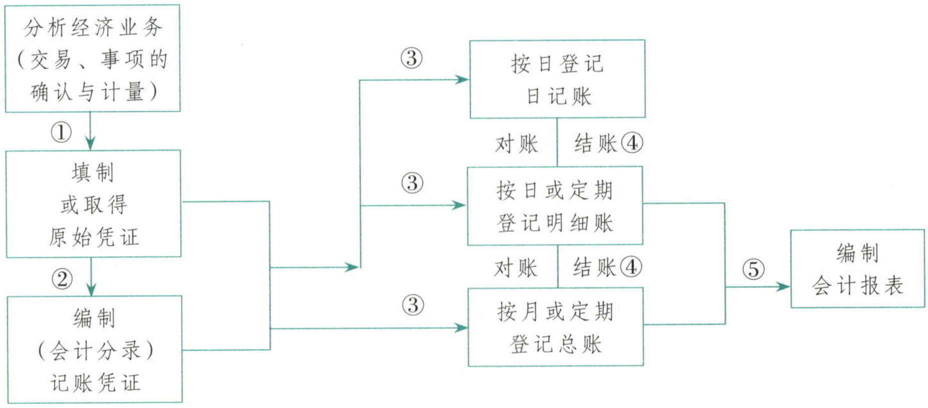

图3-1　会计循环的基本步骤

会计循环是指会计信息系统周而复始地对会计信息进行加工处理的过程。这个过程看似简单，但要求所有会计人员从实际情况出发，不夸大，不缩小，正确地对待和处理问题。做到“诚信为本，操守为重，坚持准则，不做假账”，不屈从和迎合任何压力与不合理要求，不以职务之便谋取一己私利，不提供虚假会计信息。要做到实事求是，不做假账（朱镕基，2001）。

自测题 3-1

第二节　经济业务与会计凭证

一、企业经济业务分析

会计循环的第一步是遵循会计确认的基本标准对企业单位发生的各种经济活动进行分析，即决定记录什么。

视频

主要经济业务内容描述

前已述及，企业单位在日常经营过程中会进行各种各样的经济活动，但并不是所有的经济活动都能通过会计工作进行处理。其原因就在于计量的复杂性，一些不能计量或不能可靠计量的经济活动就不能被会计所处理，如达成的未来合作意向、企业人事关系的变动等。在会计上，我们把能引起会计要素增减变化进而可以确认与计量的经济活动称为经济业务，或称会计事项。

虽然企业是一个经济上独立的个体，但其在生存与发展的漫长过程中避免不了要与企业内、外部的部门、单位或个人之间发生各种各样的交往活动。因此，我们可以将经济业务按照是否涉及企业自身以外的单位或个人分为对外经济业务和对内经济业务两类。

对外经济业务也称为交易，即“企业与外部主体（其他单位或个人）之间的价值交换行为”。交易可能是一种每个主体既接受价值也牺牲价值的互换行为，如购买商品、销售货物、提供劳务等，也可能是企业单方面权益的变动或向其他主体转移本企业资产的行为，如接受投资、上缴税款等。

对内经济业务也称为事项，即“企业主体内部有关部门之间发生的价值转移行为”，如企业在生产经营过程中为了生产产品领用原材料、使用继而磨损机器设备、产成品完工入库等。

结合前面所学过的会计要素与会计等式的内容，我们应该看到，企业单位发生的各项经济业务不但都可以被会计等式的变化所表述，而且经济业务的发生都会影响企业的财务状况和经营成果。

二、会计凭证

在会计核算过程中，为了保证会计信息的可靠性和可稽核性，如实地反映各种经济业务对企业会计诸要素的影响情况，经过会计确认而进入复式记账系统的每一项经济业务在其发生过程中所涉及的每一个原始数据都必须有根有据，这就要求企业对外或对内所发生的每一项经济业务，都应该在其发生时具有相关的书面文件来反映这些相关的数据，也就是一个由经办或完成该项业务的有关人员运用这些书面文件具体地记录每一项经济业务所涉及的业务内容、数量和金额。同时，为了对书

视频

会计凭证概念和作用

面文件所反映的有关内容的合法性、合理性和真实性负责，还需要经办人员在这些书面文件上签字、盖章。这些书面文件就是会计凭证。

所谓会计凭证就是用来记录经济业务、明确经济责任，并作为登记账簿依据的书面证明文件，会计凭证是重要的会计档案资料。

填制和审核会计凭证是会计核算工作的第一步，也是会计核算的基础工作，因此，认真做好会计凭证的填制和审核工作，对于完成会计任务、发挥会计的作用，具有重要的意义。

由于各个单位的经济业务是复杂多样的，因而所使用的会计凭证种类繁多，其用途、性质、填制的程序乃至格式等都因经济业务的需要不同而具有多样性，因此，按照不同的标准可以对会计凭证进行不同的分类。按照会计凭证填制的程序和用途不同，将其分为原始凭证和记账凭证两大类。

（一）原始凭证

1.原始凭证的概念

所谓原始凭证，是指在经济业务发生时填制或取得的，用以证明经济业务已经发生或完成情况的原始证据，是会计核算的原始资料和编制记账凭证、登记账簿的重要依据。

一般而言，在会计核算过程中，凡是能够证明某项经济业务已经发生或完成情况的书面单据就可以作为原始凭证，如有关的发票、收据、银行结算凭证、收料单、发料单等；凡是不能证明该项经济业务已经发生或完成情况的原始书面文件就不能作为原始凭证，如生产计划、购销合同、银行对账单、材料请购单等。

2.原始凭证的种类

由于企业在日常活动中会发生各种各样的经济业务，不同类型的经济业务所采用的原始凭证也各不相同，因此，原始凭证的种类很多。原始凭证按其取得的来源不同，可以分为自制原始凭证和外来原始凭证。

凭证示例

自制原始凭证

（1）自制原始凭证是指由本单位内部经办业务的部门或人员，在办理某项经济业务时自行填制的凭证。自制原始凭证按其填制的手续和完成情况的不同，可以分为一次凭证、累计凭证、汇总原始凭证、记账编制凭证四种。

一次凭证是指只反映一项经济业务，或同时反映若干项同类性质的经济业务，其填制手续是一次完成的凭证，如“领料单”等。

累计凭证是指在一定时期内连续记载若干项同类性质的经济业务，其填制手续是随着经济业务发生而分次（多次）完成的凭证，如“限额领料单”等。

汇总原始凭证亦称原始凭证汇总表，是指在会计核算工作中，为简化记账凭证的编制工作，将一定时期内若干份记录同类经济业务的原始凭证加以汇总，用以集中反映某项经济业务总括发生情况的会计凭证，如“收料凭证汇总表”“发料凭证汇总表”“工资结算汇总表”等。

记账编制凭证是根据账簿记录和经济业务的需要对账簿记录内容加以整理而编制的一种自制原始凭证，如“制造费用分配表”等。

（2）外来原始凭证是指在同外单位发生经济业务往来时，从外单位取得的凭证，外来原始凭证一般均属于一次凭证。例如，从供应单位取得的购货发票、上缴税金的收据、乘坐有关交通工具的票据等。

3.原始凭证的填制（或取得）要求

各种原始凭证所反映的基本内容是进行会计信息加工处理过程中所涉及的最基本的原始资料，所以填制或取得原始凭证这个环节的工作正确与否是至关重要的。为了保证整个会计信息系统所产生的相关资料的真实性、正确性和及时性，必须按要求填制或取得原始凭证。由于原始凭证的具体内容、格式不同，产生的渠道也不同，因而其填制或取得的具体要求也有一定的区别，但从总体要求来看，按照《中华人民共和国会计法》（以下简称《会计法》）和《会计基础工作规范》的规定，应做到：原始凭证反映的具体内容要真实可靠；原始凭证反映的内容要完整、项目要齐全、手续要完备；原始凭证的书写要简洁、清楚，大小写要符合会计基础规范的要求；原始凭证要及时填制并按照规定的程序进行传递。

视频

原始凭证的填制

4.原始凭证的审核要求

《会计法》第十四条规定，会计机构、会计人员必须按照国家统一的会计制度的规定对原始凭证进行审核，对不真实、不合法的原始凭证有权不予接受，并向单位负责人报告；对记载不准确、不完整的原始凭证予以退回，并要求按照国家统一的会计制度的规定更正、补充。

（二）记账凭证

由于原始凭证种类繁多，格式不一，所记录的内容也比较零散，还不能直接依据其登记账簿，所以，必须将其转化为会计账簿所能接受的专门语言，即根据接收到的载有经济业务数据的原始凭证编制记账凭证，以便据以直接登记有关的会计账簿。

1.记账凭证的概念

所谓记账凭证，就是由会计人员根据审核无误的原始凭证编制的、用以确定会计分录、履行记账手续的会计凭证，它是登记账簿的直接依据。

原始凭证和记账凭证之间存在着密切的联系，原始凭证是记账凭证的基础，记账凭证是根据原始凭证编制的。原始凭证附在记账凭证后面作为记账凭证的附件，记账凭证是对原始凭证内容的概括和说明。记账凭证与原始凭证的本质区别就在于记账凭证上载有会计分录。

2.记账凭证的种类

（1）记账凭证按其反映的经济业务内容的不同，可以分为专用记账凭证和通用记账凭证。

①专用记账凭证是专门用来记录某一特定种类经济业务的记账凭证，按其所记录的经济业务是否与货币资金收付有关又可以进一步分为收款凭证、付款凭证和转账凭证三种。

收款凭证是用来反映货币资金增加的经济业务而编制的记账凭证，也就是记录库存现金和银行存款收款业务的凭证。收款凭证的具体格式见后文表3-1。

付款凭证是用来反映货币资金减少的经济业务而编制的记账凭证，也就是记录库存现金和银行存款付款业务的凭证。付款凭证的具体格式见后文表3-2。

收、付款凭证既是登记库存现金、银行存款日记账和有关明细账的依据，也是出纳员办理收、付款项的依据。

转账凭证是用来反映不涉及货币资金增减变动的经济业务（即转账业务）而编制的记账凭证，也就是记录与库存现金、银行存款的收、付款业务没有关系的转账业务的凭证。转账凭证的具体格式见后文表3-3。

下面我们举例说明专用记账凭证的样式和具体的编制方法。

【例3-1】2×20年8月1日，新世纪有限责任公司从某银行取得半年期借款500 000元，存入银行。

分析　资产（银行存款）增加　负债（短期借款）增加

该项经济业务应编制银行存款收款凭证，见表3-1。

表3-1　收款记账凭证

凭证编号1
出纳编号1

2×20年8月1日　借方科目：银行存款

摘要	结算方式	票号	贷方科目		金额	记账符号
			总账科目	明细科目		
借入银行存款			短期借款	某银行	500 000	
附单据 1 张			合计		500 000	

会计主管人员：　记账：　稽核：　制单：张华　出纳：　缴款人：

【例3-2】2×20年8月18日，新世纪有限责任公司以银行存款支付本月行政部门办公费12 000元。

分析　资产（银行存款）减少　费用（管理费用）增加

该项经济业务应编制银行存款付款凭证，见表3-2。

表3-2　付款记账凭证

凭证编号2
出纳编号2

2×20年8月18日　贷方科目：银行存款

摘要	结算方式	票号	借方科目		金额	记账符号
			总账科目	明细科目		
支付行政部门办公费			管理费用	办公费	12 000	
附单据 2 张			合计		12 000	

会计主管人员：　记账：　稽核：　制单：张华　出纳：　缴款人：

【例3-3】2×20年8月22日，新世纪有限责任公司的仓库发出材料100 000元，用于生产车间生产产品。

分析　　资产（原材料）减少　　成本（生产成本）增加

该项经济业务应编制转账凭证，见表3-3。

表3-3　　转账记账凭证

2×20年8月22日　　凭证编号3

摘要	借方科目		贷方科目		金额	记账符号
	总账科目	明细科目	总账科目	明细科目		
领用材料	生产成本	某产品	原材料	某材料	100 000	
附单据　1　张	合　计				100 000	

会计主管人员：　记账：　稽核：　制单：张华　出纳：　缴款人：

【例3-4】2×20年8月31日，新世纪有限责任公司从银行提取现金8 000元备用。

分析　　资产（银行存款）减少　　资产（库存现金）增加

该项经济业务应编制银行存款付款凭证，见表3-4。

表3-4　　付款记账凭证

凭证编号4

出纳编号3

2×20年8月31日　　贷方科目：银行存款

摘要	结算方式	票号	借方科目		金额	记账符号
			总账科目	明细科目		
提取现金			库存现金		8 000	
附单据　1　张			合　计		8 000	

会计主管人员：　记账：　稽核：　制单：张华　出纳：　缴款人：

②通用记账凭证是采用一种通用格式记录各种经济业务的记账凭证，这种通用记账凭证既可以反映收、付款业务，也可以反映转账业务。

（2）记账凭证按其是否需要经过汇总，可以分为汇总记账凭证和非汇总记账凭证。

①汇总记账凭证是根据一定时期内单一的记账凭证按一定的方法加以汇总而重新填制的凭证，包括分类汇总记账凭证和全部汇总记账凭证。分类汇总记账凭证是

按照收款、付款和转账凭证分别加以汇总编制汇总收款凭证（见表3-5）、汇总付款凭证（见表3-6）和汇总转账凭证（见表3-7）三种；全部汇总记账凭证是根据平时编制的全部记账凭证按照相同科目归类汇总其借、贷方发生额而编制的，一般称为科目汇总表（见表3-8）或记账凭证汇总表。无论是分类汇总记账凭证还是全部汇总记账凭证，其目的都是简化登记总账的工作。

表3-5 汇总收款凭证

按借方科目设置

借方科目：库存现金

贷方科目	金额				总账页数	
	1—10日凭证 1号~6号	11—20日凭证 7号~10号	21—30日凭证 11号~15号	合计	借方	贷方
其他应收款	360	640	400	1 400		
其他业务收入	5 400	1 250	500	7 150		
应收账款	400	600	800	1 800		
合计	6 160	2 490	1 700	10 350		

按贷方科目汇总填列

月终合计，记入有关总分类账户的贷方

记入“库存现金”总分类账户的借方

表3-6 汇总付款凭证

按贷方科目设置

贷方科目：银行存款

借方科目	金额				总账页数	
	1—10日凭证 1号~6号	11—20日凭证 7号~9号	21—30日凭证 10号~14号	合计	借方	贷方
应付账款	11 500	2 500	6 000	20 000		
应交税费	4 000			4 000		
固定资产	53 200			53 200		
短期借款	3 000			3 000		
合计	71 700	2 500	6 000	80 200		

按借方科目汇总填列

月终合计，记入有关总分类账户的借方

记入“银行存款”总分类账户的贷方

表 3-7 汇总转账凭证

按贷方科目设置

贷方科目：原材料

借方科目	金额				总账页数	
	1—10 日凭证 1 号~6 号	11—20 日凭证 7 号~10 号	21—30 日凭证 11 号~16 号	合计	借方	贷方
生产成本	5 500	4 500	6 000	16 000		
制造费用	1 200			1 200		
销售费用	200			200		
管理费用	400			400		
合计	7 300	4 500	6 000	17 800		

月终合计，记入有关总分类账户的借方

按借方科目汇总填列

记入“原材料”总分类账户的贷方

表 3-8 科目汇总表

日期：2020 年 1 月 1 日至 2020 年 1 月 31 日 编号

凭证起讫号数自____至____号止

会计科目	借方金额											记账√	贷方金额											记账√
	亿	千	百	十	万	千	百	十	元	角	分		亿	千	百	十	万	千	百	十	元	角	分	
银行存款			3	7	1	5	0	0	0	0	0					1	0	8	8	9	0	2	0	
应收账款			3	7	5	5	7	0	0	0	0				3	7	5	5	7	0	0	0	0	
坏账准备											0									6	0	0	0	
库存商品			2	1	7	7	4	2	6	1	5				2	5	5	2	2	4	7	8	8	
固定资产											0				1	5	8	5	6	2	0	0	0	
累计折旧											0						1	1	7	6	0	0	0	
短期借款				1	5	5	7	0	0	0	0						1	5	0	0	0	0	0	
应付职工薪酬											0					5	7	2	9	0	2	8	0	
应交税费				3	3	8	5	3	8	0	0				1	0	5	5	4	2	8	8	9	
本年利润			2	8	1	4	5	5	3	9	7				3	2	1	0	0	0	0	0	0	
生产成本			2	1	4	1	2	1	1	8	0				2	2	1	6	9	1	1	1	5	
主营业务收入			3	2	1	0	8	1	0	0	0				3	2	1	0	0	0	0	0	0	
主营业务成本			2	5	5	2	2	4	7	8	8				2	5	5	2	2	4	7	8	8	
税金及附加					4	0	4	9	0	7	4						4	0	4	9	0	7	4	
销售费用						9	8	3	5	0	0						2	2	5	5	0	0	0	
管理费用					6	5	2	8	1	0	0						6	6	9	8	0	0	0	
财务费用							4	0	5	0	0								4	0	5	0	0	
所得税费用				1	3	1	8	1	5	3	5					1	3	1	8	1	5	3	5	
合计		2	1	1	0	9	0	1	4	8	9			2	1	1	0	9	0	1	4	8	9	

②非汇总记账凭证是根据原始凭证编制的只反映某项经济业务会计分录而没有经过汇总的记账凭证。前面介绍的收款凭证、付款凭证、转账凭证以及通用记账凭证等均属于非汇总记账凭证。

3.记账凭证的填制要求

记账凭证是根据审核无误的原始凭证编制的，各种记账凭证可以根据每一张原始凭证单独编制，也可以根据若干张原始凭证汇总编制。

视频

你了解电子发票吗?

在采用专用记账凭证的企业中，其收款凭证和付款凭证是根据有关库存现金和银行存款收付业务的原始凭证填制的。凡是引起库存现金、银行存款增加的经济业务，都要根据库存现金、银行存款增加的原始凭证，编制库存现金、银行存款的收款凭证；凡是引起库存现金、银行存款减少的业务，都要根据库存现金、银行存款减少的原始凭证，编制库存现金、银行存款的付款凭证。出纳员对于已经收讫的收款凭证和已经付讫的付款凭证及其所附的各种原始凭证，都要加盖“收讫”和“付讫”的戳记，以免重收重付。转账凭证是根据有关转账业务的原始凭证填制的，作为登记有关账簿的直接依据。

如果企业采用的是专用记账凭证，对于从银行提取现金或将现金存入银行等货币资金内部相互划转的经济业务，为了避免重复记账，一般只编制付款凭证，不再编制收款凭证。

自测题3-2

在采用通用记账凭证的企业里，对于各种类型的经济业务，都使用一种通用格式的记账凭证进行反映。通用记账凭证的填制方法与转账凭证的填制方法基本相同。

第三节 会计账簿的登记

企业单位在经营过程中，要发生各种各样的经济业务，对于这些经济业务，首先要由原始凭证作出最初的反映，然后由会计人员按照会计信息系统的要求，采用复式记账方法编制记账凭证。由于会计凭证的数量繁多，比较分散，而且每张会计凭证只能记录单笔经济业务，提供的也只是个别数据，不便于直接通过会计凭证观察会计主体在一定会计期间内所发生的全部经济业务内容，也就无法对会计主体的资产、负债和所有者权益等财务状况以及收入、费用和利润等经营成果有一个完整、系统的认识。因此，为了对经济业务进行连续、系统、全面的核算，从分散的数据中提取系统有用的会计信息，就必须采用登记会计账簿的方法，把分散在会计凭证上的零散的资料，加以集中和分类整理，在账簿这个重要的载体上进行综合，从而为企业的经营管理提供系统的会计信息资料。

总而言之，企业单位会计账簿的设置和记录的正确、完整与否，直接影响企业单位经济核算的质量，所以，更好地设置与使用会计账簿，对于提高企业单位的经营管理水平具有重要的意义。

视频

会计账簿的含义和作用

一、会计账簿的概念与种类

编制记账凭证只是会计工作的第一步，尽管会计凭证在记录经济业务方面很详细、具体，但是很分散。为了连续、系统、综合地反映企业单位的经济活动，就需要把会计凭证中的具体资料分门别类地加以整理、归类，为此必须设置会计账簿。

（一）会计账簿的概念

所谓会计账簿，是由具有专门格式而又联结在一起的若干账页所组成，按照会计科目开设账户，以会计凭证为依据用来序时地、分类地记录和反映经济业务的簿籍。会计账簿是会计资料的主要载体之一。

视频 建账

（二）会计账簿的种类

由于会计核算对象的复杂性和不同的会计信息使用者对会计信息需要的多重性，导致了反映会计信息的载体之一——账簿的多样化。不同的会计账簿可以提供不同的信息、满足不同的需要。为了更好地了解和使用会计账簿，就需要对会计账簿进行分类。会计账簿按照不同的标准可以分为不同的类别。

1.会计账簿按其用途不同可以分为序时账簿、分类账簿和备查账簿

（1）序时账簿也称日记账，是按照经济业务发生时间的先后顺序逐日、逐笔登记的账簿。序时账簿包括普通日记账和特种日记账。其中，普通日记账是对全部经济业务按其发生时间的先后顺序逐日、逐笔登记的账簿；特种日记账是只对某一特定种类的经济业务按其发生时间的先后顺序逐日、逐笔登记的账簿。目前，在实际工作中应用得比较广泛的是特种日记账，如“库存现金日记账”“银行存款日记账”等。

（2）分类账簿是指对全部经济业务按照总分类账户和明细分类账户进行分类登记的账簿。分类账簿按其反映经济业务详细程度的不同，又可以分为总分类账簿（即按照总分类账户分类登记的账簿）和明细分类账簿（即按照明细分类账户分类登记的账簿）。

（3）备查账簿也称辅助账簿，是指对某些在序时账簿和分类账簿中未能记载或记载不全的事项进行补充登记的账簿。备查账簿只是对其他账簿记录的一种补充，与其他账簿之间不存在严密的依存和钩稽关系，备查账簿不是根据记账凭证登记的，它更加注重使用文字来记录各项内容，如“租入固定资产备查簿”“应付票据备查簿”等。

2.会计账簿按其外表形式的不同可以分为订本式账簿、活页式账簿和卡片式账簿

（1）订本式账簿是在启用之前就已把按顺序编号的账页装订成册的账簿。对于那些比较重要的内容一般采用订本式账簿，如序时账簿、联合账簿、总分类账簿等。

（2）活页式账簿是在启用时账页不固定装订成册，而将零散的账页放置在活页夹内，随时可以取放的账簿。活页式账簿克服了订本式账簿的缺点。明细分类账可根据需要采用活页式。

（3）卡片式账簿是由许多具有一定格式的硬质卡片组成，存放在卡片箱内，根据需要随时取放的账簿。卡片式账薄主要用于不经常变动的内容的登记，如“固定资产明细账”等。

活页式账簿和卡片式账簿的账页都需要连续编号使用，归档时应装订成册保存。

二、会计账簿的格式与登记方法

视频

会计账簿的登记

会计账簿从构造上看，一般由三大部分组成，即封面——标明账簿的名称；扉页——列示目录表和账簿使用登记表；账页——列示会计科目、记账日期、记账依据、内容摘要及金额等。不同的会计账簿由于反映的经济业务内容和详细程度不同，因而，其账页格式也有一定的区别。

（一）序时账簿的格式与登记方法

我们这里所说的序时账簿主要是指特种日记账。企业通常设置的特种日记账主要有库存现金日记账和银行存款日记账。

1.库存现金日记账的格式及登记方法

库存现金日记账的常用格式是三栏式，通常设置收入、支出、结余或借方、贷方、余额三个主要栏目，用来登记现金的增减变动及其结果。

三栏式库存现金日记账是由现金出纳员根据库存现金收款凭证、库存现金付款凭证以及银行存款付款凭证（反映从银行提取现金业务），按照库存现金收、付款业务和银行存款付款业务发生时间的先后顺序逐日、逐笔登记。库存现金日记账（三栏式）的格式见表3-9。

表3-9 库存现金日记账

2020年		凭证字号	摘要	对应科目	借方											贷方											余额											√
月	日				亿	千	百	十	万	千	百	十	元	角	分	亿	千	百	十	万	千	百	十	元	角	分	亿	千	百	十	万	千	百	十	元	角	分	
1	1		期初余额																														5	0	0	0	0	
1	1	1	提取备用金	银行存款							9	0	0	0	0											0						1	4	0	0	0	0	
			本日小计								9	0	0	0	0											0						1	4	0	0	0	0	
1	2	2	张华报销还款	其他应收款							4	5	1	0	0											0						1	8	5	1	0	0	
			本日小计								4	5	1	0	0											0						1	8	5	1	0	0	
1	16	13	报销厂办办公费	管理费用											0							1	5	0	0	0						1	7	0	1	0	0	
			本日小计												0							1	5	0	0	0						1	7	0	1	0	0	
1	18	14	盘点盘亏	待处理财产损溢											0							1	2	0	0	0						1	5	8	1	0	0	
1	18	14	盘亏补偿	待处理财产损溢							1	2	0	0	0											0						1	7	0	1	0	0	
			本日小计								1	2	0	0	0							1	2	0	0	0						1	7	0	1	0	0	
1	31		本月累计							1	4	7	1	0	0							2	7	0	0	0						1	7	0	1	0	0	

2.银行存款日记账的格式及登记方法

银行存款收付业务的结算方式有多种，为了反映具体的结算方式以及相关的单位，需要在三栏式库存现金日记账的基础上，通过增设栏目设置银行存款日记账，即在银行存款日记账中增设采用的结算方式和对方单位名称等具体栏目。

银行存款日记账是由出纳员根据银行存款的收款凭证、付款凭证以及库存现金付款凭证（反映将库存现金存入银行业务）序时登记的。总体来说，银行存款日记账的登记方法与库存现金日记账的登记方法基本相同。银行存款日记账（三栏式）的格式见表3-10、表3-11。

表3-10 银行存款日记账 第1页

开户银行

账　　号

2020年		凭证字号	摘要	对应科目	借方											贷方											余额											√
月	日				亿	千	百	十	万	千	百	十	元	角	分	亿	千	百	十	万	千	百	十	元	角	分	亿	千	百	十	万	千	百	十	元	角	分	
1	1		期初余额																										1	2	2	0	2	0	9	4	8	
1	1	1	提取备用金	库存现金											0								9	0	0	0	0			1	2	1	9	3	0	9	4	8	
			本日小计												0								9	0	0	0	0			1	2	1	9	3	0	9	4	8	
1	3	3	支付2019年一季度房租	销售费用											0					1	2	0	0	0	0	0			1	2	0	7	3	0	9	4	8	
			本日小计												0					1	2	0	0	0	0	0			1	2	0	7	3	0	9	4	8	
1	5	5	发放工资	应付职工薪酬											0				3	1	5	4	0	0	0	0				8	9	1	9	0	9	4	8	
			本日小计												0				3	1	5	4	0	0	0	0				8	9	1	9	0	9	4	8	
1	7	6	收到前欠货款	应收账款				3	0	0	0	0	0	0	0											0			1	1	9	1	9	0	9	4	8	
			本日小计					3	0	0	0	0	0	0	0											0			1	1	9	1	9	0	9	4	8	
1	8	7	支付住房公积金	应付职工薪酬											0					8	0	0	0	0	0	0			1	1	1	1	9	0	9	4	8	
1	8	7	支付社会保险费	应付职工薪酬											0				1	6	6	0	0	0	0	0				9	4	5	9	0	9	4	8	
1	8	8	缴纳上月增值税及所得税	应交税费											0				4	2	9	6	0	0	0	0				5	1	6	3	0	9	4	8	
1	8	9	缴纳上月税金及附加、个税	应交税费											0					3	4	1	0	6	0	0				4	8	2	2	0	3	4	8	
			本日小计												0				7	0	9	7	0	6	0	0				4	8	2	2	0	3	4	8	
1	9	10	采购员预借差旅费	其他应收款											0						2	0	0	0	0	0				4	8	0	2	0	3	4	8	
			本日小计												0						2	0	0	0	0	0				4	8	0	2	0	3	4	8	
1	10	11	支付宣传用品费	销售费用											0							7	2	0	0	0				4	7	9	4	8	3	4	8	
			本日小计												0							7	2	0	0	0				4	7	9	4	8	3	4	8	
1	13	12	购买烘干设备	固定资产											0					2	1	0	6	0	0	0				4	5	8	4	2	3	4	8	
			本日小计												0					2	1	0	6	0	0	0				4	5	8	4	2	3	4	8	
			转下页					3	0	0	0	0	0	0	0			1	0	6	1	7	8	6	0	0				4	5	8	4	2	3	4	8	

延伸阅读

合同负债

表 3-11　　银行存款日记账　　第 2 页

开户银行

账　　号

2020年 月	日	凭证字号	摘要	对应科目	借方（亿千百十万千百十元角分）	贷方（亿千百十万千百十元角分）	余额（亿千百十万千百十元角分）	√
			承上页		30000000	106178600	45842348	
1	26	15	收到客户预付货款	合同负债	1500000	0	47342348	
			本日小计		1500000	0	47342348	
1	30	19	销售产品收入	应收账款	370000000	0	417342348	
1	30	20	归还银行短期借款本息	短期借款	0	10121500	407220848	
1	30	22	支付水电费		0	767520	406453328	
			本日小计		370000000	10889020	406453328	
1	31		本月累计		401500000	117067620	406453328	

（二）总分类账簿的格式与登记方法

总分类账是按照一级会计科目的编号顺序分类开设并登记全部经济业务的账簿。总分类账的格式有三栏式（即借方、贷方、余额三个主要栏目）和多栏式两种，其中三栏式又区分为不反映对应科目的三栏式和反映对应科目的三栏式。总分类账的登记依据和方法主要取决于所采用的会计核算组织程序。它可以直接根据记账凭证逐笔登记，也可以把记账凭证进行汇总，编制成汇总记账凭证或科目汇总表，根据汇总的记账凭证定期登记。下面我们举例说明总分类账的格式和登记方法（见表 3-12）。

表 3-12　　总分类账　　第 15 页

会计科目及编号　应付职工薪酬

2020年 月	日	凭证字号	摘要	借方（亿千百十万千百十元角分）	贷方（亿千百十万千百十元角分）	方向	余额（亿千百十万千百十元角分）	√
1	1		期初余额			贷	56200000	
1	10	汇 1	1—10 日发生额	56200000	0	平	0	
1	20	汇 2	11—20 日发生额	0	0	平	0	
1	31	汇 3	21—31 日发生额	0	5729020	贷	5729020	
1	31		本月合计	56200000	5729020	贷	5729020	

不论哪种格式的总分类账，每月都应将本月已完成的经济业务全部登记入账，并于月末结出总账中各总分类账户的本期发生额和期末余额，与其他有关账簿核对相符之后，作为编制财务报表的主要依据。

（三）明细分类账簿的格式与登记方法

根据管理上的要求和各种明细分类账所记录经济业务的特点，明细分类账的格式主要有以下三种：

1.三栏式明细分类账

三栏式明细分类账的格式和三栏式总分类账的格式相同，即账页设有借方金额栏、贷方金额栏和余额金额栏三个主要栏目。这种格式的明细账适用于只要求提供货币信息而不需要提供非货币信息（实物量指标等）的账户。一般适用于债权债务类明细账，如应付账款、应收账款、预付账款、其他应收款、其他应付款等明细账的登记工作。下面我们举例说明三栏式明细分类账的格式和登记方法（见表3-13）。

表 3-13　　明细分类账　　第 1 页

科目编号________　　明细科目________　　总账科目 应收账款

2020年		凭证字号	摘要	借方											贷方											方向	余额											√
月	日			亿	千	百	十	万	千	百	十	元	角	分	亿	千	百	十	万	千	百	十	元	角	分		亿	千	百	十	万	千	百	十	元	角	分	
1	1		期初余额																							借				3	0	0	0	0	0	0	0	√
1	7	6	收到前欠货款											0				3	0	0	0	0	0	0	0	借											0	√
1	31		本月累计											0				3	0	0	0	0	0	0	0	借											0	√

2.数量金额式明细分类账

数量金额式明细分类账要求在账页上对借方、贷方、余额栏下分别设置数量栏和金额栏，以便同时提供货币信息和实物量信息。这一类明细账适用于既要进行金额核算又要进行实物量核算的财产物资类明细账，如原材料、库存商品等明细账。下面我们举例说明数量金额式明细分类账的格式和登记方法（见表3-14）。

3.多栏式明细分类账

多栏式明细分类账是根据经济业务的特点和经营管理的需要，在一张账页内按有关明细科目或项目分设若干专栏的账簿。按照登记经济业务内容的不同又分为三种："借方多栏式"明细账，如"材料采购明细账""生产成本明细账""制造费用明细账"等；"贷方多栏式"明细账，如"主营业务收入明细账"等；"借方、贷方多栏式"明细账，如"本年利润明细账""应交增值税明细账"等。下面我们举例说明多栏式明细分类账的格式和登记方法（见表3-15）。

表 3-14　　　　存货进销存　　　　第 1 页

部类 原材料　　产地______　　单位 米　　规格______　　品名 牛仔布

2020年		凭证字号	摘要	收入												发出												结存												√
				数量	单价	金额										数量	单价	金额										数量	单价	金额										
月	日					千	百	十	万	千	百	十	元	角	分			千	百	十	万	千	百	十	元	角	分			千	百	十	万	千	百	十	元	角	分	
1	1		期初余额																									5 000	25			1	2	5	0	0	0	0	0	√
1	5	4	材料采购	30 000	25			7	5	0	0	0	0	0	0													35 000	25			8	7	5	0	0	0	0	0	√
1	30	17	1204批普通牛仔裤材料领用													33 000	25			8	2	5	0	0	0	0	0	2 000	25				5	0	0	0	0	0	0	√
1	31		本月累计	30 000	25			7	5	0	0	0	0	0	0	33 000	25			8	2	5	0	0	0	0	0	2 000	25				5	0	0	0	0	0	0	√

表 3-15　　　　多栏式明细分类账　　　　第 1 页

科目编号______　　明细科目________　　总账科目 管理费用

2020年		凭证字号	摘要	合计																																								√
														差旅费										工资及五险一金费用										其他										
月	日			千	百	十	万	千	百	十	元	角	分	千	百	十	万	千	百	十	元	角	分	千	百	十	万	千	百	十	元	角	分	千	百	十	万	千	百	十	元	角	分	
1	2	2	张华报销差旅费					1	5	4	9	0	0					1	5	4	9	0	0																					√
1	16	13	购买办公用品						1	5	0	0	0																										1	5	0	0	0	√
1	30	21	计提本月折旧费用					1	8	9	6	0	0																									1	8	9	6	0	0	√
1	30	22	支付电费						1	6	0	0	0																										1	6	0	0	0	√
1	30	23	计提本月人工工资				4	5	0	0	0	0	0														4	5	0	0	0	0	0											√
1	30	24	计提本月人工五险一金				1	8	2	2	5	0	0														1	8	2	2	5	0	0											√
1	31	34	月度损益结转				6	6	9	8	0	0	0					1	5	4	9	0	0				6	3	2	2	5	0	0					2	2	0	6	0	0	√
1	31		本月累计										0										0										0										0	√

（四）备查账簿的格式与登记方法

备查账簿是对主要账簿起补充说明作用的账簿。它没有固定的格式，一般是根据各单位会计核算和经营管理的实际需要来设置的。

三、会计账簿的登记规则和错账的更正

视频

错账更正

企业单位的会计人员在登记有关账簿时，应遵循一定的规则，一旦发生记账错误，要按照规定的方法进行更正。

（一）会计账簿的登记规则

《会计法》第十五条规定：“会计账簿登记，必须以经过审核的会计凭证为依

据，并符合有关法律、行政法规和国家统一的会计制度的规定。会计账簿包括总账、明细账、日记账和其他辅助性账簿。会计账簿应当按照连续编号的页码顺序登记。会计账簿记录发生错误或者隔页、缺号、跳行的，应当按照国家统一的会计制度规定的方法更正，并由会计人员和会计机构负责人（会计主管人员）在更正处盖章。使用电子计算机进行会计核算的，其会计账簿的登记、更正，应当符合国家统一的会计制度的规定。”

由于会计账簿是储存数据资料的重要会计档案，因而登记会计账簿应由专人负责。启用账簿时，应填列“账簿启用和经管人员一览表”，载明有关内容；平时登记账簿时必须用蓝黑墨水钢笔书写，不得用铅笔或圆珠笔记账，除“结账划线”“改错”“冲销账簿记录”等内容外，不得使用红色墨水钢笔记账；有关会计人员调动工作或离职时，应办理交接手续等。

（二）错账的更正方法

会计人员在记账过程中，难免会发生各种各样的错误。我们一般是通过编制试算平衡表来检查错误的存在情况。可能引起试算平衡表不平衡的错误一般包括编表过程的错误、编制记账凭证的错误、登记账簿的错误等。对于记账凭证本身的错误（账簿记录没有错误或没有登记账簿），不需要做具体的更正，只需要将错误的凭证撕掉然后再编一个正确的凭证即可；如果记账凭证没有错误但账簿记录有错误或记账凭证和账簿同时发生错误，则需要采用专门的方法进行更正。

如果账簿记录发生错误，不得任意使用刮擦、挖补、涂改等方法去更改字迹，而应该根据错误的具体情况，采用正确的方法予以更正。按照《会计基础工作规范》的要求，更正错账的方法一般有三种，即划线更正法、红字更正法、补充登记法。

1.划线更正法

在结账前，如果发现账簿记录有错误，而记账凭证没有错误，即纯属账簿记录中的文字或数字的笔误，可用划线更正法予以更正。

更正的方法是：先将账页上错误的文字或数字划一条红线，以表示予以注销，然后，将正确的文字或数字用蓝字写在被注销的文字或数字的上方，并由记账人员在更正处盖章。应当注意的是，更正时，必须将错误数字全部划销，而不能只划销、更正其中个别错误的数码，并应保持原有字迹仍可辨认，以备查考。

【例3-5】新世纪有限责任公司用银行存款5 800元购买办公用品。会计人员在根据记账凭证（记账凭证正确）记账时，误将账簿中银行存款账户贷方的5 800元写成8 500元。

首先判断该项错误应该采用划线更正法进行更正。采用划线更正法更正的具体方法是：将账簿中“银行存款”账户贷方的错误数字8 500元全部用一条红线划销，然后在其上方写出正确的数字5 800元，并在更正处盖章或签名，以明确责任。

2.红字更正法

红字更正法又称红字冲销法，适用于以下两种错误的更正：

（1）根据记账凭证所记录的内容登记账簿以后，发现记账凭证的应借、应贷会计科目或记账方向有错误，但金额正确，应采用红字更正法。更正的具体方法是：先用红字填制一张与错误记账凭证内容完全相同的记账凭证，并据以用红字登记入账，冲销原有错误的账簿记录；然后，再用蓝字填制一张正确的记账凭证，据以用蓝字或黑字登记入账。

【例 3-6】 新世纪有限责任公司以银行存款支付本月行政部门办公费 12 000 元。这项经济业务编制的会计分录应为借记“管理费用”科目，贷记“银行存款”科目，但会计人员在填制记账凭证时，误将“管理费用”记为“财务费用”并已登记入账。

这属于记账凭证中的会计科目错误，应采用红字更正法进行更正。更正时，先用红字（以下用□表示红字）填制一张会计分录与原错误记账凭证中的会计分录相同的记账凭证，并据以用红字登记入账，冲销原有错误的账簿记录：

借：财务费用　　12 000

　贷：银行存款　　12 000

然后，再用蓝字填制一张正确的记账凭证并据以登记入账：

借：管理费用　　12 000

　贷：银行存款　　12 000

（2）根据记账凭证所记录的内容登记账簿以后，发现记账凭证中应借、应贷的会计科目、记账方向正确，只是金额发生错误，而且所记金额大于应记的正确金额，对于这种错误应采用红字更正法予以更正。更正的具体方法是：将多记的金额用红字填制一张与原错误凭证中科目、借贷方向相同的记账凭证，其金额是错误金额与正确金额两者的差额，并登记入账。

【例 3-7】 新世纪有限责任公司用银行存款 1 000 元缴纳上个月欠缴的城市维护建设税。会计人员在编制会计分录时，误将 1 000 元记为 10 000 元并已登记有关账簿。

这个错误属于记账凭证中的金额错误，而且错误的金额大于正确的金额，应采用红字更正法进行更正。更正的具体方法是：用红字编制一张与原错误凭证中科目、方向相同的记账凭证，其金额为 9 000 元（10 000-1 000），据以用红字登记入账，以冲销多记的金额：

借：应交税费——应交城市维护建设税　　9 000

　贷：银行存款　　9 000

3.补充登记法

记账以后，如果发现记账凭证和账簿的所记金额小于应记金额，而应借、应贷的会计科目并无错误时，应采用补充登记的方法予以更正。更正的具体方法是：按少记的金额用蓝字填制一张应借、应贷会计科目与原错误记账凭证相同的记账凭证，并据以登记入账，以补充少记的金额。

【例 3-8】 新世纪有限责任公司用银行存款 50 000 元偿还短期借款本金。会计人员在编制会计分录时，误将 50 000 元记为 5 000 元并登记入账。编制的会计分录为：

借：短期借款 5 000

　贷：银行存款 5 000

这属于记账凭证中的金额少记的错误，即错误金额小于正确的金额，应采用补充登记的方法予以更正。具体更正方法是：用蓝字编制一张与原错误凭证应借科目、应贷科目、记账方向相同的记账凭证，其金额为45 000元（50 000−5 000），据以用蓝字登记入账即可：

自测题3-3

业务实践

借：短期借款 45 000

　贷：银行存款 45 000

启用账簿

采用红字更正法和补充登记法更正错账时，都要在凭证的摘要栏注明原错误凭证号数、日期和错误原因，便于日后核对。

第四节　对账与结账

为了总结某一会计期间的经营活动情况，考核经营成果，便于准确编制财务报表，必须定期进行对账与结账工作。

一、对账

视频

如何对账

会计作为一个信息系统，处理日常发生的各种各样的经济业务，遵循的是复式记账的基本原理。按照复式记账的要求，在数量关系上，必然会形成一套以会计账簿为中心，账簿与会计凭证、实物以及财务报表之间的相互控制、稽核和自动平衡的保护性机制。为了保证这个机制的正常运行，保证账证相符、账账相符、账实相符，就有必要对各种账簿记录的内容进行核对，即进行账簿的对账工作。

（一）对账的概念

所谓对账，简单地说就是在将本期发生的经济业务登记入账之后，对账簿记录所进行的核对工作。

对账工作一般是在会计期末进行的，如果遇到特殊情况，如有关人员办理调动时或发生非常事件后，应随时进行对账。

（二）对账的内容

对账的具体内容，一般包括以下几个方面：

1.账证核对，做到账证相符

账证核对就是将各种账簿（包括总分类账、明细分类账、库存现金日记账和银行存款日记账）记录与有关的会计凭证（包括记账凭证及其所附的原始凭证）进行核对，做到账证相符。账证核对的工作一般可以采用抽查法进行。

2.账账核对，做到账账相符

账账核对是在账证核对相符的基础上，对各种账簿记录的内容所进行的核对工作，通过对有关账簿进行核对做到账账相符。账账核对的具体内容包括：

（1）总分类账中各账户的本期借方、贷方发生额合计数，期末借方、贷方余额合计数，应当分别核对相符，以检查总分类账户的登记是否正确。其核对方法是编制总分类账户发生额及余额试算平衡表。

（2）库存现金日记账、银行存款日记账的本期借方、贷方发生额合计数及期末余额合计数，分别与总账中的库存现金账户、银行存款账户的记录核对相符，以检查日记账的登记是否正确。

（3）总分类账户本期借、贷双方发生额及余额与所属明细分类账户本期借、贷方发生额合计数及余额合计数核对相符，以检查总分类账户和明细分类账户登记是否正确。其核对方法一般是编制总分类账户与明细分类账户发生额及余额对照表进行核对。

（4）会计部门登记的各种财产物资明细分类账的结存数，与财产物资保管或使用部门的有关保管账的结存数核对相符，以检查双方登记是否正确。

3.账实核对，做到账实相符

账实核对是在账账核对的基础上，将各种账簿记录余额与各项财产物资、库存现金、银行存款及各种往来款项的实存数核对，做到账实相符。其具体内容包括：

（1）库存现金日记账的余额与库存现金实际库存数核对相符。

（2）银行存款日记账的发生额及余额与银行对账单核对相符。

（3）财产物资明细账的结存数分别与财产物资的实存数核对相符。

（4）各种债权、债务的账面记录应定期与有关债务、债权单位或个人核对相符。

二、权责发生制与账项调整

会计分期这个前提条件为我们确立了会计核算的时间范围，即会计期间。在各个会计期间要发生各种经济业务，其中就包括了与收入和费用有关的经济业务。在一个确定的会计期间内，收入的获得（实现）、费用的发生和与其相关的款项的实际收支存在着以下几种可能：

（1）本期获得收入同时收款、本期发生费用同时付款；

（2）本期获得收入但未收款、本期发生费用但未付款；

（3）本期收款但未获得收入、本期付款但未发生费用。

对于上述的第一种情况，由于收入和费用的归属期间与款项的实际收支期间一致，因而将其确认为该期间的收入和费用是不存在问题的。而在第二、第三种情况下，是否将其确认为该期间的收入和费用则有两种会计处理基础可供选择，即权责发生制和收付实现制。

在权责发生制会计处理基础的要求下，本期的收入和费用不仅包括上述第一、第二种情况的收入和费用，而且包括以前会计期间收款而在本期获得的收入及以前会计期间付款而应由本期负担的费用，但不包括第三种情况。

权责发生制是企业会计核算的基础，它主要是根据权责关系的实际发生和受益影响期间来确认企业的收入、费用和收益。采用权责发生制核算企业收支，能够合理地计算和确定企业某一期间的财务成果，真实地反映企业的财务状况，虽然核算比较复杂，但反映本期的收益和费用比较真实，因而，我国《企业会计准则——基本准则》第九条规定：“企业单位应当以权责发生制作为会计核算基础进行会计确认、计量和报告。”

根据权责发生制会计处理基础确认收入和费用的标准我们可以看出，账簿上所记录的本期收入并不一定都在本期收款（可能在以前预收、本期收款或以后收款），账簿上所记录的本期费用也并不一定都在本期付款（可能在以前付款、本期付款或以后付款），为了准确地确定各个会计期间的收入和费用，使之归属于应该归属的会计期间，以便于更好地按照配比原则的要求进行配比进而确定各个期间的经营成果，在会计期末结账时，就需要对某些跨期间的账项进行调整，包括收入的调整和费用的调整两部分内容。

（一）收入的调整

收入的调整又可以具体分为应计未收收入的调整和应计预收收入的调整。

（1）应计未收收入是指本会计期间已经获得但本期尚未收到款项的收入，应在期末结账时将其调整为本期收入，即一方面增加本期的收入，另一方面增加本期的资产（债权）。现举例说明如下：

【例3-9】 新世纪有限责任公司赊销一批产品给C公司（假设不考虑相关税费），售价为3 000元，已发货，货款一个月后收取。

分析　　资产（应收账款）增加　　收入（主营业务收入）增加

该项经济业务应编制如下会计分录：

借：应收账款——C公司	3 000	
贷：主营业务收入		3 000

（2）应计预收收入是指以前已经预收款项并满足收入合同成立条件，本期提供商品或劳务，本期确认收入，因而应在期末结账时将其调整为本期收入，即一方面增加本期收入，另一方面冲减本期负债（合同负债）。现举例说明如下：

【例3-10】 新世纪有限责任公司销售一批产品给S公司（假设不考虑相关税费），售价为5 000元，已发货，之前已经预收货款1 000元，其余款项在发货时收到，存入银行。

分析　负债（合同负债）减少　收入（主营业务收入）增加　资产（银行存款）增加

该项经济业务应编制如下会计分录：

借：合同负债	1 000	
银行存款	4 000	
贷：主营业务收入		5 000

（二）费用的调整

费用的调整包括应计未付费用的调整和应计预付费用的调整。

（1）应计未付费用是指本期已经发生但尚未支付款项的各种费用，应在期末结账时将其调整为本期费用，即一方面增加本期的费用，另一方面增加本期的负债。现举例说明如下：

【例3-11】 1月31日，新世纪有限责任公司计算提取之前短期借款的利息7 000元。

分析　　费用（财务费用）增加　　负债（应付利息）增加

该项经济业务应编制如下会计分录：

借：财务费用　　7 000

　贷：应付利息　　7 000

（2）应计预付费用是指以前期间已经付款但在本期发生的费用，应在期末结账时将其调整为本期的费用，即一方面增加本期的费用，另一方面冲减本期的资产（债权）。现举例说明如下：

【例3-12】 1月31日，新世纪有限责任公司摊销应由本月负担的房租2 000元。

分析　　资产（长期待摊费用）减少　　费用（管理费用）增加

该项经济业务应编制如下会计分录：

借：管理费用　　2 000

　贷：长期待摊费用　　2 000

企业按照权责发生制会计处理基础的要求在会计期末需要调整的账项除了以上内容之外，类似的内容还有会计期末计提固定资产折旧、计提有关资产的减值准备等。经过这些调整，不仅能够正确地反映本期应赚取的收入和应发生的费用，使得收入和相关费用在时间上、因果关系上得到了恰当的配比，进而正确地确定了该期间的经营成果，而且真实地反映了企业在该期末的财务状况（债权、债务）。

调整分录包括对收入的调整和对费用的调整两类内容，收入和费用的发生会影响所有者权益的变动，然而所有者权益不能独自变动，当其发生变化时，必定涉及资产或负债的变化，因此，每一笔调整分录既影响利润表账户（收入或费用），又影响资产负债表账户（资产或负债）。调整分录是基于权责发生制会计处理基础的，相比记录常规性业务的会计分录，编制调整分录要求必须更深刻地理解权责发生制这一特殊的会计处理基础。

三、结账

视频

如何结账

按照《会计工作基础规范》的要求，为了正确反映一定时期内的经营成果和期末的财务状况，以便为编制财务报表提供真实、可靠的数据资料，各企业单位必须按照规定定期结账。

（一）结账的概念

所谓结账，是在将本期内发生的所有经济业务全部登记入账的基础上，按照规定的方法对该期内的账簿记录进行小结，结算出本期发生额合计和期末余额，并将其余额结转下期或者转入新账的过程。

（二）结账的步骤及内容

结账工作主要包括以下几个步骤及具体内容：

（1）结账前，必须将本期发生的全部经济业务登记入账，所以在结账时，要首先查明这些经济业务是否已全部登记入账。

（2）在本期经济业务全面登记入账的基础上，按照权责发生制会计处理基础的要求，将收入和费用归属于各个相应的会计期间，即编制调整分录，包括摊配已登账的长期待摊费用和预收收益、计提应承担但尚未支付的应付未付费用、确认已实现但尚未收到的应收收益等，再据以登记入账。关于这一部分内容，我们已在上一个问题中作了阐述。

（3）编制结账分录。[①]对于各种收入、费用类账户的余额，应在有关账户之间进行结转，从而结束各有关收入和费用类账户。也就是将这些反映损益的收入类和费用类账户如“主营业务收入”“主营业务成本”“税金及附加”“管理费用”“财务费用”“销售费用”等损益类账户的金额转入“本年利润”账户，以便在这些损益类账簿上重新记录下一个会计期间的业务。正所谓“成绩只能代表过去”，上一个会计期间的成果不能带到下一个会计期间，每一个会计期间开始时，经营成果的计算都是从零开始的。结账分录包括两部分：一部分是结转收入的，即借记有关的收入类账户，贷记“本年利润”账户；另一部分是结转费用的，即借记“本年利润”账户，贷记有关的费用类账户。结账分录也需要登记到相应的账簿中去。现举例说明结账分录的编制如下：

【例3-13】 1月31日，新世纪有限责任公司结转本月实现的各项收入（采用账结法）。其中，主营业务收入300 000元，其他业务收入7 000元。

分析　收入账户（主营业务收入、其他业务收入）结平　利润（本年利润）增加

该项经济业务应编制如下会计分录：

借：主营业务收入	300 000	
其他业务收入	7 000	
贷：本年利润		307 000

【例3-14】 1月31日，结转新世纪有限责任公司本月发生的各项费用。其中，主营业务成本240 000元，其他业务成本5 000元，管理费用30 000元，财务费用9 000元，销售费用5 000元（假设不考虑相关税费）。

分析　费用账户（主营业务成本、其他业务成本、管理费用、财务费用、销售费用）结平　利润（本年利润）减少

该项经济业务应编制如下会计分录：

借：本年利润	289 000	
贷：主营业务成本		240 000
其他业务成本		5 000
管理费用		30 000
财务费用		9 000
销售费用		5 000

（4）计算各账户的本期发生额合计和期末余额。结账时，应当结出各个账户的期末余额，需要结出当月发生额的，应当在“摘要”栏内注明“本月合计”字样，

① 通过编制结账分录并过入各有关账户，以结平各损益类账户的方法称为“账结法”。账结法可以在平时每个月末进行，也可以集中于年末进行。如果是集中在年末采用账结法，平时可以保持各个损益类账户的余额不变，使得各损益类账户累计地反映全年的收入和费用情况，平时的月末（1—11月份），为了编制利润表，可以在报表中对有关的收入类和费用类账户进行结转，即所谓的“表结法”。但无论采用何种方法，年末时必须按照账结法结平各损益类账户。

并在下面通栏划单红线。需要结出本年累计发生额的，应当在“摘要”栏内注明“本年累计”字样，全年累计发生额下面应当通栏划双红线。本年各账户的年末余额转入下年，应在“摘要”栏注明“结转下年”及“上年结转”字样。

（三）试算平衡

为了保证财务报表提供会计信息的正确性，在编制财务报表之前需要进行试算平衡。在借贷记账法下，要求每项经济业务均按照借、贷方金额相等的会计分录登记入账，因此，在会计期末，将全部会计分录中的金额分别记入相关账户之后，就必然存在全部账户的借方发生额等于贷方发生额这样一种平衡关系。同样，全部账户借方余额也必然与贷方余额相等，也就是说，在借贷记账法下，试算平衡包括发生额平衡和余额平衡两种方式。

在实际工作中，会计人员一般通过编制试算平衡表来完成试算平衡工作。试算平衡表见表3-16。

自测题3-4

业务实践

银行存款对账

表3-16　　总分类账户发生额及余额试算平衡表

2×20年1月31日　　单位：元

账户名称	期初余额		本期发生额		期末余额	
	借方	贷方	借方	贷方	借方	贷方
银行存款	600 000		800 000	380 000	1 020 000	
原材料			30 000		30 000	
固定资产	1 000 000		200 000		1 200 000	
短期借款		200 000	40 000			160 000
应付账款		160 000	160 000	10 000		10 000
应付票据				40 000		40 000
实收资本		1 000 000		960 000		1 960 000
资本公积		240 000	160 000			80 000
合计	1 600 000	1 600 000	1 390 000	1 390 000	2 250 000	2 250 000

第五节　编制财务报表

本章的内容学习至此，我们已经明确，在完整的会计循环中，就其各个步骤的基本内容而言，首先，必须取得证明经济业务已发生或完成的原始凭证，会计人员要对其进行审核，根据审核无误的原始凭证，运用复式记账原理结合设置账户等会计核算方法据以编制记账凭证；其次，对所编制的记账凭证进行审核，并根据审核无误的记账凭证登记会计账簿；最后，还要通过对账与结账，将有关的账簿记录资料进行再确认，并以财务报表的形式将会计信息报告给各方信息使用者。不难看出，财务报表是会计循环的终端输出物，编制财务报表也就成为会计循环的最后一个工作步骤。

财务报表是对企业财务状况、经营成果和现金流量的结构性表述。根据《企业会计准则第30号——财务报表列报》的要求，一套完整的财务报表至少应当包括“四表一注”，即资产负债表、利润表、现金流量表、所有者权益变动表和附注。

一、资产负债表

资产负债表是反映企业某一特定日期财务状况的财务报表，即反映了某一特定日期关于企业资产、负债、所有者权益及其相互关系的信息。资产负债表是一张静态报表。企业编制资产负债表的目的是通过如实反映企业在资产负债表日所拥有的资源、所承担的债务和所有者所拥有的权益金额及其结构情况，从而有助于会计信息使用者评价企业资产的质量以及短期偿债能力、长期偿债能力和利润分配能力等。

财务报告浏览

格力电器2019年年度财务报告

资产负债表遵循了“资产=负债+所有者权益”这一会计恒等式，全面地揭示企业在某一特定日期所拥有或控制的经济资源、所承担的债务以及偿债以后属于所有者的剩余权益。

二、利润表

利润表是反映企业在某一会计期间经营成果情况的报表，反映了企业经营业绩的主要来源和构成。利润表是一张动态报表。企业编制利润表的目的是通过如实反映企业实现的收入、发生的费用以及应当计入当期利润的利得和损失等金额及其结构情况，判断企业在该期间内的投入与产出的比例关系，从而有助于会计信息使用者分析评价企业的盈利能力及其构成与质量，预测企业的盈利趋势。

三、现金流量表

现金流量表是反映企业一定会计期间现金及现金等价物流入和流出情况的报表，属于动态报表。企业编制现金流量表的主要目的，是为会计报表使用者提供企业一定会计期间现金和现金等价物流入和流出的信息，以便于会计报表使用者了解和评价企业获取现金和现金等价物的能力，并据以预测企业未来现金流量。所以，现金流量表在评价企业经营业绩，衡量企业财务资源和财务风险以及预测企业未来前景方面，有着十分重要的作用。现金流量表有助于评价企业支付能力、偿债能力和周转能力；有助于预测企业未来现金流量；有助于分析企业收益质量及影响现金净流量的因素。

四、所有者权益变动表

所有者权益（或股东权益）变动表是反映企业年末所有者权益（或股东权益）增减变动情况的报表。通过该表，可以了解企业某一会计年度所有者权益（或股东权益）的各项目实收资本（或股本）、资本公积、盈余公积和未分配利润等的增加、减少及余额情况，分析其变动原因及预测未来的变动趋势。

五、附注

会计报表附注是对在资产负债表、利润表、所有者权益变动表和现金流量表等报表中列示项目的文字描述或明细资料，以及对未能在这些报表中列示项目的说明等。附注应当披露财务报表的编制基础，相关信息应当与资产负债表、利润表、所有者权益变动表和现金流量表等报表中列示的项目相互参照。

自测题3-5

链接本章引导案例

本章小结

会计循环就是指确认和计量经济业务、编审原始凭证、编审记账凭证、登记会计账簿、对账簿记录进行对账与结账、编制财务报表等一系列会计核算程序的总和。会计循环的第一步是遵循会计确认的基本标准对企业单位发生的各种经济活动进行分析，以确定经济业务。对经济业务进行处理需要用到会计凭证和账簿等载体。

所谓会计凭证就是用来记录经济业务，明确经济责任，并作为登记账簿依据的书面证明文件，会计凭证是重要的会计资料。会计凭证按填制的程序和用途不同，分为原始凭证和记账凭证两大类。其中，原始凭证是在经济业务发生时填制或取得的，用以证明经济业务的发生或完成情况，并作为记账原始依据的会计凭证，包括自制原始凭证和外来原始凭证；记账凭证，就是由会计人员根据审核无误的原始凭证编制的用来履行记账手续的会计分录凭证，它是登记账簿的直接依据。记账凭证按其反映的经济业务内容的不同，可以分为专用记账凭证和通用记账凭证。其中，专用记账凭证是专门用来记录某一特定种类经济业务的记账凭证，按其所记录的经济业务是否与货币资金收付有关又可以进一步分为收款凭证、付款凭证和转账凭证三种。

所谓会计账簿是由具有专门格式而又联结在一起的若干账页所组成，按照会计科目开设账户，用来序时、分类记录和反映经济业务的簿籍，会计账簿是会计资料的主要载体之一。会计账簿按其用途不同可以分为序时账簿、分类账簿和备查账簿；会计账簿按其外表形式的不同可以分为订本式账簿、活页式账簿和卡片式账簿。

会计账簿一般由封面、扉页、账页三部分组成。不同的会计账簿，其账页格式也不尽相同。序时账簿主要是指特种日记账，包括库存现金日记账和银行存款日记账，其常用格式是三栏式，通常设置收入、支出、结余，或借方、贷方、余额三个主要栏目，用来登记库存现金和银行存款的增减变动及其结果；总分类账的格式有三栏式（即借方、贷方、余额三个主要栏目）和多栏式两种，其中三栏式又区分为不反映对应科目的三栏式和反映对应科目的三栏式；明细分类账的格式主要有三种，即三栏式（适用于债权债务类）、数量金额式（适用于财产物资类）和多栏式（适用于费用成本类、收入类和利润类）等。

会计账簿要按照规则进行登记。如果账簿记录发生错误，不得任意使用刮擦、挖补、涂改等方法去更改字迹，而应该根据错误的具体情况，采用正确的方法予以更正。按照《会计基础工作规范》的要求，更正错账的方法一般有三种，即划线更正法、红字更正法、补充登记法。

为了总结某一会计期间的经济活动情况，考核经营成果，便于准确编制财务报表，必须定期进行对账和结账工作。所谓对账，简单地说就是在将本期发生的经济业务登记入账之后，对账簿记录所进行的核对工作，包括账证核对、账账核对和账实核对；所谓结账，是在将本期内所发生的经济业务全部登记入账的基础上，按照规定的方法对该期内的账簿记录进行小结，结算出本期发生额合计和期末余额，并将其余额结转下期或者转入新账的过程。

按照权责发生制原则的要求，在会计期末结账时，需要对某些跨期间的账项进行调整，包括收入的调整（应计未收收入的调整、应计预收收入的调整）和费用的调整（应计未付费用的调整、应计预付费用的调整）两部分内容。

为了保证财务报表提供会计信息的正确性，在编制财务报表之前需要进行试算平衡，借贷记账法下，试算平衡包括发生额平衡和余额平衡两种方式。

会计循环的终端输出物主要是财务报告中的财务报表。所谓财务报表是对企业财务状况、经营成果和现金流量的结构性表述。根据我国《企业会计准则第30号——财务报表列报》的要求，企业需要编制的主要报表有资产负债表、利润表、现金流量表和所有者权益变动表等。

复习思考

1.什么是会计循环？它主要包括哪些基本步骤？

2.专用记账凭证可以分为哪几种？分别适用于哪些类型的经济业务？

3.明细分类账的格式如何？分别适用于哪种明细分类账簿？

4.错账更正方法有哪几种？分别适用于哪种错误的更正？举例说明如何进行具体的更正。

5.权责发生制与收付实现制的区别何在？举例说明。

6.简述对账与结账的主要内容。

课后作业

第四章
资产负债表要素：资产

学习目标

通过对本章内容的学习，需要达到以下目标：

1. 了解货币资金、应收款项、存货、交易性金融资产、长期股权投资、固定资产和无形资产的含义、特征及各自包括的具体内容；了解上述各项资产的内部控制要求和报表列示方法。

2. 熟悉现金管理制度、银行结算办法、票证显示内容，进而完成对某些资产的确认和计量。

3. 理解未达账项的种类及银行存款余额调节表的编制、发出存货的计价方法、固定资产折旧方法及折旧额的计算。

4. 掌握现金清查结果的处理、带息应收票据的处理、应收账款现金折扣总价法、交易性金融资产的处理、固定资产增加和减少的处理、无形资产摊销的处理。

思维导图

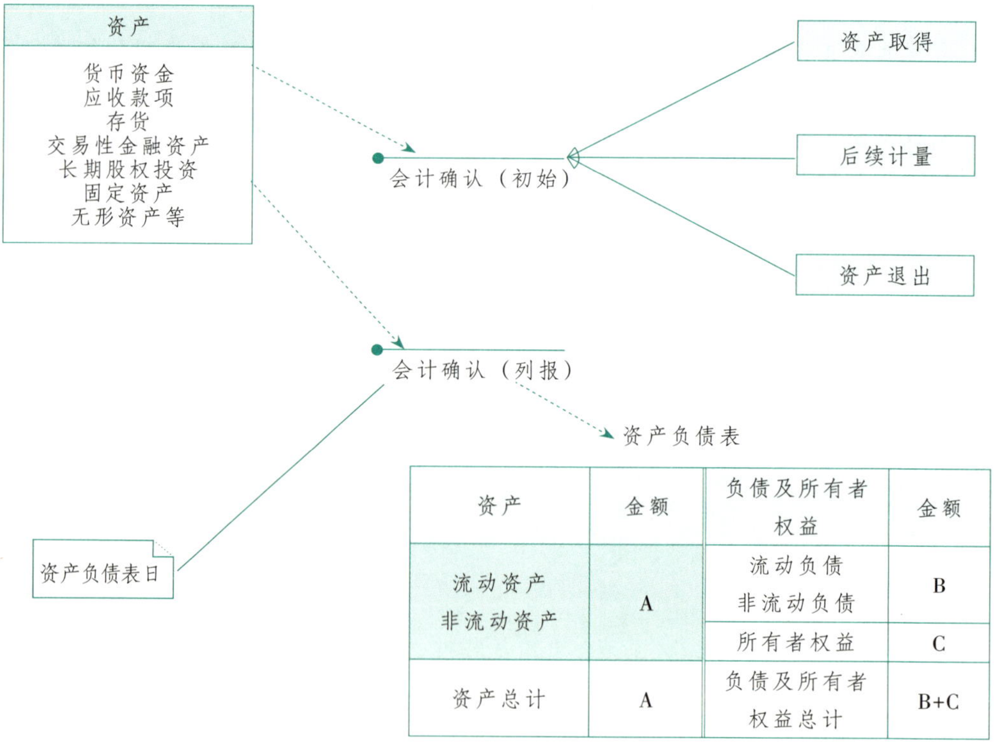

资产	金额	负债及所有者权益	金额
流动资产 非流动资产	A	流动负债 非流动负债	B
		所有者权益	C
资产总计	A	负债及所有者权益总计	B+C

引导案例

2×20年1月1日，张平和王成文各出资现金2 000 000元共同注册了一家公司，取名为平成和有限责任公司，从事产品的生产与销售业务。为了满足经营需要，公司向银行借款2 800 000元，作为公司的流动资金。为了开展业务的需要，公司购入300平方米的房屋作为办公用房，价值3 400 000元；购入各种设备、轿车等支出1 600 000元，购入商品、材料等支出750 000元，剩余资金除留下10 000元作为零用现金外，其余资金全部存入银行。公司开始营业。

公司在年内赊购了一项专利，价值1 000 000元，该专利预计能在5年内为公司带来利益；通过银行从二级市场购买了股票，价款380 000元，交易税费5 000元，公司视行情可能随时抛售；出售了公司的一台暂时不用的轿车，该轿车的原价为240 000元，已提折旧30 000元，售价180 000元。

问题：

（1）你能分辨出平成和有限责任公司在成立时有哪些资产以及这些资产应归属的类别吗？

（2）你能清楚地解释公司在年内发生的业务应如何处理吗？除了这些已列出的活动，你认为作为公司的会计，对诸如房屋、专利等资产还需要做些什么？

相信通过对本章内容的学习，你会找到以上问题的答案。

第一节　货币资金

任何企业进行生产经营活动，都必须持有货币资金。货币资金，是停留在货币形态，可以随时用作购买手段和支付手段的资金。在我国会计工作中，根据货币资金存放地点以及使用上是否受约定限制，一般将企业单位的货币资金分为库存现金、银行存款和其他货币资金。

一、现金的核算

现金是货币资金的重要组成部分，是通用的支付手段，具有通用性和无限制可流通性，可以不受任何约定的限制，在一国或他国自由流动。现金是指存放于企业财会部门由出纳员经管的纸币、硬币、电子货币以及折算为记账本位币的外币等，包括人民币现金和外币现金。资金支付管理与控制流程如图4-1所示。

（一）现金管理的有关规定

现金是企业的一种流动性最强的货币性资产，可以直接用于支付或结算，为此，国务院发布了《现金管理暂行条例》，中国人民银行也发布了《现金管理暂行条例实施细则》，对现金管理的有关问题作出了严格的规定。

根据国务院和中国人民银行的有关规定，开户单位可以使用现金的范围包括：职工工资、津贴；个人劳务报酬；按照国家规定颁发给个人的科学技术、文化艺术、体育等奖金；各种劳保、福利费用以及国家规定的对个人的其他支出；向个人收购农副产品和其他物资的价款；出差人员必须随身携带的差旅费；结算起点以下

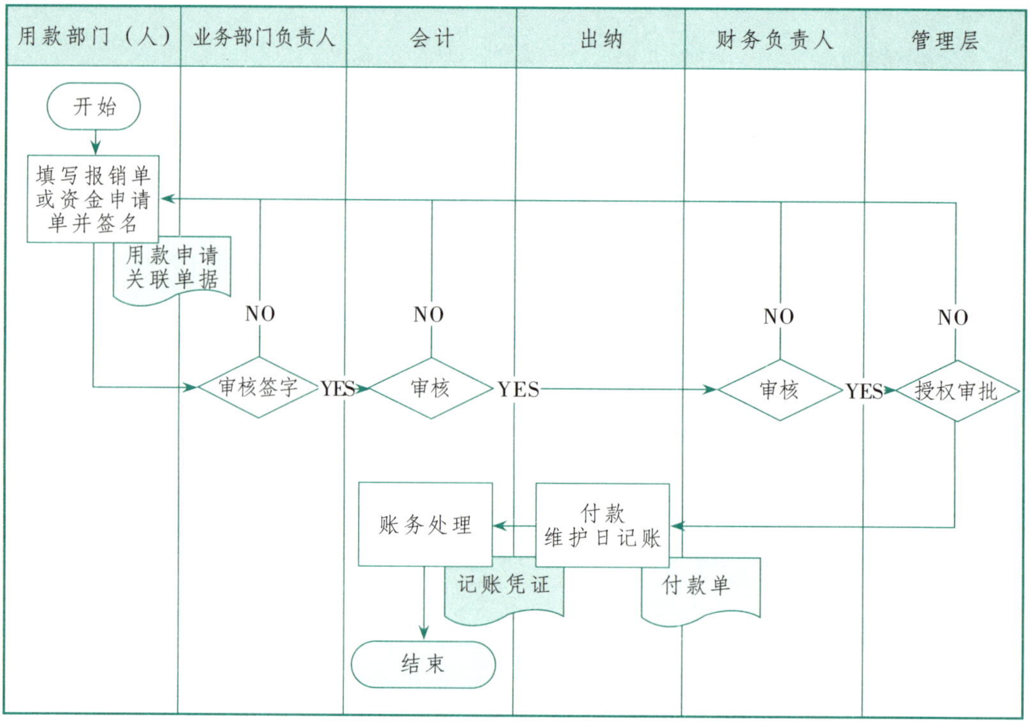

图 4-1　资金支付管理与控制流程

的零星支出；中国人民银行确定的需要支付现金的其他支出。除按照规定的收支范围可以使用现金以外，企业应该通过开户银行办理转账结算。

各个企业单位在日常发生的经济业务中收入的现金，应于当日送存开户银行，当日送存银行确有困难的，由开户银行确定具体的送存时间。企业单位因业务需要必须支付现金的，可以从本单位库存现金中支付或者从开户银行提取现金支付。但不得从本单位收入的现金中直接支付现金支出，即不得坐支现金。因特殊原因需要坐支现金的单位，要事先报经开户银行审查批准，由开户银行核定坐支的范围以及限额，坐支单位必须在库存现金日记账上如实地反映坐支的具体金额，并按月向开户银行报告坐支的金额及其具体情况。

企业单位必须建立健全现金账目，包括库存现金日记账和库存现金总账。在库存现金日记账中逐笔登记库存现金的收入与支出，库存现金日记账要做到日清月结，保证账款相符。不得用不符合财务制度的凭证顶替库存现金，即不准白条抵库。企业单位之间不准相互借用现金。不准利用银行账号谎报用途套取现金。不准将单位收入的现金以个人的名义存入银行。不准保留账外公款，即不准私设小金库。

（二）现金日常收支的核算

现金的核算通过设置“库存现金”账户来进行。为了反映现金增减变化的具体情况，企业还应设置库存现金日记账，以便于对库存现金增减变动的过程及其结果进行序时核算。有外币现金的企业，还应当分别按人民币和外币设置“库存现金日记账”进行明细核算，对于同时存在不同币种的企业，在会计上只能选择一个币种作为记账本位币，但应该分别币种设立明细账，进行明细核算。

1.现金收入的核算

企业单位由于销售商品、提供劳务以及从银行提取现金等而发生现金收款业务时，出纳员应根据审核无误的原始凭证收讫现金后，在有关原始凭证上加盖“现金收讫”戳记，然后由会计人员根据原始凭证编制现金收款凭证或银行存款付款凭证（货币资金内部相互划转业务即从银行提取现金），出纳员根据现金收款凭证或银行存款付款凭证就可以登记库存现金日记账和库存现金总账。

企业收入现金的途径主要包括：与营业活动有关的现金收款业务，与筹资活动有关的现金收款业务以及其他现金收款业务等。现举例说明现金收入的核算如下：

【例4-1】 新世纪有限责任公司[①]销售一件产品，售价1 000元，增值税税额130元，收到现金1 130元，具体内容参见有关票证（图4-2，表4-1）。

212587901　　辽宁增值税专用发票　　№ 22105867

记账联

开票日期：2020年1月18日

购买方	名　　称：大连北方机械制造有限公司 纳税人识别号：91210204992503866E 地 址 、电 话：大连市沙河口区新世纪街88号 0411-84678215 开户行及账号：中国工商银行大连分行 3400223421451168			密码区	（略）		
货物或应税劳务、服务名称	规格型号	单位	数量	单价	金额	税率	税额
A产品		件	1	1 000.00	1 000.00	13%	130.00
合　计					￥1 000.00		￥130.00
价税合计（大写）	⊗壹仟壹佰叁拾元整				（小写）￥1 130.00		
销售方	名　　称：新世纪有限责任公司 纳税人识别号：91210112M676115414 地 址 、电 话：沈阳浑南区华波路635号 99822136 开户行及账号：中国工商银行浑南支行 20257243083905			备注	新世纪有限责任公司 91210112M676115414 发票专用章		

收款人：刘明　　复核：　　开票人：赵东　　销售方：（章）

税总函〔2016〕××号××××公司

第一联：记账联　销售方记账凭证

图4-2　增值税专用发票

业务流程：编制销售订单→编制出货计划→编制商品出库单→发货→开发票→记账

根据票证的内容，经过分析可以看出，这是一项由主营业务收入的实现导致现金增加的收款业务，应编制现金收款凭证。其会计分录为：

借：库存现金　　1 130

　贷：主营业务收入　　1 000

　　应交税费——应交增值税（销项税额）　　130

① 本章例题均以新世纪有限责任公司业务为例，假设新世纪有限责任公司为一般纳税人，中型企业，该公司具有比较健全的财务、内控流程及国际认证的质量体系，使用完善的办公自动化系统和ERP系统。

表 4-1

商品出库单

2020年1月18日

购货单位	大连北方机械制造有限公司	提货单号	286514		发票号	22105867	
货号	名称	型号规格	数量		进货成本		提货方式
			发票	实付	单价	金额	
	A产品		1	1	1 000	1 000	自提
备注							

仓库负责人：张达　　　　保管员：凌云　　　　提货人：

根据上述现金收款凭证就可以逐日逐笔登记库存现金日记账，序时或定期登记库存现金总账。

2.现金支出的核算

企业日常发生现金支出业务时，出纳员应在根据审核无误的原始凭证支付现金后，在有关原始凭证上加盖“现金付讫”戳记，然后根据原始凭证编制现金付款凭证，并据以登记库存现金日记账和库存现金总账。现举例说明现金支出的核算如下：

【例 4-2】新世纪有限责任公司用现金2 000元发放职工困难补助。

业务流程：困难职工本人提出申请→人事部门（工会部门）公示审批→财务部门审批→企业授权部门/人员审批

职工困难补助应在职工福利费中开支，需要编制现金付款凭证，其会计分录为：

借：应付职工薪酬　　2 000

　贷：库存现金　　2 000

【例 4-3】新世纪有限责任公司用现金1 000元购买行政管理部门的办公用品。

业务流程：使用部门提出申请→行政管理部门审批→财务部门审批→企业授权部门/人员审批

行政管理部门的办公用品费属于公司的管理费用，应编制现金付款凭证。其会计分录为：

借：管理费用　　1 000

　贷：库存现金　　1 000

根据上述现金付款凭证就可以逐日逐笔登记库存现金日记账，序时或定期登记库存现金总账。

（三）现金清查的核算

尽管我们对现金库存限额、开支范围、支付限额等内容进行了严格的规定并设立了内部控制程序，但在管理过程中，由于种种原因，仍会出现长、短款现象，即库存现金账实不符。造成库存现金账实不符的原因，从大的方面来说包括两类：一类是会计人员操作失误造成的；另一类是人为舞弊造成的。

针对不同原因导致的现金长款或短款，要采取不同的方法进行处理。

企业定期或不定期的现金清查，由清查小组的工作人员通过实地盘点的方法进行。在具体清查时，出纳员必须在场。通过实地盘点确定库存现金实有数，然后与库存现金日记账的余额核对相符。清查之后应将清查结果填列到“库存现金盘点报告表”中，并由清查人员和出纳员签字盖章。对现金清查中发现的盘盈（长款）、盘亏（短款）金额，必须认真查明原因，及时报请有关部门人员批准，并按规定进行相关的账务处理。现金清查管理与控制流程如图4-3所示。

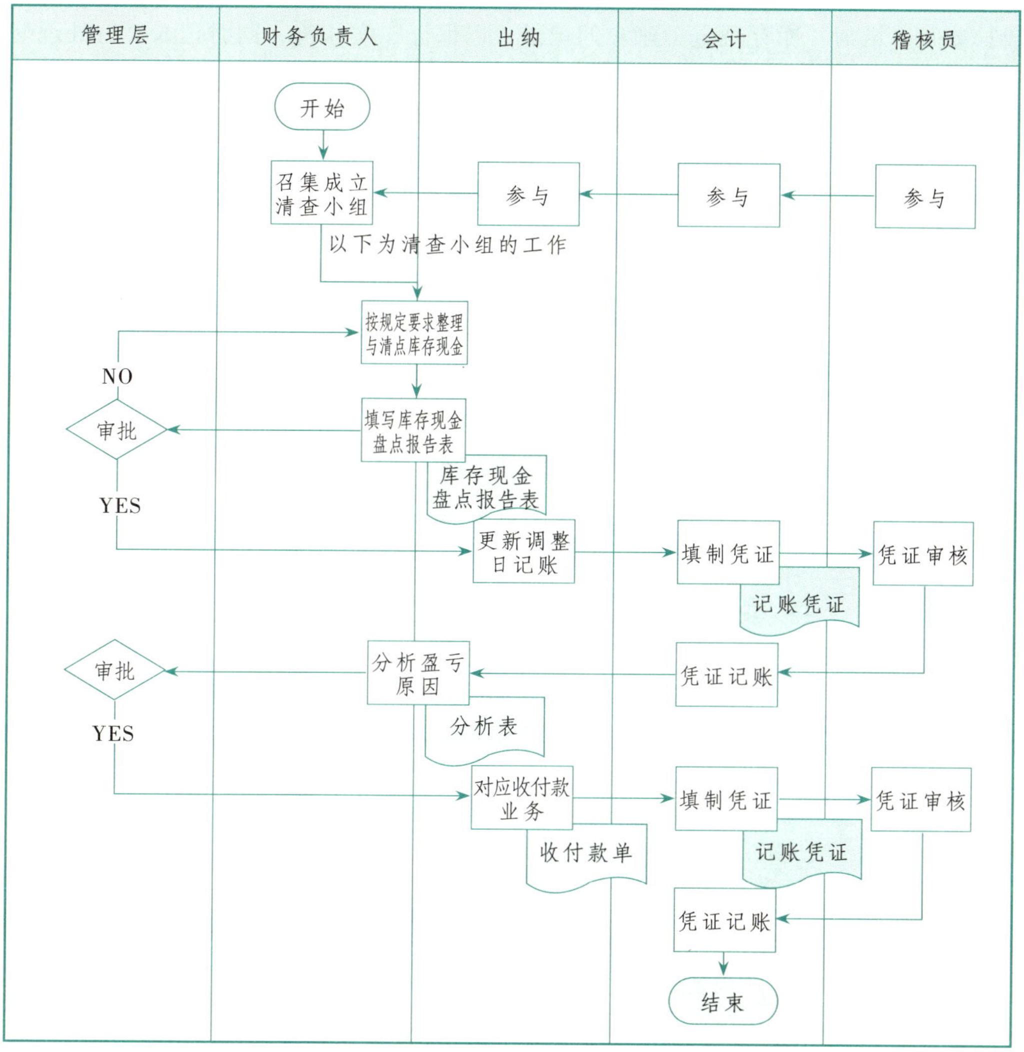

图4-3　现金清查管理与控制流程

现金清查过程中发现的长款或短款，应根据“库存现金盘点报告表”以及有关的批准文件进行批准前和批准后的账务处理。库存现金长、短款通过“待处理财产损溢”账户进行核算，该账户的性质属于资产类，反映企业清查时发现的库存现金和实物资产的盘盈、盘亏以及经批准后转销情况，其借方登记清查时发现的盘亏的增加以及经批准后盘盈的转销，贷方登记清查时发现的盘盈的增加以及经批准后盘亏的转销，该账户期末一般没有余额。该账户按照“待处理固定资产损溢”和“待处理流动资产损溢”设置明细账户，进行明细核算。“待处理财产损溢”账户的结构如下：

待处理财产损溢

（1）清查时发现的盘亏的增加 （2）批准后盘盈的转销（减少）	（1）清查时发现的盘盈的增加 （2）批准后盘亏的转销（减少）

库存现金长、短款在批准前的处理以实际存在的库存现金为准。当出现库存现金长款时，增加“库存现金”账户的记录，以保证账实相符，同时记入“待处理财产损溢——待处理流动资产损溢”账户，等待批准处理；当出现库存现金短款时，应冲减“库存现金”账户的记录，以保证账实相符，同时记入“待处理财产损溢——待处理流动资产损溢”账户，等待批准处理。

库存现金长、短款在批准后应视不同原因采取不同的方法进行处理。一般来说，对于无法查明原因的库存现金长款，其批准后的处理是增加营业外收入，对于应付其他单位或个人的长款，应记入“其他应付款——××单位（或个人）”账户。对于库存现金短款，如果是应由责任人赔偿或由保险公司赔偿的，应转入“其他应收款——××赔偿人”或“其他应收款——应收保险赔款”账户；如果属于经营管理不善造成的、非常损失或无法查明原因的，应增加企业的管理费用。

下面举例说明库存现金长、短款批准前、后的账务处理：

【例4-4】新世纪有限责任公司月末现金盘点时发现库存现金短款480元，经调查，原因为××出纳员失职。

业务流程：出纳填报库存现金盘点报告表→查找盘亏原因→财务部门审批→授权部门/人员审批

出现库存现金短款时，企业应及时办理盘亏的确认手续，并根据相关票证进行批准前调整账面记录、做到账实相符和批准后确认责任的会计处理。

①批准前：

借：待处理财产损溢——待处理流动资产损溢　　480

　贷：库存现金　　480

②批准后：

借：其他应收款——××出纳员　　480

　贷：待处理财产损溢——待处理流动资产损溢　　480

【例4-5】新世纪有限责任公司在清查现金时发现库存现金短款820元，经反复查对，无法查明原因，进行批准前和批准后的账务处理。

业务流程：出纳填报库存现金盘点报告表→查找盘亏原因→财务部门审批→授权部门/人员审批

①批准前：

借：待处理财产损溢——待处理流动资产损溢　820

　贷：库存现金　820

②批准后：

借：管理费用　820

　贷：待处理财产损溢——待处理流动资产损溢　820

【例4-6】新世纪有限责任公司在财产清查中发现库存现金长款1 250元，无法查明原因，进行批准前和批准后的账务处理。

业务流程：出纳填报库存现金盘点报告表→查找盘盈原因→财务部门审批→授权部门/人员审批

①批准前：

借：库存现金　1 250

　贷：待处理财产损溢——待处理流动资产损溢　1 250

②批准后：

借：待处理财产损溢——待处理流动资产损溢　1 250

　贷：营业外收入　1 250

二、银行存款的核算

银行存款是企业存入银行和其他金融机构的各种款项。广义的银行存款包括银行结算户存款、其他货币资金和专项存款等一切存入银行及其他金融机构的款项。狭义的银行存款仅指存入银行结算户的款项。企业的银行存款包括人民币存款和外币存款。

（一）银行账户的开立

企业应根据《银行账户管理办法》和《支付结算办法》的规定，在银行开立基本存款账户、一般存款账户、临时存款账户和专用存款账户。

1.基本存款账户

基本存款账户是存款人办理日常转账结算和现金收付的账户。存款人的工资、奖励等现金的支取，只能通过该账户办理。存款人只能在银行开立一个基本存款账户。

2.一般存款账户

一般存款账户是存款人在基本存款账户以外的银行借款转存、与基本存款账户的存款人不在同一地点的附属非独立核算单位开立的账户。存款人可以通过该账户办理转账结算和现金缴存，但不能办理现金支取。

3.临时存款账户

临时存款账户是存款人因临时经营活动需要开立的账户。存款人可以通过该账户办理转账结算和根据国家现金管理的规定办理现金收付。

4. 专用存款账户

延伸阅读

银行结算办法

专用存款账户是存款人按法律、行政法规和规章制度等要求，对其特定用途的资金进行专项管理和使用而开立的账户。存款人可以通过该账户办理专项资金的收付业务。

一个单位只能选择一家银行的一个营业机构开立一个基本存款账户，不得在多家银行机构开立基本存款账户，也不得在同一家银行的几个分支机构开立一般存款账户。

（二）银行存款收付业务的核算

银行存款收支管理与控制流程如图4-4所示。

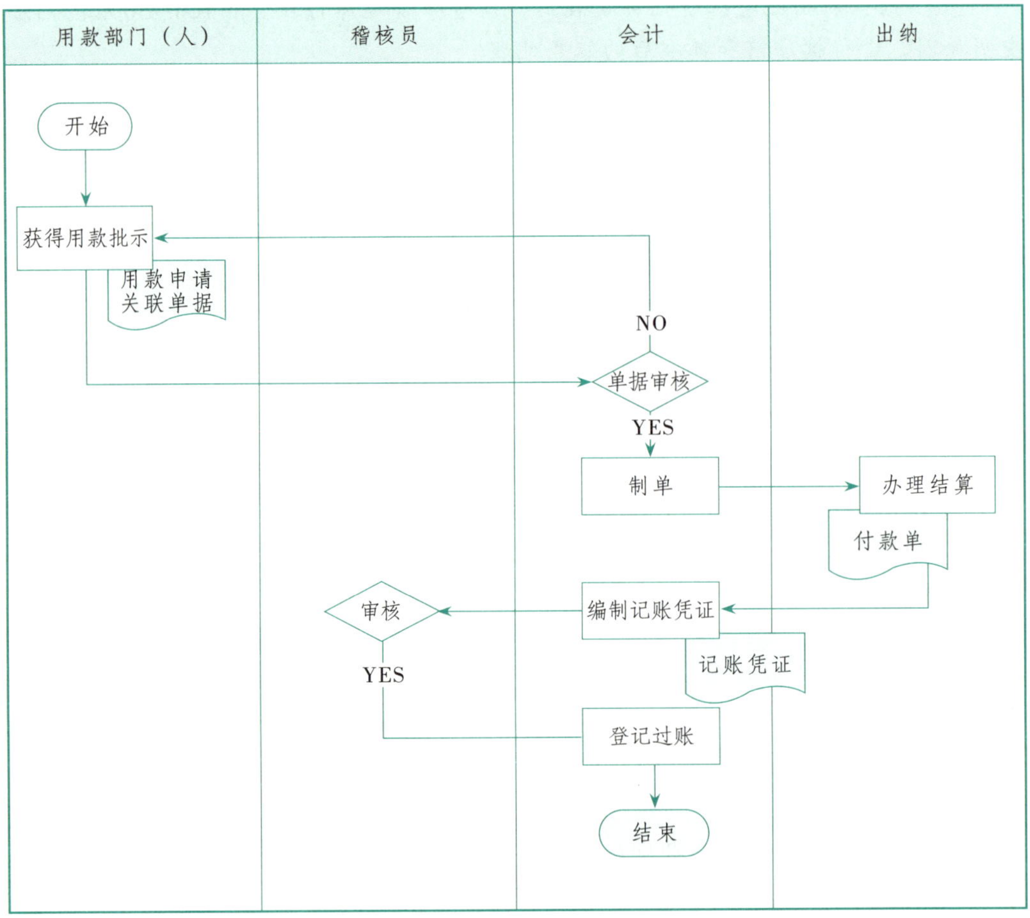

图4-4　银行存款收支管理与控制流程

银行存款是企业的一项比较重要的货币资金，涉及银行存款增减变化的经济业务发生得比较频繁，为了随时掌握银行存款的增减变化过程（动态）及其结果（静态），为了合理调度资金和组织货币资金的收支平衡提供信息资料，需要设置“银行存款”账户，同时必须设置银行存款总账和银行存款日记账。

现举例说明银行存款收付业务的会计处理如下：

【例 4-7】新世纪有限责任公司收到购货单位前欠购货款 300 000 元，款项存入银行。具体参见有关票证（表 4-2）。

表 4-2　　　　ICBC 中国工商银行　进账单（收款通知）

2020 年 1 月 20 日

<table>
<tr><td rowspan="3">出票人</td><td>全　称</td><td>大连国泰有限公司</td><td rowspan="3">收款人</td><td>全　称</td><td colspan="11">新世纪有限责任公司</td></tr>
<tr><td>账　号</td><td>740580801500678</td><td>账　号</td><td colspan="11">20257243083905</td></tr>
<tr><td>开户银行</td><td>招商银行</td><td>开户银行</td><td colspan="11">中国工商银行浑南支行</td></tr>
<tr><td rowspan="2">金额</td><td colspan="4" rowspan="2">人民币（大写）叁拾万元整</td><td>亿</td><td>千</td><td>百</td><td>十</td><td>万</td><td>千</td><td>百</td><td>十</td><td>元</td><td>角</td><td>分</td></tr>
<tr><td></td><td></td><td>¥</td><td>3</td><td>0</td><td>0</td><td>0</td><td>0</td><td>0</td><td>0</td><td>0</td></tr>
<tr><td colspan="2">票据种类</td><td></td><td>票据张数</td><td></td><td colspan="11" rowspan="3">收款人开户银行签章</td></tr>
<tr><td colspan="2">票据号码</td><td colspan="3"></td></tr>
<tr><td colspan="5">复核　　记账</td></tr>
</table>

业务流程：出纳员依据银行回单填制收款单→销售员核对销售核销台账→记账

这是一笔收款业务，应根据银行进账单编制收款凭证，并据以登记有关账簿。其会计分录为：

借：银行存款　　300 000

　贷：应收账款　　300 000

【例 4-8】新世纪有限责任公司开出转账支票支付本月购买办公用品的费用 4 200 元。

业务流程：申请部门编制报销申请→财务部门审核→付款→记账

这是一笔付款业务，根据有关票证即可编制付款凭证，并据以登记有关账簿。其会计分录为：

借：管理费用　　4 200

　贷：银行存款　　4 200

企业应当设置“银行存款日记账”，按照银行存款收付业务发生时间的先后顺序逐日逐笔登记，每日业务终了应结出余额。企业应定期（至少每月一次）将银行存款日记账的记录与银行对账单进行核对，并保证其相符，即对银行存款进行清查，如果发现不符，则应采取有关方法进行处理。

有外币业务的企业，应在“银行存款”账户下分别按人民币和各种外币设置“银行存款日记账”，进行银行存款的明细核算。

（三）银行存款清查的核算

银行存款的清查主要是指企业银行存款日记账与开户银行开出的对账单两者的核对。如果二者余额相符，则说明基本正确；如果二者余额不符，则可能是企业或银行某一方记账过程出现错误或者存在未达账项。所谓未达账项，是指企业和开户银行双方之间，由于传递单证需要时间、确认收付的口径不一致等原因，对于同一笔款项收付业务，双方记账时间不一致，银行和企业中一方已经接到有关结算凭证、确认收付并登记入账，而另一方尚未接到有关结算凭证、尚未入账的款项。总体来说，未达账项有两大类：一类是企业记账而银行未记账的账项；另一类是银行记账而企业未记账的账项。具体来说，未达账项有以下四种：

（1）企业收款记账，银行未收款未记账的账项，如企业收到其他单位的购货支票等；

（2）企业付款记账，银行未付款未记账的账项，如企业开出付款支票，但持票人尚未到银行办理转账手续等；

（3）银行收款记账，企业未收款未记账的账项，如托收货款收账等；

（4）银行付款记账，企业未付款未记账的账项，如银行代企业支付公用事业费等。

企业在与银行对账时首先应查明是否存在未达账项，如果存在未达账项，就应该编制银行存款余额调节表。银行存款余额调节表编制流程如图4-5所示。

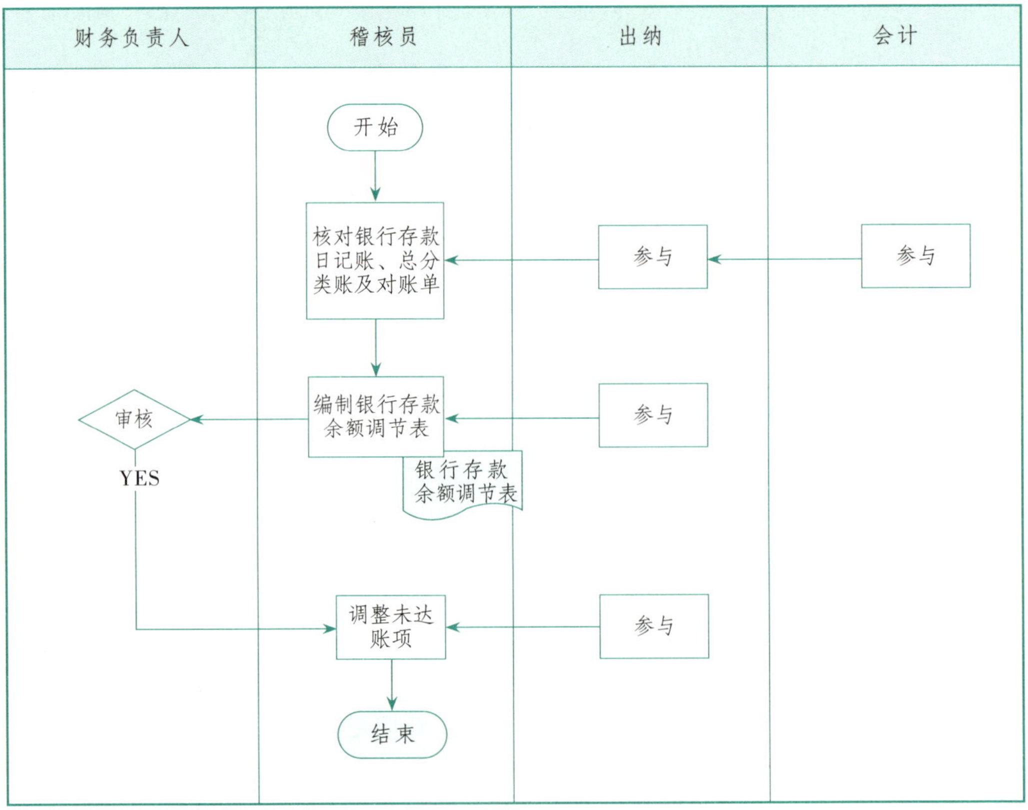

图4-5 银行存款余额调节表编制流程

现举例说明银行存款余额调节表的具体编制方法。

【例4-9】新世纪有限责任公司2×20年3月31日核对银行存款日记账。3月31日银行存款日记账余额为285 600元，同日银行开出的对账单余额为236 700元。经逐笔核对银行存款日记账与银行对账单，发现两者的不符是由下列原因造成的：

（1）公司于3月28日开出支票购买办公用品4 000元，公司根据支票存根和有关发票等原始凭证已记账，但收款人尚未到银行办理转账。

（2）3月29日，公司的开户银行代公司收入一笔托收的货款27 400元，银行已记账，但尚未通知公司。

（3）3月30日，开户银行代公司支付当月的水电费5 000元，银行已记账，但付款通知单尚未送达公司，因而公司未记账。

（4）公司于3月31日收到客户交来的购货支票，金额75 300元，当即存入银行，公司根据进账单等已记账，但因跨行结算，所以银行未记账。

根据调节前的余额和查出的未达账项等内容，编制2×20年3月31日的银行存款余额调节表，见表4-3。

表4-3　银行存款余额调节表

2×20年3月31日　单位：元

项　目	金额	项　目	金额
银行对账单余额：	236 700	银行存款日记账余额：	285 600
加：公司收款、银行未收款的购货支票	75 300	加：银行收款、公司未收款的未达账项	27 400
减：公司付款、银行未付款的办公用品费	4 000	减：银行付款、公司未付款的水电费	5 000
调节后的余额	308 000	调节后的余额	308 000

从表4-3我们可以看出，表中左右两方调整后的金额相等，这说明该公司的银行存款实有数既不是236 700元，也不是285 600元，而是308 000元；同时还说明，公司和银行双方在账目记录过程中基本没有错误（但这不是绝对的，如两个差错正好相等，相互抵销后为零等）。如果调节后的余额仍然不等，则说明有错误存在，应进一步查明原因，采取相应的方法进行更正。

延伸阅读

企业有关印章保管要求

"银行存款余额调节表"只起对账的作用，不能根据它调整账面记录，有关账面记录的调整必须待收到有关收款或付款凭证后再进行。

三、其他货币资金的核算

其他货币资金是指性质与库存现金、银行存款相同，但其存放地点和用途与库存现金和银行存款不同的货币资金。它包括外埠存款、银行汇票存款、银行本票存款、存出投资款和在途货币资金等。

外埠存款是指企业到外地进行临时或零星采购时，汇往采购地银行开立采购专户的款项；银行汇票存款是企业为了取得银行汇票，按照规定存入银行的款项；银行本票存款是指企业为取得银行本票，按规定存入银行的款项；存出投资款是企业已存入证券公司但尚未进行投资的现金；在途货币资金是指企业同所属单位之间和上下级之间的汇解款项，在月末尚未到达，处于在途状态的款项。

为了核算其他货币资金的变动及结余情况，需要设置"其他货币资金"账户，该账户的性质为资产类，反映其他货币资金的增减变动及结余情况，其借方登记其他货币资金的增加，贷方登记减少，期末余额在借方。该账户应设置"外埠存款"

“银行汇票存款”“银行本票存款”“存出投资款”“在途货币资金”等明细账户，进行明细核算。“其他货币资金”账户的结构如下：

其他货币资金

其他货币资金的增加	其他货币资金的减少
期末余额：其他货币资金的结余	

这里仅以外埠存款为例说明其他货币资金的会计核算过程。

【例4-10】新世纪有限责任公司委托当地开户银行向采购地银行汇款200 000元，以便开立采购专户。

业务流程：采购部门提出申请→财务部门审批→企业授权部门/人员审批

公司汇出款项时，应根据有关凭证编制如下会计分录：

借：其他货币资金——外埠存款　　200 000
　贷：银行存款　　200 000

采购员交来购货发票，注明价款120 000元，增值税15 600元，材料已验收入库，应根据购货发票等编制如下会计分录：

借：原材料　　120 000
　　应交税费——应交增值税（进项税额）　　15 600
　贷：其他货币资金——外埠存款　　135 600

采购员完成了采购任务，将剩余的外埠存款64 400元转回本地银行，应根据银行收账通知等编制如下会计分录：

借：银行存款　　64 400
　贷：其他货币资金——外埠存款　　64 400

四、货币资金的内部控制

货币资金是流动性最强、控制风险最高的资产，企业单位的货币资金遭挪用、贪污和诈骗等案件的发生与单位货币资金内部控制不健全或未能有效执行有着密切的关系。为此，应做到：

1.分工与授权控制

明确相关岗位职责分工、权限范围和审批程序，确保机构设置和人员配备科学合理。

2.库存现金和银行存款的控制

加强对库存现金限额、开支范围、支付限额、现金盘点的控制；银行账户的开立、审批、核对、清理应当严格控制；库存现金盘点和银行对账单的核对应当按规定严格执行。

3.票据和印章控制

与货币资金有关的票据的领购、保管、使用、销毁等应当有完整的记录，银行预留印鉴和有关印章的管理应当严格有效。

4.会计记录控制

加强会计的记录、核对控制，确保会计记录真实、准确、完整、及时。

五、货币资金的报表列示

货币资金应列示在资产负债表中。在资产负债表中单列“货币资金”项目，反映企业期末持有的库存现金、银行存款和其他货币资金的总额，应根据“库存现金”、“银行存款”和“其他货币资金”三个总账账户的期末余额合计填列。

自测题4-1

第二节　应收及预付款项

在商业信用高度发达的市场经济条件下，企业之间的商品交易大多是建立在商业信用基础上的，很难想象在没有赊销的情况下，货物和服务每天能有这么大的销售量。

企业在日常生产经营过程中发生的各项债权，构成企业的应收及预付款项。应收及预付款项具体包括应收款项（应收票据、应收账款和其他应收款）和预付账款等。

一、应收票据的核算

应收票据是指企业因向客户提供商品或劳务而收到的由客户签发的在短期内某一确定日期支付一定金额的书面承诺，是持票企业拥有的债权。与应收账款不同，应收票据需要依据在赊销业务中由债权人或债务人签发的表明债务人在约定时日应偿付约定金额的书面文件，因而受到法律的保护，具有较强的法律约束力。

（一）应收票据的入账价值

延伸阅读

应收票据的基本知识

应收票据的入账价值在会计核算过程中有两种确认方法：一种是按照票据的面值确认；另一种是按票据的未来现金流量的现值确认。由于我国目前允许使用的商业汇票最长期限为6个月，遵循重要性原则，为了简化核算手续，在形成应收票据时一般按面值记账，对于带息票据在会计期末（主要是指中期期末和年度终了）按应收票据的票面价值和规定的利率计提利息，相应地增加应收票据的账面余额。

（二）应收票据的会计处理

为了核算应收票据的具体发生情况，企业应设置“应收票据”账户，其借方登记应收票据的面值和期末计提的利息，贷方登记到期收回或背书转让或申请贴现的票据价值，借方余额表示尚未收回的票据价值。由于票据是一种无条件付款、可以随时背书或贴现的书面凭证，对于以某一特定单位或个人为对象的明细分类核算已无必要，因而不需要设置明细分类账户，但为了便于管理和分析票据的具体情况，应设置“应收票据备查簿”，记录每张票据的具体事项，以备查考。“应收票据”账户的结构如下：

应收票据

（1）应收票据面值的增加 （2）定期计算的票据利息的增加	转让、贴现或到期票据面值和利息的减少
期末余额：未到期票据结余额	

应收票据在核算上应区分不带息票据和带息票据。

1.不带息票据的核算

不带息票据是指票据上未注明利率，只按票面金额结算票款的票据。不带息票据的到期价值等于应收票据的面值。企业收到票据时，应借记“应收票据”账户，贷记“主营业务收入”“应收账款”等有关账户；票据到期收回款项时，应借记“银行存款”账户，贷记“应收票据”账户。

【例4-11】新世纪有限责任公司采取赊销方式销售一批产品，发票注明价款500 000元，增值税税额65 000元，5日后收到不带息银行承兑汇票一张。具体内容参见有关票证（图4-6、表4-4、图4-7）。

212587915　　辽宁增值税专用发票　　№ 22105870

发票联

开票日期：2020年1月22日

购买方	名　　称：大连圣雅有限责任公司 纳税人识别号：46710205888020486N 地址、电话：大连市西岗区东方街56号 0411-83485672 开户行及账号：中国工商银行大连分行 467255230015523344			密码区	（略）		
货物或应税劳务、服务名称	规格型号	单位	数量	单价	金额	税率	税额
A产品		台	100	5 000.00	500 000.00	13%	65 000.00
合　计					¥500 000.00		¥65 000.00
价税合计（大写）	⊗伍拾陆万伍仟元整				（小写）¥565 000.00		
销售方	名　　称：新世纪有限责任公司 纳税人识别号：91210112M676115414 地址、电话：沈阳浑南区华波路635号 99822136 开户行及账号：中国工商银行浑南支行 20257243083905			备注	新世纪有限责任公司 91210112M676115414 发票专用章		

税总函〔2016〕××号××××公司

第三联：发票联　购买方记账凭证

收款人：刘明　　复核：　　开票人：赵东　　销售方：（章）

图4-6　增值税专用发票

表4-4

商品出库单

2020年1月22日

购货单位	大连圣雅有限责任公司	提货单号	×××××		发票号	22105870	
货号	名称	型号规格	数量		进货成本		提货方式
			发票	实付	单价	金额	
	A产品		100	100	5 000	500 000	自提
备注							

仓库负责人：张达　　保管员：凌云　　提货人：袁海燕

中国工商银行　**银行承兑汇票**　2

出票日期（大写）　贰零贰零年零壹月贰拾柒日

出票人全称	大连圣雅有限责任公司	收款人	全　称	新世纪有限责任公司
出票人账号	467255230015523344		账　号	20257243083905
付款行全称	中国工商银行大连分行		开户行	中国工商银行浑南支行
出票金额	人民币（大写）伍拾陆万伍仟元整			亿 千 百 十 万 千 百 十 元 角 分 　 　 ¥ 5 6 5 0 0 0 0 0
汇票到期日（大写）	贰零贰零年零肆月贰拾柒日	付款行	行号	245678912536
承兑协议编号			地址	大连市西岗区葵英街6号
本汇票请你行承兑，到期无条件付款。 出票人签章	本汇票已经承兑，到期日由本行付款。 承兑行签章 承兑日期　年　月　日 备注：			密押 复核　　记账

此联收款人开户行随托收凭证寄付款行作借方凭证附件

图4-7　银行承兑汇票

业务流程：编制销售订单→编制出货计划→编制出货单→发货→开具销售发票→记账

这是一笔销售产品收到票据的业务，根据有关票证并通过对其进行确认和计量可以看出：一方面，公司的收入增加，增值税销项税额增加；另一方面，公司的应收票据增加。应编制的会计分录为：

借：应收账款　565 000

　贷：主营业务收入　500 000

　　　应交税费——应交增值税（销项税额）　65 000

5日后：

借：应收票据　565 000

　贷：应收账款　565 000

【例4-12】承【例4-11】，票据到期收回款项，存入银行。

业务流程：出纳员填制收款单→应收会计核销应收票据→记账

由于该票据不带息，因此，到期收回票面金额565 000元。应编制的会计分录为：

借：银行存款　565 000

　贷：应收票据　565 000

2.带息票据的核算

带息应收票据是指根据票面金额和票面利率计算到期利息的票据。对于带息应收票据，应于中期期末、年度终了和票据到期时计算票据利息，增加应收票据的账面价值，同时冲减财务费用。利息的计算公式为：

应收票据利息=应收票据面值×票面利率×时间

上式中的“时间”是指票据的签发日至利息计算日的时间间隔。票据的时间可以按月或日表示。在实际工作中，为了简化起见，通常将一年定为360天。票据时间按月表示的，应以到期月份中与出票日相同的那一天为到期日。如果是月末签发的，则以到期月的月末日为到期日，同时利率换算成月利率；票据时间按日表示的，应按企业持有票据实际经历天数计算，但出票日和到期日只能算其中的一天，即“算头不算尾”或“算尾不算头”，同时利率应换算成日利率。

现举例说明带息应收票据的核算。

【例4-13】新世纪有限责任公司于2×20年9月30日销售一批产品，发票注明价款2 000 000元，增值税税额260 000元，收到一张已承兑商业汇票，该汇票的期限为5个月，票面利率为6%。

业务流程：编制销售订单→编制出货计划→编制出货单→发货→开具销售发票→记账

这是一笔因销货而收到带息商业汇票的业务，按照规定，在收到票据时，即便是带息票据，也是按其面值入账。应编制的会计分录为：

（1）收到票据时：

借：应收票据	2 260 000	
贷：主营业务收入		2 000 000
应交税费——应交增值税（销项税额）		260 000

（2）年度终了计算票据利息时：

对于企业持有的商业汇票，一般不按月计算利息，但在中期末、年末等特殊时间点需要确认已产生的利息。该票据自收到至12月末共3个月，利息=2 260 000×6%×3÷12=33 900（元）。应编制的会计分录为：

借：应收票据	33 900	
贷：财务费用		33 900

（3）票据到期收回款项时：

收款金额为2 316 500元（2 260 000+2 260 000×6%×5÷12），其中应计入收款年度损益的利息为22 600元（2 260 000×6%×2÷12），其会计处理为：

借：银行存款	2 316 500	
贷：应收票据		2 293 900
财务费用		22 600

（4）如果该票据到期不能按时收回款项，需要将其转入“应收账款”账户，其会计处理为：

借：应收账款	2 316 500	
贷：应收票据		2 293 900
财务费用		22 600

（三）应收票据的内部控制

单位应收票据的取得和贴现必须经由保管票据以外的主管人员的书面批准。应收票据的风险主要是安全性、真伪以及到期不能承兑，因此，为了防止企业内部人员收款不入账或延迟入账甚至直接盗取款项，企业应当评估自身销售与收款业务循环中的关键风险控制点，以便采取有针对性的措施，指定专人负责应收票据的收取、保管、贴现以及到期承兑等活动，并以文字注释的方式简要注明在每个环节应重点关注的要点。例如，在收取应收票据时，至少应检查票据的真实性、背书是否连续、印章是否清晰等。

二、应收账款的核算

思政课堂

诚信自强
报效祖国

企业为了销售商品等可以采用的促销手段有很多，利用商业信用促销就是一种较好的促销手段。由于商业信用的存在，企业在交易时不立即结清账款，也不签发任何票据，而是以挂账的形式明确双方的债权债务关系，因此就产生了应收账款。所谓应收账款是企业因销售商品、产品、材料、提供劳务等业务而应向购货单位或接受劳务的单位收取的款项，它代表企业获得未来经济利益（未来现金流入）的权利。赊销业务的管理与控制流程如图 4-8 所示。

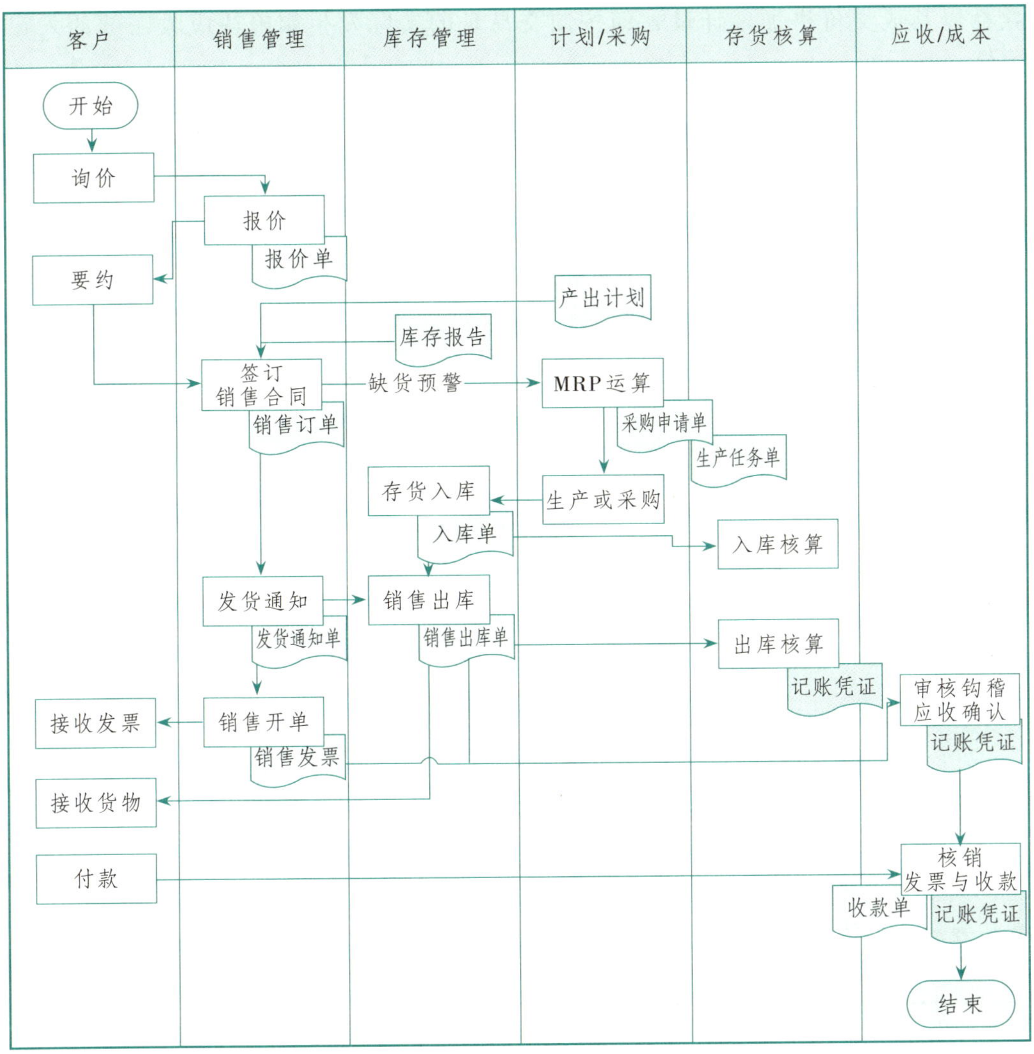

图 4-8　赊销业务的管理与控制流程

对应收账款的核算包括应收账款的确认、入账价值的确定、账户的设置、账务处理以及坏账损失的核算等内容。

（一）应收账款的确认

应收账款的确认是指对应收账款的范围和入账时间的确定。应收账款的范围一般包括销售商品、提供劳务等应收取的价款、增值税税款和代垫的运杂费等。应收账款的入账时间应结合收入实现的时间进行确认。另外，确认应收账款还需要依据一些表明商品或劳务提供过程已经完成、债权债务关系已经成立的书面文件，如购销合同、商品出库单、发票和发运单等。

（二）应收账款入账价值的确定

应收账款作为一种在未来能够收现的债权，应该按照未来可得现金的现值入账，但是，由于应收账款转化为现金的期限一般不会超过一年，其现值与交易发生日确定的金额不会有很大的差别，所以在实际工作中，遵循重要性原则，对应收账款都以其成交价格加以计量，即按照交易日的实际发生额确认应收账款的入账价值。

应收账款按交易日的实际发生额入账时，应注意现金折扣的内容。现金折扣是指在赊销的情况下，债权人为了鼓励债务人在赊销期内尽早付款而给予债务人的一种债务扣除，债务人在赊销期内的不同时间付款可享受不同比例的折扣。现金折扣的表示方式一般是“折扣/付款期限”，如“2/10，N/30”等，其含义分别是10天内付款折扣2%，30天内付款则不给折扣，如图4-9所示。在存在现金折扣的情况下，应收账款入账价值的确定有两种方法，即总价法和净价法，我国采用总价法进行核算。

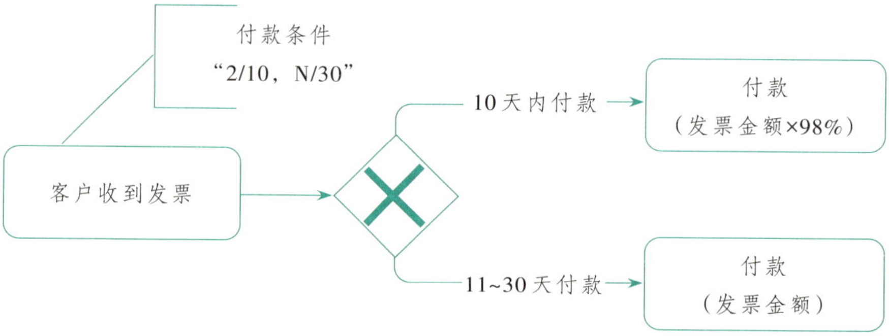

图4-9 现金折扣图解

（三）账户的设置及其账务处理

为了核算企业在销售商品、提供劳务过程中发生的结算债权情况，需要设置“应收账款”账户。该账户的性质属于资产类，核算应收账款的增减变动及结存情况，其借方登记发生的应收账款，贷方登记收回的应收账款，期末余额一般在借方，表示结余的应收账款。“应收账款”账户的结构如下：

应收账款

发生的应收账款（增加）	收回的应收账款（减少）
期末余额：尚未收回的应收账款	

企业因销售商品而发生应收账款业务时，按全部应收取的款项借记“应收账款”账户，按价款贷记“主营业务收入”账户，按增值税税额贷记“应交税费——应交增值税（销项税额）”账户，按代垫款项贷记“银行存款”等账户；企业改用商业汇票结算应收账款时，应借记“应收票据”账户，贷记“应收账款”账户；收回应收账款时，应借记“银行存款”等账户，贷记“应收账款”账户。

现举例说明应收账款的核算。

【例4-14】新世纪有限责任公司赊销给某单位一批产品，其价款为100 000元，增值税税额为13 000元，另外通过银行代购买单位垫付运杂费1 000元，公司采用托收承付结算方式，已办妥托收手续。

业务流程：编制销售订单→编制出货计划→编制出货单→发货→开发票→记账

其会计分录为：

借：应收账款　114 000

　贷：主营业务收入　100 000

　　　应交税费——应交增值税（销项税额）　13 000

　　　银行存款　1 000

【例4-15】承【例4-14】，经过双方商定，上述应收账款改用商业汇票结算，公司已收到商业汇票。其会计分录为：

借：应收票据　114 000

　贷：应收账款　114 000

【例4-16】新世纪有限责任公司采用赊销的方式销售一批商品给客户，赊销期1个月。该批商品的售价为300 000元，适用的增值税税率为13%，规定的现金折扣条件为“2/10，1/20，N/30”，产品交付并办妥托收手续。假设计算折扣金额时不考虑增值税，按照总价法进行会计处理。

业务流程：编制销售订单→编制出货计划→编制出货单→发货→开发票→记账

其有关的会计处理如下：

办妥托收手续时：

借：应收账款　339 000

　贷：主营业务收入　300 000

　　　应交税费——应交增值税（销项税额）　39 000

如果上述货款在10天内收到，其会计处理为：

借：银行存款　333 000

　　主营业务收入　6 000

　贷：应收账款　339 000

如果上述货款在20天内收到，其会计处理为：

借：银行存款　336 000

　　主营业务收入　3 000

　贷：应收账款　339 000

如果超过了现金折扣的最后期限收到货款，其会计处理为：

借：银行存款　　339 000

　贷：应收账款　　339 000

（四）坏账损失的核算

企业无法收回的应收账款称为企业的坏账，由于发生坏账而给企业造成的损失，称为坏账损失。对于坏账损失的核算，会计上曾经有两种方法可以选择，即直接转销法和备抵法。

1. 直接转销法

直接转销法，是在实际发生坏账时，作为一种损失直接计入期间费用，同时冲销应收账款，其账务处理为借记“管理费用”账户，贷记“应收账款”账户。这种核算方法平时账务处理比较简单，但是不符合权责发生制和配比原则的要求。

2. 备抵法

备抵法，是按期估计坏账损失，计入期间费用，同时建立坏账准备金，待实际发生坏账时，冲销已经提取的坏账准备金。采用备抵法核算坏账损失就避免了直接转销法的缺点。企业在会计核算过程中遵循谨慎性原则和配比原则的要求对应收账款提取坏账准备金，可以将预计未来不能收回的应收账款作为坏账损失计入费用，既保持了成本费用和利润的稳定性，避免虚盈实亏，又在一定程度上消除或减少了坏账损失给企业带来的风险，在会计报表上列示应收账款净额，使企业应收账款可能发生的坏账损失得到及时反映，从而使会计信息使用者能更加清楚地了解企业真实的财务状况。

按照我国现行会计规范的要求，我国企业单位应该采用备抵法核算坏账损失，计提坏账准备金。坏账准备的估计方法包括应收账款余额百分比法、账龄分析法、销货百分比法等，具体采用哪一种方法由企业自行确定。

延伸阅读

关于坏账估计的案例

为了核算坏账准备金的提取和实际转销情况，在会计核算过程中，需要设置“坏账准备”账户。该账户的性质从属于应收账款账户即属于资产类，其贷方登记提取的坏账准备（包括首次计提和以后补提的坏账准备）、已转销的坏账又收回时而恢复的坏账准备，借方登记实际发生坏账时冲销的坏账准备、年末冲销多提的坏账准备。年内期末余额如果在借方，表示实际发生的坏账损失大于已提取的坏账准备的差额（也就是提取不足的坏账准备）；余额如果在贷方，表示已提取但未使用的坏账准备。需要注意的是，该账户的年末余额一定在贷方，反映年末依据应收账款余额的一定比例提取的坏账准备，作为应收账款的备抵余额。通过应收账款与坏账准备两个账户进行备抵之后的差额即为应收账款的净值。“坏账准备”账户的结构如下：

坏账准备

（1）发生坏账冲减的坏账准备 （2）冲销多提的坏账准备 （3）已转销的坏账又收回而恢复的坏账准备	（1）首次计提的坏账准备 （2）以后补提的坏账准备
年内余额：提取不足的准备	年内余额：已提未用的坏账准备 年终余额：已提未用的坏账准备结余

年末计算提取坏账准备时，首先用应收账款余额乘以计提比例，在此基础上结

合以前年度已经计提（或提取不足）的坏账准备进行调整（注意观察“坏账准备”账户的余额方向），确定本次应该计提的坏账准备金额，其计算公式为：

应提取的坏账准备（估计）=应收账款年末余额×计提比例

$$\text{本期实际计提的坏账准备}=\text{应提取的坏账准备}+\text{调整前“坏账准备”账户借方余额}\left(-\text{调整前“坏账准备”账户贷方余额}\right)$$

结合上述计算公式作如下说明：当调整前的“坏账准备”账户为借方余额时，应将本期估计的坏账损失数加上调整前“坏账准备”账户的借方余额作为本期提取的坏账准备金额；当调整前“坏账准备”账户为贷方余额，而且该余额小于本期估计的坏账损失数额时，应按其差额作为本期提取的坏账准备金额；当调整前的“坏账准备”账户为贷方余额，但该余额大于本期估计的坏账损失数额时，应按其差额冲减多计提的坏账准备。

备抵法下核算坏账损失的账务处理是：提取坏账准备时，借记“信用减值损失”账户，贷记“坏账准备”账户；冲销多提的坏账准备时，借记“坏账准备”账户，贷记“信用减值损失”账户；实际发生坏账冲销坏账准备时，借记“坏账准备”账户，贷记“应收账款”账户；已经转销的坏账如果又收回，应首先借记“应收账款”账户，贷记“坏账准备”账户，然后借记“银行存款”账户，贷记“应收账款”账户。

现举例说明备抵法核算坏账损失的账务处理如下：

【例 4-17】 新世纪有限责任公司 2×19 年年末计提的坏账准备为 10 000 元；2×20 年年末冲销多提的坏账准备 2 000 元。

（1）2×19 年年末提取坏账准备 10 000 元，其会计分录为：

借：信用减值损失	10 000	
贷：坏账准备		10 000

（2）2×20 年年末应冲销以前多提的坏账准备 2 000 元，其会计分录为：

借：坏账准备	2 000	
贷：信用减值损失		2 000

企业实际发生坏账时，应冲抵已计提的坏账准备。

【例 4-18】 新世纪有限责任公司 2×20 年 5 月份确认一笔应收账款 30 000 元已无法收回。其会计分录为：

借：坏账准备	30 000	
贷：应收账款		30 000

企业已经确认为坏账的应收款项，并不意味着完全放弃了追索权，其后一旦重新收回，应及时入账。

【例 4-19】 新世纪有限责任公司 2×20 年 10 月收回本年 5 月份已转销的坏账 30 000 元，存入银行。

已转销的坏账又收回，首先应恢复已转销的坏账准备，然后再收款。其会计分录分别为：

借：应收账款　　30 000

　贷：坏账准备　　30 000

借：银行存款　　30 000

　贷：应收账款　　30 000

（五）应收账款的内部控制

在销售大量采用赊销方式的情况下，应收账款在企业的资产中占有相当大的比重。应收账款是否可收回对公司的真实财务状况影响很大；同时应收账款记录也是信用部门确定信贷政策的一个重要因素。因此，对应收账款的控制是整个销售环节的一个控制重点。应收账款控制的内容主要有：

（1）应收账款的记录必须以经销售部门核准的销售发票和发运账单等为依据。

（2）根据应收账款明细账定期编制应收账款余额核对表，并寄予客户请其认可。

（3）由不同职员根据汇总的记账凭证和各种原始凭证、记账凭证分别登记应收账款总账和明细账；并由其他职员定期检查核对总账和明细账户余额。

（4）由信用部门定期编制应收账款账龄分析表，并指定专人对应收账款账龄较长的客户进行催收和索取货款。

（5）应收账款的各种贷项调整（包括坏账冲销、折扣或折让等）必须经财务经理授权批准。

三、预付账款的核算

企业在购买材料物资的过程中，为了避免价格风险，或者受市场供应的限制，或者受生产季节的限制等原因，对于某些材料物资有时需要采取预先订购的方式，即按照购货合同规定预付一部分货款，这部分预先付给供货单位的订货款就构成企业的预付账款。显然预付账款是由于购货而非销货所引起的一种短期债权。预付账款必须以购销双方签订的购销合同为条件，按照规定的程序和方法进行核算。

企业按照购货合同的规定向供货单位预付货款时，借记“预付账款”账户，贷记“银行存款”等账户；收到供货单位发来的货物时，根据发票账单等凭证载明的价款、税款等，借记“原材料”、“在途物资”或“材料采购”、“应交税费——应交增值税（进项税额）”等有关账户，贷记“预付账款”账户；需要补付货款时，借记“预付账款”账户，贷记“银行存款”账户，如果是退回多余款则作相反的账务处理。

现举例说明预付账款的核算如下：

【例 4-20】新世纪有限责任公司按照购货合同的规定通过开户银行预付某单位订货款 250 000 元，用于购买甲材料。

业务流程：填制材料请购单→执行签订采购合同→编制预付款凭证→记录款项支出

其会计分录为：

借：预付账款——某单位　　250 000

　贷：银行存款　　250 000

【例 4-21】承【例 4-20】，上述预付款的甲材料现已到货，随货附来的发票注明其价款为600 000元，增值税为78 000元，不足款项随后通过银行支付。

业务流程：储存已验收的商品→编制预付款凭证→确认与记录负债、偿付款项→记录款项支出

该公司材料按实际成本核算。

（1）收到货物时的会计分录为：

借：原材料　　600 000

　　应交税费——应交增值税（进项税额）　　78 000

　贷：预付账款——某单位　　678 000

（2）补付货款时的会计分录为：

借：预付账款——某单位　　428 000

　贷：银行存款　　428 000

四、其他应收款的核算

在企业生产经营过程中，除了应收账款和应收票据之外，还会形成其他各种应收款项，如职工个人欠款、存出保证金、应收保险赔偿款、备用金等，它们都是由企业销售商品或提供劳务以外的其他因素引起的临时债权。为了便于管理和分析，应将这类应收款项与应收账款和应收票据区分开来，单独设置“其他应收款”账户进行核算，在期末资产负债表上，也应作为流动资产的项目加以反映。

企业发生其他应收、暂付款项时，应借记“其他应收款”账户，贷记“库存现金”“银行存款”“其他业务收入”“待处理财产损溢”“营业外收入”等账户；收回其他应收、暂付款项时，借记“库存现金”“银行存款”等账户，贷记“其他应收款”账户。

举例说明其他应收款的核算过程如下：

【例4-22】新世纪有限责任公司某职工出差预借差旅费3 000元，付给现金，具体内容参见有关票证（表4-5）。

表4-5　借　据（记账）

2×20年×月×日

辽财会账证48号

借款单位	※供销科	姓名	※李明	级别	※科员	出差地点	※沈阳
						天数	※5天
事由	※参加订货会			借款金额（大写）		※叁仟元整	3 000.00
单位负责人				借款人签章		注意事项	一、有※者由借款人填写 二、凡借用公款必须使用本单 三、第三联为正式借据，由借款人和单位负责人签章 四、出差返回后三日内结算
机关首长或授权人批示				审核意见			

业务流程：本人填制差旅费借款单→本部门审批→财务部门审批→企业授权部门/人员审批

其会计分录为：

借：其他应收款——某职工　　3 000

　贷：库存现金　　3 000

五、应收款项的报表列示

应收款项具体包括了四个部分的内容，应分别列示在资产负债表中。其中，“应收票据”项目反映企业持有的商业汇票包括银行承兑汇票和商业承兑汇票的账面价值，根据“应收票据”账户期末余额减去“坏账准备”账户中对应的金额后的差额填列；按照变现能力的大小，应收票据一般列在应收账款之前。“应收账款”项目应根据“应收账款”账户所属明细账户的期末借方余额合计数减去“坏账准备”账户中对应的金额后的差额填列。“预付款项”项目则根据“预付账款”和“应付账款”账户所属明细账户借方余额合计减去“坏账准备”账户中对应的金额后的差额填列。“其他应收款”项目应根据“应收利息”“应收股利”“其他应收款”账户的期末余额合计数，减去“坏账准备”账户对应的金额后的差额填列。

自测题4-2

第三节　存　货

一、存货的概念及特点

视频

材料采购业务

企业之所以持有存货，是由采购和销售环节的时间差造成的。为了更好地理解和掌握存货的内容，就必须先了解存货的概念及特点。

（一）存货的概念

所谓存货，是指企业在日常活动中持有以备出售的产成品或商品、处在生产过程中的在产品、在生产过程或提供劳务过程中耗用的材料或物料等。这个定义强调了企业持有存货的最终目的是生产耗用或者出售，而不是自用，这一点明显区别于固定资产等非流动资产。

（二）存货的特点

存货作为一种重要的资产，具有以下几个特点：

（1）企业的存货属于有形资产，具有物质实体。存货的这一特点使得存货与企业的其他没有实物形态的资产如应收账款、无形资产等相区别，同时也将货币资金排除在存货的范围之外。

（2）存货在正常情况下，都能够在一年内转化为货币资金或其他资产，处于不断的销售、耗用之中，即存货的变现能力较强，但其流动性又低于货币资金、交易性金融资产、应收款项等流动资产项目。

（3）存货本身属于一种非货币性资产，因此，存货在未来销售时所能取得的现金数额，受未来的销售价格影响较大，其能够转换的货币资金数额不是固定的，具有较大的不确定性。也就是说，存货具有实效性和发生潜在损失的可能性，所以应该对存货计提跌价准备。

（4）企业持有存货的目的在于准备在正常经营过程中予以出售，如商品等；或者将在生产或提供劳务过程中耗用，制成产成品后再予以出售，如原材料等；或者仍然处在生产过程中的在产品等。

二、存货的种类

为了加强对存货的管理，提供有用的会计信息，企业应科学合理地对存货进行分类。一般情况下，存货可以按照经济内容以及用途进行分类，或按照存放地点进行分类等。

（一）存货按其经济内容以及用途分类

1.原材料

原材料是指企业在生产过程中经过加工改变其形态或性质并构成产品主要实体的各种原料及主要材料、辅助材料、外购半成品、燃料、修理用备件、包装材料等。为建造固定资产等各项工程而储备的各种材料，虽然同属于材料，但是由于用于建造固定资产等各项工程，不符合存货定义，因此不能作为企业的存货进行管理。

2.在产品

在产品是指企业正在制造尚未完工的产品，包括正在生产工序加工的产品和已加工完毕但未检验或已检验但尚未办理入库手续的产品。

3.半成品

半成品是指经过一定的生产过程并已检验合格交付半成品仓库保管，但尚未制造完工成为产成品，仍须进一步加工的中间产品。

4.产成品

产成品是指企业已经完成全部生产过程并已验收入库，可以按照合同规定的条件送交订货单位，或者可以作为商品对外销售的产品。企业接受外来原材料加工制造的代制品和为外单位加工修理的代修品，制造和修理完成验收入库后应视同企业的产成品。

5.商品

商品是指企业购入的不需要任何加工即可对外销售的商品。

6.周转材料

周转材料是指企业能够多次使用、逐渐转移其价值但仍保持原有形态不确认为固定资产的材料，如包装物、低值易耗品。其中，包装物是指为了包装本企业的商品而储备的各种包装容器，如包装桶、箱、袋等，其主要用途是盛装、装潢产品或商品；低值易耗品是指不符合固定资产确认条件的各种用具物品，如工具、管理用具、玻璃器皿、劳动保护用品等。但是，周转材料如果符合固定资产的定义，应当作为固定资产处理。

（二）存货按存放地点分类

企业的存货分布于供、产、销各个环节，按存放地点，可以分为在库存货、在途存货、在制存货和在售存货。

1.在库存货

在库存货是指已经购进或生产完工并经过验收入库的各种原材料、周转材料、半成品、产成品以及商品。

2.在途存货

在途存货是指已经取得所有权但尚在运输途中或虽已运抵企业但尚未验收入库的各种材料物资及商品。

3.在制存货

在制存货是指正处于本企业各生产工序加工制造过程中的在产品，以及委托外单位加工但尚未完成的材料物资。

4.在售存货

在售存货是指已发运给购货方但尚不能完全满足收入确认条件，因而仍应作为销货方存货的发出商品、委托代销商品等。

三、购进存货：以购进原材料为例

原材料是存货的重要组成部分，是生产产品不可缺少的物质要素，包括原料及主要材料、辅助材料、燃料等。企业储存备用的原材料，通常都是从外单位采购的。

在材料采购过程中，一方面企业从供应单位购进各种材料，要计算购进材料的采购成本；另一方面企业要按照经济合同和约定的结算办法支付材料的买价和各种采购费用，并与供应单位发生货款结算关系。

（一）购进原材料的业务处理流程

在企业会计信息系统中，采购管理分为四种业务类型，包括现购、赊购、直运采购、受托入库采购。业务类型不同，其业务的处理过程以及财务收支核算的过程存在差异，所以对应在会计信息系统中也会有不同的业务处理流程。其中，赊购是一种最常见的采购业务，它是购销双方利用商业信用进行购销交易的一种业务。

（二）购进原材料业务的会计核算

1.购进原材料核算使用的账户

企业原材料按实际成本核算应设置的主要账户有“原材料”账户、“在途物资”账户、“应付账款”账户、“预付账款”账户和“应付票据”账户等。

其中，“原材料”账户是用来核算企业库存材料实际成本（或计划成本）的增减变动及结存情况的账户。其借方登记外购、自制、委托加工、盘盈等途径取得的原材料实际成本（或计划成本）的增加，贷方登记发出、领用、销售、盘亏等方式减少的原材料实际成本（或计划成本），期末余额在借方，表示库存材料实际成本（或计划成本）的期末结余额。“原材料”账户应按照材料的保管地点或类别设置明细账户，进行明细核算。“原材料”账户的结构如下：

原材料

原材料实际（计划）成本的增加	原材料实际（计划）成本的减少
期末余额：库存材料实际（计划）成本的结余	

“在途物资”账户用来核算企业已经购入但尚未到达或尚未验收入库材料实际成本的增减变动及结余情况，其借方登记已经购入但未到达或尚未入库材料的买价和采购费用，贷方登记结转验收入库材料的实际成本，期末余额在借方，表示尚未验收入库材料的实际成本，即在途材料的实际成本。“在途物资”账户应按照供应单位名称设置明细账户，进行明细核算。“在途物资”账户的结构如下：

在途物资

（1）材料买价的增加 （2）材料采购费用的增加	结转验收入库材料的实际采购成本
期末余额：在途材料的实际成本	

2.购进原材料的计量

按照《企业会计准则第1号——存货》的规定，存货应当按照成本进行初始计量，存货的成本包括采购成本、加工成本和其他成本。其中，存货的采购成本是指在采购过程中所发生的支出，包括购买价款、相关税费、运输费、装卸费、保险费以及其他可归属于存货采购成本的费用。其中，购入的原材料，其实际采购成本由以下几项内容组成：（1）购买价款，是指购货发票所注明的货款金额；（2）采购过程中发生的运杂费（包括运输费、包装费、装卸费、保险费、仓储费等，不包括按规定根据运输费的一定比例计算的可抵扣的增值税税额）；（3）材料在运输途中发生的合理损耗；（4）材料入库之前发生的整理挑选费用（包括整理挑选中发生的人工费支出和必要的损耗，并减去回收的下脚废料价值）；（5）按规定应计入材料采购成本中的各种税金，如为国外进口材料支付的关税、购买材料发生的消费税以及不能从增值税销项税额中抵扣的进项税额等；（6）其他费用，如大宗物资的市内运杂费等（但这里需要注意的是市内零星运杂费、采购人员的差旅费以及采购机构的经费等不构成材料的采购成本，而计入期间费用）。以上第（1）项应当直接计入所购材料的采购成本，第（2）、（3）、（4）、（5）、（6）项，凡能分清是某种材料直接负担的，可以直接计入材料的采购成本，不能分清的，应按材料的重量等标准分配计入材料采购成本。

现举例说明购进原材料的核算如下：

【例4-23】 新世纪有限责任公司从友谊工厂购入甲材料3 000千克，单价9元；

乙材料2 000千克，单价14元。增值税税率为13%，款项通过银行支付。

业务流程：生产部门填制请购单→采购部门根据请购单及库存情况编制采购订单→仓库收货

甲材料的价款为27 000元（3 000×9），乙材料的价款为28 000元（2 000×14），由此计算出的增值税进项税额为7 150元（（27 000+28 000）×13%）。其会计分录为：

借：原材料　　55 000
　　应交税费——应交增值税（进项税额）　　7 150
　贷：银行存款　　62 150

【例4-24】新世纪有限责任公司从红星工厂购进丙材料6 000千克，发票注明的价款为30 000元，增值税税额为4 200元（30 000×13%），材料的运杂费为1 400元。材料已运达公司并验收入库。账单、发票已到，但材料价款、税金及运杂费尚未支付。

业务流程：生产部门填制请购单→采购部门根据请购单及库存情况编制采购订单→仓库收货

材料的价款和运杂费构成材料的采购成本，款项未付形成公司的应付账款，其会计分录为：

借：原材料——丙材料　　31 400
　　应交税费——应交增值税（进项税额）　　4 200
　贷：应付账款　　35 600

【例4-25】新世纪有限责任公司3月28日购入一批原材料，材料已运达企业并已验收入库，但发票账单等结算凭证尚未到达。月末时，该批货物的结算凭证仍未到达，公司对该批材料估价35 000元入账。4月3日，结算凭证到达企业，增值税专用发票上注明的原材料价款为36 000元，增值税为4 680元，货款通过银行转账支付。

业务流程：生产部门填制请购单→采购部门根据请购单及库存情况编制采购订单→仓库收货

（1）3月28日，材料运达企业并验收入库，暂不作会计处理。

（2）3月31日，结算凭证仍未到达，对该批材料暂估价值入账：

借：原材料　　35 000
　贷：应付账款——暂估应付账款　　35 000

（3）4月1日，编制红字记账凭证冲回估价入账分录：

借：原材料　　35 000
　贷：应付账款——暂估应付账款　　35 000

（4）4月3日，收到结算凭证并支付货款：

借：原材料　　36 000
　　应交税费——应交增值税（进项税额）　　4 680

贷：银行存款 40 680

【例 4-26】新世纪有限责任公司从外地购入一批原材料，价款100 000元，增值税专用发票注明的增值税税额为13 000元，发生运输费等5 000元。价款、税款通过已承兑商业汇票支付，运输费通过银行支付，材料尚未到达公司（假设运输费不考虑增值税）。

业务流程：生产部门填制请购单→采购部门根据请购单及库存情况编制采购订单→仓库收货

购入材料的有关账单到达公司，但材料未到的，应通过“在途物资”账户进行过渡性核算。其会计分录为：

借：在途物资 105 000

应交税费——应交增值税（进项税额） 13 000

贷：应付票据 113 000

银行存款 5 000

待材料到达企业并验收入库时：

借：原材料 105 000

贷：在途物资 105 000

【例 4-27】2×20年7月1日，新世纪有限责任公司从乙公司赊购一批原材料，增值税专用发票上注明的原材料价款为80 000元，增值税为10 400元。根据购货合同的约定，新世纪有限责任公司应于7月31日之前支付货款，并附有现金折扣条件：如果新世纪有限责任公司能在10日内付款，可按原材料价款的2%享受现金折扣；如果超过10日付款，则须按交易金额全部支付。假设只对价款（不含增值税）折扣，新世纪有限责任公司对现金折扣采用总价法核算。

业务流程：生产部门填制请购单→采购部门根据请购单及库存情况编制采购订单→仓库收货

（1）7月1日，赊购原材料。

借：原材料 80 000

应交税费——应交增值税（进项税额） 10 400

贷：应付账款——乙公司 90 400

（2）支付购货款。

①假定新世纪有限责任公司于7月10日支付货款：

现金折扣=80 000×2%=1 600（元）

实际付款金额=90 400-1 600=88 800（元）

借：应付账款——乙公司 90 400

贷：银行存款 88 800

原材料 1 600

②假定新世纪有限责任公司于7月31日支付货款：

借：应付账款——乙公司 90 400

贷：银行存款 90 400

（三）原材料采购环节的内部控制

（1）采购行为违反国家法律法规受到行政处罚或法律制裁而造成资产损失。

（2）由于采购业务流程设计不合理或控制不当，可能导致采购物资及其价格偏离目标要求，或出现舞弊和差错而造成资产损失。

（3）采购物资验收程序不规范，可能造成账实不符或资产损失。如采购物资的品种、数量、质量和价格与审批的采购计划不一致，盲目采购、超储积压和舞弊行为的发生。

（4）付款方式不恰当、审核执行不严格或执行有偏差，可能导致企业采购的物资、资金遭受损失或信用遭受损失。

四、存货减值

根据《企业会计准则第1号——存货》的规定，在资产负债表日，企业的存货应当按照成本与可变现净值孰低计量。存货成本高于其可变现净值的，应当计提存货跌价准备，计入当期损益。

（一）存货成本与可变现净值孰低的概念

所谓成本与可变现净值孰低，是指对期末存货按照成本与可变现净值两者中较低者计价的方法。也就是说，当企业存货的期末成本低于可变现净值时，存货应按成本计价；当企业存货的期末可变现净值低于成本，存货则按可变现净值计价。这里的成本是指期末存货的实际成本；可变现净值是指在日常经营中，存货的估计售价减去至完工时估计将要发生的成本、估计销售费用以及相关税费后的金额。

（二）可变现净值的确定

可变现净值是指未来的净现金流入，而不是指存货的售价或合同价。企业销售存货预计取得的现金流入，并不完全构成存货的可变现净值。由于存货在销售过程中，可能发生相关税费和销售费用，以及为达到预定可销售状态还可能发生进一步的加工成本。这些相关税费、销售费用和成本支出，均构成存货销售产生现金流入的抵减项目，只有扣除这些现金流出后，才能确定存货的可变现净值。

按照《企业会计准则第1号——存货》的规定，企业应当以取得的确凿的证据为基础，并且考虑持有存货的目的、资产负债表日后事项的影响等因素，按照相关规定分别选择以合同价格、一般销售价格和市场价格为基础确定存货的可变现净值。对于用于出售的产品、商品和材料等存货，应当按该存货的估计售价减去估计的销售费用和相关税费后的金额确定其可变现净值；对于用于继续生产而持有的存货，则应当将其与所生产的产成品的期末价值减损情况联系起来，确定存货的可变现净值。

（三）存货跌价准备的计提

在资产负债表日，如果存货成本低于可变现净值，则以成本作为存货的期末价值，此时不需要计提存货跌价准备；反之，则按成本与可变现净值的差额计提存货跌价准备。

企业存货跌价准备的计提方法应区别不同情况，分别采用不同的方法。按企业计算出的存货可变现净值低于成本的差额，借记“资产减值损失——计提的存货跌价准备”账户，贷记“存货跌价准备”账户；如果已计提跌价准备的存货的价值又得以恢复，应按恢复增加的金额，借记“存货跌价准备”账户，贷记“资产减值损失——计提的存货跌价准备”账户。注意，如果已计提跌价准备的存货的价值以后得以恢复，其冲减的跌价准备的金额应以“存货跌价准备”账户的余额冲减至零为限。现举一简例说明存货跌价准备的会计处理如下：

【例4-28】 新世纪有限责任公司从2×19年度开始，对期末存货按成本与可变现净值孰低计量。2×19年12月31日，公司A商品的账面成本为160 000元，可变现净值为140 000元。

业务流程：会计编制资产减值评估表→财务部门审核→记账

可变现净值低于成本的差额=160 000−140 000=20 000（元）

借：资产减值损失——计提的存货跌价准备　　20 000

　贷：存货跌价准备——A商品　　20 000

在2×19年12月31日的资产负债表中，A商品应按可变现净值140 000元列示其价值。

【例4-29】 承【例4-28】，假如2×20年3月31日A商品的账面成本为160 000元，由于市场价格有所回升，使得该批存货的预计可变现净值为150 000元。则当期应冲减已计提的存货跌价准备为20 000−10 000=10 000（元）。

借：存货跌价准备——A商品　　10 000

　贷：资产减值损失——计提的存货跌价准备　　10 000

如果该批存货的预计可变现净值为175 000元，则应将前已计提的跌价准备20 000元冲减至零为止。

五、发出存货：以原材料为例

企业的各种存货形成之后，根据需要会陆续地从仓库发出，用于销售或消耗，处于不断的流转过程中。因此，存货的计量不仅包括形成存货时入账价值的确定问题，还涉及发出存货的计价以及会计期末结存存货的计价问题。

发出存货的计价，实际上是在发出存货和库存存货（未发出存货）之间分配成本的问题。按照《企业会计准则第1号——存货》的规定，对于发出的存货，按照实际成本核算的，可以分别采用先进先出法、加权平均法和个别计价法等方法确定其实际成本，其中的加权平均法又分为月末一次加权平均法和移动加权平均法；对于性质和用途相似的存货，应当采用相同的成本计算方法确定发出存货的成本；对于不能替代使用的存货、为特定项目专门购入或制造的存货以及提供的劳务，通常采用个别计价法确定发出存货的成本。

关于存货按实际成本计价的几种主要方法介绍如下：

1.先进先出法

先进先出法是指在发出存货时，根据存货入库的先后顺序，按照先入库存货的单位成本确定发出存货成本的一种方法，也就是假定最先入库的存货最先发出。先进先出法下计算发出存货和结存存货成本的公式为：

发出存货成本=发出存货数量×先入库的存货的单位成本

期末结存存货成本=期初结存存货成本+本期增加存货成本-本期发出存货成本

现举例说明先进先出法的核算过程如下：

【例 4-30】新世纪有限责任公司 2×20 年 6 月份甲材料的购进、发出和结存情况见表 4-6。

表 4-6 存货明细账

存货类别： 计量单位：件

存货编号： 最高存量：

存货名称及规格：甲材料 最低存量：

2×20年		凭证编号	摘要	收入			发出			结存		
月	日			数量	单价	金额	数量	单价	金额	数量	单价	金额
6	1		期初结存							200	60	12 000
	5		购进	500	66	33 000				700		
	7		发出				400			300		
	16		购进	600	70	42 000				900		
	18		发出				800			100		
	27		购进	500	68	34 000				600		
	29		发出				300			300		
6	30		期末结存	1 600		109 000	1 500			300		

新世纪有限责任公司采用先进先出法计算的甲材料本月发出和期末结存成本如下：

6 月 7 日发出甲材料成本=200×60+200×66=25 200（元）

6 月 18 日发出甲材料成本=300×66+500×70=54 800（元）

6 月 29 日发出甲材料成本=100×70+200×68=20 600（元）

期末结存甲材料成本=300×68=20 400（元）

2.月末一次加权平均法

月末一次加权平均法是以期初结存存货成本与本月入库存货成本之和除以期初

结存存货数量与本期入库存货数量之和确定的存货平均单位成本为依据计算发出存货成本的一种方法。月末一次加权平均法下有关的计算公式为：

$$存货加权平均单位成本=\frac{期初结存存货成本+本月入库存货成本}{期初结存存货数量+本期入库存货数量}$$

发出存货的实际成本=发出存货数量×存货加权平均单位成本

期末结存存货成本=期末结存存货数量×存货加权平均单位成本

=期初结存存货成本+本期收入存货成本−本期发出存货成本

现举例说明月末一次加权平均法的核算过程如下：

【例4−31】承【例4−30】，新世纪有限责任公司2×20年6月份甲材料的购进、发出和结存情况见表4−6。该公司采用月末一次加权平均法计算的甲材料本月加权平均单位成本及本月发出和期末结存成本如下：

$$加权平均单位成本=\frac{12\,000+109\,000}{200+1\,600}=67.22（元）$$

期末结存甲材料成本=300×67.22=20 166（元）

本月发出甲材料成本=（12 000+109 000）−20 166=100 834（元）

3.个别计价法

个别计价法亦称个别认定法、具体辨认法、分批实际法，是指按照某批收入存货的实际单位成本作为发出存货的单位成本，计算发出存货成本的一种方法。现举例说明个别计价法的核算过程如下：

【例4−32】承【例4−30】，新世纪有限责任公司2×20年6月份甲材料的购进、发出和结存情况见表4−6。在个别计价法下，计算本月发出和期末结存甲材料的成本。

经具体辨认，6月7日发出的400件甲材料中，有100件属于期初结存的材料，有300件属于6月5日第一批购进的材料；6月18日发出的800件甲材料中，有100件属于期初结存的材料，有100件属于6月5日第一批购进的材料，其余600件属于6月16日第二批购进的材料；6月29日发出的300件甲材料均属于6月27日第三批购进的材料。新世纪有限责任公司采用个别计价法计算的甲材料本月发出和期末结存成本如下：

6月7日发出甲材料成本=100×60+300×66=25 800（元）

6月18日发出甲材料成本=100×60+100×66+600×70=54 600（元）

6月29日发出甲材料成本=300×68=20 400（元）

期末结存甲材料成本=100×66+200×68=20 200（元）

个别计价法适用于不能替代使用的存货或为特定项目专门购入或制造的存货的计价，以及品种数量不多、单位价值较高或体积较大、容易辨认的存货的计价，如房产、船舶、飞机、重型设备以及珠宝、名画等贵重物品。当然，在信息化管理条件下，企业大量的存货都可以采用个别计价法进行计量。

由于不同的存货计价方法得出的计价结果各不相同，因此，存货计价方法的选择将对企业的财务状况和经营成果产生一定的影响，主要体现在以下三个方面：

第一，存货计价方法对损益计算有直接影响。如果期末存货计价过低，就会低估当期净收益，反之，则会高估当期净收益；而如果期初存货计价过低，就会高估当期净收益，反之，则会低估当期净收益。

第二，存货计价方法对资产负债表有关项目数额的计算有直接影响，包括流动资产总额、所有者权益等项目。

第三，存货计价方法对应交所得税数额的计算有一定的影响。

由上可知，存货通常以成本的价格出现在资产负债表中，当存货被销售时，它们的成本就从资产负债表中的资产转化为销售成本，进入利润表，与利润表中的收入相抵减以确定损益。存货成本与资产负债表、利润表的关系如图 4-10 所示。

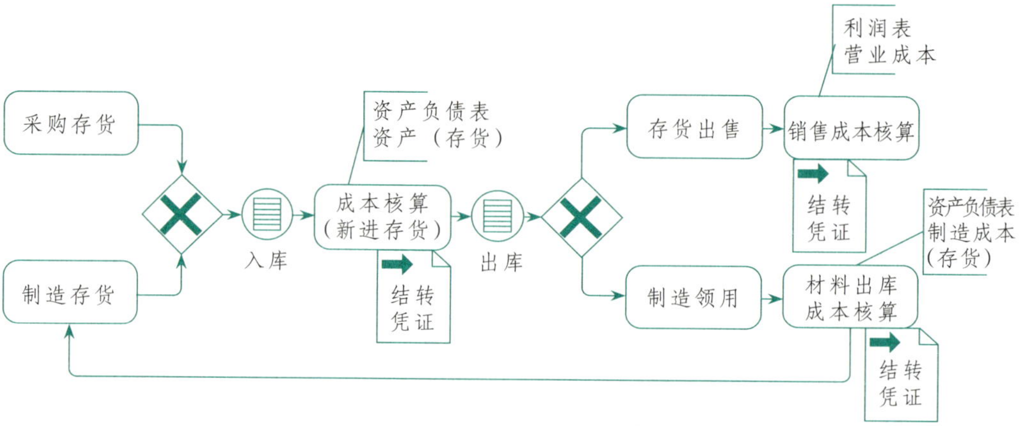

图 4-10　存货成本流转与会计报表的关系

企业应当根据实际情况，综合考虑存货收发的特点和管理的要求以及财务报告目标、税收负担、现金流量、股票市价、经理人员业绩评价等各种因素，选择适当的存货计价方法，合理确定发出存货的实际成本。存货计价方法一旦选定，前后各期应当保持一致，并在会计报表附注中予以披露。

六、存货的清查

为了完成企业的正常生产、经营业务，企业需要持有各种各样的存货，而且有些存货的收发非常频繁，因此在各种存货的收发、计量和核算过程中难免发生一些差错、自然损耗、丢失、被盗等问题，发生这些问题都会造成存货的盘盈、盘亏，出现账实不符。为了保证存货的真实性、完整性，做到随时随地账实相符，就必须对存货进行清查。

（一）存货清查的方法

按照企业会计准则的相关规定，企业的存货应当定期或不定期地进行盘点，每年至少一次。企业应当采用实地盘点法对存货进行清查。在具体实地盘点之前，企业应根据各种存货的收发凭证将存货的全部收发业务记入存货明细账，经过稽核计算出余额，并将账面存货数量填入存货盘点表，在盘点时应根据各类存货的不同性质，分别采用点数、过磅、丈量等方法点清实际结存数量，并将其结果填入存货盘点报告表中。

（二）存货清查结果的处理

存货的清查结果可能是账存与实存相符，也可能不符。造成账实不符的原因：一是记账有误；二是发生盘盈（实存大于账存）或盘亏（实存小于账存）。对于记账错误可以按照规定的错账更正方法进行更正。对于存货的盘盈、盘亏，应根据存货盘存单、存货盈亏报告单（实存账存对比表），进行相关的处理，以保证账实相符，并报经有关部门批准后，再进行批准后的会计处理。

对于存货的盘盈、盘亏的结果进行处理时，需要通过“待处理财产损溢”账户下设的“待处理流动资产损溢”明细账户进行核算。该账户的借方登记清查时的盘亏、毁损以及报经批准后盘盈的转销数，贷方登记清查时的盘盈数以及报经批准后盘亏的转销数。盘盈的存货，按其重置成本或计划成本，借记“原材料”等账户，贷记“待处理财产损溢——待处理流动资产损溢”账户；对于盘亏的存货，按其实际成本或计划成本，借记“待处理财产损溢——待处理流动资产损溢”账户，贷记“原材料”等账户（为简化起见，这里没有考虑增值税）。

存货清查结果如果与账面记录不符，应于会计期末前查明原因，并根据企业的管理权限，经企业股东大会或董事会、经理（厂长）会议或类似机构批准后，在期末结账前处理完毕。盘盈的存货，应冲减当期的管理费用；盘亏的存货，在减去过失人或保险公司等赔款和残料价值之后，计入当期的管理费用，属于非常损失的，计入营业外支出。

企业按照规定程序批准转销盘盈存货价值时，应借记“待处理财产损溢——待处理流动资产损溢”账户，贷记“管理费用”账户；按规定程序批准转销盘亏存货价值时，根据导致存货盘亏的不同原因，分别借记“管理费用”（自然损耗、管理不善、收发计量不准等）、“其他应收款”（责任人赔偿或保险赔偿）、“营业外支出”（非常损失）等账户，贷记“待处理财产损溢——待处理流动资产损溢”账户。

下面以实际成本核算为例，说明存货清查结果的处理过程。

【例4-33】 新世纪有限责任公司在财产清查中发现一批账外原材料2 180千克，实际总成本为32 600元。

业务流程：仓储保管部门盘点→财务、审计部门监盘→仓库保管部门填制盘点表→财务部门核对账面填盘差→仓库保管部门写明原因填制盘盈处理审批表→财务部门审核→企业授权部门/人员审批

其批准前、后的会计处理为：

批准前：

借：原材料　　32 600

　　贷：待处理财产损溢——待处理流动资产损溢　　32 600

批准后：

借：待处理财产损溢——待处理流动资产损溢　　32 600

　　贷：管理费用　　32 600

【例 4-34】新世纪有限责任公司在财产清查中发现一批原材料盘亏，其账面记录的实际成本为28 000元，增值税为3 640元。经查造成盘亏的原因是收发计量不准确。

业务流程：仓储保管部门盘点→财务、审计部门监盘→仓库保管部门填制盘点表→财务部门核对账面填盘差→仓库保管部门写明原因填制盘亏处理审批表→财务部门审核→企业授权部门/人员审批

其批准前、后的会计处理为：

批准前：

借：待处理财产损溢——待处理流动资产损溢	31 640	
贷：原材料		28 000
应交税费——应交增值税（进项税额转出）		3 640

批准后：

借：管理费用	31 640	
贷：待处理财产损溢——待处理流动资产损溢		31 640

【例 4-35】新世纪有限责任公司在财产清查过程中发现一批原材料因台风大雨造成损失，价值26 000元。保险公司应给予的赔偿核定为15 000元。

业务流程：仓储保管部门填制存货盘点表→财务、审计部门监盘→企业授权部门/人员审批→保险公司办理理赔

其批准前、后的会计处理为：

批准前：

借：待处理财产损溢——待处理流动资产损溢	26 000	
贷：原材料		26 000

批准后：

借：营业外支出	11 000	
其他应收款——保险公司	15 000	
贷：待处理财产损溢——待处理流动资产损溢		26 000

【例 4-36】新世纪有限责任公司在财产清查过程中发现一批原材料盘亏，价值600元。经查属于保管人员工作失职造成的。

业务流程：仓储保管部门盘点→财务、审计部门监盘→仓库保管部门填制盘点表→财务部门核对账面填盘差→仓库保管部门写明原因填制盘亏处理审批表→财务部门审核→企业授权部门/人员审批

其批准前、后的会计处理为：

批准前：

借：待处理财产损溢——待处理流动资产损溢	600	
贷：原材料		600

批准后：

借：其他应收款——保管员	600	

贷：待处理财产损溢——待处理流动资产损溢 600

如果盘盈或盘亏的存货在期末结账前尚未经批准，在对外提供财务会计报告时，应先按上述方法进行会计处理，并在会计报表附注中作出说明。如果其后批准处理的金额与已处理的金额不一致，应当调整当期会计报表相关项目的年初数。

自测题4-3

七、存货的报表列示

业务实践

存货的列报主要体现在“资产负债表”中。在资产负债表中，应列示“存货”的期末余额和年初余额，其中期末余额根据“在途物资”“原材料”“库存商品”“发出商品”“周转材料”“委托加工物资”“生产成本”等账户的期末余额合计减去“存货跌价准备”账户期末余额后的金额填列。

存货

第四节 交易性金融资产

延伸阅读

关于金融资产的内容较多，限于篇幅，本节只介绍交易性金融资产的核算内容，其他金融资产请参见延伸阅读。

金融资产的含义及其类别划分

《企业会计准则第22号——金融工具确认和计量》规定，企业初始确认金融资产，应当按照公允价值计量；初始确认后，企业应当对不同类别的金融资产，分别以摊余成本、以公允价值计量且其变动计入其他综合收益或以公允价值计量且其变动计入当期损益进行后续计量。本节主要阐述以公允价值计量且其变动计入当期损益的金融资产的核算，具体包括取得、持有收益的确认、期末计量和处置几个环节的内容。

一、以公允价值计量且其变动计入当期损益的金融资产的取得

一般来说，金融资产满足下列条件之一的，应当划分为交易性金融资产：企业取得该金融资产的目的主要是近期内出售；属于进行集中管理的可辨认金融工具组合的一部分，且有客观证据表明企业近期采用短期获利方式对该组合进行管理；属于衍生金融工具。

投资业务管理与控制流程如图4-11所示。

交易性金融资产应当按照取得时的公允价值作为初始入账金额，相关的交易费用在发生时直接计入当期损益。企业取得该类金融资产所支付的价款中，如果包含已宣告但尚未发放的现金股利或已到付息期但尚未领取的债券利息，性质上属于暂付应收款，应当单独确认为应收项目，不计入交易性金融资产的初始入账金额。

企业应设置“交易性金融资产”账户，核算以公允价值计量且其变动计入当期损益的股票投资、债券投资、基金投资等交易性金融资产的公允价值。该账户的性质属于资产类，其借方登记交易性金融资产取得成本的增加和资产负债表日交易性金融资产公允价值升值增加以及处置交易性金融资产时转出的净跌值，贷方登记资产负债表日交易性金融资产跌值增加以及处置交易性金融资产时转出的成本和净升

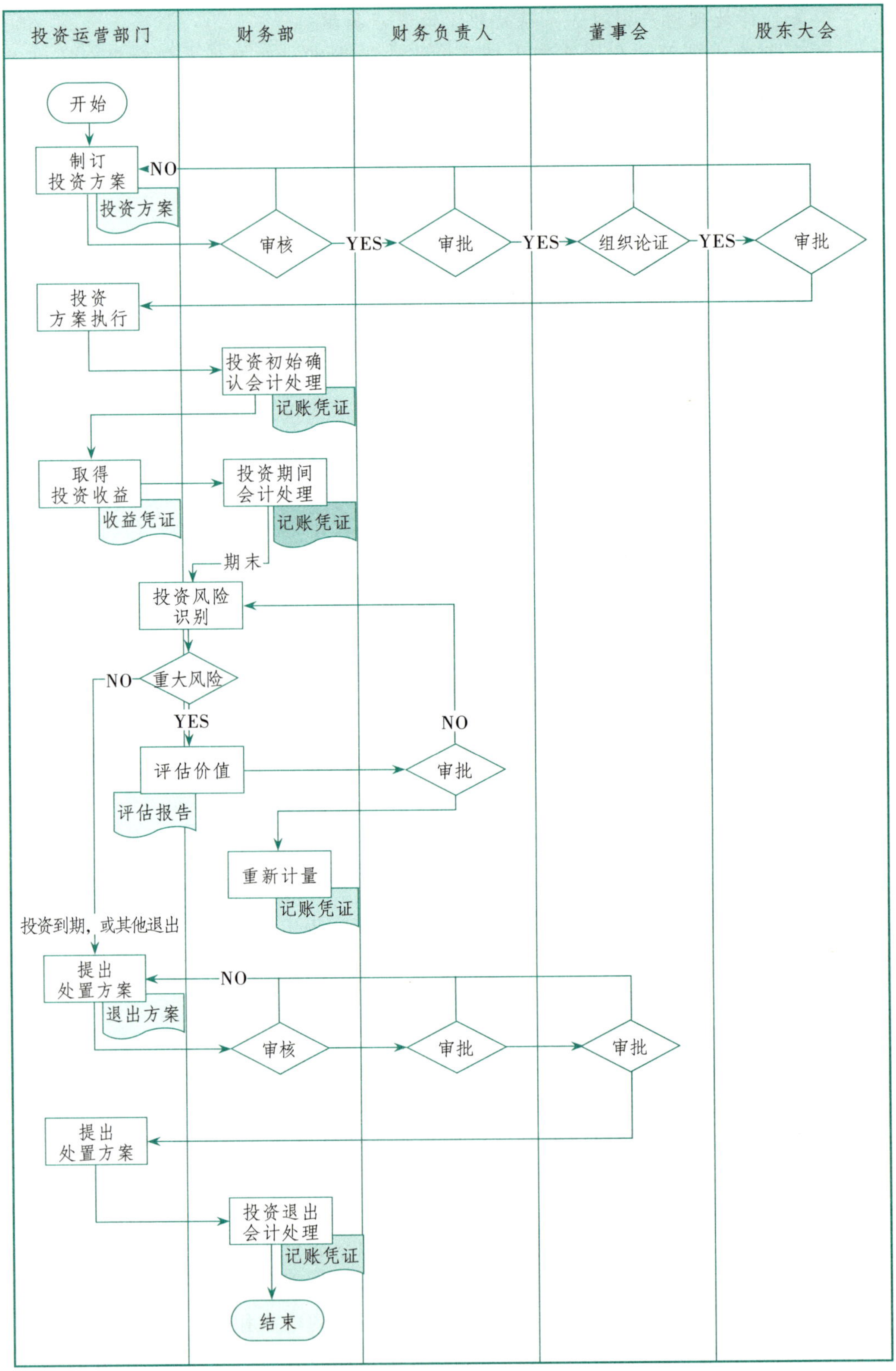

图4-11 投资业务管理与控制流程

值。该账户按照交易性金融资产的类别和品种，分别“成本”“公允价值变动”进行明细核算。其中，“成本”明细账户反映交易性金融资产的初始入账金额；“公允价值变动”明细账户反映交易性金融资产在持有期间的公允价值变动金额。“交易性金融资产”账户的结构如下：

交易性金融资产

（1）取得成本的增加 （2）公允价值升值增加 （3）处置时转出的净跌值	（1）公允价值跌值增加 （2）处置时转出的成本 （3）处置时转出的净升值
期末余额：公允价值结余	

【例4-37】新世纪有限责任公司于2×20年2月10日购入H公司股票20万股，准备短期持有；每股买价10元（买价中包含H公司已经宣告但尚未发放的现金股利0.4元），另外支付税金、手续费等相关费用1.5万元，公司将其划分为交易性金融资产。3月10日，收到H公司支付的现金股利8万元。

业务流程：证券部业务部申请→财务部门审批→企业授权部门和人员审批→董事会审批

（1）2×20年2月10日购入时，该交易性金融资产的初始计量成本=（10-0.4）×200 000=1 920 000（元）；应收股利=0.4×200 000=80 000（元）。进行的会计处理如下：

借：交易性金融资产——H公司股票（成本）　1 920 000
　　应收股利　80 000
　　投资收益　15 000
　贷：银行存款　2 015 000

（2）3月10日，收到现金股利时：

借：银行存款　80 000
　贷：应收股利　80 000

【例4-38】新世纪有限责任公司于2×20年1月1日从二级市场以1 980 000元的价格购入J公司同日发行的债券20 000份，另支付交易费用3 000元，公司将其划分为交易性金融资产。该债券期限5年，每份面值100元，票面利率7.5%，每年1月1日支付利息，本金于到期日一次支付。

业务流程：证券部业务部申请→财务部门审批→企业授权部门和人员审批→董事会审批

该交易性金融资产的初始计量成本为1 980 000元，交易费用计入当期损益，其会计处理为：

借：交易性金融资产——J公司债券（成本）　1 980 000
　　投资收益　3 000
　贷：银行存款　1 983 000

二、以公允价值计量且其变动计入当期损益的金融资产持有收益的确认

分类为以公允价值计量且其变动计入当期损益的金融资产如果是债券，在持有期间，应于每一资产负债表日或付息日计提债券利息，计入当期损益（投资收益）；分类为以公允价值计量且其变动计入当期损益的金融资产如果是股票，在持有期间，只有在同时符合下列条件时，才能确认股利收入并计入当期损益（投资收益）：

（1）企业收取股利的权利已经确立；

（2）与股利相关的经济利益很可能流入企业；

（3）股利的金额能够可靠计量。

【例 4-39】承【例 4-37】资料，新世纪有限责任公司持有股票的H公司于2×20年4月8日宣告分派现金股利，每股0.58元，该股利于5月10日收到。

（1）2×20年4月8日宣告分派股利时：

借：应收股利　　116 000

　贷：投资收益　　116 000

（2）2×20年5月10日收到股利时：

借：银行存款　　116 000

　贷：应收股利　　116 000

分类为以公允价值计量且其变动计入当期损益的金融资产如果是债券，在持有该债券期间应按照票面利率在规定的时间计算债券利息，确认为当期损益。

【例 4-40】承【例 4-38】资料，新世纪有限责任公司在2×20年12月31日计算持有的J公司债券的利息。

利息收入=100×20 000×7.5%=150 000（元）

其会计处理如下：

借：应收利息　　150 000

　贷：投资收益　　150 000

2×21年1月1日，新世纪有限责任公司收到利息时的会计处理如下：

借：银行存款　　150 000

　贷：应收利息　　150 000

三、以公允价值计量且其变动计入当期损益的金融资产的期末计量

在会计期末（资产负债表日），企业应对持有的以公允价值计量且其变动计入当期损益的金融资产按公允价值再计量，以确定公允价值的变动（升值收益或跌值损失）并将其计入当期损益。

资产负债表日，该类金融资产的公允价值高于其账面余额时，应按二者之间的差额，调增交易性金融资产的账面余额，同时确认公允价值上升的收益；反之，该类金融资产的公允价值低于其账面余额时，应按二者之间的差额，调减交易性金融

资产的账面余额，同时确认公允价值下跌的损失。

【例 4-41】承【例 4-37】资料，新世纪有限责任公司于2×20年6月30日确认H公司股票的市场价格为每股12元。

6月30日该金融资产的公允价值=12×200 000=2 400 000（元），公允价值变动损益=2 400 000-1 920 000=480 000（元）。

借：交易性金融资产——H公司股票（公允价值变动）　　480 000
　贷：公允价值变动损益　　480 000

【例 4-42】承【例 4-38】资料，新世纪有限责任公司持有的J公司债券在2×20年6月30日的市场价格为每份97.5元。

该交易性金融资产的公允价值=97.5×20 000=1 950 000（元）

该交易性金融资产公允价值变动额=1 950 000-1 980 000=-30 000（元），其会计处理如下：

借：公允价值变动损益　　30 000
　贷：交易性金融资产——J公司债券（公允价值变动）　　30 000

四、以公允价值计量且其变动计入当期损益的金融资产的处置

以公允价值计量且其变动计入当期损益的金融资产处置时涉及的主要会计问题是正确确认处置损益。该类金融资产的处置损益，是指处置该类金融资产实际收到的价款，减去所处置金融资产账面余额后的差额。其中，该类金融资产的账面余额，是指该类金融资产的初始入账金额加上或减去资产负债表日累计公允价值变动后的金额。如果在处置该类金融资产时，已计入应收项目的现金股利或债券利息尚未收回，还应从处置价款中扣除该部分现金股利或债券利息后确认处置损益。

【例 4-43】承【例 4-37】、【例 4-41】资料，新世纪有限责任公司于2×20年7月8日将持有的H公司股票全部售出，售价2 180 000元存入银行。

业务流程：证券部业务部申请→财务部门审批→企业授权部门和人员审批→董事会审批

（1）2×20年7月8日出售时：

借：银行存款　　2 180 000
　　投资收益　　220 000
　贷：交易性金融资产——H公司股票（成本）　　1 920 000
　　　　　　　　　　——H公司股票（公允价值变动）　　480 000

（2）同时，将以前计入公允价值变动损益的公允价值升值转为投资收益：

借：公允价值变动损益　　480 000
　贷：投资收益　　480 000

【例 4-44】承【例 4-38】、【例 4-42】资料，新世纪有限责任公司于2×21年1

月1日将J公司债券全部售出，售价每份103元。

该交易性金融资产的出售价款=103×20 000=2 060 000（元）

该交易性金融资产的处置损益=103×20 000−1 950 000=110 000（元）

应结转的公允价值变动损益=30 000元

其会计处理如下：

借：银行存款	2 060 000	
交易性金融资产——J公司债券（公允价值变动）	30 000	
贷：交易性金融资产——J公司债券（成本）		1 980 000
投资收益		110 000

同时，结转公允价值变动损益：

借：投资收益	30 000	
贷：公允价值变动损益		30 000

延伸阅读

以摊余成本计量的金融资产

延伸阅读

以公允价值计量且其变动计入其他综合收益的金融资产

自测题4-4

业务实践

交易性金融资产

五、交易性金融资产投资业务的内部控制

为了实现交易性金融资产的投资业务目标，企业应重点关注下列关于交易性金融资产投资业务风险：交易性金融资产投资行为违反国家法律法规，可能遭受经济损失和信誉损失；交易性金融资产投资业务未经适当审批或超越授权审批，可能导致对外投资业务失当或失控，形成投资损失；投资项目未经科学、严密的评估和论证，可能因决策失误导致重大无法挽回的经济损失；投资项目执行缺乏有效的管理，可能因不能保障投资安全和投资收益而导致损失；投资业务会计核算不规范，可能导致财务报表反映和揭示不完整。

六、交易性金融资产的报表列示

在资产负债表中，单列“交易性金融资产”项目反映企业持有的以公允价值计量且其变动计入当期损益的债券投资、股票投资、基金投资、权证投资等金融资产。该项目根据“交易性金融资产”账户的期末余额列示。

第五节　长期股权投资

长期股权投资是指投资方对被投资单位实施控制、重大影响的权益性投资，以及对合营企业的权益性投资。投资方能够对被投资单位实施控制的，被投资单位为其子公司。重大影响是指投资方对被投资单位的财务和经营政策有参与决策的权力，但并不能够控制或与其他方一起共同控制这些政策的制定。

一、长期股权投资的取得

企业在取得长期股权投资时，应按初始投资成本入账。长期股权投资可以通过企业合并形成，也可以通过企业合并以外的其他方式取得，在不同的取得方式下，初始投资成本的确定方法有所不同。

（一）企业合并形成的长期股权投资

企业合并，是指将两个或者两个以上单独的企业合并形成一个报告主体的交易或事项。企业合并通常包括吸收合并、新设合并和控股合并三种形式。其中，吸收合并和新设合并均不形成投资关系，只有控股合并形成投资关系。因此，企业合并形成的长期股权投资，是指控股合并所形成的投资方（合并后的母公司）对被投资方（合并后的子公司）的股权投资。企业合并形成的长期股权投资，应当区分同一控制下的企业合并和非同一控制下的企业合，并分别确定初始投资成本。

1.同一控制下企业合并形成的长期股权投资

参与合并的企业在合并前后均受同一方或相同的多方最终控制且该控制并非暂时性的，为同一控制下的企业合并。

合并方以支付现金、转让非现金资产或承担债务方式作为合并对价的，应当在合并日按照取得被投资方所有者权益账面价值的份额作为长期股权投资初始投资成本。如果初始投资成本大于支付的合并对价的账面价值（或权益性证券的面值），则其差额应当计入资本公积（资本溢价或股本溢价）；如果初始投资成本小于支付的合并对价的账面价值（或权益性证券的面值），则其差额应当首先冲减资本公积（仅限于资本溢价或股本溢价），资本公积余额不足冲减的，应依次冲减盈余公积、未分配利润。

合并方以发行权益性证券作为合并对价的，应当在合并日按照被合并方所有者权益在最终控制方合并财务报表中的账面价值的份额作为长期股权投资的初始投资成本。按照发行股份的面值总额作为股本，长期股权投资初始投资成本与发行股份面值总额之间的差额，应当调整资本公积，资本公积不足冲减的，调整留存收益。

合并方为进行企业合并而发行债券或权益性证券支付的手续费、佣金等，应当计入所发行债券或权益性证券的初始确认金额；合并方为进行企业合并而发生的各项直接相关费用，如审计费用、评估费用、法律服务费用等，应当于发生时计入当期管理费用。

【例4-45】新世纪有限责任公司和A公司是同为甲公司所控制的两个子公司。2×19年2月20日，新世纪有限责任公司和A公司达成合并协议，约定新世纪有限责任公司以3 800万元的银行存款作为合并对价，取得A公司80%的股份。A公司80%的股份系甲公司于2×17年1月1日从本集团外部购入（属于非同一控制下的企业合并），购买日，A公司可辨认净资产公允价值为3 500万元；2×17年1月1日至2×19年3月1日。A公司以购买日可辨认净资产的公允价值为基础计算的净利润为1 000万元，无其他所有者权益变动。2×19年3月1日，新世纪有限责任公司实际取得对A公司的控制权，当日，A公司所有者权益在最终控制方合并财务报表中的账面价值总额为4 500万元（3 500+1 000），新世纪有限责任公司“资本公积——股本溢价”账户余额为150万元。在与A公司的合并中，新世纪有限责任公司以银行存款支付审计费用、评估费用、法律服务费用等共计65万元。

业务流程：董秘交董事会决议及合并协议填付款单→财务部门审核→董事长批准

初始投资成本=4 500×80%=3 600（万元）

借：长期股权投资——A公司　36 000 000
　　资本公积——股本溢价　1 500 000
　　盈余公积　500 000
　贷：银行存款　38 000 000

借：管理费用　650 000
　贷：银行存款　650 000

【例4-46】新世纪有限责任公司于2×20年4月1日向同一集团内的B公司定向增发权益性证券作为合并对价，取得B公司90%的股份。新世纪有限责任公司增发的权益性证券为每股面值1元的普通股股票，共增发2 500万股，支付手续费及佣金等发行费用80万元。2×20年4月1日，新世纪有限责任公司实际取得对B公司的控制权，当日B公司所有者权益在最终控制方甲公司合并财务报表中的账面价值总额为5 000万元。

业务流程：董秘交董事会决议填付款单→财务部门审核→董事长批准

初始投资成本=5 000×90%=4 500（万元）

借：长期股权投资——B公司　45 000 000
　贷：股本　25 000 000
　　　资本公积——股本溢价　20 000 000

借：资本公积——股本溢价　800 000
　贷：银行存款　800 000

2.非同一控制下企业合并形成的长期股权投资

参与合并的各方在合并前后不受同一方或相同的多方最终控制的，为非同一控制下的企业合并。

非同一控制下的企业合并，购买方应将企业合并视为一项购买交易，合理确定合并成本，作为长期股权投资的初始投资成本。合并成本为购买方在购买日为取得对被购买方的控制权而付出的资产、发生或承担的负债以及发行的权益性证券的公允价值。

购买方作为合并对价付出的资产，应当按照以公允价值处置该资产进行会计处理。其中，付出资产为固定资产、无形资产的，付出资产的公允价值与其账面价值的差额，计入资产处置损益；付出资产为金融资产的，付出资产的公允价值与其账面价值的差额，计入投资收益；付出资产为存货的，按其公允价值确认收入，同时按其账面价值结转成本。

购买方为进行企业合并而发行债券或权益性证券支付的手续费、佣金等，应当计入所发行债券或权益性证券的初始确认金额；购买方为进行企业合并而发生的各项直接相关费用，如审计费用、评估费用、法律服务费用等，应当于发生时计入当期管理费用。

【例4-47】新世纪有限责任公司和C公司为两个独立的法人企业，合并之前不存在任何关联方关系。2×20年1月10日，新世纪有限责任公司和C公司达成合并协议，约定新世纪有限责任公司以库存商品和银行存款作为合并对价，取得C公司70%的股份。新世纪有限责任公司付出库存商品的账面价值为3 200万元，购买日公允价值为4 000万元，增值税税额为680万元；付出银行存款的金额为5 000万元。2×20年2月1日，新世纪有限责任公司实际取得对C公司的控制权。在与C公司的合并中，新世纪有限责任公司以银行存款支付审计费用、评估费用、法律服务费用等共计90万元。

业务流程：董秘交董事会决议及合并协议填付款单→财务部门审核→董事长批准

合并成本=4 000+680+5 000=9 680（万元）

借：长期股权投资——C公司	96 800 000	
贷：主营业务收入		40 000 000
应交税费——应交增值税（销项税额）		6 800 000
银行存款		50 000 000
借：主营业务成本	32 000 000	
贷：库存商品		32 000 000
借：管理费用	900 000	
贷：银行存款		900 000

【例4-48】新世纪有限责任公司和D公司为两个独立的法人企业，合并之前不存在任何关联方关系。新世纪有限责任公司和D公司达成合并协议，约定新世纪有限责任公司以发行的权益性证券作为合并对价，取得D公司80%的股份。新世纪有限责任公司拟增发的权益性证券为每股面值1元的普通股股票，共增发1 600万股，每股公允价值3.50元；2×19年7月1日，新世纪有限责任公司完成了权益性证券的增发，发生手续费及佣金等发行费用120万元。在新世纪有限责任公司和D公司的合并中，新世纪有限责任公司另以银行存款支付审计费用、评估费用、法律服务费用等共计80万元。

业务流程：董秘交董事会决议及合并协议填付款单→财务部门审核→董事长批准

合并成本=3.50×1 600=5 600（万元）

借：长期股权投资——D公司	56 000 000	
贷：股本		16 000 000
资本公积——股本溢价		40 000 000
借：资本公积——股本溢价	1 200 000	
贷：银行存款		1 200 000
借：管理费用	800 000	
贷：银行存款		800 000

（二）非企业合并方式（其他方式）取得的长期股权投资

除企业合并形成的对子公司的长期股权投资外，企业以支付现金、发行权益性证券、非货币性资产交换等方式取得的对被投资方不具有控制的长期股权投资，为非企业合并方式取得的长期股权投资，如取得的对合营企业、联营企业的长期股权投资。

企业通过非企业合并方式取得的长期股权投资，应当按照实际支付的价款、发行权益性证券的公允价值等作为初始投资成本。

【例4-49】 新世纪有限责任公司以支付现金的方式取得E公司25%的股份，实际支付的买价为3 200万元，在购买过程中另支付手续费等相关费用12万元。购买价款中包含E公司已宣告但尚未发放的现金股利100万元。新世纪有限责任公司在取得E公司股份后，派人员参与了E公司的生产经营决策，能够对E公司施加重大影响，新世纪有限责任公司将其划分为长期股权投资。

业务流程：董秘交董事会决议及合并协议填付款单→财务部门审核→董事长批准

（1）购入E公司25%的股份。

初始投资成本=3 200+12-100=3 112（万元）

借：长期股权投资——E公司（投资成本）	31 120 000	
应收股利	1 000 000	
贷：银行存款		32 120 000

（2）收到E公司派发的现金股利。

借：银行存款	1 000 000	
贷：应收股利		1 000 000

二、长期股权投资的后续计量

企业取得的长期股权投资在持有期间，要根据对被投资方是否能够实施控制，分别采用成本法或权益法进行核算。

（一）长期股权投资的成本法

投资方对被投资方能够实施控制的长期股权投资，即对子公司的长期股权投资，应当采用成本法核算，投资方为投资性主体且子公司不纳入其合并财务报表的除外。成本法，是指长期股权投资的账面价值按初始投资成本计量，除追加或收回投资外，一般不对长期股权投资的账面价值进行调整的一种会计处理方法。

在成本法下，当被投资方宣告发放现金股利或利润时，投资方应当按照本企业应享有的份额确认投资收益；当被投资方宣告分派股票股利时，投资方应于除权日对获得的股份作备忘记录；被投资方未分派股利，投资方不作任何会计处理。

【例4-50】 新世纪有限责任公司于2×19年1月1日购买F公司有表决权资本的

60%，并准备长期持有，形成非同一控制下的企业合并，新世纪有限责任公司将其划分为长期股权投资并采用成本法核算，实际投资成本1 200万元。F公司于2×20年3月1日宣告分派2×19年度的现金股利，新世纪有限责任公司分得320万元并于4月8日收到。

业务流程：董秘交董事会决议及合并协议填付款单→财务部门审核→董事长批准

应编制的会计分录如下：

（1）2×19年1月1日，新世纪有限责任公司取得F公司股票。

借：长期股权投资——F公司　　12 000 000

　贷：银行存款　　12 000 000

（2）2×20年3月1日，F公司宣告分派现金股利。

借：应收股利　　3 200 000

　贷：投资收益　　3 200 000

（3）2×20年4月8日，新世纪有限责任公司收到现金股利。

借：银行存款　　3 200 000

　贷：应收股利　　3 200 000

（二）长期股权投资的权益法

投资方对被投资方具有共同控制或重大影响的长期股权投资，即对合营企业或联营企业的长期股权投资，应当采用权益法核算。权益法，是指在取得长期股权投资时以投资成本计量，在投资持有期间则要根据投资方应享有被投资方所有者权益份额的变动，对长期股权投资的账面价值进行相应调整的一种会计处理方法。

采用权益法核算，在“长期股权投资”账户下应当设置“投资成本”“损益调整”“其他综合收益”“其他权益变动”明细账户，分别反映长期股权投资的初始投资成本、被投资方发生净损益及利润分配引起的所有者权益变动、被投资方确认其他综合收益引起的所有者权益变动以及被投资方除上述原因以外的其他原因引起的所有者权益变动而对长期股权投资账面价值进行调整的金额。

1.取得长期股权投资的会计处理

企业在取得长期股权投资时，按照确定的初始投资成本入账。初始投资成本与应享有被投资方可辨认净资产公允价值份额之间的差额，应区别情况处理：

（1）如果长期股权投资的初始投资成本大于取得投资时应享有被投资方可辨认净资产公允价值的份额，不调整已确认的初始投资成本。

（2）如果长期股权投资的初始投资成本小于取得投资时应享有被投资方可辨认净资产公允价值的份额，应按二者之间的差额调整长期股权投资的账面价值，同时计入当期营业外收入。

【例4-51】2×19年7月1日，新世纪有限责任公司购入G公司股票1 600万股，实际支付购买价款2 450万元（包括交易税费）。该股票占G公司普通股股份的25%，新世纪有限责任公司在取得股份后，派人参与了G公司的生产经营决策，因能够对G公司施加重大影响，新世纪有限责任公司采用权益法核算。

业务流程：董秘交董事会决议及合并协议填付款单→财务部门审核→董事长批准

（1）假定投资当时，G公司可辨认净资产公允价值为9 000万元。

应享有G公司可辨认净资产公允价值的份额=9 000×25%=2 250（万元）

由于长期股权投资的初始投资成本大于投资时应享有G公司可辨认净资产公允价值的份额，因此，不调整长期股权投资的初始投资成本。新世纪有限责任公司应作如下会计处理：

借：长期股权投资——G公司（投资成本）　　24 500 000

　贷：银行存款　　24 500 000

（2）假定投资当时，G公司可辨认净资产公允价值为10 000万元。

应享有G公司可辨认净资产公允价值的份额=10 000×25%=2 500（万元）

由于长期股权投资的初始投资成本小于投资时应享有G公司可辨认净资产公允价值的份额，因此，应按二者之间的差额调整长期股权投资的初始投资成本，同时计入当期营业外收入。新世纪有限责任公司应作如下会计处理：

初始投资成本调整额=2 500−2 450=50（万元）

借：长期股权投资——G公司（投资成本）　　24 500 000

　贷：银行存款　　24 500 000

借：长期股权投资——G公司（投资成本）　　500 000

　贷：营业外收入　　500 000

调整后的投资成本=2 450+50=2 500（万元）

2.确认投资损益及取得现金股利或利润的会计处理

投资方取得长期股权投资后，应当按照在被投资方实现的净利润或发生的净亏损中，投资方应享有或应分担的份额确认投资损益，同时相应调整长期股权投资的账面价值。投资方应当在被投资方账面净损益的基础上，考虑以下因素对被投资方净损益的影响并进行适当调整后，作为确认投资损益的依据：（1）被投资方采用的会计政策及会计期间与投资方不一致的，应当按照投资方的会计政策及会计期间对被投资方的财务报表进行调整；（2）以取得投资时被投资方各项可辨认资产等的公允价值为基础，对被投资方的净损益进行调整，但应考虑重要性原则，不具重要性的项目可不予调整；（3）投资方与联营企业及合营企业之间进行商品交易形成的未实现内部交易损益按照持股比例计算的归属于投资方的部分，应当予以抵销。

当被投资方宣告分派现金股利或利润时，投资方按应获得的现金股利或利润确认应收股利，同时，抵减长期股权投资的账面价值；被投资方分派股票股利，投资方不进行账务处理，但应于除权日在备查簿中登记增加的股份。

【例4-52】2×17年7月1日，新世纪有限责任公司购入G公司股票1 600万股，占G公司普通股股份的25%，能够对G公司施加重大影响，新世纪有限责任公司对该项股权投资采用权益法核算。假定新世纪有限责任公司与G公司的会计年度及采用的会计政策相同，投资当时G公司各项可辨认资产、负债的公允价值与其账面价值相同，双方未发生任何内部交易。G公司2×17年至2×20年各年取得的净收益及其分配情况和新世纪有限责任公司相应的会计处理如下：

（1）2×17年度，G公司报告净收益1 500万元；2×18年3月10日，G公司宣告2×17年度利润分配方案，每股分派现金股利0.10元。

①确认投资收益。

应确认投资收益=1 500×25%×$\frac{6}{12}$=187.50（万元）

借：长期股权投资——G公司（损益调整）　　1 875 000

　贷：投资收益　　1 875 000

②确认应收股利。

应收现金股利=0.10×1 600=160（万元）

借：应收股利　　1 600 000

　贷：长期股权投资——G公司（损益调整）　　1 600 000

③收到现金股利。

借：银行存款　　1 600 000

　贷：应收股利　　1 600 000

（2）2×18年度，G公司报告净收益1 250万元；2×19年4月15日，G公司宣告2×18年度利润分配方案，每股派送股票股利0.30股，除权日为2×19年5月10日。

①确认投资收益。

应确认投资收益=1 250×25%=312.50（万元）

借：长期股权投资——G公司（损益调整）　　3 125 000

　贷：投资收益　　3 125 000

②除权日，在备查簿中登记增加的股份。

股票股利=0.30×1 600=480（万股）

持有股票总数=1 600+480=2 080（万股）

（3）2×19年度，G公司报告净收益1 000万元，未进行利润分配。

应确认投资收益=1 000×25%=250（万元）

借：长期股权投资——G公司（损益调整）　　2 500 000

　贷：投资收益　　2 500 000

（4）2×20年度，G公司发生亏损500万元，未进行利润分配。

应确认投资损失=500×25%=125（万元）

借：投资收益　　1 250 000

　贷：长期股权投资——G公司（损益调整）　　1 250 000

3.确认其他综合收益的会计处理

被投资方因确认其他综合收益而导致其所有者权益发生变动时，投资方应按照持股比例计算应享有或承担的份额，一方面调整长期股权投资的账面价值，同时计入其他综合收益。

【例4-53】新世纪有限责任公司持有G公司25%的股份，能够对G公司施加重大影响，采用权益法核算。2×20年12月31日，G公司持有的一项成本为1 500万元的以公允价值计量且其变动计入其他综合收益的金融资产，公允价值升至2 000万元，G公司按公允价值超过成本的差额500万元调增该项金融资产的账面价值，并计入其他综合收益，导致其所有者权益发生变动。

业务流程：董秘按期将财务报告交到财务部门→财务部门账务处理

新世纪有限责任公司的会计处理如下：

应享有其他综合收益份额=500×25%=125（万元）

借：长期股权投资——G公司（其他综合收益）　　1 250 000

　贷：其他综合收益　　1 250 000

4.确认其他权益变动的会计处理

其他权益变动是指被投资方除实现净损益及进行利润分配、确认其他综合收益以外的其他原因导致的所有者权益变动，如被投资方接受股东资本性投入、确认以权益结算的股份支付等导致的所有者权益变动。投资方对于按照持股比例计算的应享有或承担的被投资方其他权益变动份额，应调整长期股权投资的账面价值，同时计入资本公积（其他资本公积）。

【例4-54】新世纪有限责任公司持有H公司30%的股份，能够对H公司施加重大影响，采用权益法核算。2×20年度，H公司接受其母公司实质上属于资本性投入的现金捐赠，金额为600万元，H公司将其计入资本公积，导致所有者权益发生变动。

业务流程：董秘按期将财务报告交到财务部门→财务部门账务处理

新世纪有限责任公司的会计处理如下：

应享有其他权益变动份额=600×30%=180（万元）

借：长期股权投资——G公司（其他权益变动）　　1 800 000

　贷：资本公积——其他资本公积　　1 800 000

三、长期股权投资的处置

企业处置长期股权投资时，应当按取得的处置收入扣除长期股权投资账面价值和已确认但尚未收到的现金股利之后的差额确认处置损益。采用权益法核算的长期股权投资，处置时还应将与所处置的长期股权投资相对应的原计入其他综合收益（不能结转损益的除外）或资本公积的金额转出，计入处置当期投资损益。

【例4-55】新世纪有限责任公司对持有的H公司股份采用权益法核算。2×20年4月5日，新世纪有限责任公司将持有的H公司股份全部转让，收到转让价款3 500万元。转让日，该项长期股权投资的账面余额为3 300万元，其中，投资成本2 500万元，损益调整（借方）500万元，其他综合收益（借方）200万元，其他权益变动（借方）100万元。

转让损益=3 500-3 300=200（万元）

借：银行存款	35 000 000	
贷：长期股权投资——H公司（投资成本）		25 000 000
——H公司（损益调整）		5 000 000
——H公司（其他综合收益）		2 000 000
——H公司（其他权益变动）		1 000 000
投资收益		2 000 000
借：其他综合收益	2 000 000	
资本公积——其他资本公积	1 000 000	
贷：投资收益		3 000 000

四、长期股权投资的报表列示

在资产负债表中，单列“长期股权投资”项目，反映企业持有的对子公司、联营企业和合营企业的长期股权投资。该项目根据“长期股权投资”账户的期末余额减去“长期股权投资减值准备”账户的期末余额后的金额列示。

自测题 4-5

第六节 固定资产

一、固定资产的含义及其分类

（一）固定资产的定义

固定资产是指同时具有下列两个特征的有形资产：

1.为生产商品、提供劳务、出租或经营管理而持有

视频

固定资产购置业务

这一特征是区分固定资产与商品等流动资产的重要标志。作为固定资产，必须服务于企业的生产经营活动，对那些准备用于销售的固定资产，即使符合使用期限长、单位价值高的条件，也不能作为固定资产。

企业以出售为目的而制造的设备、建造的房屋等，在未出售前虽然为企业所持有，但并未用于其生产商品、提供劳务，也没有出租的意图，就不能确认为企业的固定资产，而只能作为企业的在产品或产成品对待。企业的固定资产不能以投资和销售为目的而取得，其取得各种固定资产的目的是服务于其自身的生产经营活动，而不是对企业外部进行投资或出售。企业取得原材料等流动资产的目的虽然也不是销售，而是用于产品生产、劳务提供或经营管理，但它的使用寿命比较短，不符合下面所讲到的固定资产的另外一个特征，因而不能确认为企业的固定资产。

2.使用寿命超过一个会计年度

固定资产的使用寿命是指企业使用固定资产的预计期间，或者该固定资产所能生产产品或提供劳务的数量。这一特征表明，企业为了获得固定资产而发生的支出，属于资本性支出而不是收益性支出。

固定资产的这种特征，决定了其价值是随着固定资产的使用寿命分期地而不是一次性地转化为成本或费用，这一点不同于企业的原材料等流动资产。流动资产的使用期限一般不超过一个会计期间，它的实物形态一经使用就会发生显著变化，其

价值也是随着使用而一次性地转化为成本或费用。

确定固定资产的使用寿命：一是可以根据固定资产在企业的生产商品和提供劳务等过程中存续的会计期间来确定，例如，对于一栋自行建造的用于产品生产的厂房，可以根据它的建筑质量以及该厂房被使用的程度等，预先估计出一个比较合理的物理使用年限，但同时还要考虑其经济使用寿命来判定该厂房的预计使用寿命。二是可以按照该固定资产所能生产产品或提供劳务的数量来预计。例如，一台用于产品运输的汽车可以行驶多少万千米，一台用于维修服务的设备正常可以使用多少个工时等，也可以作为预计这类固定资产使用寿命的标准。

（二）固定资产的分类

企业的固定资产数量和品种很多，为了便于对固定资产进行实物管理和价值核算，有必要对固定资产进行科学、合理的分类。

1.固定资产按经济用途分类

固定资产按照经济用途可以划分为以下两类：

（1）经营用固定资产，是指直接服务于生产经营过程的各种固定资产，如用于企业生产经营的房屋、建筑物、机器设备、运输设备和工具器具等。

（2）非经营用固定资产，是指不直接服务于生产经营过程中的各种固定资产，如用于职工住宅、公共福利设施、文化娱乐和卫生保健等方面的房屋、建筑物、设施和器具等。

2.固定资产按使用情况分类

固定资产按照使用情况可以划分为以下四类：

（1）使用中固定资产，是指企业正在使用的经营用固定资产和非经营用固定资产。

（2）未使用固定资产，是指已购建完成但尚未交付使用的新增固定资产以及进行改建、扩建等暂时脱离生产经营过程的固定资产。

（3）出租固定资产，是指企业根据租赁合同规定，以经营租赁方式出租给其他企业临时使用的固定资产。

（4）持有待售固定资产，是指在当前状况下仅根据出售同类固定资产的惯例就可以直接出售且极可能出售的固定资产。

3.固定资产按所有权分类

固定资产按照所有权可以划分为以下两类：

（1）自有固定资产，是指企业拥有的可供企业自由地支配使用的固定资产。

（2）租入固定资产，是指企业采用租赁的方式从其他单位租入的固定资产。企业对租入固定资产依照租赁合同拥有使用权，同时负有支付租金的义务，但资产的所有权属于出租单位。租入固定资产可分为经营性租入固定资产和融资租入固定资产。

需要强调的是对于融资租入固定资产而言，所有权虽然不是自有，但会计处理上应视同自有。

4.固定资产按来源渠道分类

固定资产按照来源渠道可以划分为以下类别：

（1）外购的固定资产，是指企业从外部购入的固定资产。

（2）自行建造的固定资产，是指企业自行组织技术人员或施工人员，自行研制的设备、建造的房屋和建筑物等。

（3）投资者投入的固定资产，是指企业收到的投资者以设备和房屋等向企业投入，作为资本投资的固定资产。

（4）融资租入的固定资产，是指企业以融资租赁方式租入的固定资产。

（5）改建扩建新增的固定资产，是指企业通过改建或扩建而形成的固定资产。固定资产的改建一般是指企业在不扩大产品生产能力的情况下对原有固定资产的改造；固定资产的扩建一般是指企业以扩大产品生产能力为目的对原有固定资产的改造。但不论改建还是扩建，一般都会增加企业的固定资产。

（6）接受捐赠的固定资产，是指企业接受其他单位或个人捐赠的固定资产。

（7）盘盈的固定资产，是指企业在财产清查中发现的实有数大于账面数的那部分固定资产。

此外，固定资产的来源渠道还包括合并形成、政府补助形成、非货币性资产交换形成和债务重组形成等渠道。

5.固定资产按是否需要安装分类

这种分类方法主要是对企业所购置的机器设备类固定资产的分类。按照这种分类方法可以将企业购置的设备分为以下两类：

（1）需要安装设备，是指企业在购入后需要经过安装才能达到可使用状态的设备，如企业购入的用于产品生产的机床、车床等设备，一般应固定安装在一定的基础上方可达到预定可使用状态。这些都属于企业的需要安装设备，完成必要的安装程序以后才能成为企业的固定资产。

（2）不需要安装设备，是指企业在购入后不需要经过安装就能达到预定可使用状态的设备，如企业购入的运输汽车、客车和轿车等。这些设备进入企业后即可投入使用，因而立即成为企业的固定资产。

二、固定资产的确认与计量

（一）固定资产的确认

将一项资产确认为企业的固定资产，必须符合以上关于固定资产的定义。即必须为生产商品、提供劳务、出租或经营管理而持有，使用寿命超过一个会计期间。但要将一项资产确认为企业的固定资产，还必须同时满足以下两个条件。

1.该固定资产包含的经济利益很可能流入企业

固定资产包含的经济利益是指通过固定资产的使用预期会给企业带来的经济利益，具体是指直接或者间接导致现金和现金等价物流入企业的潜力。比如，企业用来生产产品的机器设备，有助于企业产品的形成，等生产出来的产品在市场上销售以后，很可能给企业带来现金的流入。比如，在钱货两清的情况下，企业可以直接收到客户交来的现金，给企业带来现金流入；在赊销产品的情况下，企业虽然不能直接收到现金，但根据购销合同等协议，企业在以后也是有可能收回现金的，当然，在这种销售方式下，由于一些因素的影响，如对方缺乏支付能力或已经破产清算，销售企业的款项就有收不回来的可能。另外，固定资产也具有给企业带来现金等价物的潜力。如用企业的一种固定资产去换取企业所需的另一个企业的另一种固定资产，就可以使企业得到与原来的固定资产价值相当的另一种固定资产。固定资产能够预期为企业带来经济利益这一特质与企业的流动资产和无形资产等完全相同。

2.该固定资产的成本能够可靠计量

固定资产的成本主要是指企业取得固定资产时所发生的必要支出。例如，企业外购某一固定资产时，所支付的购买价款、进口关税和其他税费，以及使固定资产在达到预定可使用状态前所发生的可归属于该项资产的场地整理费、运输费、装卸费、安装费和专业人员服务费等，都属于企业取得该项资产所发生的支出，应全部计入该固定资产的成本。但这些成本的计入必须以发票、运输费单据、装卸安装费用单据等作为可靠依据。自行建造固定资产的成本，由建造该项资产达到预定可使用状态前所发生的必要支出构成。如自行建造一栋房屋用于企业经营，会发生建筑材料费、施工人员费和机械使用费等，如果该项目的资金来自银行长期借款，还会发生长期借款利息支出，这些必要支出都要依据有关凭证计入所建房屋的成本。

需要强调的是，在固定资产确认条件具体应用方面，下列各项满足固定资产确认条件的也属于固定资产范畴：

（1）航空企业的高价周转件；

（2）企业以经营租赁方式租入固定资产发生的改良支出，如满足固定资产确认条件的装修费等；

（3）建造承包企业为保证施工和管理的正常进行而购建的各种临时设施；

（4）企业购置计算机硬件所附带的、未单独计价的软件，与所购置的计算机硬件一并作为固定资产；

（5）企业为开发新产品、新技术购置的符合固定资产定义和确认条件的设备；

（6）采用成本模式计量的已出租的建筑物。

（二）固定资产的计量

固定资产的计量是指以货币为计量单位计算固定资产的价值额，是进行固定资产价值核算的重要内容。

固定资产的计量包括初始计量和后续计量两个方面。这里先介绍固定资产初始计量的内容，后续计量的内容待研究固定资产折旧的核算问题时再予介绍。

1.初始计量过程中固定资产成本的组成内容

固定资产的初始计量是指企业在以不同方式取得固定资产时，对固定资产初始成本的确认和计算。固定资产成本是指企业购建某项固定资产达到预定可使用状态前所发生的一切合理、必要的支出。

由于企业的固定资产来源方式不同，其初始成本的组成内容也不尽相同。

（1）企业外购固定资产的成本，包括购买价款、进口关税和其他费用，使固定资产达到预定可使用状态前所发生的可归属于该项资产的场地整理费、运输费、装卸费、安装费和专业人员服务费等。如果是以一笔款项购入多项没有单独标价的固定资产，应当按照各项固定资产公允价值比例对总成本进行分配，分别确定各项固定资产的成本。

（2）企业自行建造固定资产的成本，由建造该项资产达到预定可使用状态前所发生的必要支出构成。如果自行建造的固定资产的项目资金来自银行的长期借款，其在建设期间所发生的应计入固定资产成本的借款费用，也应计入固定资产的成本。已达到预定可使用状态，但尚未办理竣工决算手续的固定资产，应按估计价值入账，待确定实际成本后再进行调整。

（3）由投资者投入固定资产的成本，应当按照投资合同或协议约定的价值确定，但合同或协议约定价值不公允的除外。

（4）一般说来，对于同一控制下的企业合并取得的固定资产的成本，应当按照合并日被合并方的账面价值计量。

（5）非货币性资产交换是指交易双方主要以存货、固定资产、无形资产和长期股权投资等非货币性资产进行的交换。该交换不涉及或只涉及少量的货币性资产（即补价）。由于非货币性资产交换取得的固定资产的成本，一般应当以公允价值和应支付的相关税费作为换入资产的成本，公允价值与换出资产账面价值的差额计入当期损益。

2.固定资产的会计计量属性

企业在将符合固定资产定义和确认条件的固定资产登记入账，并列报于会计报表时，应当按照规定的会计计量属性进行计量，确定其金额。

固定资产可选择的会计计量属性包括：

（1）历史成本。固定资产按照购置时支付的现金、现金等价物的金额，或者按照购置资产时所付出的对价的公允价值计量。它是固定资产的基本计价标准，按原始成本计价，可以反映固定资产的投资规模，也是企业计算提取固定资产折旧（固定资产在使用过程中的损耗价值）的基础。

（2）重置成本。固定资产按照现在购买相同或者相似资产所需支付的现金或者现金等价物的金额计量。重置成本所反映的是固定资产的现时价值，从理论上讲，比采用原始价值计价更为合理。但由于重置成本本身是经常变化的，如果将其作为基本计价标准，势必会引起一系列复杂的会计问题，在会计实务中也不具备可操作性。因此，重置成本只能作为固定资产的一个辅助计量属性来使用。通常在取得无法确定原始价值的固定资产时，如在企业的财产清查中发现的盘盈固定资产、接受捐赠而捐赠方又未提供相关票据的固定资产等，可以采用这种计量属性对固定资产进行计价。

（3）净值。净值也称为折余价值，是指固定资产原始价值或重置完全价值减去已提折旧后的净额。它可以反映企业实际占用固定资产的金额和固定资产的新旧程度。

（4）现值。在现值计量下，固定资产按照预计从其持续使用和最终处置中所产生的未来净现金流入量的折现金额计量。

（5）公允价值。公允价值是指在计量日发生的有序交易中，市场参与者之间出售一项固定资产所能收到的价格。

企业在对固定资产进行计量时，常用的计量属性是历史成本、重置成本和净值。企业应当保证所确定的会计要素金额能够取得并可靠计量。

固定资产管理与控制流程如图4-12所示。

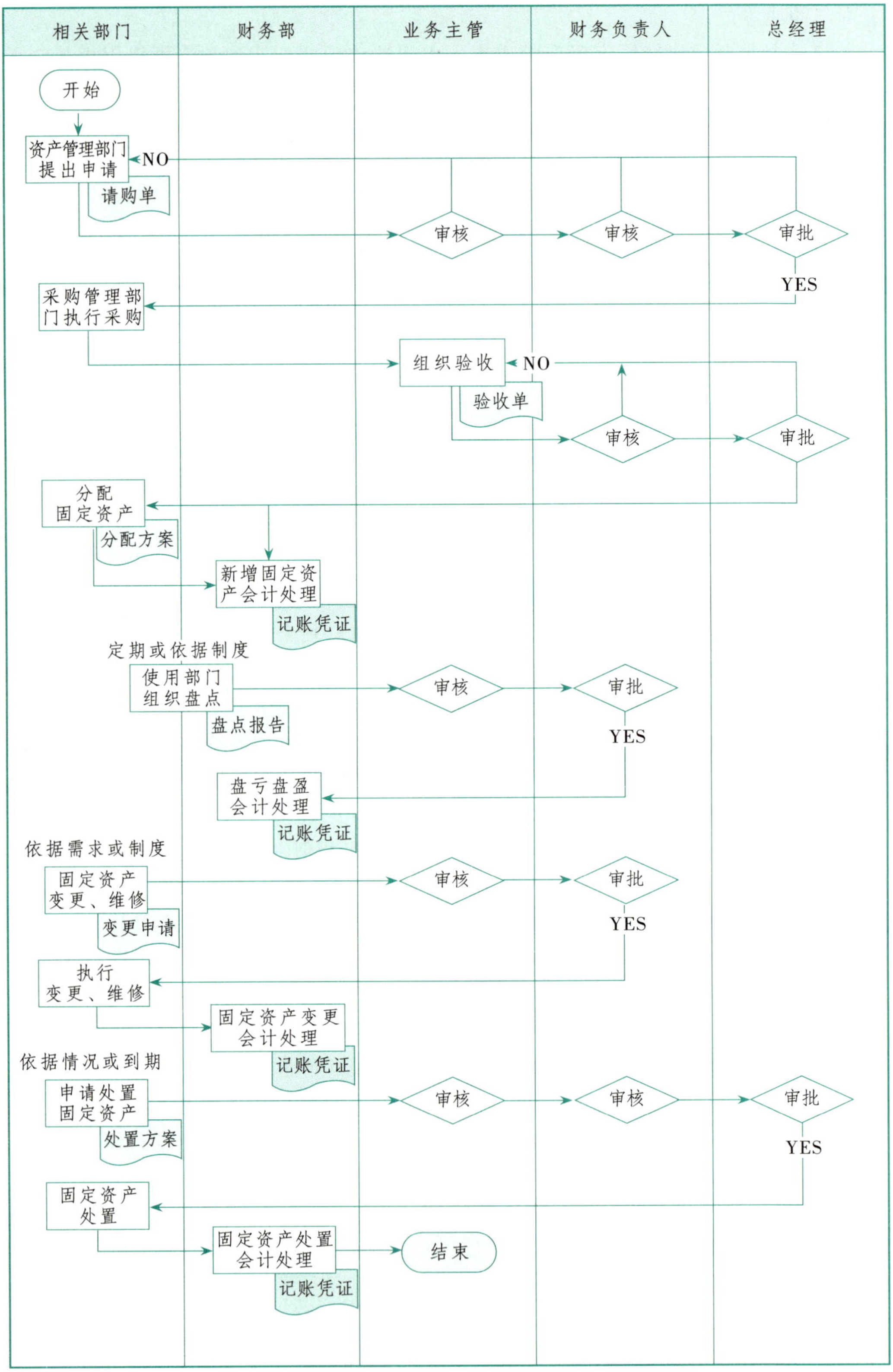

图4-12　固定资产管理与控制流程

（三）固定资产增加业务的核算

企业固定资产增加，即固定资产的取得，主要是由从企业外部购置、企业自行建造、由投资者投入和采用融资租赁方式租入等原因引起的。

进行固定资产增加业务的核算，主要应设置如下账户：

1.“固定资产”账户

该账户用来核算企业所持有的固定资产的原价。

企业以各种方式取得的固定资产的原价记入该账户的借方，由于各种原因减少的固定资产的原价记入该账户的贷方；该账户期末余额在借方，表示企业现有固定资产的原价。

如上所述，该账户的借方所登记的固定资产的原价，其计量属性是多方面的，可能是固定资产的历史成本、重置成本，也可能是净值，应根据固定资产取得时所确认的成本组成内容和所确定的计量属性入账。在将固定资产的增加数记入该账户借方的同时，应根据不同的情况进行相应的账务处理，贷记“银行存款”“应付账款”“股本”“长期应付款”等账户。

该账户的贷方登记的同样是固定资产的原价，意味着固定资产原始价值的减少。但应注意，并不是所有的固定资产原始价值的减少都在该账户的贷方登记。比如，固定资产在使用过程中发生的价值损耗（会计上称为折旧）虽然也属于固定资产原始价值的减少，但这种减少在会计上有特殊的处理方法，即专门设置“累计折旧”账户加以记录，而不是登记在“固定资产”账户的贷方。关于“累计折旧”账户将在本节关于“固定资产折旧的核算”中予以介绍。

“固定资产”账户的结构如下：

固定资产

固定资产原价的增加	固定资产原价的减少
期末余额：固定资产原价的结余	

另外，固定资产存在弃置业务的，如石油开采业在将来油井报废时的处理业务，煤炭开采业将来对废矿的处理业务等，应在取得油井和矿井等固定资产时，充分考虑预计弃置费用因素。按预计弃置费用的现值借记该账户，贷记“预计负债”账户。在该项固定资产的使用寿命内，计算确定各期应负担的利息费用，借记“财务费用”账户，贷记“预计负债”账户。

【例4-56】新世纪有限责任公司购入一台不需要安装的生产用设备，买价300 000元，增值税36 000元，包装费等1 500元。

业务流程：请购部门申请→使用部门审核→财务部门审批→企业授权部门和人员审批→董事会审批→编制付款凭证→资产管理部门验收（出具验收报告）

编制的会计分录为：

借：固定资产　　301 500

　　应交税费——应交增值税（进项税额）　　36 000

贷：银行存款　　337 500

【例 4-57】 新世纪有限责任公司为降低采购成本，一次购进 A、B、C 三套不同型号的设备，为此公司通过银行支付三台设备的货款和包装费等 11 460 000 元（不考虑其他相关税费）。A、B、C 三套不同型号的设备均满足固定资产的定义和确认条件，公允价值分别为 3 657 500 元、4 493 500 元、2 299 000 元。

业务流程：固定资产请购→财务部门审批→企业授权部门和人员审批→编制付款凭证、费用分配单→资产管理部门验收

会计处理如下：

（1）A、B、C 设备的分配比例：

A 设备的分配比例=3 657 500÷（3 657 500+4 493 500+2 299 000）×100%=35%

B 设备的分配比例=4 493 500÷（3 657 500+4 493 500+2 299 000）×100%=43%

C 设备的分配比例=22 99 000÷（3 657 500+4 493 500+2 299 000）×100%=22%

（2）A、B、C 设备的入账价值：

A 设备的入账价值=11 460 000×35%=4 011 000（元）

B 设备的入账价值=11 460 000×43%=4 927 800（元）

C 设备的入账价值=11 460 000×22%=2 521 200（元）

（3）编制会计分录。

借：固定资产——A 设备　　4 011 000

　　　　　　——B 设备　　4 927 800

　　　　　　——C 设备　　2 521 200

　贷：银行存款　　11 460 000

2.“在建工程”账户

该账户用来核算企业基建、技改等在建工程发生的价值。企业与固定资产有关的后续支出，包括固定资产发生的重安装支出、更新改造支出、房屋的改良费用等，满足固定资产准则规定的固定资产资本化确认条件的，也在该账户核算。

在建工程成本发生时记入该账户的借方，表示在建工程成本的增加；工程完工达到预定可使用状态时，将其发生的全部成本从该账户的贷方转入“固定资产”账户。该账户期末余额在借方，表示在建工程的实际成本。

该账户应当按照在建工程的具体内容分别设置“建筑工程”、“安装工程”、“在安装设备”和“待摊支出”等明细账户。其中建筑工程的成本主要包括材料费、人工费和施工机械使用费，以及使用长期借款进行固定资产的建造发生的长期借款利息等；在安装设备的成本包括需要安装设备的买价、包装费用、运输费用、安装费用等。“在建工程”账户的结构如下：

在建工程

工程建造支出的增加	结转的完工工程成本
期末余额：未完工工程成本	

【例4-58】新世纪有限责任公司购入需要安装的生产用设备一台，买价500 000元，增值税65 000元，包装费和运输费5 000元（不考虑相关税费）。款项已通过银行支付，设备也已投入安装。

业务流程：资产管理部门申请→使用部门审核→财务部门审批→企业授权部门和人员审批→编制付款凭证→资产管理部门验收

编制的会计分录为：

借：在建工程	505 000	
应交税费——应交增值税（进项税额）	65 000	
贷：银行存款		570 000

【例4-59】承【例4-58】，所购买设备发生安装费2 800元、调试费1 200元。款项已通过银行支付。

编制的会计分录为：

借：在建工程	4 000	
贷：银行存款		4 000

【例4-60】承【例4-58】、【例4-59】，设备安装完毕，交付使用，结转其实际成本509 000元（505 000+4 000）。

业务流程：固定资产安装部门出具安装合格报告→固定资产管理部门、使用部门出具验收使用合格报告

编制的会计分录为：

借：固定资产	509 000	
贷：在建工程		509 000

三、固定资产折旧

（一）固定资产折旧的概念及影响因素

1.固定资产折旧的概念

固定资产折旧是指在固定资产使用寿命内，按照确定的方法对应计折旧额进行的系统分摊。

应计折旧额是指应当计提折旧的固定资产的原价扣除其预计净残值后的金额。已计提减值准备的固定资产，还应当扣除已计提的固定资产减值准备累计金额。

随着固定资产在生产经营过程中的使用，其价值会逐渐损耗直至消逝。企业购建固定资产发生的支出属于资本性支出，最终也要转化为企业的成本或费用，但转化的形式不同于流动资产。与流动资产相比较，固定资产具有较长的使用寿命，可以在企业的经营活动中存续多个会计期间，因此，对发生在固定资产上的支出应根据其使用寿命，如固定资产的预计使用期间或该固定资产所能生产产品或提供劳务的数量等，采用比较合理的方法进行分摊。被分摊掉的那部分固定资产价值的损耗，形成企业不同会计期间的成本和费用，这些损耗的价值在会计上称为固定资产的折旧额。

固定资产计提折旧管理与控制流程如图4-13所示。

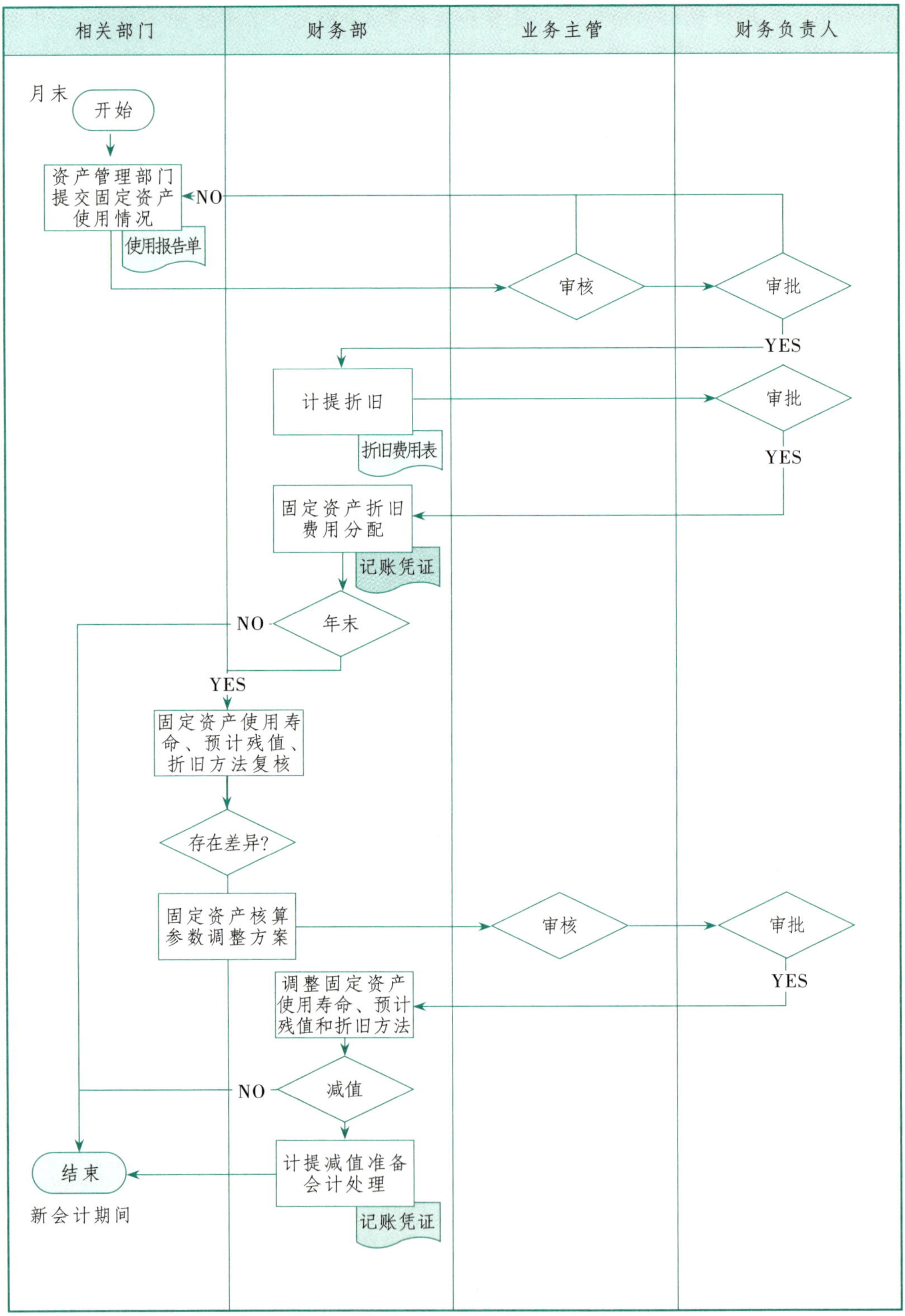

图4-13 固定资产计提折旧管理与控制流程

固定资产损耗可分为有形损耗和无形损耗两种。有形损耗是指固定资产在使用过程中由于物理磨损而发生的使用性损耗和由于受自然力影响而发生的自然损耗；无形损耗是指由于技术进步、消费偏好的变化和经营规模扩充等原因而引起的损耗。一般而言，有形损耗决定了固定资产的预计使用寿命，无形损耗决定了固定资产的实际使用寿命。

固定资产的原始价值与其折旧额之间的差额，称为固定资产的净值。固定资产折旧的发生，一方面会形成企业的成本或费用；另一方面会影响固定资产的价值。即随着固定资产的使用，其折旧额会越来越多，其价值会越来越少。因此，要了解一个企业的固定资产的规模及其实际使用能力，不仅要看其固定资产的原始价值，更需要通过该企业固定资产价值与折旧额之间的比较，了解该企业固定资产的净值。

2.影响固定资产折旧计算的因素

固定资产折旧的计算，就是企业在各个会计期间对固定资产损耗价值的确认。企业为了使固定资产的耗费与相应的收入进行合理的配比，应按期根据固定资产的使用情况并考虑有关因素，采用规定的计算方法将这部分耗费计入当期的成本或费用，以便正确确定各个会计期间的收益。计算固定资产的折旧额时，对固定资产的原始价值、预计净残值和预计使用寿命等几个方面的因素都应给予充分考虑。

（1）固定资产的原始价值。固定资产的原始价值是指固定资产取得时的实际成本，是计算固定资产折旧的基数。以其作为计算折旧的基数，可以使折旧的计算建立在客观、统一的基础上，不易受会计人员主观因素的影响。对于个别无法确定原始价值的固定资产，如盘盈固定资产、接受捐赠的固定资产，应以其重置完全价值等作为折旧基数。一般而言，固定资产的原始价值越高，使用寿命越短，企业计算出来的各期应分摊的折旧额越多，反之则越少。

（2）固定资产的预计净残值。固定资产的预计净残值是指假定固定资产预计使用寿命已满并处于使用寿命终了时的预期状态，目前从该项资产处置中获得的扣除预计处置费用后的金额。一般是指固定资产的预计残值收入扣除预计清理费用后的净额。

预计残值收入是指固定资产报废清理时预计可收回的器材、零件和材料等的残料价值收入；预计清理费用是指固定资产报废清理时预计发生的拆卸、整理和搬运等费用。

固定资产原始价值减去预计净残值后的数额为应计折旧额。一般而言，固定资产的预计净残值越多，应计折旧额越少，企业计算出来的各期折旧额也就越少，反之则越多。

（3）固定资产的预计使用寿命。固定资产的预计使用寿命，是指企业使用固定资产的预计期间，或者该固定资产所能生产产品或提供劳务的数量。一般而言，固定资产的预计使用年限越长，企业计算出来的各期折旧额越少，反之则越多。

企业应当根据固定资产的性质和使用情况，合理确定固定资产的使用寿命和预计净残值。固定资产的使用寿命、预计净残值一经确定，一般不得随意变更。

（二）固定资产折旧范围

除以下情况外，企业应对所有固定资产计提折旧：

（1）已提足折旧仍继续使用的固定资产；

（2）按照规定单独估价作为固定资产入账的土地；

（3）转为持有待售的固定资产。

固定资产提足折旧后，不管能否继续使用，均不再计提折旧；提前报废的固定资产，也不再补提折旧。在实际工作中，企业一般是按月计提折旧。当月增加的固定资产，当月不计提折旧，从下月起计提折旧；当月减少的固定资产，当月仍计提折旧，从下个月停止计提折旧。

已达到预定可使用状态的固定资产，无论是否交付使用，尚未办理竣工决算的，应当按照估计价值确认固定资产，并计提折旧；待办理了竣工决算手续后，再按实际成本调整原来的暂估价值，但不需要调整原已计提的折旧额。

（三）固定资产折旧的计算方法

企业应当根据与固定资产有关的经济利益的预期实现方式，合理选择固定资产折旧方法。可选用的折旧方法包括年限平均法、工作量法、双倍余额递减法和年数总和法等。固定资产的折旧方法一经确定，不得随意变更。

1.年限平均法

年限平均法也称使用年限法，或直线法。它是以固定资产的预计使用年限为分摊标准，将固定资产的应计折旧总额均衡分摊到各使用年度的一种折旧计算方法。采用这种方法，各年度折旧额相等，不受固定资产使用频率或产品生产数量，以及提供劳务数量的影响，因而也称固定费用法。

年限平均法计算折旧的公式如下：

$$年折旧额=\frac{原始价值-预计净残值}{预计使用寿命}$$

在实务中，固定资产的折旧额是根据折旧率计算的。折旧率是指折旧额占原始价值的比重。用公式表示如下：

$$年折旧率=\frac{年折旧额}{原始价值}\times100\%$$

或

$$=\frac{1-预计净残值率}{预计使用寿命}\times100\%$$

其中，$预计净残值率=\frac{预计净残值}{原始价值}\times100\%$

$$年折旧额=原始价值\times年折旧率$$

$$月折旧率=\frac{年折旧率}{12}$$

$$月折旧额=原始价值\times月折旧率$$

或

$$=年折旧额\div12$$

【例 4-61】 新世纪有限责任公司的一台机器设备原始价值为 100 000 元，预计净残值率为 4%，预计使用寿命为 5 年。按年限平均法计提折旧。

年折旧率=（1-4%）÷5=19.2%

月折旧率=19.2%÷12=1.6%

年折旧额=100 000×19.2%=19 200（元）

月折旧额=100 000×1.6%=1 600（元）（或=19 200÷12）

采用年限平均法计算的各年、月的折旧额相等。其优点是计算过程简便易行，容易理解，是实际工作中应用得比较广泛的一种方法。其缺点是：只注重固定资产的使用寿命，而忽视固定资产的实际使用状况，在每个会计期间都计算提取同样的折旧费用，显然不够合理。

2.工作量法

工作量法是以固定资产预计可完成的工作总量为分摊标准，根据各年实际完成的工作量计算折旧的一种方法。采用这种折旧方法，各年折旧额的大小随工作量的变动而变动。采用工作量法计算折旧的过程分两个步骤完成。首先要计算固定资产单位工作量的折旧额，在此基础上再根据每期实际工作量的多少计算当期的折旧额。用公式表示如下：

$$单位工作量折旧额=\frac{原始价值\times(1-预计净残值率)}{预计工作量总额}$$

年折旧额=某年实际完成的工作量×单位工作量折旧额

月折旧额=某月实际完成的工作量×单位工作量折旧额

采用工作量法，不同的固定资产应按不同的工作量标准计算折旧，如机器设备应按工作小时计算折旧，运输工具应按行驶里程计算折旧，建筑施工机械应按工作台班时数计算折旧等。

【例4-62】新世纪有限责任公司的一台机器设备按工作时数计算折旧。其原始价值为150 000元，预计净残值率为3%，预计可工作10 000个小时。该设备投入使用后，各年的实际工作时数假定为：第1年3 000小时，第2年2 600小时，第3年2 400小时，第4年2 000小时。

$$单位台班小时折旧额=\frac{150\,000\times(1-3\%)}{10\,000}=14.55（元）$$

各年折旧额的计算结果分别为：

第1年：14.55×3 000=43 650（元）

第2年：14.55×2 600=37 830（元）

第3年：14.55×2 400=34 920（元）

第4年：14.55×2 000=29 100（元）

假定第1年第1个月该设备实际使用时数为200小时，则该月应计提的折旧为：14.55×200=2 910（元）。其他各月份计提折旧额的计算方法以此类推。

从上面的计算结果可以看出：工作量法的优点和年限平均法一样，比较简单实用，而且工作量法以固定资产的实际工作量为分配固定资产成本的标准，使各年计提的折旧额与固定资产的实际使用程度成正比例关系，体现了收入与费用相配比的会计核算原则。工作量法的缺点是将有形损耗看作引起固定资产折旧的唯一因素。事实上，由于无形损耗的客观存在，固定资产即使不使用也会发生折旧，但工作量法忽略了这一点。

考虑由于科技进步而引起的固定资产无形损耗的客观存在，企业可以按照规定选用以下两种折旧方法。

3. 双倍余额递减法

双倍余额递减法是指企业以年初固定资产的账面净值为基数，以年限平均法折旧率的两倍计算提取折旧的方法。在这种方法下，各年的折旧率是固定的，折旧额呈递减趋势。其计算公式为：

$$年折旧率=\frac{2}{预计使用寿命}\times 100\%$$

月折旧率=年折旧率÷12

年折旧额=固定资产账面净值×年折旧率

月折旧额=固定资产账面净值×月折旧率

在采用这种方法计提折旧时应注意：各年计提折旧后，固定资产账面净值不能低于预计固定资产净残值；当在某个年度按双倍余额递减法计算的年折旧额小于按年限平均法计算的折旧额时，应改用年限平均法计提折旧。在实际工作中，为了简化核算，一般在固定资产使用的最后两年改用年限平均法并考虑固定资产的净残值计提折旧。

【例4-63】新世纪有限责任公司的一台设备按双倍余额递减法计提折旧。该设备原始价值为240 000元，预计净残值为9 600元，预计使用5年。各年折旧额计算如下：

$$年折旧率=\frac{2}{5}\times 100\%=40\%$$

各年折旧额=固定资产账面净值×年折旧率

则各年折旧额的计算见表4-7。

表4-7　折旧计算表（双倍余额递减法）　金额单位：元

年次	年初账面净值	年折旧率	年折旧额	累计折旧额	期末账面净值
1	240 000	40%	96 000	96 000	144 000
2	144 000	40%	57 600	153 600	86 400
3	86 400	40%	34 560	188 160	51 840
4	51 840	改用年限平均法	21 120	209 280	30 720
5	30 720	计提折旧	21 120	230 400	9 600

在表4-7中，前3年的折旧额是按照双倍余额递减法计算的。而到第4年，由于该设备年初账面净值为51 840元，按其提取的折旧额仅为20 736元（51 840×40%）；第5年应提取的折旧额仅为12 441.60元（（51 840−20 736）×40%）。两年合计提取的折旧额仅为33 177.60元（20 736+12 441.60），这个数字显然小于应计提折旧额42 240元。如果再按双倍余额递减法计算折旧，不仅每年会少提折旧，而且当第5年结束的时候该设备的折旧也不能全部提完。因此，从第4年起，应改用年限平均法计提折旧。比较简便的做法是在设备预计使用年限的最后两年，将设备的账面净值（本例为51 840元）扣除预计净残值（本例为9 600元）后平均分摊。即（51 840−9 600）÷2=21 120（元）。由此可见，在双倍余额递减法下，设备的残值是在最后两年扣除的。

4. 年数总和法

年数总和法是指企业以固定资产的原值减去其预计净残值后的净额为基数，以一个逐年递减的分数计算提取折旧的方法。在这种方法下，各年的折旧基数是固定不变的，折旧率根据固定资产的使用年限来确定，根据这种方法计算出来的各年的折旧额呈逐年递减趋势。其计算公式为：

$$年折旧率=\frac{折旧年限-已使用年限}{预计使用年限数字之和}$$

其中，“预计使用年限数字之和”为固定资产预计可使用年限的各年自然数字相加之和。如一台设备预计使用5年，那么，该设备的预计使用年限数字之和为：1+2+3+4+5=15（年），即$\frac{n(n+1)}{2}=\frac{5\times 6}{2}$=15（年）。

月折旧率=年折旧率÷12

年折旧额=（固定资产账面原值-预计净残值）×年折旧率

月折旧额=（固定资产账面原值-预计净残值）×月折旧率

【例4-64】新世纪有限责任公司的一台设备按年数总和法计提折旧。该设备原始价值为240 000元，预计净残值为9 600元，预计使用5年。各年折旧额计算如下：

$$第1年折旧率=\frac{5-0}{1+2+3+4+5}=\frac{5}{15}$$

$$第2年折旧率=\frac{5-1}{1+2+3+4+5}=\frac{4}{15}$$

按照这种方法计算的第3、4、5年的折旧率分别为$\frac{3}{15}$、$\frac{2}{15}$和$\frac{1}{15}$。

各月折旧率=年折旧率÷12

第1年的月折旧率为：$\frac{\frac{5}{15}}{12}$=2.78%

第2年的月折旧率为：$\frac{\frac{4}{15}}{12}$=2.22%

按照这种方法计算的第3、4、5年的月折旧率分别为1.67%、1.11%和0.56%。

各年、各月折旧基数：240 000-9 600=230 400（元）

则各年折旧额的计算见表4-8。

表4-8 折旧计算表（年数总和法） 金额单位：元

年次	固定资产净值	年折旧率	年折旧额	累计折旧额	期末账面净值
1	230 400	5/15	76 800	76 800	163 200
2	230 400	4/15	61 440	138 240	101 760
3	230 400	3/15	46 080	184 320	55 680
4	230 400	2/15	30 720	215 040	24 960
5	230 400	1/15	15 360	230 400	9 600

在这种方法下，每年各月份应计提的折旧额应根据其各自的折旧率计算。如第1年各月的折旧额为：（240 000-9 600）×2.78%=6 405.12（元）；第2年各月的折旧额为：（240 000-9 600）×2.22%=5 114.88（元）。以后各年月折旧额的计算方法以此类推。

以上四种计提折旧的方法中，年限平均法和工作量法属于平均折旧法，在固定资产的使用期间内，计入各期的固定资产使用费用相对比较均衡；而双倍余额递减法和年数总和法是加速折旧法，在固定资产的使用期间内，先期计入各期的固定资产使用费用相对较高，后期计入各期的固定资产使用费用相对较低，这样就可以尽快收回发生在固定资产上的支出，避免由于技术进步等引起的固定资产无形损耗。

对于以上四种折旧方法，企业可根据会计准则的规定结合自身的经营性质和特点选择使用。从上面的举例可以看出，企业采用不同的折旧方法时，每月计算出来的折旧额的差异是比较大的。由于计算出来的折旧额都要分别计入各会计期间的费用，因此折旧额的计提就成为影响各个会计期间费用水平的重要因素，进而影响企业各期利润指标的计算。为了使各期分摊的固定资产的使用费用均衡合理，并且不至于由于固定资产费用的分配而使利润的计算出现较大的波动，根据会计准则的规定，企业选择的固定资产折旧方法一经确定，一般不得随意变更。

延伸阅读

固定资产加速折旧法

（四）固定资产折旧的会计处理

企业按月计提的折旧应根据固定资产的用途，计入相关资产的成本或者当期损益。生产车间使用的固定资产，计提的折旧计入制造费用，并最终计入所生产的产品成本；管理部门使用的固定资产，计提的折旧计入管理费用；销售部门使用的固定资产，计提的折旧计入销售费用；未使用的固定资产，计提的折旧计入管理费用等。应提取的折旧额应根据企业所采用的计提折旧的方法，利用“固定资产折旧计算表”计算确定。

进行固定资产折旧的核算应设置“累计折旧”账户。该账户核算企业对固定资产计提的累计折旧。企业按月计提的固定资产折旧记入该账户的贷方。企业出售、报废、对外投资和盘亏固定资产时，该资产已经计提的折旧额从该账户的借方转出，并分别记入“固定资产清理”“长期股权投资”等账户的借方和“固定资产”账户的贷方。该账户期末贷方余额，反映企业固定资产的累计折旧额。“累计折旧”账户的结构如下：

累计折旧

处置固定资产时转出的已提折旧（减少）	每一期计提的固定资产折旧（增加）
	期末余额：已提折旧累计额

【例 4-65】新世纪有限责任公司本月计提固定资产折旧 86 500 元。其中企业生产车间使用的固定资产提取折旧 58 000 元；企业管理部门使用的固定资产提取折旧 28 500 元。

编制的会计分录为：

借：制造费用　　58 000

　　管理费用　　28 500

　贷：累计折旧　　86 500

四、固定资产减值损失的核算

1. 固定资产减值的概念

固定资产减值是指固定资产的可收回金额低于其账面价值这样一种情况。

我国企业会计准则规定，企业应当在会计期末判断资产是否存在可能发生减值的迹象。存在下列迹象的，表明资产可能发生了减值：（1）资产的市价当期大幅度下跌，其跌幅明显高于因时间的推移或者正常使用而预计的下跌。（2）企业经营所处的经济、技术或者法律等环境以及资产所处的市场在当期或者将在近期发生重大变化，从而对企业产生不利影响。（3）市场利率或者其他市场投资回报率在当期已经提高，从而影响企业计算资产预计未来现金流量现值的折现率，导致资产可收回金额大幅度降低。（4）有证据表明资产已经陈旧过时或者其实体已经损坏。（5）资产已经或者将被闲置、终止使用或者计划提前处置。（6）企业内部报告的证据表明资产经济绩效已经低于或者将低于预期，如资产所创造的净现金流量或者实现的营业利润（或者亏损）远远低于（或者高于）预计金额等。（7）其他表明资产可能已经发生减值的迹象。

资产存在减值迹象时，应当估计其可收回金额。可收回金额应当根据资产的公允价值减去处置费用后的净额与资产预计未来现金流量的现值两者之间较高者确定。处置费用包括与资产处置有关的法律费用、相关税费、搬运费以及为使资产达到可销售状态所发生的直接费用等。资产的公允价值减去处置费用后的净额与资产预计未来现金流量的现值，只要有一项超过了资产的账面价值，就表明资产没有发生减值，不需要再估计另一项金额。资产的公允价值减去处置费用后的净额，应当根据公平交易中有法律约束力的销售协议价格减去直接归属于该资产处置费用的金额确定；无具有法律约束力的销售协议，但存在资产活跃市场的，应当按照该资产的市场价格减去处置费用后的金额确定，资产的市场价格通常应当根据资产的买方出价确定。在既没有具有法律约束力的销售协议又不存在活跃市场的情况下，应当以可获取的最佳信息为基础，估计资产的公允价值减去处置费用后的净额，同行业类似资产的最近交易价格或者结果可以作为估计资产的公允价值减去处置费用后的净额的参考。企业按照上述规定仍然无法可靠估计资产的公允价值减去处置费用后的净额的，应当以该资产未来现金流量的现值作为其可收回金额。

2.固定资产减值损失的确定及账务处理

（1）固定资产减值损失的确定。固定资产减值损失是指可收回金额低于其账面价值所形成的损失，对此，应当将资产的账面价值减记至可收回金额，减记的金额确认为资产减值损失，计入当期损益，同时计提相应的减值准备。例如，企业某项资产经测试有减值迹象，其账面价值为150 000元，经计算其可收回金额为120 000元，确定的固定资产减值损失应为：

150 000-120 000=30 000（元）

固定资产减值准备是根据谨慎性原则的要求，为应对固定资产的减值有可能给企业带来的风险而预先计提的一种准备金，如同企业为应对可能发生的坏账损失而预先计提坏账准备的作用。化解由于固定资产减值损失可能给企业经营带来的风险，有利于科学地确定各个会计期间的损益，进而合理地确认企业各个会计期间的财务成果。

（2）固定资产减值损失的账务处理。为进行固定资产减值损失的核算，企业应设置“资产减值损失”和“固定资产减值准备”等账户。

①“资产减值损失”账户。该账户核算企业根据资产减值准则等计提的包括固定资产在内的各项资产减值准备所形成的损失。企业根据资产减值准则等确定固定资产发生的减值，按应减记的金额记入该账户的借方，同时记入“固定资产减值准备”账户的贷方。期末，将该账户发生额结转至“本年利润”账户时，记入该账户的贷方。期末结转后该账户应无余额。“资产减值损失”账户的结构如下：

资产减值损失

实际发生的各种资产减值损失（增加）	（1）以后转回的资产减值损失 （2）期末转入“本年利润”账户的资产减值净损失

②“固定资产减值准备”账户。该账户核算企业固定资产发生减值时计提的减值准备。在资产负债表日，企业根据资产减值准则确定固定资产发生减值的，按应减记的金额记入“资产减值损失”账户的借方，同时记入该账户的贷方。处置固定资产时，应同时结转已计提的固定资产减值准备，记入该账户的借方。该账户期末为贷方余额，反映企业已计提但尚未结转的固定资产减值准备。“固定资产减值准备”账户的结构如下：

固定资产减值准备

处置固定资产时转出的已提固定资产减值准备（减少）	会计期末计提的固定资产减值准备（增加）
	期末余额：固定资产减值准备结余额

【例4-66】新世纪有限责任公司某一设备发生减值，其账面价值为100 000元，经计算其可收回金额为90 000元。形成的减值损失为10 000元（100 000-90 000）。

业务流程：会计编制资产减值评估表→财务部门审核

编制的会计分录为：

借：资产减值损失　　10 000

　贷：固定资产减值准备　　10 000

五、固定资产的处置

（一）固定资产终止的确认条件

固定资产处置，包括固定资产的出售、报废和毁损、对外投资、非货币性资产交换、债务重组以及其他转让等。

固定资产满足下列条件之一的，应当予以终止确认：

（1）该固定资产处于处置状态；

（2）该固定资产预期通过使用或处置不能产生未来经济利益。

（二）账户设置

当固定资产终止确认时，一方面应在“固定资产”账户的贷方冲减其原值，在“累计折旧”账户转销其已提折旧；另一方面应根据不同情况进行相应的账务处理，为此应设置“固定资产清理”账户。

“固定资产清理”账户，用于核算企业因出售、报废和毁损、对外投资、非货币性资产交换、债务重组等原因转入清理的固定资产价值以及在清理过程中所发生的清理费用和清理收入等。

1.固定资产转入清理

企业因出售、转让、报废和毁损、对外投资、融资租赁、非货币性资产交换、债务重组等处置固定资产，按该项固定资产账面价值，借记“固定资产清理”账户；按已计提的累计折旧，借记“累计折旧”账户；原已计提减值准备的，借记“固定资产减值准备”账户；按固定资产原价，贷记“固定资产”账户。

2.发生清理费用

清理过程中发生的拆卸、整理、搬运等相关费用，借记“固定资产清理”账户，贷记“银行存款”等账户。

3.收回残料或出售价款或保险赔偿

收回出售固定资产的价款、残料价值、变价收入及应由保险公司或过失人赔偿的损失等，借记“银行存款”“原材料”“其他应收款”等账户，贷记“固定资产清理”“应交税费——应交增值税”等账户。

4.清理净损益

固定资产清理完成后，对于“固定资产清理”账户的借方余额，属于筹建期间的，借记“管理费用”账户，贷记“固定资产清理”账户；属于生产经营期间由于自然灾害等非正常原因造成的损失，借记“营业外支出——非常损失”账户，贷记“固定资产清理”账户；属于生产经营期间正常的处理损失，借记“营业外支出——非流动资产毁损报废损失”账户或“资产处置损益”账户，贷记“固定资产清理”账户。

固定资产清理完成后，对于“固定资产清理”账户的贷方余额，属于筹建期间的，借记“固定资产清理”账户，贷记“管理费用”账户；属于生产经营期间的，借记“固定资产清理”账户，贷记“营业外收入——非流动资产毁损报废利得”账户或“资产处置损益”账户。

“固定资产清理”账户期末余额，反映企业尚未清理完毕固定资产的价值以及清理净损益（清理收入减去清理费用）。“固定资产清理”账户的结构如下：

固定资产清理

（1）转入清理的固定资产账面价值 （2）清理过程中发生的清理支出 （3）结转清理净收益	（1）清理过程中产生的收入 （2）残料、保险赔偿等 （3）结转清理净损失
期末余额：尚未结转的清理净损失	期末余额：尚未结转的清理净收益

（三）固定资产处置的会计处理

以下为企业在发生固定资产处置业务时账务处理的部分举例（不考虑其他相关税费）。

1.固定资产出售、报废或毁损的会计处理

【例4-67】新世纪有限责任公司将不需用的设备一台出售给长江公司，其原始价值为100 000元，累计折旧为20 000元。

业务流程：固定资产使用部门出具处置报告→固定资产管理部门审核→财务部门审核→企业授权部门和人员审批→董事会审批

（1）转入清理时，编制的会计分录为：

借：固定资产清理　　80 000
　　累计折旧　　20 000
　贷：固定资产　　100 000

（2）设备在清理过程中，使用原材料1 000元，用现金支付清理费1 200元。编制的会计分录为：

借：固定资产清理　　2 200
　贷：原材料　　1 000
　　　银行存款　　1 200

（3）出售设备收到价款90 000元，已存入银行。编制的会计分录为：

借：银行存款　　90 000
　贷：固定资产清理　　90 000

（4）设备清理结束，将获得的净收益7 800元（90 000−80 000−2 200）转入资产处置损益。编制的会计分录为：

借：固定资产清理　　7 800
　贷：资产处置损益　　7 800

2.对外投资固定资产的会计处理

【例4-68】新世纪有限责任公司用设备一台向长江公司投资，其原始价值为100 000元，累计折旧为20 000元，经评估确认的现值为70 000元。

业务流程：投资部拟定投资报告→聘请评估公司出具评估报告→固定资产管理部门审批→财务部门审批→企业授权部门和人员审批→董事会审批

编制的会计分录为：

借：固定资产清理　　80 000
　　累计折旧　　20 000
　贷：固定资产　　100 000
借：长期股权投资　　70 000
　贷：固定资产清理　　70 000
借：营业外支出　　10 000
　贷：固定资产清理　　10 000

3.财产清查盘亏的固定资产会计处理

对于在财产清查中发现的盘亏固定资产，应根据清查盘点结果，先记入“待处理财产损溢”账户，按管理权限报经批准后处理时，转入“营业外支出”账户。应注意的是：企业如发生固定资产的盘盈，应作为前期差错记入“以前年度损益调整”账户。

固定资产清查盘点是企业财产清查的重要组成部分，进行固定资产清查的目的是保证固定资产的实有数与其账面数相符，从而真实地反映企业固定资产的实际状况。

【例4-69】新世纪有限责任公司在财产清查中发现盘亏设备一台。其原始价值为40 000元，累计折旧为25 000元，购入时的增值税为6 400元。

业务流程：资产使用部门填报资产盘点表→固定资产管理部门监盘→审计部门监盘→财务部门审批→企业授权部门和人员审批→董事会审批

（1）发现盘亏后编制的会计分录为：

借：待处理财产损溢	15 000	
累计折旧	25 000	
贷：固定资产		40 000

（2）根据增值税制度规定，盘亏设备应转出不能抵扣的进项税额，编制的会计分录为：

借：待处理财产损溢	6 400	
贷：应交税费——应交增值税（进项税额转出）		6 400

（3）经批准转销盘亏时，编制的会计分录为：

借：营业外支出	21 400	
贷：待处理财产损溢		21 400

六、固定资产使用与管理的内部控制

1.职责分工与授权批准

企业应当建立固定资产业务的岗位责任制，明确相关部门和岗位的职责、权限，确保办理固定资产业务的不相容岗位相互分离、制约和监督。

2.取得与验收控制

企业应当建立固定资产预算管理制度。企业应当根据固定资产的使用情况、生产经营发展目标等因素拟定固定资产投资项目，对项目可行性进行研究、分析，编制固定资产投资预算，并按规定程序审批，确保固定资产投资决策科学、合理。

3.使用与维护控制

企业应加强固定资产的日常管理工作，授权具体部门或人员负责固定资产的日常使用与维修管理，保证固定资产的安全与完整。企业应当定期或不定期检查固定资产明细及标签，确保具备足够详细的信息，以便进行固定资产的有效识别与盘点。

4.处置与转移控制

企业应当建立固定资产处置的相关制度，确定固定资产处置的范围、标准、程序和审批权限。

企业应区分固定资产不同的处置方式，采取相应控制措施。

对使用期满、正常报废的固定资产，应由固定资产使用部门或管理部门填制固定资产报废单，经企业授权部门或人员批准后对该固定资产进行报废清理。

七、固定资产在报表中的列示

在资产负债表中，应列示“固定资产”“在建工程”的期末余额和年初余额。

其中的“固定资产”项目反映企业持有的固定资产的账面价值，也就是固定资产原价减去已提折旧和已提减值后的差额，应根据“固定资产”账户期末余额减去“累计折旧”账户期末余额和“固定资产减值准备”账户期末余额后的差额填列。

在资产负债表的附注中，应披露与固定资产有关的下列信息：①固定资产的确认条件、分类、计量基础和折旧方法；②各类固定资产的使用寿命、预计净残值和折旧率；③各类固定资产的期初和期末原价、累计折旧额及固定资产减值准备累计金额；④当期确认的折旧费用；⑤对固定资产所有权的限制及其金额和用于债务担保的固定资产账面价值；⑥准备处置的固定资产名称、账面价值、公允价值、预计处置费用和预计处置时间等。在报表附注中披露以上与固定资产有关信息的目的是为财务报告的使用者提供更加详细的资料，以便于财务报告使用者据其对企业的固定资产进行准确评价，进而作出相关的经济决策。

自测题4-6

第七节 无形资产

一、无形资产的含义及其特征

延伸阅读

大锤砸出了名企——品牌的力量

（一）无形资产的含义

无形资产是指企业拥有或者控制的没有实物形态的可辨认非货币性资产，主要包括专利权、非专利技术、商标权、著作权、土地使用权和特许权等。

（二）无形资产的特征

企业的无形资产与企业的其他资产一样，必须符合资产的定义，必须为企业拥有或控制，同时还具有其显著的特征。

1.没有实物形态

无形资产具体表现为企业所拥有的某些权利，是一种获得超额利润的能力。它没有实物形态，但具有价值，源自合同性的权利或其他法定权利，无论这些权利是否可以从企业或其他权利和义务中转移或者分离。不具有实物形态是无形资产区别于其他资产的显著标志。

2.具有可辨认性

符合无形资产定义中的可辨认性标准要求无形资产能够从企业中分离或划分出来，并能单独或者与相关合同、资产或负债一起转让。

3.属于一项非流动资产

无形资产能在较长的时期内使企业获得经济利益，因此，企业为取得无形资产所发生的支出，属于资本性支出。

4.持有的目的主要是使用

企业持有无形资产的主要目的是用于生产商品、提供劳务，或是用于管理，同时也可以通过出售、转移、授予许可、租赁或者交换获取其经济价值。

（三）无形资产的确认

无形资产同时满足下列条件的，才能予以确认：

（1）与该无形资产有关的经济利益很可能流入企业；

（2）该无形资产的成本能够可靠地计量；

（3）符合无形资产的定义。

企业在判断无形资产产生的经济利益是否很可能流入时，应对无形资产在预计使用年限内可能存在的各种经济因素作出合理估计，并且应当有明确证据支持，如专利权、非专利技术等应当有国家专利管理机构颁发的鉴定证书，商标权、著作权、土地使用权应有相关部门证明文件等。

（四）特殊无形资产的确认

1.土地使用权的处理

在我国，土地归国家所有。因此企业所能取得的只是土地的使用权。在一般情况下，当土地使用权用于企业自行开发建造厂房等地上建筑物时，相关的土地使用权的价值不转入在建工程成本。有关的土地使用权作为无形资产进行核算，并按照预计使用年限及确定的摊销方法进行摊销；而地上建筑物则应作为固定资产进行核算，并按照使用寿命和选定的折旧方法提取折旧。

2.内部研究开发费用

企业内部研究开发项目的支出，应当区分研究阶段支出与开发阶段支出。研究是指为获取并理解新的科学或技术知识而进行的具有独创性的、有计划的调查。开发是指在进行商业性生产或使用前，将研究成果或其他知识应用于某项计划或设计，以生产出新的或具有实质性改进的材料、装置、产品等。研究阶段是探索性的，为进一步开发活动进行资料及相关方面的准备，已进行的研究活动将来是否会转入开发、开发后是否会形成无形资产等均具有较大的不确定性。比如，意在获取知识而进行的活动，研究成果或其他知识的应用研究、评价和最终选择，材料、设备、产品、工序、系统或服务替代品的研究，新的或经改进的材料、设备、产品、工序、系统或服务的可能替代品的配制、设计、评价和最终选择等，均属于研究活动。相对于研究阶段而言，开发阶段应当是已完成研究阶段的工作，在很大程度上具备了形成一项新产品或新技术的基本条件。比如，生产前或使用前的原型和模型的设计、建造和测试，不具有商业性生产经济规模的试生产设施的设计、建造和运营等，均属于开发活动。

企业内部研究开发项目在研究阶段的支出，应当于发生时计入当期损益。项目在开发阶段的支出，能够证明下列各项时，应当确认为无形资产：

（1）从技术上来讲，完成该无形资产以使其能够使用或出售具有可行性。

（2）具有完成该无形资产并使用或出售的意图。

（3）无形资产产生未来经济利益的方式，包括能够证明运用该无形资产生产的产品存在市场或无形资产自身存在市场；无形资产将在内部使用时，应当证明其有用性。

（4）有足够的技术、财务资源和其他资源支持，以完成该无形资产的开发，并有能力使用或出售该无形资产。

（5）归属于该无形资产开发阶段的支出能够可靠计量。

需要说明的是，企业自创商誉以及内部产生的品牌、报刊名等，因其成本无法明确区分，不应当确认为无形资产。

无形资产管理与控制流程如图4-14所示。

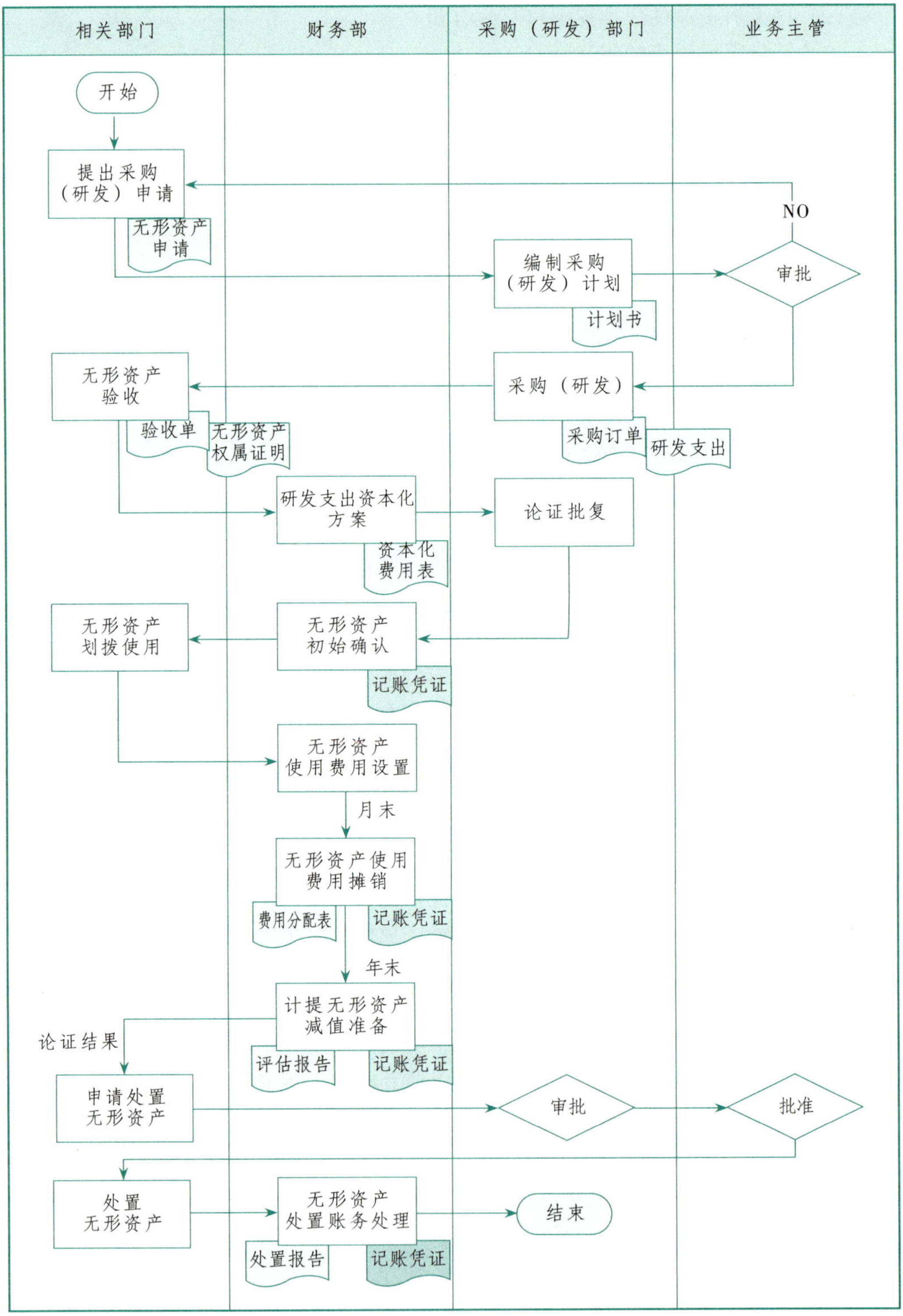

图 4-14　无形资产管理与控制流程

二、无形资产取得的核算

企业取得无形资产的方式有多种，不同方式取得的无形资产，其核算方法也有所不同。本部分主要阐述外购、自行开发和投资者投入无形资产的核算内容，其他方式形成的无形资产略。

（一）外购无形资产

外购无形资产的成本，包括购买价款、进口关税、其他可以直接归属于使该项资产达到预定用途所发生的相关支出。企业外购无形资产时，按应计入无形资产成本的金额借记“无形资产”账户，贷记“银行存款”等账户。

【例 4-70】 新世纪有限责任公司购入一项专利技术，发票注明其价款为200 000元，有关手续已办妥（不考虑相关税费）。

业务流程：研发部门填报购买专利申请→授权管理人审批→财务部门记账

这是一笔以现款购买专利技术的业务，一方面使得企业的无形资产增加，另一方面使得企业的银行存款减少。编制的会计分录为：

借：无形资产	200 000	
贷：银行存款		200 000

企业购入无形资产超过正常信用条件延期支付价款，实质上具有融资性质的，应按所购无形资产购买价款的现值，借记“无形资产”账户；按应支付的金额，贷记“长期应付款”账户；按其差额，借记“未确认融资费用”账户。

（二）自行开发的无形资产

企业自行开发的无形资产，其成本包括自满足准则规定的相关条件后至达到预定用途前所发生的支出总额，但是对于以前期间已经费用化的支出不再调整。企业自行开发的无形资产达到预定用途时，借记“无形资产”账户，贷记“研发支出”账户。

【例 4-71】 新世纪有限责任公司自行开发一项新产品专利技术。在研究开发过程中发生材料费20 000元，开发研究人员工资8 000元，另用银行存款支付其他费用12 000元。其中费用化支出为5 000元，资本化支出为35 000元。

业务流程：无形资产研发部门填报原材料调拨单→资产管理部门审批→财务部门根据人事部门制定的工资表支付研发人员工资→编制付款凭证

编制的会计分录为：

借：研发支出——费用化支出	5 000	
——资本化支出	35 000	
贷：原材料		20 000
应付职工薪酬		8 000
银行存款		12 000

【例 4-72】 承【例 4-71】，将上述研发支出转为企业的费用和无形资产。

业务流程：无形资产研发部门、无形资产管理部门、无形资产使用部门共同填

制无形资产移交使用验收报告

编制的会计分录为：

借：管理费用	5 000	
无形资产	35 000	
贷：研发支出——费用化支出		5 000
——资本化支出		35 000

（三）投资者投入的无形资产

投资者投入的无形资产，应当按照投资合同或协议约定的价值作为无形资产的取得成本，如果投资合同或协议约定价值不公允，应按该无形资产的公允价值作为无形资产的初始成本入账。

【例4-73】新世纪有限责任公司收到K公司作为投资投入的一项专利权，经评估确认价值为250 000元，全部入股。

业务流程：董秘将董事会决议交财务部门并填制投资申请表→财务部门记账

编制的会计分录为：

借：无形资产	250 000	
贷：实收资本——K公司		250 000

需要说明的是，以上例题简化了一些相关税费的核算。在企业取得无形资产时，如果增值税专用发票等相关凭证符合增值税进项税额抵扣条件，与无形资产取得相关的增值税应列入“应交税费——应交增值税（进项税额）”账户进行核算。

三、无形资产的摊销

企业应当于取得无形资产时分析判断其使用寿命。无形资产的使用寿命如为有限的，应当估计该使用寿命的年限或者构成使用寿命的产量等类似计量单位数量。无法预见无形资产为企业带来未来经济利益的期限的，应当视为使用寿命不确定的无形资产。使用寿命不确定的无形资产不应摊销，但是可以通过计提无形资产减值准备修正无形资产的账面价值。

使用寿命有限的无形资产，其应摊销金额应当在使用寿命内系统合理地摊销。企业摊销无形资产，应当自无形资产可供使用时起，至不再作为无形资产确认时止。企业选择的无形资产摊销方法，应当反映企业预期消耗该项无形资产所产生的未来经济利益的方式。无法可靠确定消耗方式的，应当采用直线法摊销。无形资产的摊销金额一般应当计入当期损益。企业按月计提无形资产摊销，借记“管理费用”“研发费用”“其他业务成本”等账户，贷记“累计摊销”账户。

无形资产的应摊销金额，为其入账价值扣除残值后的金额，已经计提无形资产减值准备的，还应扣除已经提取的减值准备金额。

通常使用寿命有限的无形资产，其残值应当视为零，但以下任一情况除外：

（1）有第三方承诺在无形资产使用寿命结束时购买该无形资产；

（2）可以根据活跃市场得到残值信息，并且该市场在无形资产使用寿命结束时很可能存在。

【例4-74】新世纪有限责任公司本月应摊销无形资产的使用费为5 000元。

业务流程：会计进行无形资产摊销→记账

编制的会计分录为：

借：管理费用　　5 000

　贷：累计摊销　　5 000

这里需要注意的是，无形资产在增加的当月就开始进行其价值的摊销，而在减少的当月不进行摊销。

四、无形资产的减值

无形资产的减值应当按照《企业会计准则第8号——资产减值》的规定处理。企业应当至少于每年年度终了，对使用寿命有限的无形资产的使用寿命及未来经济利益消耗方式进行复核。无形资产的预计使用寿命及未来经济利益的预期消耗方式与以前估计不同的，应当改变摊销期限和摊销方法。企业应当在每个会计期间对使用寿命不确定的无形资产的使用寿命进行复核。如果有证据表明无形资产的使用寿命有限的，应当估计其使用寿命，并按准则规定处理。

【例4-75】新世纪有限责任公司购入的专利技术具有减值迹象。该专利技术的账面价值为200 000元，经计算可收回金额为180 000元，确认减值损失为20 000元。

业务流程：会计编制资产减值评估表→财务部门审核→记账

编制的会计分录为：

借：资产减值损失　　20 000

　贷：无形资产减值准备　　20 000

五、无形资产的处置

预期不能为企业带来经济利益的无形资产，企业应当将该无形资产的账面价值予以转销。按已计提的累计摊销，借记"累计摊销"账户；原已计提减值准备的，借记"无形资产减值准备"账户；按其账面余额，贷记"无形资产"账户；按其差额，借记"营业外支出"账户。

企业也可以依法处置所拥有的无形资产。其处置方式可分为转让使用权（无形资产出租）和转让所有权（无形资产出售）两种，不同的转让方式其会计核算不同。

（一）转让使用权

企业转让无形资产的使用权时，仍保留对无形资产的所有权，即拥有占有、使用、取得收益及处置的权利，仅仅是将部分使用权让渡给其他企业。受让人只获得无形资产的使用权，而无所有权。企业转让无形资产使用权获得的收入，作为企业的其他业务收入处理，但仍保留无形资产所有权，故不需在账面上转销无形资产的账面成本，在企业仍按规定分期摊销。

【例4-76】新世纪有限责任公司出租专利权一项，期限为6年，每年收取专利权使用费15万元，支付转让服务费1万元。

业务流程：无形资产管理部门拟定申请→审计部门审批→财务部门审批→企业授权部门和人员审批→董事会审批

会计处理如下：

（1）收取专利权使用费。

借：银行存款　　150 000

　贷：其他业务收入　　150 000

（2）支付转让服务费。

借：其他业务成本　　10 000

　贷：银行存款　　10 000

（二）转让所有权

企业转让无形资产的所有权时，出让方不再对该项无形资产拥有占有、使用、取得收益和处置的权利，而受让方则取得了该项无形资产的所有权，可按自己的意愿使用或处置该无形资产。企业转让无形资产所获得的收入，应作为企业的其他业务收入处理。当企业收到转让无形资产的收入时，应借记“银行存款”账户；按该无形资产计提的减值准备，借记“无形资产减值准备”账户；按无形资产的账面余额，贷记“无形资产”账户；按应支付的相关税费，贷记“银行存款”“应交税费”等账户；按其差额，贷记或借记“资产处置损益”账户。

【例4-77】新世纪有限责任公司将一项专利权的所有权转让，该专利权的账面价值为12万元，账面余额为15万元，累计摊销为2万元，计提减值准备1万元，转让收入为25万元，增值税税率为6%。

业务流程：无形资产管理部门拟定申请→审计部门审批→财务部门审批→企业授权部门和人员审批→董事会审批

会计处理如下：

借：银行存款　　250 000

　　累计摊销　　20 000

　　无形资产减值准备　　10 000

　贷：无形资产　　150 000

　　　应交税费——应交增值税　　15 000

　　　资产处置损益　　115 000

六、无形资产的内部控制

1.职责分工与授权批准控制

企业应当建立无形资产业务的岗位责任制，明确相关部门和岗位的职责、权限，确保办理无形资产业务的不相容岗位相互分离、制约和监督。同一部门或个人不得办理无形资产业务的全过程。企业应当制定无形资产业务流程，明确无形资产投资预算编制、自行开发无形资产预算编制、取得与验收、使用与保全、处置和转移等环节的控制要求，并设置相应的记录或凭证，如实记载各环节业务的开展情况，及时传递相关信息，确保无形资产业务全过程得到有效控制。

2. 取得与验收控制

企业应当建立无形资产预算管理制度。企业根据无形资产的使用效果、生产经营发展目标等因素拟定无形资产投资项目，对项目可行性进行研究、分析，编制无形资产投资预算，并按规定程序审批，确保无形资产投资决策科学合理。对验收合格的无形资产应及时办理编号、建卡、调配等手续。

3. 使用与保全控制

企业应加强无形资产的日常管理工作，授权具体部门或人员负责无形资产的日常使用与保全管理，保证无形资产的安全与完整。企业应当限制未经授权的人员直接接触技术资料等无形资产；对技术资料等无形资产的保管及接触应保有记录；对重要的无形资产应及时申请法律保护。

4. 处置与转移控制

企业应当建立无形资产处置的相关制度，确定无形资产处置的范围、标准、程序和审批权限等。企业对于无形资产的内部调拨，应填制无形资产内部调拨单，明确无形资产名称、编号、调拨时间等，经有关负责人审批通过后，及时办理调拨手续。无形资产调拨的价值应当由企业财务部门审核批准。

七、无形资产在报表中的列示

企业在编制的“资产负债表”中应列示“无形资产”和“开发支出”的期末余额和年初余额。其中的“无形资产”项目，反映企业持有的无形资产成本，该项目应根据“无形资产”账户的期末余额减去“累计摊销”和“无形资产减值准备”账户期末余额后的金额列示。企业应在附注中披露与无形资产有关的下列信息：（1）无形资产的期初和期末账面余额、累计摊销额及累计减值损失金额。（2）使用寿命有限的无形资产，其使用寿命的估计情况；使用寿命不确定的无形资产，使用寿命不确定的判断依据。（3）无形资产摊销方法。（4）作为抵押的无形资产账面价值、当期摊销额等情况。此外，企业还应当披露当期确认为费用的研究开发支出总额。

自测题 4-7

链接本章引导案例

本章小结

本章主要阐述了资产的内容，包括货币资金、应收及预付款项、存货、交易性金融资产、长期股权投资、固定资产和无形资产的核算与管理。

货币资金是企业在生产经营过程中拥有的处于货币形态的资产，包括库存现金、银行存款和其他货币资金。对库存现金的核算要注意理解库存现金的含义、使用范围、库存现金限额以及库存现金清查的会计处理。对银行存款的核算要注意银行账户的开立、银行存款的清查，特别注意未达账项和银行存款余额调节表的编制。了解其他货币资金的含义及包括的具体内容。

应收及预付款项是企业在日常经营过程中由于赊销业务的存在而产生的在结算过程中形成的各种债权，包括应收票据、应收账款、预付账款和其他应收款。应收票据是企业采用商业汇票结算方式销售商品、产品而获得的商业汇票。对于应收票据的核算，注意商业汇票的要求，带息票据的利息计算以及应收票据的会计处理。应收账款是企业因销售商品、提供劳务等而应向购货单位或接受劳务单位收取的款项。对于应收账款的核算，注意应收账款现金折扣的内容、应收账款的会计处理以及坏账损失备抵法的核算过程。

对于存货的核算，理解存货成本的确定，掌握存货购进的会计处理，掌握存货发出的计价方法和会计处理，了解存货减值的确定方法，掌握存货清查的方法和会计处理。

交易性金融资产在核算过程中要注意把握取得、持有和处置的会计处理。企业取得交易性金融资产时按公允价值计量，发生的交易税费计入当期损益；持有交易性金融资产期间获得的股利或利息计入投资收益；在资产负债表日，要按公允价值对交易性金融资产进行再计量，确认交易性金融资产公允价值变动损益；处置时要确认交易性金融资产的处置损益，并进行相关会计处理。

投资企业对子公司长期股权投资的初始计量成本应当考虑企业合并的类型，即同一控制下的企业合并和非同一控制下的企业合并。投资企业对合营企业或联营企业的长期股权投资的初始计量成本，按照投资企业发生投资成本的公允价值确定，发生的交易费用计入当期损益。对长期股权投资的核算要注意区分成本法和权益法。

固定资产是指同时具有以下两个特征的有形资产：一是为生产商品、提供劳务、出租或经营管理而持有；二是使用寿命超过一个会计年度。对固定资产的核算，掌握外购和自行建造固定资产的会计处理；掌握固定资产计提折旧的具体方法包括直线法、工作量法、双倍余额递减法和年数总和法的具体计算过程；了解固定资产出售、报废的会计处理；了解固定资产减值的确定方法；掌握固定资产清查结果的会计处理。

无形资产是指企业拥有或控制的没有实物形态的可辨认非货币性资产。无形资产的成本按取得并使之达到预定用途而发生的全部支出确定。注意无形资产研究阶段和开发阶段各种支出的处理。对于使用寿命有限的无形资产，应合理摊销其价值；对于使用寿命不确定的无形资产，应在会计期末进行减值测试以计提减值准备。对无形资产的处置，要区分使用权和所有权的处置两种情况。

复习思考

1.企业的现金管理有哪些制度性规定？

2.什么是未达账项？未达账项包括哪几种？

3.举例说明如何编制银行存款余额调节表。其作用何在？

4.应收账款现金折扣总价法的核算内容有哪些？

5.备抵法核算坏账损失的基本内容有哪些？

6. 如何进行存货采购环节的内部控制？
7. 发出存货采用不同的计价方法对企业财务状况和经营成果有什么影响？
8. 交易性金融资产的初始计量成本和后续计量成本如何确定？
9. 长期股权投资的核算范围有哪些？
10. 长期股权投资的成本法和权益法有什么区别？
11. 何谓固定资产？固定资产有哪些特征？
12. 固定资产折旧的范围如何确定？折旧方法有哪些？
13. 企业处置固定资产的净损益如何处理？
14. 何谓无形资产？无形资产有哪些特征？
15. 如何进行无形资产的取得、摊销和处置的会计处理？

课后作业

第五章
资产负债表要素：负债

学习目标

通过对本章内容的学习，需要达到以下目标：

1. 熟悉短期借款、应付票据、应付账款、其他应付款、应付职工薪酬、应交税费、长期借款、应付债券的含义、特征及各自包括的具体内容；熟悉上述各项负债的报表列示方法。

2. 掌握短期借款本金及利息、应付票据、应付账款、其他应付款、应付职工薪酬、应交税费、长期借款本金及利息、应付债券的会计核算。

3. 掌握短期借款利息和长期借款利息的计算，掌握利息的资本化处理和费用化处理。

4. 了解短期薪酬、离职后福利、辞退福利和其他长期职工福利的含义。

5. 了解增值税、消费税、资源税、土地增值税、房产税、城镇土地使用税、车船税、印花税、城市维护建设税、教育费附加、所得税、耕地占用税的含义。

6. 了解债券发行价格的确定和应付债券溢折价摊销。

思维导图

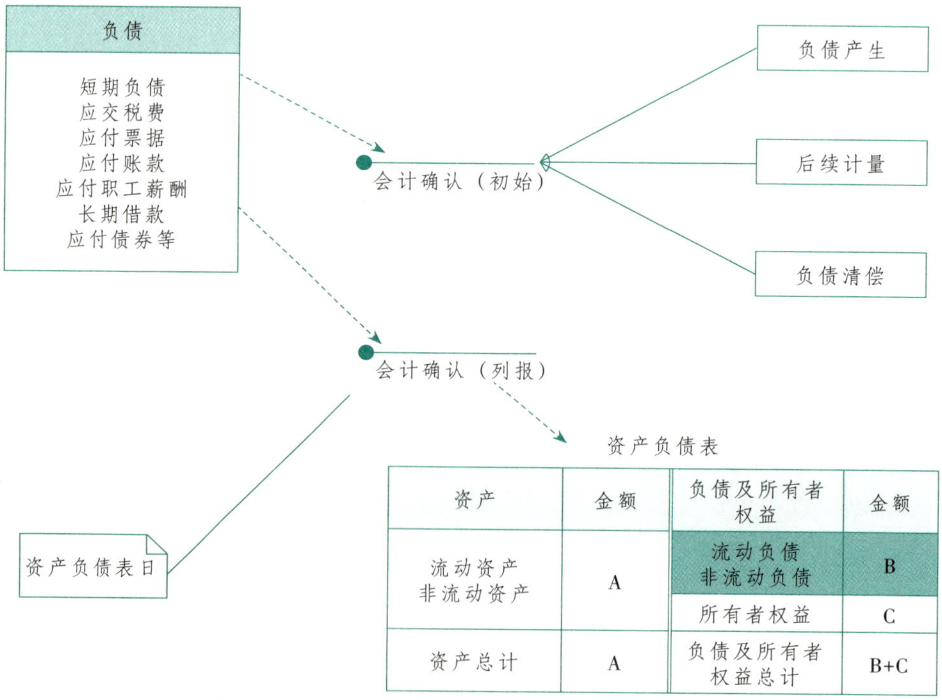

引导案例

2017年3月24日，辉山乳业开盘价为2.81港元/股，11点30分，成交量骤然增大，股价出现异动，盘中一度狂泻90.36%，创下史上最大跌幅。12点，股价跌至0.27港元，跌幅高达85%，市值一天跌去了322亿港元。辉山乳业2016年至2017年4月的周K线图如图5-1所示。

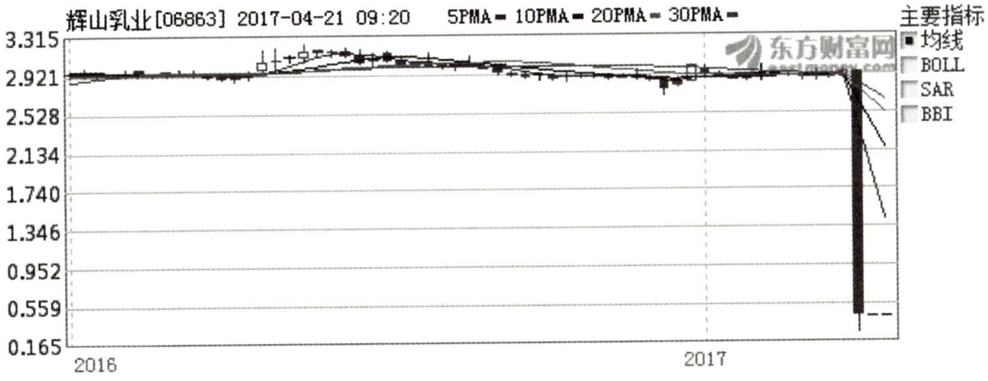

图5-1 辉山乳业2016年至2017年4月的周K线图

辉山乳业的负债：

2017年，辉山乳业的负债总额高达199.5亿元；即将到期的银行贷款为69.48亿元，较上一年增加了140%。辉山集团的整体债务已超过总资产。

辉山乳业的债权人：

辉山乳业共有70多家债权人向其提供融资，而其中仅银行就达到23家。此外，辉山乳业还有通过融资租赁、地方金交所、P2P等渠道产生的负债。

问题：

1. 什么是负债？

2. 辉山乳业的债权人有哪些？

3. 负债能够传递公司的哪些信息？

相信通过对本章内容的学习，你会找到这些问题的答案。

第一节 负债概述

视频

负债筹资业务

一、负债及其特征

在会计基本等式“资产=负债+所有者权益”中，等式左方表明企业资金的分布形态，而右方的两个组成部分则表明企业资金的来源渠道，即资金提供者对企业资产拥有的权益。这些权益按其要求人的不同，分为所有者权益和债权人权益两部分，其中债权人权益称为负债。

我国《企业会计准则——基本准则》对负债的定义是：“负债是指企业过去的

交易或者事项形成的、预期会导致经济利益流出企业的现时义务。”[①]负债主要具有以下特征：

（一）负债是由已经发生的经济业务引起的企业现时的经济义务

负债是企业过去的交易或事项形成的一种后果。只有当企业实际已经承担了相应义务的交易或事项确实发生时，才能在会计处理中确认这项负债。例如，企业从银行借入资金，就应对银行承担还本付息的义务；从供应商赊购材料或商品，就应对其负有偿还货款的义务。而未来的经济业务，如公司董事会决定今后发行债券，这仅仅是未来交易的意向，其本身并不产生现时的经济责任，因而不属于企业的负债。

（二）负债是在将来某个时日履行的强制性责任

负债是一种具有强制性的责任，这种强制性源于相关的法律、合同等的规定。强制性规定包括负债的金额、偿还时间、利率，以及对不能按期偿还的惩罚措施等。某项可有可无的、不具有强制性的责任，不能确认为负债。例如，企业债转股以后不再是债务，而债务重组以后仍是债务，两者的差别在于是否继续承担强制性偿还责任。

（三）负债要通过企业资产的流出或劳务的提供来清偿

不论何种原因产生的负债，企业都必须在未来某一特定时间偿还，这种偿还的义务即意味着企业经济利益的减少。尽管有时企业可通过举借新债或转化为所有者权益来结束一项现有负债，但其中，前一种情况只是负债期限的延展，后一种情况则相当于以增加所有者权益来获得资产，并用以偿债。总之，负债的清偿代表着企业未来经济利益的牺牲或丧失。

（四）负债金额能够用货币计量或估计

任何一项负债通常都可以用货币进行计量，而这种计量可以是确定的偿还金额，也可以是不确定的金额，但可以合理地加以判断或估计。例如，企业赊购A商品100件，每件45元，则企业承担的债务是一个确定的金额4 500元。如果企业在提供产品售后服务之前预提保修费用，这时的预提数虽然是无法确定的，但可以根据以往的经验合理估计。而那些无法用货币计量的，如企业对当地政府的一些承诺，包括社会治安、计划生育、环境卫生、居民就业等，则不属于企业的负债。

二、负债的内容和分类

负债包括的内容有很多，有不同偿还期限的负债，也有不同原因形成的负债。总的来看，下列这些项目均属于企业的负债：短期借款、应付票据、应付账款、应付职工薪酬、应交税费、应付利息、应付股利、其他应付款、长期借款、应付债券、长期应付款、专项应付款、预计负债等。

为满足不同信息使用者的需要，会计上需要对不同偿还要求的负债作进一步分类。负债按其偿还期限的长短，可以分为流动负债和非流动负债。流动负债是指企业将在一年或长于一年的一个营业周期内偿还的债务；非流动负债（亦称长期负

---

① 参见《企业会计准则——基本准则》第四章第二十三条。

债）是指偿还期在一年或超过一年的一个营业周期以上的债务。这种分类与资产的分类相同，其目的是便于分析企业的财务状况和偿债能力。企业的流动资产和流动负债的相对比例，可以大致反映企业的短期偿债能力；同时，通过可用于支付的流动资产（包括库存现金、银行存款等）与近期需支付的流动负债（包括短期借款、应付账款等）的对比，可以了解企业的清偿能力。当然，将负债划分为流动负债和非流动负债以一年或者超过一年的一个营业周期为界限，并且在资产负债表中分别列示，也有利于有关信息使用者通过对报表进行对比分析，正确评价企业的财务状况，进而对企业的偿债能力作出合理判断。

学习负债这一章时，同学们要建立契约精神和合同履行意识。

契约精神是指存在于商品经济社会，由此派生的契约关系与内在的原则，是一种自由、平等、守信、救济的精神。契约精神不是单方面强加或胁迫的霸王条款，而是各方在自由平等基础上的守信精神。

《中华人民共和国民法典》第三编第四章合同的履行第五百零九条规定：当事人应当按照约定全面履行自己的义务。当事人应当遵循诚信原则，根据合同的性质、目的和交易习惯履行通知、协助、保密等义务。

自测题 5-1

第二节　短期借款

一、短期借款的概念

短期借款是指企业为了满足其生产经营活动对资金的临时需要而向银行或其他金融机构等借入的偿还期限在一年以内（含一年）的各种借款。一般情况下，企业取得短期借款是为了维持正常的生产经营活动或者是为了抵偿某项债务。

二、借入短期借款

企业取得各种短期借款时，应遵守银行或其他金融机构的有关规定，根据企业的借款计划及确定的担保形式，经贷款单位审核批准并订立借款合同后方可取得借款。企业从银行或其他金融机构借入款项时，应签订借款合同，注明借款金额、借款利率和还款时间等。每笔借款在取得时可根据借款合同上的金额来确认和计量。企业借入的短期借款，无论用于哪个方面，只要借入这笔资金，就构成一项负债。

凭证示例

短期借款凭证

为了核算短期借款业务，企业应当设置“短期借款”账户。该账户属于负债类账户，用来核算企业向银行或其他金融机构等借入的期限在一年以内（含一年）的各种借款的增减变动及结余情况。该账户的贷方登记取得的短期借款，即短期借款本金的增加，借方登记短期借款的偿还，即短期借款本金的减少，期末余额在贷方，表示企业尚未偿还的短期借款的本金结余额。该账户应按照债权人的不同设置明细账户，并按照借款种类进行明细分类核算。

“短期借款”账户的结构如下：

短期借款

短期借款的偿还（减少）	短期借款的取得（增加）
	期末余额：短期借款结余额

借入短期借款的流程如图5-2所示。

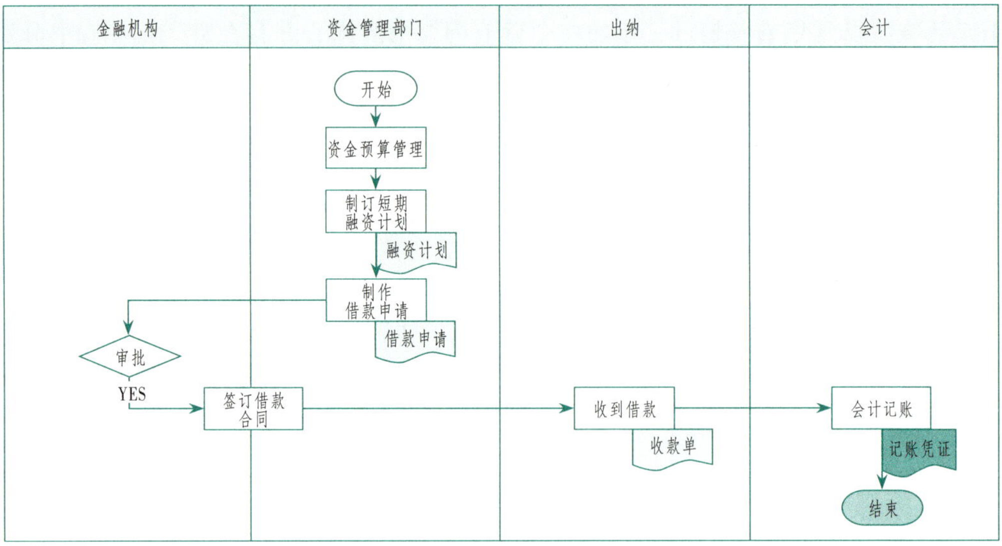

图5-2 借入短期借款流程图

三、短期借款的利息

短期借款必须按期归还本金并按时支付利息。短期借款的利息支出属于企业在理财活动过程中为筹集资金而发生的一项耗费，在会计核算中，企业应将其作为期间费用（财务费用）加以确认，即短期借款利息属于企业的筹资成本，应该记入“财务费用”账户，最终转入当期损益。

“财务费用”账户的性质是损益类，用来核算企业为筹集生产经营所需资金等而发生的各种筹资费用，包括利息支出（减利息收入）、佣金、汇兑损失（减汇兑收益）以及相关的手续费等。财务费用账户的借方登记发生的财务费用，贷方登记发生的应冲减财务费用的利息收入、汇兑收益以及期末转入“本年利润”账户的财务费用净额（即财务费用支出大于收入的差额，如果收入大于支出则进行反方向的结转）。经过结转之后，该账户期末没有余额。“财务费用”账户应按照费用项目设置明细账户，进行明细分类核算。这里需要指出的是，为购建固定资产而筹集长期资金所发生的诸如借款利息支出等费用，在固定资产尚未完工交付使用之前发生的，应对其予以资本化，计入有关固定资产的购建成本，不在该账户核算；在固定资产建造工程完工投入使用之后发生的利息支出，则应计入当期损益，记入该账户。

“财务费用”账户的结构如下：

财务费用

发生的费用： 利息支出、手续费、汇兑损失等	利息收入、汇兑收益等 期末转入“本年利润”账户的财务费用额

由于短期借款利息的支付方式和支付时间不同，会计处理的方法也有一定的区别。如果银行对企业的短期借款按月计收利息，或者虽在借款到期收回本金时一并收回利息，但利息数额不大，企业可以在收到银行的计息通知或在实际支付利息时，直接将发生的利息费用计入当期损益（财务费用）；在实际工作中，如果银行对企业的短期借款按季或半年等较长期间计收利息，或者是在借款到期收回本金时一并计收利息且利息数额较大，为了正确地计算各期损益额，保持各个期间损益额的均衡性，企业通常按权责发生制核算基础的要求，采取预提的方法按月预提借款利息，计入预提期间损益（财务费用），待季度或半年等结息期终了或到期支付利息时，再冲销应付利息这项负债。即设置“应付利息”账户，通过这个账户记录企业已经发生但尚未支付的利息费用。在预提各期的借款利息时，借记“财务费用”账户，贷记“应付利息”账户；实际支付时，按已经预提的利息金额借记“应付利息”账户，按实际支付的利息金额贷记“银行存款”账户，按实际支付的利息金额与预提数的差额（尚未提取的部分）借记“财务费用”账户。

凭证示例

短期借款支付利息凭证

“应付利息”账户的结构如下：

应付利息

以后实际支付的利息费用	预先提取计入损益的利息费用
	期末余额：已预提未支付的利息费用

短期借款利息的计算公式为：短期借款利息=借款本金×利率×时间。由于按照权责发生制核算基础的要求，应于每月月末确认当月的利息费用，因而这里的“时间”是一个月，而利率往往都是年利率，所以应将其转化为月利率，方可计算出一个月的利息额，年利率除以12即为月利率。如果是在月内的某一天取得的借款，则该日作为计息的起点时间，对于借款当月和还款月则应按实际经历天数计算（不足整月），此时应将月利率转化为日利率。在将月利率转化为日利率时，为简化起见，一个月一般按30天计算，一年按360天计算。

四、归还短期借款

归还短期借款本金时，借记“短期借款”账户，贷记“银行存款”账户。归还借款时，除了归还借入的本金外，还应支付相应的利息。

凭证示例

归还短期借款本金和利息相关凭证

下面举例说明短期借款的借入、计息和归还的核算过程。

【例5-1】 新世纪有限责任公司因生产经营的临时性需要，于2×20年4月15日向银行申请取得期限为6个月的借款1 000 000元，存入银行。

业务流程：企业资金管理部门提出借款申请→金融机构审批→签订借款合同→收到借款

这项经济业务的发生，一方面使得公司的银行存款增加1 000 000元，另一方面使得公司的短期借款增加1 000 000元，因此，这项经济业务涉及“银行存款”和“短期借款”两个账户。银行存款的增加是资产的增加，应记入“银行存款”账户的借方，短期借款的增加是负债的增加，应记入“短期借款”账户的贷方。这项经济业务应编制的会计分录如下：

借：银行存款　　　　1 000 000

　贷：短期借款　　　　1 000 000

【例5-2】 承【例5-1】，假如上述新世纪有限责任公司取得的借款年利率为6%，利息按季度结算，经计算其4月份应负担的利息为2 500元。

业务流程：月末，财务部门根据借款合同计算利息→入账

这项经济业务的发生，首先应按照权责发生制核算基础的要求，计算本月应负担的利息额，本月应负担的借款利息为2 500元（1 000 000×6%÷12×15÷30）。借款利息属于企业的一项财务费用，由于利息是按季度结算的，所以本月的利息虽然在本月计算并由本月来负担，但却不在本月实际支付，因而一方面形成企业本月的一项费用（财务费用），另一方面形成企业的一项负债，这项负债属于企业的应付利息，因此，这项经济业务涉及“财务费用”和“应付利息”两个账户。财务费用的增加属于费用的增加，应记入“财务费用”账户的借方；应付利息的增加属于负债的增加，应记入“应付利息”账户的贷方。这项经济业务应编制的会计分录如下：

借：财务费用　　　　2 500

　贷：应付利息　　　　2 500

【例5-3】 承【例5-1】，新世纪有限责任公司在6月末用银行存款12 500元支付本季度的银行借款利息（5、6月份的利息计算和处理方法基本同4月份，只是时间为1个月，故这里略）。

业务流程：季末，财务部门支付利息→入账

该项经济业务实际上是偿还银行借款利息这项负债的业务。一方面使得公司的银行存款减少12 500元，另一方面使得公司的应付利息减少12 500元，因此，这项经济业务涉及“银行存款”和“应付利息”两个账户。银行存款的减少是资产的减少，应记入“银行存款”账户的贷方；应付利息的减少是负债的减少，应记入“应付利息”账户的借方。这项经济业务应编制的会计分录如下：

借：应付利息　　　　12 500

　贷：银行存款　　　　12 500

【例5-4】 新世纪有限责任公司在10月15日用银行存款1 000 000元偿还到期的银行临时借款本金（假如利息另外处理）。

业务流程：到期时，财务部门偿还本金→入账

这项经济业务的发生，一方面使得公司的银行存款减少1 000 000元，另一方面使得公司的短期借款减少1 000 000元，因此，这项经济业务涉及“银行存款”和“短期借款”两个账户。银行存款的减少是资产的减少，应记入“银行存款”账

户的贷方；短期借款的减少是负债的减少，应记入“短期借款”账户的借方。这项经济业务应编制的会计分录如下：

借：短期借款　　1 000 000

　贷：银行存款　　1 000 000

五、短期借款的报表列示

“短期借款”在资产负债表中以“短期借款”项目列示，“短期借款”项目应根据“短期借款”总账账户的期末余额填列。

自测题5-2

第三节　应付款项

一、应付票据

根据《中华人民共和国票据法》的规定，票据指汇票、本票和支票。汇票分为银行汇票和商业汇票。本节所介绍的应付票据仅限于企业签发的尚未到期兑现的商业汇票。商业汇票按照承兑人的不同又可以分为商业承兑汇票和银行承兑汇票两种。在我国，应付票据是在经济往来活动中由于采用商业汇票结算方式而发生的，由出票人签发，承兑人承兑的票据。按照《支付结算办法》的规定，在银行开立存款账户的法人以及其他组织之间，具有真实的交易关系或债权债务关系，均可使用商业汇票。根据有关规定，商业汇票的承兑期限最长不超过6个月。因此，应付票据应归入流动负债来进行管理和核算。

凭证示例

银行承兑汇票

应付票据是指由出票人出票，付款人在指定日期无条件支付特定的金额给收款人或者持票人的票据。为了反映因签发票据而承担的负债及其归还情况，企业应该设置“应付票据”账户。该账户属于负债类账户，贷方登记企业开出的承兑汇票金额，借方登记实际支付票据的金额，期末余额在贷方，表示尚未支付的票据金额。该账户应按照债权人设置明细账户，进行明细分类核算。同时设置“应付票据备查簿”，详细登记商业汇票的种类、号数、出票日期、到期日、票面金额、交易合同号和收款人姓名或收款单位名称以及付款日期和金额等资料。应付票据到期结清时，在备查簿中注销。

凭证示例

商业承兑汇票

“应付票据”账户的结构如下：

应付票据

到期应付票据的减少（不论是否已经付款）	开出、承兑商业汇票的增加
	期末余额：尚未到期商业汇票的结余额

应付票据按是否带息分为带息应付票据和不带息应付票据两种。即应付票据可以是只在票据到期日按照票据票面金额支付而不计息的不带息票据，也可以是按照票据上载明的利率，在票据票面金额上加计利息的带息票据。

1.带息应付票据的处理

由于我国商业汇票期限较短，在期末，通常对尚未支付的应付票据计提利息，计入当期财务费用；票据到期支付票款时，尚未计提的利息部分直接计入当期财务费用。

2.不带息应付票据的处理

不带息应付票据，其面值就是票据到期时的应付金额。

开出并承兑的商业承兑汇票如果不能如期支付，应在票据到期时，将“应付票据”账面价值转入“应付账款”账户，待协商后再行处理。如果签发新的票据以清偿原应付票据，再从“应付账款”账户转入“应付票据”账户。如果银行承兑汇票在票据到期时，企业无力支付到期票款，承兑银行除凭票向持票人无条件付款外，还应对出票人尚未支付的汇票金额转作逾期贷款处理。企业无力支付到期银行承兑汇票，在接到银行转来的“××号汇票无款支付转入逾期贷款户”等有关凭证时，借记“应付票据”账户，贷记“短期借款”账户。对计收的利息，按短期借款利息的处理办法处理。应付票据处理流程图如图5-3所示。

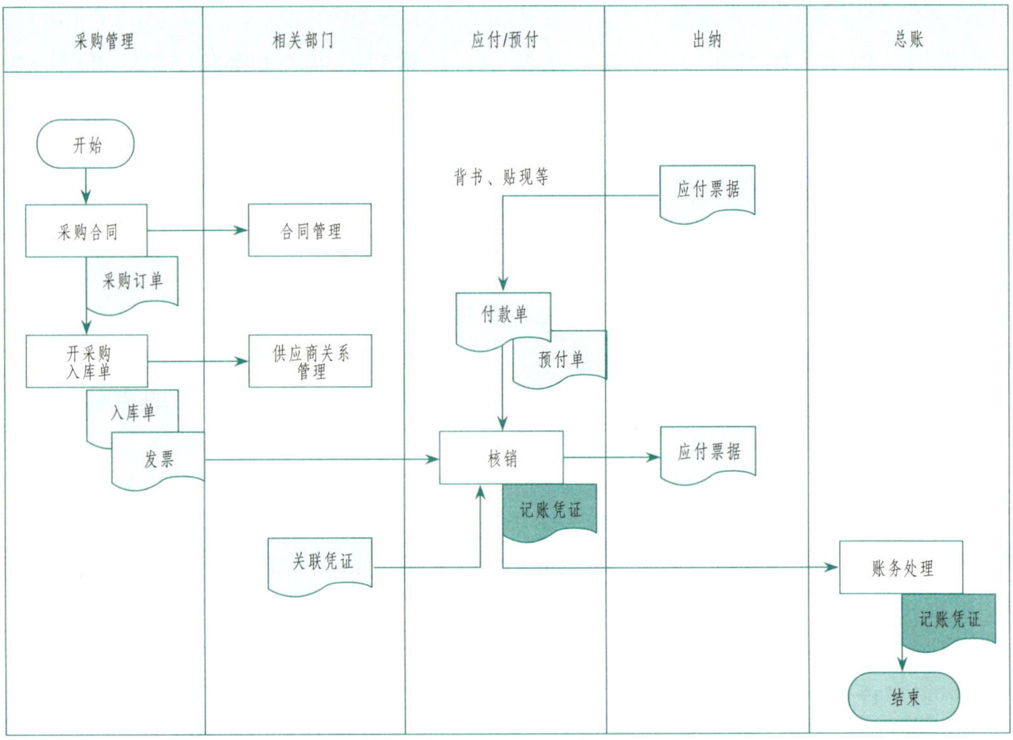

图5-3 应付票据处理流程图

现举例说明应付票据业务的核算过程。

【例5-5】新世纪有限责任公司赊购一批材料，不含税价格为30 000元，增值税税率为13%，企业开出一张等值的4个月期不带息商业承兑汇票。

业务流程：采购部门提出采购申请→相关部门审核采购合同→实施采购→开出商业承兑汇票、取得购货发票→记账

根据上述经济业务，公司应作如下账务处理：

（1）购货时：

借：在途物资　　30 000
　应交税费——应交增值税（进项税额）　　3 900
　贷：应付票据　　33 900

（2）材料验收入库时：

借：原材料　　30 000
　贷：在途物资　　30 000

（3）到期付款时：

借：应付票据　　33 900
　贷：银行存款　　33 900

（4）假如该票据到期，新世纪有限责任公司无力偿还这笔款项，则应将其转为应付账款：

借：应付票据　　33 900
　贷：应付账款　　33 900

（5）假如该票据为银行承兑汇票，企业到期不能支付这笔款项，则应由银行先行支付，作为对企业的短期借款处理：

借：应付票据　　33 900
　贷：短期借款　　33 900

二、应付账款

应付账款是指因购买材料、商品或接受劳务供应等业务而发生的债务。这是买卖双方在购销活动中由于取得商品或劳务与支付账款在时间上不一致而产生的负债。

1.应付账款的核算

从理论上说，企业应该在所购货物的所有权已经转移或对方提供的劳务已经使用的时点确认应付账款并登记入账。在实际工作中，如果货物在发票后到达，一般是等货物验收入库后才根据发票价格登记应付账款。这主要是为了避免在验收时发现货物数量或质量不符合要求再调整已入账的应付账款。但是如果已到期末，虽收到了发票但货物仍未到达，那么，为了正确反映企业的财务状况，应根据发票价格或协议价格登记应付账款。

为了及时而准确地记录和报告因购买材料、商品或接受劳务供应等而发生的债务及其偿还情况等方面的信息，企业应设置“应付账款”账户和相关的明细账户。该账户属于负债类账户，贷方登记应付账款的发生额，借方登记应付账款的偿还和抵减额，期末余额一般在贷方，表示尚未偿还的应付账款。

“应付账款”账户的结构如下：

应付账款

应付供应单位款项的减少	应付供应单位款项的增加
	期末余额：尚未偿还的应付款

应付账款一般按发票账单等凭证上记载的应付金额入账，而不是按应付金额的

现值入账。对于货物已到或劳务已接受但发票账单等凭证未到而于月末估计入账的，应于下月收到发票账单等凭证后根据实际应付金额调整。

现举例说明应付账款业务的会计处理方法。

【例5-6】 新世纪有限责任公司向沈阳恒丰橡胶有限公司购入材料一批，材料价款为300 000元，适用的增值税税率为13%，材料已到，价税款尚未支付。

业务流程：采购部门提出采购申请→相关部门审核采购合同→实施采购→取得购货发票→记账

相关账务处理如下：

（1）购货时：

借：原材料　　300 000

　　应交税费——应交增值税（进项税额）　　39 000

　贷：应付账款——沈阳恒丰橡胶有限公司　　339 000

有关增值税专用发票如图5-4所示。

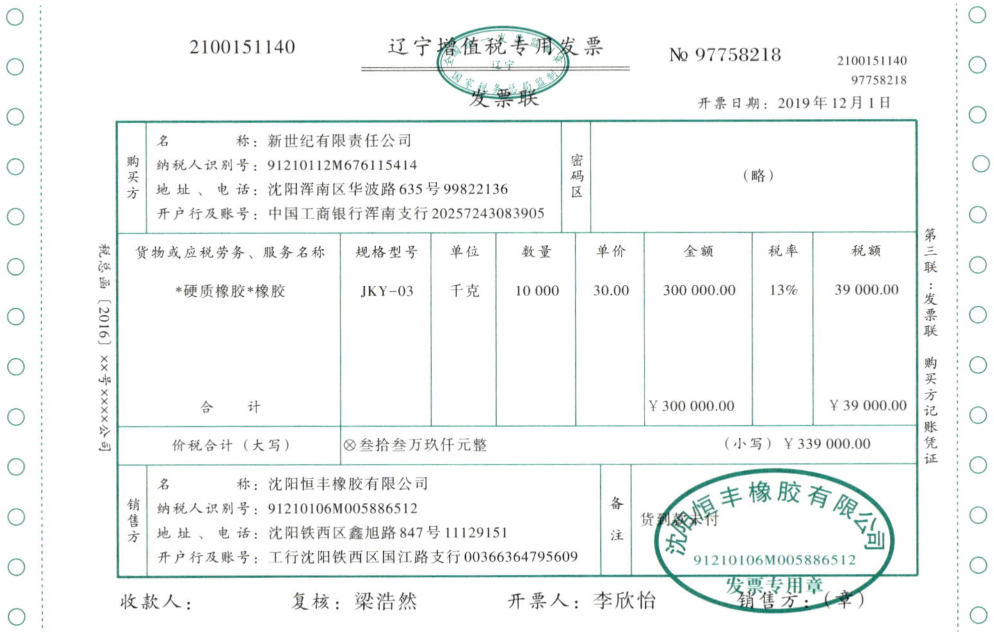

2100151140　　辽宁增值税专用发票　　№ 97758218　　2100151140 97758218

发票联　　开票日期：2019年12月1日

购买方	名称：新世纪有限责任公司 纳税人识别号：91210112M676115414 地址、电话：沈阳浑南区华波路635号99822136 开户行及账号：中国工商银行浑南支行20257243083905	密码区	（略）

货物或应税劳务、服务名称	规格型号	单位	数量	单价	金额	税率	税额
*硬质橡胶*橡胶	JKY-03	千克	10 000	30.00	300 000.00	13%	39 000.00
合　计					¥300 000.00		¥39 000.00
价税合计（大写）	⊗叁拾叁万玖仟元整				（小写）¥339 000.00		

销售方	名称：沈阳恒丰橡胶有限公司 纳税人识别号：91210106M005886512 地址、电话：沈阳铁西区鑫旭路847号11129151 开户行及账号：工行沈阳铁西区国江路支行00366364795609	备注	货款未付

收款人：　　复核：梁浩然　　开票人：李欣怡　　销售方：（章）

税总函〔2016〕××号×××公司

第三联：发票联　购买方记账凭证

图5-4　增值税专用发票

（2）支付货款时：

借：应付账款——沈阳恒丰橡胶有限公司　　339 000

　贷：银行存款　　339 000

假如企业征得沈阳恒丰橡胶有限公司同意，开出期限为60天的商业承兑汇票339 000元抵付货款时：

借：应付账款——沈阳恒丰橡胶有限公司　　339 000

　贷：应付票据　　339 000

2.无法支付的应付账款的处理

对由于债权单位撤销或其他原因而无法支付的应付账款，应按其账面余额直接计入营业外收入，即借记“应付账款”账户，贷记“营业外收入”账户。

【例5-7】由于债权单位撤销，新世纪有限责任公司的应付账款中有一笔6 000元的货款确定无法支付，现予以转销。

业务流程：财务部门提出申请→企业领导审批→转销账款

账务处理如下：

借：应付账款	6 000	
贷：营业外收入		6 000

三、其他应付款

其他应付款是指企业除了应付票据、应付账款、应付职工薪酬、应付利息、应付股利、应交税费、长期应付款等以外的其他各项应付、暂收的款项。

其他应付款包括应付经营租入固定资产租金和应付租入包装物租金、存入保证金，以及计算工资过程中的各种代扣应付款项。这些暂收、应付或代扣的款项也构成了企业的流动负债，在我国会计实务中，通过设置“其他应付款”账户对其进行核算。

“其他应付款”账户的结构如下：

其他应付款

其他应付款项的减少	其他应付款项的增加
	期末余额：尚未偿还的其他应付款项

企业采用售后回购方式融入资金的，应按实际收到的金额，借记“银行存款”账户，贷记“其他应付款”“应交税费”等账户。约定的回购价格与原销售价格之间的差额，应在售后回购期间内按期计提利息费用，借记“财务费用”账户，贷记“其他应付款”账户。按照合同约定购回该项商品时，应按实际支付的金额，借记“其他应付款”“应交税费”账户，贷记“银行存款”账户。企业发生的其他各种应付、暂收款项，借记“管理费用”等账户，贷记“其他应付款”账户；支付的其他各种应付、暂收款项，借记“其他应付款”账户，贷记“银行存款”等账户。

现举例说明如下：

【例5-8】新世纪有限责任公司2×20年4月收到购货客户租用周转包装物的押金5 000元存入银行。从客户处收回包装物时，退还押金。

业务流程：签订租赁合同→收取押金、开出押金发票→记账

相关账务处理如下：

(1) 收到包装物押金时：

借：银行存款	5 000	
贷：其他应付款——存入保证金		5 000

(2) 收回包装物，退还押金时：

借：其他应付款——存入保证金	5 000	
贷：银行存款		5 000

四、应付款项的报表列示

“应付票据”在资产负债表流动负债项目下列示，“应付票据”项目应根据“应付票据”总账账户的期末余额填列。

“应付账款”在资产负债表流动负债项目下列示，“应付账款”项目应根据“应付账款”和“预付账款”账户所属各明细账户的期末贷方余额合计数填列，若“应付账款”账户所属各明细账户期末有借方余额，应在资产负债表“预付款项”项目内填列。

“其他应付款”在资产负债表流动负债项目下列示，“其他应付款”项目应根据“其他应付款”“应付利息”“应付股利”总账账户的期末余额合计数填列。

自测题 5-3

第四节　应付职工薪酬

一、职工薪酬的概念及内容

职工薪酬，是指企业为获得职工提供的服务或解除劳动合同关系而给予的各种形式的报酬或补偿。企业提供给职工配偶、子女、受赡养人、已故员工遗属及其他受益人等的福利，也属于职工薪酬。也就是说，从性质上凡是企业为获得职工提供的服务给予或付出的各种形式的对价，都构成职工薪酬，作为一种耗费构成人工成本，与这些服务产生的经济利益相匹配，与此同时，企业与职工之间因职工提供服务形成的关系，大多数构成企业的现时义务，将导致企业未来经济利益的流出，从而形成企业的一项负债。

职工薪酬主要包括短期薪酬、离职后福利、辞退福利和其他长期职工福利。

（一）短期薪酬

短期薪酬，是指企业预期在职工提供相关服务的年度报告期间结束后12个月内需要全部予以支付的职工薪酬，因解除与职工的劳动关系给予的补偿除外。短期薪酬主要包括：

1.职工工资、奖金、津贴和补贴，是指企业按照构成职工工资总额的计时工资、计件工资、支付给职工的超额劳动报酬和增收节支的劳动报酬、为补偿职工特殊或额外的劳动消耗和因其他特殊原因支付给职工的津贴，以及为保证职工工资水平不受物价影响支付给职工的物价补贴等。其中，企业按照短期奖金计划向职工发放的奖金属于短期薪酬，按照中长期奖金计划向职工发放的奖金属于其他长期职工福利。

2.职工福利费，是指企业向职工提供的除职工工资、奖金、津贴和补贴、社会保险费、住房公积金以及职工教育经费等以外的福利待遇支出。职工福利费可以分为三个具体部分：一是为职工卫生保健、生活等发放的各种现金补贴和非货币性福利，如职工因公外地就医费用、职工疗养费用、防暑降温费等；二是企业尚未分离的内设计提福利部门所发生的设备、设施和人员费用；三是发放给在职职工的生活困难补助以及按规定发生的其他福利支出，如丧葬补助费、抚恤费、职工异地安家费、独生子女费等职工福利支出。

凭证示例

职工社保汇总表

3.社会保险费，是指企业按照国家规定的基准和比例计算，向社会保险经办机构缴纳的医疗保险费、养老保险费、失业保险费、工伤保险费和生育保险费等。

4.住房公积金，是指企业按照国家规定的基准和比例计算，向住房公积金管理机构缴存的住房公积金。

5.工会经费和职工教育经费，是指企业为了改善职工文化生活、为职工学习先进技术与提高文化水平和业务素质，开展工会活动和职工教育及职业技能培训等的相关支出。

6.短期带薪缺勤，是指职工虽然缺勤但企业仍向其支付工资或提供补偿的安排，包括年休假、病假、婚假、产假、丧假、探亲假等。

7.短期利润分享计划，是指因职工提供服务而与职工达成的基于利润或其他经营成果提供薪酬的协议。

8.非货币性福利，是指企业以自己的产品或外购商品发放给职工作为福利，提供给职工无偿使用自己拥有的资产或租赁资产供职工无偿使用等。

9.其他短期薪酬，是指除上述薪酬以外的其他为获得职工提供的服务而给予的短期薪酬。

（二）离职后福利

离职后福利，是指企业为获得职工提供的服务而在职工退休或与企业解除劳动关系后，提供的各种形式的报酬和福利，属于短期薪酬和辞退福利的除外。

离职后福利计划，是指企业与职工就离职后福利达成的协议，或者企业为向职工提供离职后福利制定的规章或办法等。离职后福利计划按其特征可以分为设定提存计划和设定受益计划。其中，设定提存计划，是指向独立的基金缴存固定费用后，企业不再承担进一步支付义务的离职后福利计划。设定受益计划，是指除设定提存计划以外的离职后福利计划。

（三）辞退福利

辞退福利，是指企业在职工劳动合同到期之前解除与职工的劳动关系，或者为鼓励职工自愿接受裁减而给予职工的补偿。辞退福利主要包括：

1.在职工劳动合同到期前，不论职工本人是否愿意，企业决定解除与职工的劳动关系而给予的补偿。

2.在职工劳动合同尚未到期前，为鼓励职工自愿接受裁减而给予的补偿，职工有权利选择继续在职或接受补偿离职。另外，职工虽然没有与企业解除劳动合同，但未来不再为企业提供服务，不能为企业带来经济利益，企业承诺提供实质上具有辞退福利性质的经济补偿的，如发生“内退”的情况，在其正式退休日期之前应当比照辞退福利处理，在其正式退休日期之后，应当按照离职后福利处理。

（四）其他长期职工福利

其他长期职工福利，是指除短期薪酬、离职后福利、辞退福利之外所有的职工薪酬，包括长期带薪缺勤、长期残疾福利、长期利润分享计划等。

二、应付职工薪酬的核算

在对企业职工薪酬进行核算时，应根据工资结算汇总表或按月编制的“职工薪酬分配表”的内容登记有关的总分类账户和明细分类账户，进行相关的账务处理。职工薪酬作为企业生产经营活动的一项必要支出，应在实际发生时根据职工提供服务的受益对象的不同，分别形成企业的成本费用或计入有关资产的成本。

凭证示例

职工薪酬汇总表

应由生产产品、提供劳务负担的职工薪酬，计入产品成本或劳务成本。生产产品、提供劳务的直接生产人员和直接提供劳务人员发生的职工薪酬，根据《企业会计准则第1号——存货》的规定，计入存货成本，但非正常消耗的直接生产人员和直接提供劳务人员的职工薪酬，应在发生时确认为当期损益；应由在建工程、无形资产负担的职工薪酬，计入固定资产或无形资产成本；除直接生产人员、直接提供劳务人员、建造固定资产人员、开发无形资产人员以外的职工，包括公司总部管理人员、董事会成员、监事会成员等人员相关的职工薪酬，因难以确定直接对应的受益对象，所以均应在发生时确认为当期损益。

应付职工薪酬业务处理流程如图5-5所示。

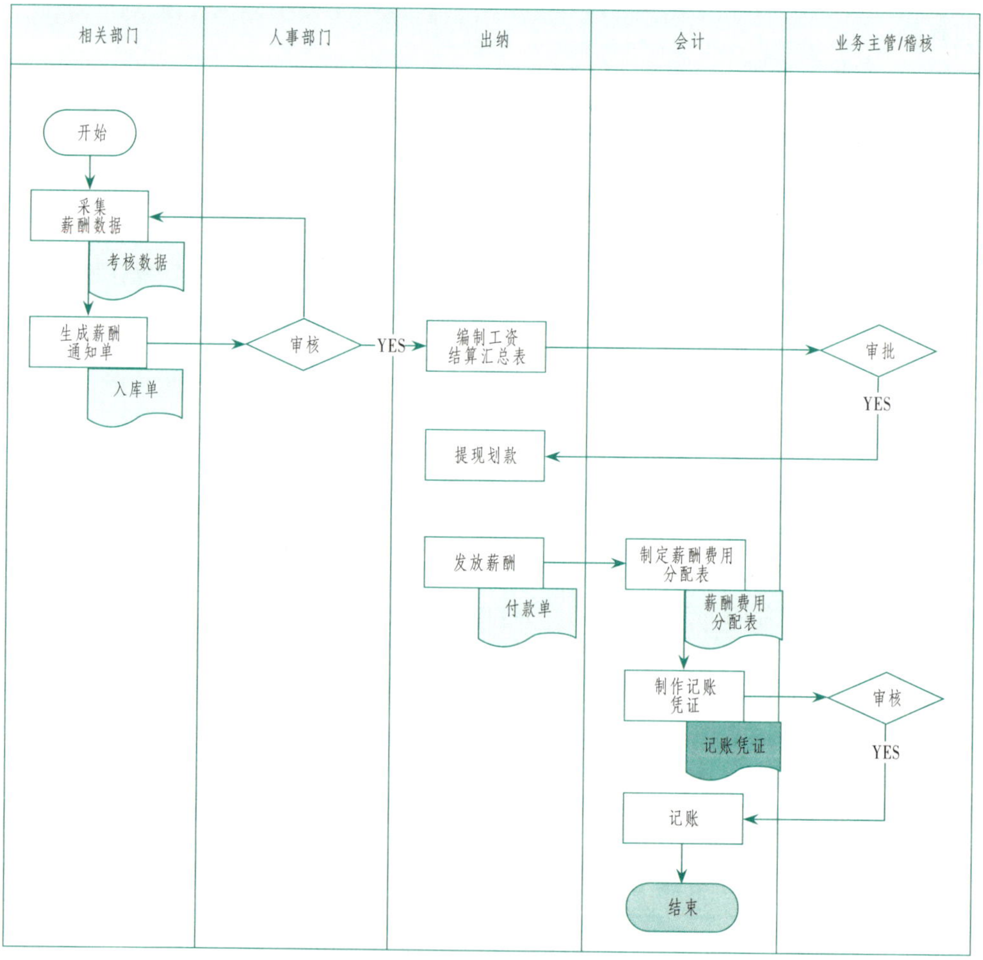

图5-5 应付职工薪酬业务处理流程图

为了核算职工薪酬的发生和分配的内容，需要设置“应付职工薪酬”账户。“应付职工薪酬”账户的性质是负债类，用来核算企业职工薪酬的确认与实际发放情况，并反映和监督企业与职工结算薪酬的情况。该账户贷方登记本月计算的应付职工薪酬总额，包括各种工资、奖金、津贴和福利费等，同时应付的职工薪酬应作为一项费用按其经济用途分配记入有关的成本、费用账户；借方登记本月实际支付的职工薪酬数。月末如为贷方余额，表示本月应付职工薪酬大于实付职工薪酬的数额，即应付未付的职工薪酬。“应付职工薪酬”账户可以按照“工资”“职工福利”“社会保险费”“住房公积金”等进行明细分类核算。

“应付职工薪酬”账户的结构如下：

应付职工薪酬

实际支付的职工薪酬	月末计算分配的职工薪酬
	期末余额：应付未付的职工薪酬

（一）应付职工工资

工资是企业使用职工的知识、技能、时间和精力而给予职工的一种补偿（报酬）。应付职工工资是应付职工薪酬的重要组成部分，企业应该根据每月计算出的每位职工实得工资额和当月发生的工资总额，于规定的日期将它付给职工。

企业应付职工的工资总额，不论是否在当月支付，都应通过“应付职工薪酬”账户核算。在实际工作中，为了方便职工，简化现金收付手续，往往从应付工资中代扣职工应缴的各种款项，如代扣住房公积金、医疗保险费和个人所得税等。这样，每月直接发给职工个人的工资就等于应付职工工资减去代扣款项之后的差额。支付工资时，实际支付给职工的部分，借记“应付职工薪酬”账户，贷记“银行存款”或“库存现金”账户；由企业代扣代缴各种扣款时，借记“应付职工薪酬”账户，贷记“应交税费”、“其他应收款”或“其他应付款”等账户；若有逾期未领工资，应从“应付职工薪酬”账户转入“其他应付款”账户。

企业应付给职工的工资，作为一项生产经营活动的耗费，应该在月份终了时，根据权责发生制原则和配比原则的要求，按照每月职工实际耗用于各项生产经营活动的劳动量进行工资分配，计入有关的成本、费用。工资分配应按照职工的工作岗位进行。从事生产经营的职工，其工资应构成企业的生产经营成本；专设销售机构的职工工资作为一项销售费用；行政管理人员的工资计入管理费用；基建人员的工资计入在建工程成本。现举例说明工资支付和分配的会计处理。

【例 5-9】 新世纪有限责任公司 2020 年 1 月应付工资 227 000 元，其中：生产工人工资 130 900 元，车间管理人员工资 22 600 元，行政管理人员工资 37 400 元，专设销售机构人员工资 29 850 元，在建工程人员工资 6 250 元。在当期应付工资中，扣除已代为缴纳的职工个人应支付的住房公积金 5 000 元、医疗保险费 3 000 元；预扣预缴个人所得税 950 元。实发职工工资 218 050 元。

业务流程：各部门提交职工薪酬考核数据→人事部门进行薪酬计算并确定薪酬金额→相关领导审核→财务部门账务处理→发放工资

相关账务处理如下：

（1）月末，根据工资分配表，分配本月工资费用时：

借：生产成本　130 900
　　制造费用　22 600
　　管理费用　37 400
　　销售费用　29 850
　　在建工程　6 250
　贷：应付职工薪酬——工资　227 000

（2）结算代扣款项时：

借：应付职工薪酬——工资　8 950
　贷：应交税费——应交个人所得税　950
　　　其他应收款　8 000

（3）发放工资时：

①按实发工资218 050元向银行提取现金时：

借：库存现金　218 050
　贷：银行存款　218 050

②发放工资时：

借：应付职工薪酬——工资　218 050
　贷：库存现金　218 050

若由银行代发工资，有关原始凭证即网上银行电子回单如图5-6所示。

中国工商银行 网上银行电子回单

电子回单号码：89231303289

付款人	户名	新世纪有限责任公司	收款人	户名	新世纪有限责任公司
	账号	20257243083905		账号	18611065765577
	开户银行	中国工商银行浑南支行		开户银行	工行沈阳和平区辰帆路支行
金额		人民币（大写）：贰拾壹万捌仟零伍拾元整			￥218 050.00
摘要		支付1月员工工资	业务种类		
用途					
交易流水号		74285429013576	时间戳	2020-2-15	
中国工商银行 电子回单 专用章		备注：工资代发账号支付 验证码：16605500			
记账网点	016	记账柜员	430	记账日期	2020年2月15日

打印日期：2020年2月15日

图5-6　网上银行电子回单

（二）应付职工福利

企业雇用员工，理应承担为员工提供必要福利待遇的责任，这项责任在尚未履行或尚未全部履行时，就形成了一项应付职工的负债。职工福利费主要用于职工因公负伤赴外地就医路费、未实行医疗统筹企业职工医疗费用、职工困难补助，以及按规定支付的其他有关职工福利方面的费用。为了保证职工的身体健康和提高职工的福利待遇，根据国家规定，企业可以按照职工工资总额的一定比例在成本费用中列支职工福利费。这样，在支付职工福利费时，一方面使得银行存款等资产减少，另一方面使得应付职工薪酬这项负债减少，所以应将该项支出记入“应付职工薪酬”账户的借方和“银行存款”账户的贷方。列支职工福利费时，一方面使得公司当期的成本费用增加，另一方面使得公司的应付职工薪酬增加。对于计入成本费用的职工福利费应按职工的不同岗位，分别在不同的账户中列支。其列支范围与工资的列支范围基本相同，即生产工人的福利费应记入“生产成本”账户的借方，车间管理人员的福利费应记入“制造费用”账户的借方，行政管理人员的福利费应记入“管理费用”账户的借方，在建工程人员的福利费应记入“在建工程”账户的借方，专设销售机构人员的福利费应记入“销售费用”账户的借方；同时，记入“应付职工薪酬”账户的贷方。现举例说明职工福利费的会计处理。

【例5-10】承【例5-9】，新世纪有限责任公司2020年1月以银行存款支付职工福利费31 780元。其中：生产工人福利费为18 326元，车间管理人员福利费为3 164元，行政管理人员福利费为5 236元，专设销售机构人员福利费为4 179元，在建工程人员福利费为875元。

业务流程：各部门提交职工福利费数据→人事部门进行福利费计算并确定福利费数据→相关领导审核→财务部门账务处理→发放福利费

相关账务处理如下：

（1）列支福利费时：

借：生产成本	18 326	
制造费用	3 164	
管理费用	5 236	
销售费用	4 179	
在建工程	875	
贷：应付职工薪酬——职工福利		31 780

（2）支付福利费时：

借：应付职工薪酬——职工福利	31 780	
贷：银行存款		31 780

（三）应付职工社会保险费及住房公积金

企业为职工缴纳的医疗保险费、养老保险费、失业保险费、工伤保险费、生育保险费等社会保险费和住房公积金（简称“五险一金”），应当在职工为企业提供服务的会计期间，根据工资总额的一定比例计算，在成本费用中列支。其列支范围与工资及福利费的列支范围基本相同。现举例说明职工社会保险费及住房公积金的会计处理。

【例5-11】承【例5-9】，新世纪有限责任公司2020年1月按工资总额的一定比例计算，并以银行存款向指定机构缴纳的职工医疗保险费等社会保险费为63 560

元。其中：生产工人社会保险费为36 652元，车间管理人员社会保险费为6 328元，行政管理人员社会保险费为10 472元，专设销售机构人员社会保险费为8 358元，在建工程人员社会保险费为1 750元。

业务流程：各部门提交职工保险费数据→人事部门进行保险费计算并确定保险费金额→相关领导审核→财务部门账务处理→缴纳保险费

相关账务处理如下：

（1）计算应缴职工社会保险费时：

借：生产成本	36 652	
制造费用	6 328	
管理费用	10 472	
销售费用	8 358	
在建工程	1 750	
贷：应付职工薪酬——社会保险费		63 560

（2）缴纳职工社会保险费时：

借：应付职工薪酬——社会保险费	63 560	
贷：银行存款		63 560

【例5-12】承【例5-9】，新世纪有限责任公司2020年1月按工资总额的一定比例计算，并以银行存款向指定机构缴纳的职工住房公积金为45 400元。其中：生产工人住房公积金为26 180元，车间管理人员住房公积金为4 520元，行政管理人员住房公积金为7 480元，专设销售机构人员住房公积金为5 970元，在建工程人员住房公积金为1 250元。

业务流程：各部门提交职工住房公积金数据→人事部门进行住房公积金计算并确定住房公积金金额→相关领导审核→财务部门账务处理→缴纳住房公积金

相关账务处理如下：

（1）计算应缴职工住房公积金时：

借：生产成本	26 180	
制造费用	4 520	
管理费用	7 480	
销售费用	5 970	
在建工程	1 250	
贷：应付职工薪酬——住房公积金		45 400

（2）缴纳职工住房公积金时：

借：应付职工薪酬——住房公积金	45 400	
贷：银行存款		45 400

三、应付职工薪酬的报表列示

应付职工薪酬，反映企业根据有关规定应付给职工的工资、职工福利、社会保险费、住房公积金、工会经费、职工教育经费、非货币性福利、辞退福利、离职后福利、其他长期职工福利等各种薪酬。

“应付职工薪酬”在资产负债表流动负债项目下列示，“应付职工薪酬”项目应根据“应付职工薪酬”账户的明细账户期末余额分析填列。

自测题 5-4

第五节　应交税费

一、应交税费的概念、内容

应交税费是企业在一定时期内取得的营业收入和实现的利润，以及发生特定经营行为或持有特定财产，应按照法律法规的规定向国家缴纳的各种税金。这些应交的税金，应该按照权责发生制的原则确认。这些应交的税金在尚未缴纳之前，形成企业的一项负债。在企业发生纳税义务时，也应该按照权责发生制原则的要求，将有关税费计入费用。

企业应依法缴纳的各种税费（应交税费）主要包括增值税、消费税、所得税、资源税、土地增值税、城市维护建设税、教育费附加、房产税、城镇土地使用税、车船税以及在上缴国家之前由企业预扣预缴的个人所得税等。

为了反映各种税费的计算和缴纳情况，企业应设置“应交税费”账户，并在该账户下设置有关明细账户进行核算。该账户的性质属于负债类，用来核算企业按税法规定应缴纳的各种税费（印花税等特殊项目除外）的计算与实际缴纳情况。该账户的贷方登记应缴纳的各种税费，借方登记已缴纳或应抵扣的各种税费，期末贷方余额为欠缴税费。

需要指出的是，并不是所有的税费都通过“应交税费”账户核算，例如印花税的确认和缴纳发生在同一时点，在缴纳的同时计入费用，核算中也就没必要运用“应交税费”账户。印花税是对书立、领受购销合同等凭证行为征收的税款，实行由纳税人根据规定自行计算应纳税额，购买并一次贴足印花税票的缴纳方法。由于印花税是由纳税人根据规定自行计算应纳税额，以购买并一次贴足印花税票的方法缴纳的税款。企业缴纳的印花税，不会发生应付未付税款的情况，不需要预计应纳税金额，同时也不存在与税务机关结算或清算的问题。因此，企业缴纳的印花税于购买印花税票时，直接借记“税金及附加”账户，贷记“银行存款”账户。耕地占用税也不通过“应交税费”账户核算。耕地占用税是国家为了利用土地资源、加强土地管理、保护农用耕地而征收的一种税。耕地占用税以实际占用的耕地面积计税，按照规定税额一次征收。企业按规定计算缴纳耕地占用税时，借记“在建工程”账户，贷记“银行存款”账户。

“应交税费”账户的结构如下：

应交税费

实际缴纳的各种税费	计算出的应交而未交的税费
期末余额：多交的税费	期末余额：未交的税费

二、应交增值税

增值税是对中华人民共和国境内销售货物，提供加工修理修配劳务，销售服务、无形资产和不动产，进口货物的单位和个人以其在流转过程中产生的增值额作为计税依据而征收的一种税。由于增值税是对商品生产或流通各个环节的新增价值或商品附加值进行征税，所以称为增值税，是一种价外税。增值税采取两段征收法，分为增值税进项税额和销项税额。当期应纳税额=当期销项税额-当期进项税额。其中销项税额是指纳税人销售货物或提供应税劳务，按照销售额和规定的税率计算的增值税税额，增值税销项税额=销售货物或提供应税劳务价款×增值税税率。进项税额是指纳税人购进货物或接受应税劳务所支付或负担的增值税税额，进项税额=购进货物或接受应税劳务价款×增值税税率。增值税的进项税额与销项税额是相对应的，销售方的销项税额就是购买方的进项税额。

1.纳税人及应纳税额的计算

增值税是我国流转税中的主要税种。为了严格落实对增值税的征收管理和对某些经营规模小的纳税人简化计税办法，《中华人民共和国增值税暂行条例》参照国际惯例，将纳税人按其经营规模及会计核算健全与否划分为一般纳税人和小规模纳税人。

小规模纳税人是指年销售额在规定标准以下，并且会计核算不健全，不能按规定报送有关税务资料的增值税纳税人。所谓会计核算不健全是指不能正确核算增值税的销项税额、进项税额和应纳税额。这是小规模纳税人的定性认定标准。根据《中华人民共和国增值税暂行条例实施细则》等税收有关规定，小规模纳税人的定量认定标准是：纳税人年应税销售额在500万元以下。小规模纳税人销售商品或劳务，实行简易办法计算应纳税额，其计算公式为：

应交增值税税额=不含税销售额×征收率

除此之外，则为一般纳税人。一般纳税人增值税的计算采用购进抵扣法，即企业购入商品或劳务支付的增值税（即进项税额），可以从销售商品或劳务按规定收取的增值税（即销项税额）中抵扣。具体做法是：以商品或劳务的销售额为计税依据，按照税法规定的税率计算出商品或劳务应负担的销项税额，同时扣除企业为生产商品或提供劳务外购原材料、燃料、低值易耗品等物资在以前购买环节已支付的进项税额，抵扣后的余额即为实际应缴纳的增值税。

2.应交增值税核算的账户设置

企业应缴纳的增值税，在“应交税费”账户下设置的“应交增值税”明细账户进行核算。企业购进商品或劳务支付的进项税额，以及实际已缴纳的增值税税额，应记入该账户的借方；销售商品或劳务所收取的销项税额等，应记入该账户的贷方。期末，该账户借方余额，反映企业尚未抵扣的增值税；如为贷方余额，则反映企业应缴纳的增值税。

一般纳税人应当在“应交税费”账户下设置“应交增值税”“未交增值税”“预交增值税”“待抵扣进项税额”“待认证进项税额”等明细账户进行核算。“应交税费——应交增值税”明细账户下设置“进项税额”“销项税额抵减”“已交税金”

“转出未交增值税”“减免税款”“销项税额”“出口退税”“进项税额转出”“转出多交增值税”等专栏。其中，一般纳税人发生的应税行为适用简易计税方法的，销售商品时应交纳的增值税税额在“简易计税”明细账户核算。

小规模纳税人应当在“应交税费”账户下设置三个二级明细账户：“应交增值税”“转让金融商品应交增值税”“代扣代交增值税”。

3. 一般纳税人应交增值税的会计处理

增值税一般纳税人，销售商品或劳务可以开具增值税专用发票；购入商品或劳务取得的增值税专用发票上注明的增值税税额可用以抵扣销项税额。

根据上述特点，一般纳税人在购进阶段，账务处理上应实行价与税的分离，即根据增值税专用发票上注明的价款和增值税，将价款部分计入购入货物的成本，将增值税税额部分计入进项税额。在销售阶段，销售价格中不再含税，如果定价时含税，应还原为不含税价格作为销售收入，而向购买方收取的增值税则作为销项税额。

现举例说明一般纳税人应交增值税的会计处理。

【例5-13】新世纪有限责任公司为一般纳税人，本月购进原材料所取得的增值税专用发票上注明的材料价款为1 000万元，增值税进项税额为130万元，价税款以银行存款支付。同期，该企业销售产品收入为1 500万元，增值税销项税额为195万元，价税款已经收到。月末，公司缴纳本月增值税。

业务流程：生产部门填制请购单→采购部门根据请购单及库存情况编制采购订单→签订采购合同→财务部门记账并按合同确定的付款方式支付款项→仓库收货

根据上述业务，相关账务处理如下：

（1）购进材料时：

借：在途物资　　10 000 000

　　应交税费——应交增值税（进项税额）　　1 300 000

　贷：银行存款　　11 300 000

（2）销售产品时：

借：银行存款　　16 950 000

　贷：主营业务收入　　15 000 000

　　　应交税费——应交增值税（销项税额）　　1 950 000

（3）缴纳增值税650 000元（1 950 000-1 300 000）时：

借：应交税费——应交增值税（已交税金）　　650 000

　贷：银行存款　　650 000

有关原始凭证，即银行电子缴税付款凭证如图5-7所示。

中国工商银行

电子缴税付款凭证

缴税日期：2019年12月5日　　　　凭证字号：20100010

纳税人全称及纳税人识别号：新世纪有限责任公司	91210112M676115414
付款人全称：新世纪有限责任公司	
付款人账号：20257243083905	征收机关名称：沈阳浑南区地方税务局
付款人开户行：中国工商银行浑南支行	收款国库（银行）名称：
小写（合计）金额：￥650 000.00	缴款书交易流水号：35623033
大写（合计）金额　陆拾伍万元整	税票号码：092302500924496536

税（费）种名称	所属日期	实缴金额（单位：元）
增值税	20191101　20191130	￥650 000.00

第 1 次打印　　　　打印时间：2019年12月5日

客户回单联　　验证码：259699　　复核：　　记账：

图 5-7　银行电子缴税付款凭证

4.小规模纳税人应交增值税的会计处理

小规模纳税人销售商品或劳务按其不含税销售额的一定比例（即征收率）缴纳增值税。小规模纳税人不享有进项税额的抵扣权，其购进商品或劳务时支付的增值税直接计入所购商品或劳务的成本；其销售商品或劳务时一般只能使用普通发票，不能使用增值税专用发票。小规模纳税人的销售额若为含税销售额应还原为不含税销售额，其计算公式为：

不含税销售额=含税销售额÷（1+征收率）

现举例说明小规模纳税人应交增值税的会计处理。

【例 5-14】某企业为小规模纳税人，本期购入材料货款为85 000元，增值税11 050元，价税款以银行存款支付。该企业本期销售产品含税销售额为92 700元，增值税征收率为3%，款项已收到并存入银行。

业务流程1：生产部门填制请购单→采购部门根据请购单及库存情况编制采购订单→签订采购合同→财务部门记账并按合同确定的付款方式支付款项→仓库收货

业务流程2：编制销售订单→编制出货计划→编制出货单→发货→开发票→财务部门记账并收取款项

相关账务处理如下：

（1）购进材料时：

借：在途物资	96 050	
贷：银行存款		96 050

（2）材料验收入库时：

借：原材料	96 050	

　　贷：在途物资　　　　　　　　　　　　　　　　　　　　　　　96 050

（3）销售货物时：

借：银行存款　　　　　　　　　　　　　　　　　　　　　92 700

　　贷：主营业务收入（92 700÷（1+3%））　　　　　　　　　　90 000

　　　　应交税费——应交增值税（90 000×3%）　　　　　　　　　2 700

（4）缴纳增值税时：

借：应交税费——应交增值税　　　　　　　　　　　　　　2 700

　　贷：银行存款　　　　　　　　　　　　　　　　　　　　　　2 700

三、应交消费税

消费税是对我国境内从事应税消费品生产、加工及进口，特殊的批发和零售的单位和个人以实现的应税消费品的销售额或销售量为计税依据而征收的一种税。在对商品普遍征收增值税的基础上，选择少数消费品再征收一道消费税，主要是为了调整产业结构，引导消费方向，保证国家财政收入。

消费税的计税方法主要有从价定率和从量定额两种。从价定率是根据商品销售价格和规定的税率计算应交消费税。实行从价定率办法计征的应纳税额的税基为销售额，其计算公式为：从价定率应交消费税=应税消费品的销售额×消费税税率。从量定额是根据商品销售数量和规定的单位税额计算应交消费税。实行从量定额办法计征的应纳税额的销售数量是指应税消费品的数量。属于销售应税消费品的，为应税消费品的销售数量；属于自产自用应税消费品的，为应税消费品的移送使用数量；属于委托加工应税消费品的，为纳税人收回的应税消费品数量；进口的应税消费品，为海关核定的应税消费品进口征税数量。其计算公式为：从量定额应交消费税=应税消费品的数量×消费税单位税额。

根据现行制度的规定，为了核算应该由企业经营业务，以及持有特定财产或发生特定行为负担的税金及附加，包括消费税、城市维护建设税、资源税、土地增值税、印花税、房产税、车船税、城镇土地使用税和教育费附加等，企业应设置“税金及附加”账户。该账户属于损益类账户。企业按照税法有关规定计算应由经营活动负担的税金及附加，记入该账户的借方，同时记入“应交税费”账户下设置的“应交消费税”、“应交城市维护建设税”和“应交教育费附加”等明细账户的贷方。

企业按规定应交的消费税，在“应交税费”账户下设置“应交消费税”明细账户核算。“应交消费税”明细账户的借方发生额，反映实际缴纳的消费税和待扣的消费税；贷方发生额，反映按规定应缴纳的消费税；期末贷方余额，反映尚未缴纳的消费税；期末借方余额，反映多交或待扣的消费税。

现举例说明消费税的计算和缴纳的会计处理。

【例 5-15】 新世纪有限责任公司 2×20 年 3 月应纳消费税的产品销售收入为 160 000 元，该产品适用的消费税税率为 25%。

业务流程：企业财务部门计算应纳消费税税额→记账→缴纳消费税

相关账务处理如下：

（1）计算应交消费税40 000元（160 000×25%）时：

借：税金及附加	40 000	
贷：应交税费——应交消费税		40 000

（2）下月初缴纳消费税时：

借：应交税费——应交消费税	40 000	
贷：银行存款		40 000

四、其他应交税费

1.资源税

资源税是国家对在我国境内开采矿产品或者生产盐的单位和个人征收的一种税。我国对绝大多数矿产品实施从价计征。企业按规定应交的资源税，在“应交税费”账户下设置“应交资源税”明细账户核算。企业按规定计算出销售应税产品应缴纳的资源税，借记“税金及附加”账户，贷记“应交税费——应交资源税”账户。

2.土地增值税

土地增值税是对有偿转让国有土地使用权及地上建筑物和其他附着物，取得增值收入的单位和个人征收的一种税。土地增值税按照转让房地产所取得的增值额和规定的税率计算征收。这里的增值额是指转让房地产所取得的收入减除规定扣除项目金额后的余额。企业转让房地产所取得的收入，包括货币收入、实物收入和其他收入。计算土地增值额的主要扣除项目有：

（1）取得土地使用权所支付的金额；

（2）开发土地的成本、费用；

（3）新建房屋及配套设施的成本、费用，或者旧房及建筑物的评估价格；

（4）与转让房地产有关的税金。

3.房产税、车船税、城镇土地使用税

房产税是以房产为征税对象，依据房产价格或房产租金收入向房产所有人或经营人征收的一种财产税。车船税是指国家对行驶于境内公共道路的车辆和航行于境内河流、湖泊或领海的船舶依法征收的一种税。城镇土地使用税是以国有土地为征税对象，对拥有土地使用权的单位和个人征收的一种税。

企业按规定计算应交的房产税、车船税、城镇土地使用税，借记“税金及附加”账户，贷记“应交税费——应交房产税”“应交税费——应交车船税”“应交税费——应交城镇土地使用税”账户；实际缴税时，借记“应交税费——应交房产税”“应交税费——应交车船税”“应交税费——应交城镇土地使用税”账户，贷记“银行存款”账户。

4.城市维护建设税

城市维护建设税是对从事生产经营活动的单位和个人，以其实际缴纳的增值税、消费税为依据，按纳税人所在地适用的不同税率计算征收的一种税。城市维护建设税按照企业应交流转税（增值税、消费税）的一定比例计算，并与流转税一起缴纳。征收城市维护建设税主要是为了加强城市的维护建设，扩大和稳定城市维护建设的资金来源。

5. 教育费附加

教育费附加是国家为了发展我国的教育事业，提高国民的文化素质而征收的一项费用。这项费用与城市维护建设税一样，也是按照企业应交流转税（增值税、消费税）的一定比例计算，并与流转税一起缴纳。

6. 所得税

企业的生产、经营所得和其他所得，依照有关所得税法及其实施细则的规定需要缴纳所得税。企业应缴纳的所得税，在“应交税费”账户下设置“应交所得税”明细账户核算；当期应计入损益的所得税，作为一项费用，在净收益前扣除，借记“所得税费用”账户，贷记“应交税费——应交所得税”账户。

五、应交税费的报表列示

“应交税费”在资产负债表流动负债项目下列示，“应交税费”项目应根据“应交税费”账户的明细账户期末余额分析填列。企业所缴纳的税费中，不需要预计应交数的，如印花税、耕地占用税等，不通过“应交税费”账户核算，不在本项目列示。

自测题 5-5

第六节　长期借款

一、长期借款的概念

长期借款是企业向银行或其他金融机构借入的、偿还期限在一年以上（不含一年）的各种借款。一般来说，企业举借长期借款，主要是为了增添大型固定资产、购置地产、增添或补充厂房等，也就是为了扩充经营规模而增加各种长期耐用的固定资产。企业取得长期借款，必须按照规定的程序进行，一般要经过申请、审批、签订合同和划拨款项等四个步骤。在借款的使用期间，应按期支付利息，到期偿还本金。

凭证示例

长期借款凭证

为了核算长期借款的取得、计息和归还情况，企业应设置“长期借款”账户。该账户属于负债类账户，贷方登记取得的长期借款本金及利息，借方登记归还的本金及利息，期末余额在贷方，反映尚未归还的借款本金及利息。该账户应按借款的种类或用途设置明细账户，进行明细分类核算。

“长期借款”账户的结构如下：

长期借款

长期借款本息偿还数（减少）	长期借款本金和到期还本付息的未付利息数（增加）
	期末余额：尚未偿还的长期借款本息数

二、长期借款的借入、利息核算、归还

企业借入各种长期借款时，按实际收到的款项，借记“银行存款”账户，贷记“长期借款”账户。在资产负债表日，按长期借款的利息费用，借记“在建工程”

“财务费用”“制造费用”等账户，贷记“长期借款”“应付利息”账户。企业偿还长期借款，按归还的长期借款本金，借记“长期借款”账户，贷记“银行存款”账户。

按照现行制度的规定，对长期借款的利息费用等，应根据权责发生制原则的要求，按期预提计入所购建资产的成本，即予以资本化，或直接计入当期损益，即费用化。具体地说，就是在该长期借款所进行的长期工程项目完工之前发生的利息，应将其资本化，计入该工程成本；在工程完工达到可使用状态之后产生的利息支出应停止借款利息资本化而予以费用化，即在利息发生的当期将其直接计入财务费用。

现举例说明长期借款本金和利息的核算过程。

【例 5-16】 新世纪有限责任公司为购建一条新的生产线（工期2年），于2×18年1月1日向中国银行取得期限为3年的人民币借款5 000 000元，存入银行。公司当即将该借款投入到生产线的购建工程中。

业务流程：企业资金管理部门提出借款申请→金融机构审批→签订借款合同→收到借款

这项经济业务的发生，一方面使得公司的银行存款增加5 000 000元，另一方面使得公司的长期借款增加5 000 000元，因此，该项经济业务涉及“银行存款”和“长期借款”两个账户。银行存款的增加是资产的增加，应记入“银行存款”账户的借方；长期借款的增加是负债的增加，应记入“长期借款”账户的贷方。这项经济业务应编制的会计分录如下：

借：银行存款	5 000 000	
贷：长期借款		5 000 000

【例 5-17】 承【例 5-16】，假如上述借款年利率为8%，合同规定到期一次还本付息，单利计息。计算确定2×18年应由该工程负担的借款利息。

业务流程：年末，财务部门根据借款合同计算利息→入账

在固定资产建造工程交付使用之前，用于工程的借款利息属于一项资本性支出，应计入固定资产建造工程成本。单利计息的情况下，其利息的计算方法与短期借款利息计算方法相同，即2×18年的利息为400 000元（5 000 000×8%）。这项经济业务的发生，一方面使得公司的在建工程成本增加400 000元，另一方面使得公司的长期借款应付利息增加400 000元，因此，该项经济业务涉及“在建工程”和“长期借款”两个账户。工程成本的增加是资产的增加，应记入“在建工程”账户的借方；借款利息的增加是负债的增加，应记入“长期借款”账户的贷方。这项经济业务应编制的会计分录如下：

借：在建工程	400 000	
贷：长期借款		400 000

【例 5-18】 承【例 5-16】、【例 5-17】，假如工程已经在2×19年年末完工，新世纪有限责任公司在2×20年年末全部偿还该笔借款的本金和利息。

业务流程：借款合同到期，财务部门根据借款合同偿还本金和利息→入账

该笔长期借款在存续期间的利息共计1 200 000元（注意：由于工程已经在2×19年年末完工，所以2×20年的利息不能计入工程成本，而应计入当年财务费用，关于2×19年和2×20年利息费用的处理略），借款本金5 000 000元，合计为6 200 000元，在2×20年年末一次付清。这项经济业务的发生，一方面使得公司的银行存款减少6 200 000元，另一方面使得公司的长期借款（包括本金和利息）减少6 200 000元，因此，该项经济业务涉及"银行存款"和"长期借款"两个账户。银行存款的减少是资产的减少，应记入"银行存款"账户的贷方；长期借款的减少是负债的减少，应记入"长期借款"账户的借方。这项经济业务应编制的会计分录如下：

借：长期借款	6 200 000	
贷：银行存款		6 200 000

以上我们的举例是以长期借款单利计息的方式来说明问题的。在实际工作中，长期借款也可以采用复利计息的方法。在长期借款复利计息的情况下，尽管长期借款的本金、利率和偿还期限可能都相同，但在不同的偿付条件下（到期一次还本付息、分期偿还本息和分期付息到期还本三种方式），企业实际使用长期借款的时间长短是不同的，所支付的利息费用也就不同（有时可能差别很大），因此，长期借款到底采用哪种还本付息方式以及能否按时还清借款本息，就成为企业的一项重要的财务决策。

自测题5-6

三、长期借款的报表列示

"长期借款"在资产负债表非流动负债项目下列示，"长期借款"项目应根据"长期借款"总账账户余额，扣除"长期借款"账户所属明细账户中将在资产负债表日起一年内到期且企业不能自主地将清偿义务展期的长期借款后的金额分析计算填列。

业务实践

长期借款

第七节　应付债券

一、债券的概念、分类、构成要素

（一）债券的概念

债券是企业为筹集资金而依照法定程序发行的，约定在一定日期还本付息的有价证券。企业发行债券必须经国家有关部门批准，委托银行或其他金融机构代理发行。发行债券筹集的资金可用于购建固定资产，也可用于补充流动资金。企业发行期限超过一年的债券，构成了一项长期负债。

（二）债券的分类

企业发行的债券根据不同的标准有不同的分类：

1.按债券发行有无担保分类

（1）抵押债券，又称有担保债券，是指以特定的资产作为抵押品的债券。债券的抵押品既可以是不动产，也可以是动产或有价证券。一旦这种债券的发行人违约，信托企业便可将抵押品变卖以支付积欠债券持有人的款项。

（2）信用债券，又称无担保债券，是指没有任何特定的资产作为抵押品的债券。这种债券全凭举债人的信用而发行，具有较大的风险，所以利率也较高。

2.按记名与否分类

（1）记名债券，是指企业在发行债券时，债券票面上记有债券持有人的姓名，并在企业债权人名册中进行登记的债券。这种债券到期时，债券持有人可持债券凭本人身份证明领取本息。

（2）无记名债券，是指债券票面上不记载持有人姓名的债券。这种债券通常附有息票，付息时，债券持有人将息票剪下，据以领取利息，所以又称为息票债券。

3.按特殊偿还方式分类

（1）可转换债券，是指债券发行一定期间后，持有人可以按一定价格转换成企业股票的债券。这种债券既有债券性质，又有股票性质。其持有人可根据具体情况，在转换期间内自愿行使转换权利。

（2）可赎回债券，是指债券发行企业有权在债券到期日以前，按特定的价格提前赎回的债券。

4.按还本方式分类

（1）一次还本债券，是指本金于到期日一次性偿还的债券。

（2）分期还本债券，是指本金分期偿还的债券。

5.按付息方式分类

（1）普通债券，是指票面上载明一定利率的债券。

（2）收益债券，是指债券的利息取决于企业收益的债券。这种债券随企业当期有无收益和收益额的大小来确定利息的多少，与优先股有些相似。

（三）债券的构成要素

债券的票面一般要载明下列要素：

（1）债券面值，即票面价值，包括两项内容：一是币种；二是金额，即企业在还款日应偿还的本金额。

（2）票面利率，又称名义利率，是指债券上载明的利息率。它表示债券发行人承诺每年根据这个利率来支付利息。

（3）债券还本期限，是指债券发行人偿还本金的时间。

此外，债券的票面上还有还本付息方式、发行日期和序号、发行单位印鉴，以及能否转让等项目。

二、发行债券

1.债券发行价格的确定

债券的发行价格与债券面值不是同一概念，两者有时一致，有时不一致。在市场经济环境下，任何一个理性的债权人都要对市场上各种借出资金的风险与收益进行权衡后才会作出最终决策。债券的市场售价，在很大程度上由其票面利率决定。在其他条件不变的情况下，票面利率越高，债券的市价就越高。如果确定了一个较低的票面利率，债权人一般不愿意认购，发行人只能按低于面值的价格发行。如果确定了一个较高的票面利率，就会吸引更多的债权人购买，在供不应求的情况下，发行人可将债券按高出面值的价格出售。这里的“较低”或“较高”的票面利率是相对于金融市场上其他投资机会的平均收益率而言的。其他投资机会的平均收益率，即市场利率，是债权人进行决策时使用的重要参照指标。由此可见，企业债券的价格与票面利率和市场利率有直接关系。

从理论上讲，债券的实际发行价格是根据货币时间价值的理论，将债券到期应付面值和各期应付的利息，按市场利率折算的复利现值之和。其一般计算公式为：

债券面值的现值=债券面值×到期偿还本金的复利现值系数

各期利息的现值=每期债券利息额×分期付息年金现值系数

每期债券利息额=票面价值×每一付息期的票面利率

【例 5-19】 新世纪有限责任公司为建设某一工程项目（工期 2 年），于 2020 年 1 月 1 日发行一批 2 年期债券，总面值为 100 万元，年利率为 5%，每年付息一次，到期一次还本。下面分别假设发行时市场利率为 5%、4% 和 6% 时，计算不同利率水平下的债券价格。

（1）当市场利率为 5% 时：

债券发行价格=100×（5%，2 期复利现值系数）+5×（5%，2 期年金现值系数）

=100×0.90703+5×1.85941≈100（万元）

（2）当市场利率为 4% 时：

债券发行价格=100×（4%，2 期复利现值系数）+5×（4%，2 期年金现值系数）

=100×0.92456+5×1.88609≈102（万元）

债券溢价金额=102−100=2（万元）

（3）当市场利率为 6% 时：

债券发行价格=100×（6%，2 期复利现值系数）+5×（6%，2 期年金现值系数）

=100×0.89000+5×1.83339≈98（万元）

债券折价金额=100−98=2（万元）

由上述计算可见，债券的发行价格随市场利率的变动而呈反方向变动。当市场利率低于债券票面利率时，债券发行价格高于其面值，发行价格高于债券面值的部分，称为债券溢价。当市场利率高于债券票面利率时，债券发行价格低于其面值，发行价格低于债券面值的部分，称为债券折价。值得注意的是，债券一经发售，债券信托合同即告成立，其后无论市场利率如何波动，对发行的债券均不产生影响，也就不必调整会计记录。

2. 债券发行的核算

为了反映和监督债券的发行、归还和付息情况，发行债券的企业应设置“应付债券”账户。该账户为负债类账户，贷方登记应付债券的本金和应计利息，借方登记偿还债券本金和支付利息的金额，余额在贷方，表示尚未偿还的债券本金和利息。该账户应下设“面值”、“利息调整”和“应计利息”等明细账户，进行明细分类核算。

“应付债券”账户的结构如下：

应付债券

应付债券本金和利息偿还数（减少）	应付债券本金和未付利息数（增加）
	期末余额：尚未偿还应付债券本息数

企业发行债券无论是按面值还是溢价或折价，均应按债券面值记入“应付债券——面值”账户。

当企业按面值发行债券时，债券价格与债券面值一致，可按债券面值金额借记“银行存款”等账户，贷记“应付债券——面值”账户。

当企业溢价发行债券时，债券价格高于债券面值金额，按实际收到的款项借记“银行存款”等账户，按债券的面值金额贷记“应付债券——面值”账户，按实际收到的款项与票面金额的差额贷记“应付债券——利息调整”账户。

当企业折价发行债券时，债券价格低于债券面值金额，按实际收到的款项借记“银行存款”等账户，按债券的面值金额贷记“应付债券——面值”账户，按实际收到的款项与票面金额的差额借记“应付债券——利息调整”账户。

（1）债券按面值发行

【例 5-20】承【例 5-19】，新世纪有限责任公司于 2020 年 1 月 1 日发行一批 2 年期债券，总面值为 100 万元，年利率为 5%，每年付息一次，到期一次还本。该公司发行债券时，若市场利率恰好等于票面利率 5%，则公司按面值发行债券，收到款项并存入银行。

业务流程：董事会制订发行公司债券的方案，提交股东会审议作出决议→公司向国务院证券管理部门提出发行公司债券的申请→国务院证券管理部门批准→公司与证券商签订承销协议→公告公司债券募集方法→认购人开始认购公司债券→财务部记账

相关账务处理如下：

借：银行存款　　1 000 000

　贷：应付债券——面值　　1 000 000

有关原始凭证，即银行收款凭证如图 5-8 所示。

中国银行收款凭证

入账日期：2020 年 01 月 01 日　　交易机构：　　交易流水：
收款人名称：新世纪有限责任公司
收款人账号：480658212074
收款人开户行：中国银行沈阳浑南支行
付款人名称：东北证券股份有限公司
付款人账号：408976564463　　册号：　　序号：
付款人开户行：中国银行沈阳浑南支行
金额（小写）：CNY1000000.00　　结汇汇率：
金额（大写）：壹佰万元整
客户申请号：　　业务种类：
用途：债券发行
银行摘要：
备注：

中国银行股份有限公司 2020.01.01 电子回单专用章

此联为客户回单：　　银行盖章：

第 1 次打印（自助打印，注意重复）　　打印日期：2020-01-01

图 5-8 银行收款凭证

（2）债券溢价发行

债券溢价发行意味着企业将高于市场实际利率支付利息，所以溢价的实质是发行企业为以后各期多付利息而预先从债券持有人处得到的补偿。

【例 5-21】 承【例 5-19】，新世纪有限责任公司于2020年1月1日发行一批2年期债券，总面值为100万元，年利率为5%，每年付息一次，到期一次还本。该公司发行债券时，若市场利率为4%，则公司按102万元的溢价发行债券，收到款项并存入银行。

业务流程：董事会制订发行公司债券的方案，提交股东会审议作出决议→公司向国务院证券管理部门提出发行公司债券的申请→国务院证券管理部门批准→公司与证券商签订承销协议→公告公司债券募集方法→认购人开始认购公司债券→财务部记账

相关账务处理如下：

借：银行存款	1 020 000	
贷：应付债券——面值		1 000 000
——利息调整		20 000

（3）债券折价发行

债券折价发行意味着企业将低于市场实际利率支付利息，所以折价的实质是发行企业为以后各期少付利息而预先给债券持有人的补偿。

【例 5-22】 承【例 5-19】，新世纪有限责任公司于2020年1月1日发行一批2年期债券，总面值为100万元，年利率为5%，每年付息一次，到期一次还本。该公司发行债券时，若市场利率为6%，则公司按98万元的折价发行债券，收到款项并存入银行。

业务流程：董事会制订发行公司债券的方案，提交股东会审议作出决议→公司向国务院证券管理部门提出发行公司债券的申请→国务院证券管理部门批准→公司与证券商签订承销协议→公告公司债券募集方法→认购人开始认购公司债券→财务部记账

相关账务处理如下：

借：银行存款	980 000	
应付债券——利息调整	20 000	
贷：应付债券——面值		1 000 000

三、债券利息

企业应根据权责发生制原则的要求按期计提应付债券的利息费用，并按所筹资金的用途，分别计入财务费用或有关资产的成本，即借记“财务费用”或“在建工程”等账户。同时，对于一次还本付息的债券利息应贷记“应付债券——应计利息”账户，而对于分期付息、一次还本的债券利息则应贷记“应付利息”账户。

利息是债务人因使用借入资金而必须负担的费用。如果债券按面值发行，各期的利息额就等于票面额与票面利率的乘积。如果债券是溢价或折价发行，各期的利息计算和确认还要包括溢价和折价的摊销金额。前已述及，债券溢价或折价的实质是对按票面利率计算利息的调整。所以，可以将债券的溢价金额理解为发行企业先

收回债券持有人未来多得的利息，然后再按高于市场利率的债券票面利率向债券持有人支付利息。因此，在确认利息时，企业就应该将发行债券时的溢价部分分期抵销按票面利率支付的利息费用，即债券的溢价部分应逐期从利息费用中扣除。同样道理，可以将债券折价理解为发行企业先支付给债券持有人一部分未来少收的利息，然后再按低于市场利率的债券票面利率向债券持有人支付利息。因此，在确认利息时，企业就应该用因债券折价而少收的部分款项去补充按票面利率支付的利息费用，即债券的折价部分应逐期转化为利息费用。这种用债券溢价或折价逐期调整债券利息费用的方法称为摊销。在实际工作中，对债券溢价和折价的摊销应采用实际利率法。

实际利率法是以债券发行时的实际利率，乘以每期期初债券的账面价值（亦称摊余成本），求得该期的利息费用，利息费用与实际支付利息的差额，即为该期溢折价的摊销额。用公式表示为：

溢价摊销额=应付利息-当期利息费用

折价摊销额=当期利息费用-应付利息

当期利息费用=债券该期期初账面价值×市场利率

1.按面值发行债券的利息处理

为了反映企业分期付息、一次还本的各项长期负债利息的计算和支付情况，企业应设置“应付利息”账户。“应付利息”账户属于负债类账户，贷方登记按合同利率计算的长期借款、企业债券等应付未付的利息，借方登记实际支付的利息，期末贷方余额，反映企业应付未付长期借款、企业债券等的利息。对于平价发行的分期付息、一次还本债券，每期计提利息时应借记“财务费用”“在建工程”等账户，贷记“应付利息”账户。

【例5-23】承【例5-19】，在按面值发行债券的情况下，每年应计利息费用均为50 000元（1 000 000×5%）。

业务流程：财务部门计算应付利息→记账

相关账务处理如下：

（1）各年计算债券利息时：

借：在建工程　　50 000

　贷：应付利息　　50 000

（2）各年以银行存款支付债券利息时：

借：应付利息　　50 000

　贷：银行存款　　50 000

2.溢价发行债券的溢价摊销

【例5-24】承【例5-19】，在溢价发行债券的情况下，采用实际利率法摊销债券溢价，应编制债券溢价摊销表，见表5-1。

业务流程：财务部门编制债券溢价摊销表并计算应付利息→记账

根据表5-1所列资料，相关账务处理如下：

（1）2020年、2021年年末计算债券应付利息50 000元（1 000 000×5%）时：

表 5-1　　债券溢价摊销表　　单位：元

付息日期	应付利息	当期利息费用	债券溢价摊销额	债券账面价值
	①=面值×5%	②=上期④×4%	③=①-②	④=上期④-③
2020年1月1日				1 020 000
2020年12月31日	50 000	40 800	9 200	1 010 800
2021年12月31日	50 000	39 200*	10 800	1 000 000
合计	100 000	80 000	20 000	—

*39 200=80 000-40 800。

借：在建工程　　50 000
　贷：应付利息　　50 000

（2）2020年年末摊销债券溢价9 200元（50 000-1 020 000×4%）时：

借：应付债券——利息调整　　9 200
　贷：在建工程　　9 200

（3）各年以银行存款支付债券利息时：

借：应付利息　　50 000
　贷：银行存款　　50 000

（4）2021年年末摊销债券溢价10 800元（20 000-9 200）时：

借：应付债券——利息调整　　10 800
　贷：在建工程　　10 800

经过上述处理，2年后，债券溢价金额20 000元全部摊销完毕，债券账面价值与“应付债券——面值”账户余额相符。

3.折价发行债券的折价摊销

【例5-25】承【例5-19】，在折价发行债券的情况下，采用实际利率法摊销债券折价，应编制债券折价摊销表，见表5-2。

业务流程：财务部门编制债券折价摊销表并计算应付利息→记账

表 5-2　　债券折价摊销表　　单位：元

付息日期	应付利息	当期利息费用	债券折价摊销额	债券账面价值
	①=面值×5%	②=上期④×6%	③=②-①	④=上期④+③
2020年1月1日				980 000
2020年12月31日	50 000	58 800	8 800	988 800
2021年12月31日	50 000	61 200*	11 200	1 000 000
合计	100 000	120 000	20 000	—

*61 200=120 000-58 800。

根据表5-2所列资料，相关账务处理如下：

（1）2020年、2021年年末计算债券应付利息50 000元（1 000 000×5%）时：

借：在建工程　　50 000

　贷：应付利息　　50 000

（2）2020年年末摊销债券折价8 800元（980 000×6%-50 000）时：

借：在建工程　　8 800

　贷：应付债券——利息调整　　8 800

（3）各年以银行存款支付债券利息时：

借：应付利息　　50 000

　贷：银行存款　　50 000

（4）2021年年末摊销债券折价11 200元（20 000-8 800）时：

借：在建工程　　11 200

　贷：应付债券——利息调整　　11 200

经过上述账务处理，2年后，债券折价金额20 000元全部摊销完毕，债券账面价值与"应付债券——面值"账户余额相符。

四、债券还本

债券到期时，发行企业应根据发行债券时规定的还本期限与方式，偿还债券持有人的本金。溢、折价发行的债券，由于溢、折价在债券的整个存续期内已经摊销完毕，使得应付债券账面价值与面值一致，所以无论是按面值发行、溢价发行还是折价发行的债券，到期时，对于分期付息、到期还本的债券，在偿还时均可按票面价值借记"应付债券——面值"账户，贷记"银行存款"账户。对于到期一次还本付息的债券，到期时除偿还债券本金外还需要偿付利息。由于其每期应付利息已记入"应付债券——应计利息"账户的贷方，故偿付本息时应借记"应付债券——面值""应付债券——应计利息"账户，贷记"银行存款"账户。

【例5-26】承【例5-19】，新世纪有限责任公司于2021年年末偿还债券本金100万元。

自测题5-7

业务流程：财务部门计算到期债券本金和利息→审批→支付到期债券本金和利息→记账

相关账务处理如下：

借：应付债券——面值　　1 000 000

　贷：银行存款　　1 000 000

五、应付债券的报表列示

"应付债券"在资产负债表非流动负债项目下列示，"应付债券"项目应根据"应付债券"账户的明细账户余额分析填列。

链接本章引导案例

本章小结

本章主要介绍了各种流动负债和长期借款、应付债券的会计核算。本章的重点内容包括短期借款、应付利息、应付票据、应付账款、应付职工薪酬、应交税费、长期借款、应付债券的核算。其中，长期借款费用的会计处理和应付债券溢折价摊销为本章的难点。

短期借款是指企业借入的期限在一年以下的各种借款。这部分借款一般是企业为维持正常生产经营所需资金而借入的或为抵偿某项债务而借入的款项。为了核算短期借款业务，企业应当设置“短期借款”账户。借入短期借款时，按本金金额借记“银行存款”账户，贷记“短期借款”账户；归还短期借款时，按本金金额借记“短期借款”账户，贷记“银行存款”账户。

应付利息是指企业应支付而未支付的利息。企业应设置“应付利息”账户，反映企业应付利息的发生与支付业务。在预提利息费用时，借记“财务费用”等账户，贷记“应付利息”账户；实际支付时，按已预提的金额借记“应付利息”账户，按实付金额贷记“银行存款”账户，实付与预提数的差额（尚未提取的部分）借记“财务费用”等费用类账户。

应付票据是因采用商业汇票方式结算而形成的一项负债。企业应该设置“应付票据”账户反映因签发票据而承担的负债及其归还情况。在购入货物开出商业汇票时，借记“在途物资（或原材料）”“应交税费——应交增值税”账户，贷记“应付票据”账户；支付货款时，借记“应付票据”账户，贷记“银行存款”账户。期末余额在贷方，表示尚未支付的票据金额。

企业设置“应付账款”账户反映因购买材料、商品或接受劳务供应等而发生的债务及其偿还情况。在购入货物尚未付款时，借记“在途物资（或原材料）”“应交税费——应交增值税”账户，贷记“应付账款”账户；支付货款时，借记“应付账款”账户，贷记“银行存款”账户。期末余额一般在贷方，表示尚未偿还的应付账款数额。对由于债权单位撤销或其他原因而无法支付的应付账款，应按其账面余额直接计入营业外收入，即借记“应付账款”账户，贷记“营业外收入”账户。

其他应付款是指除了应付票据、应付账款、应付职工薪酬等以外的与企业活动直接或间接相关的其他各种应付和暂收款项，包括暂时收取的租出固定资产和包装物押金、存入保证金、应付统筹退休金以及计算工资过程中的各种代扣应付款项。

职工薪酬是指企业为获得职工提供的服务或解除劳动关系而给予各种形式的报酬或补偿。职工薪酬分为短期薪酬、离职后福利、辞退福利以及其他长期职工福利。职工薪酬在实际发生时根据职工提供服务的受益对象的不同，分别形成企业的成本费用或计入有关资产的成本：应由生产产品、提供劳务负担的职工薪酬，计入产品成本或劳务成本；应由在建工程、无形资产负担的职工薪酬，计入建造固定资产或无形资产成本；其他的职工薪酬计入当期损益。

企业应缴纳的税费有增值税、消费税、资源税、土地增值税、房产税、城镇土地使用税、车船税、印花税、城市维护建设税、教育费附加、所得税、耕地占用税等。为了反映各种税费的计算和缴纳情况，企业应设置“应交税费”账户，并在该账户下按税种设置明细账户进行核算。印花税、耕地占用税的缴纳不通过“应交税费”账户核算。

企业应交的增值税，在“应交税费”下设置“应交增值税”明细账户进行核算。增值税一般纳税人在购进材料时，借记“在途物资”“应交税费——应交增值税（进项税额）”等账户，贷记“银行存款”等账户；销售产品时，借记“银行存款”账户，贷记“主营业务收入”“应交税费——应交增值税（销项税额）”账户；实际缴纳增值税时，借记“应交税费——应交增值税（已交税费）”账户，贷记“银行存款”账户。期末，“应交增值税”明细账户如为借方余额，反映企业尚未抵扣的增值税；如为贷方余额，则反映企业应交的增值税。与其他税费不同，增值税一般不计入企业的费用。

企业设置“税金及附加”账户，核算应该由企业经营活动负担的各种税费及附加费用，包括消费税、城市维护建设税、资源税、土地增值税和教育费附加等。计算应缴纳的税费时，借记“税金及附加”账户，贷记“应交税费”账户；实际缴纳时，借记“应交税费”账户，贷记“银行存款”账户。

长期借款是企业向银行及其他金融机构借入的、偿还期限超过一年的各种借款。企业应设置“长期借款”账户，核算长期借款的取得、应计利息和归还情况。长期借款的利息费用应根据权责发生制原则的要求，按期预提计入所购建资产的成本或直接计入当期损益。计提利息时，借记“在建工程”“财务费用”等账户，贷记“长期借款”或“应付利息”账户；支付利息时，借记“长期借款”或“应付利息”账户，贷记“银行存款”账户。

应付债券是企业以发行债券方式筹集资金而形成的一项非流动负债。企业设置“应付债券”账户，反映债券的发行、归还和付息情况。债券溢价或折价发行时，还涉及债券溢价和折价的摊销，按规定应采用实际利率法进行核算。

复习思考

1.负债具有哪些特征？流动负债与非流动负债各包括哪些内容？

2.短期借款的利息与长期借款的利息在账务处理上有何不同？

3.企业哪些税费应通过“税金及附加”账户核算？

4.哪些税费不通过“应交税费”账户核算？

5.如何计算应交增值税、应交消费税、应交城市维护建设税及应交教育费附加？

6.如何计算发行债券的价格？

7.如何进行债券平价、溢价和折价发行的核算？

8.如何摊销应付债券的溢价和折价？

课后作业

第六章

资产负债表要素：所有者权益

学习目标

通过对本章内容的学习，需要达到以下目标：

1. 了解企业所有者权益的具体构成内容；
2. 理解实收资本、资本公积、其他综合收益和留存收益的含义；
3. 掌握一般企业实收资本和资本公积的会计处理；
4. 重点掌握留存收益各项内容的会计处理。

思维导图

资产负债表

资产	金额	负债及所有者权益	金额
流动资产 非流动资产	A	流动负债 非流动负债	B
		所有者权益	C
资产总计	A	负债及所有者权益总计	B+C

所有者权益（或股东权益）：
实收资本（或股本）
资本公积
减：库存股
其他综合收益
盈余公积
未分配利润
所有者权益（或股东权益）合计

引导案例

2×18年8月，时佳、张利达、赵永和三人共同出资成立了时利和有限责任公司，公司注册资本为1200万元，其中，时佳以现金出资600万元，张利达以现金出资360万元，赵永和以其拥有的专利权出资，经评估专利权的价值为240万元，时佳为法人代表。经过各投资人协商并最终在投资协议中确定：时佳占公司有表决权资本的50%、张利达占30%、赵永和占20%。

2×18年，公司实现净利润100万元，经过股东会讨论通过，为了公司未来的发展，决定当年实现的净利润全部留存企业，其中提取法定盈余公积10万元，不向股东分配利润。

随着公司业务的不断发展，需要扩大规模。2×19年11月份，时佳的好朋友周健欲加盟时利和有限责任公司，周健投入现金400万元，协议约定周健在公司所占份额为20%。公司的法定资本增加到1500万元。

2×19年公司实现净利润760万元，公司董事会提出预案并经过公司股东会讨论通过，当年实现的净利润首先提取10%的法定盈余公积，再提取20%的任意盈余公积，拿出300万元向3个投资人分配（按出资比例分配，因周健进入公司较晚，本次不参加分配），剩余净利润留待公司以后再分配。

问题：

（1）你能确定案例中时利和有限责任公司在成立时涉及的所有者权益的具体内容及各项目的金额吗？

（2）时利和有限责任公司经过一年多的经营，在2×19年年底所有者权益的内容又有哪些？

相信通过对本章的学习，这些问题对你而言都不是问题！

第一节 所有者权益概述

一、所有者权益的含义及特征

（一）所有者权益的含义

企业资产形成的资金来源有两个：一是债权人；二是所有者。债权人对企业资产的要求权形成企业的负债；所有者对企业资产的要求权形成企业的所有者权益。因此，所有者权益实质上是指所有者在企业资产中享有的经济利益。国际会计准则委员会在其《关于编报财务报表的框架》中，将所有者权益表述为："所有者权益是指企业的资产中扣除全部负债后的剩余权益。"我国《企业会计准则——基本准则》对所有者权益的表达是："所有者权益，是指企业资产扣除负债后由所有者享有的剩余权益。公司制企业的所有者权益又称为股东权益。"这一定义既反映了所有者权益的经济性质和构成，强调了所有者投入资本的保值增值要求，体现了保护债权人权益的理念，也说明了所有者权益的量化办法。

（二）所有者权益的特征

通过所有者权益的含义，我们可以看出，所有者权益具有以下几个特征：

（1）所有者权益要求权的滞后性。所有者权益实质上是所有者对企业财产的一种要求权，这种要求权是一种剩余索取权，只有债权人的要求权得到清偿后，所有者权益才能被清偿，也就是：所有者权益=资产总额-负债总额，因此，所有者权益也称净资产。

（2）所有者权益具有长期性。所有者向企业投资后，一般都有比较严格的限制，其中一个要求就是在企业终止经营前不得抽回，因此，所有者权益是一种可供企业长期使用的资金来源。

（3）所有者权益的计量具有间接性。通过所有者权益的含义我们可以看出，所有者权益在数量上，除了所有者在投入资本的当时能够直接准确计量外，在企业持续经营的存续期内的任一时点，都不是直接计量的，而是通过计量资产和负债之后间接计量所有者权益。

二、所有者权益的构成内容

应该说，所有者权益的构成内容与企业的组织形式密切相关。不同组织形式的企业，对资产和负债的处理并无太大的差异，但涉及所有者权益的内容构成、处理方法却差异较大，究其原因，主要是因为法律对不同组织形式企业的所有者权益有不同的规定。

企业的组织形式有三种，一般来说，所有者权益在个人独资企业中表现为业主权益，在合伙企业中表现为合伙人权益，在公司制企业则表现为股东权益。在没有特指的情况下，本章是以公司制企业为例阐述其所有者权益的具体内容。按照我国《企业会计准则——基本准则》的规定："所有者权益的来源包括所有者投入的资本、直接计入所有者权益的利得和损失、留存收益等。"由此可见，企业的所有者权益的构成内容包括所有者投入资本、直接计入所有者权益的利得和损失以及留存收益等。

延伸阅读

企业的组织形式与所有者权益

所有者投入的资本是企业的所有者提供给企业的资本，它既包括构成企业注册资本或股本部分的金额，也包括投入资本超过注册资本或股本即资本溢价或股本溢价部分的金额，也就是投入资本是由实收资本（或股本）和资本公积两个部分构成的；直接计入所有者权益的利得和损失是指不应计入当期损益、能导致所有者权益发生增减变动的、与所有者投入资本或向所有者分配利润无关的利得和损失，一般来说，直接计入所有者权益的利得和损失又分为两部分，一部分要计入资本公积，另一部分形成企业的其他综合收益；留存收益是指企业在历年生产经营过程中取得的净利润而留给企业的部分，是由企业内部的经营活动而形成的一种资本，留存收益由盈余公积和未分配利润两个部分的内容组成，盈余公积又包括了法定盈余公积和任意盈余公积。

随着企业经营过程中出现的经济业务的不断复杂，所有者权益的内容也在不断变化。其他综合收益就属于这一类内容。所谓其他综合收益，是指企业根据其他会计准则规定未在当期损益中确认的各项利得和损失。从大类上看，其他综合收益主要包括两个部分：一是在以后的会计期间不能重分类进损益的其他综合收益，如按照权益法核算因被投资单位重新计量设定受益计划净资产或净负债变动导致的权益变动投资企业按持股比例计算确认的项目、企业在初始确认时将非交易性权益工具指定为以公允价值计量且其变动计入其他综合收益的金融资产等；二是以后会计期间满足规定条件时将重分类进损益的其他综合收益，如符合金融工具准则规定、同时满足相关条件的金融资产应当分类为以公允价值计量且其变动计入其他综合收益的项目、采用权益法核算的长期股权投资在被投资单位确认其他综合收益而导致所有者权益变动应享有或分担的部分，以及存货或投资性房地产在转换日公允价值大于其账面价值的差额部分等。

应该说，其他综合收益概念的引入充实了利润表的内容，更加全面地反映了企业在报告期间内的成果。在实际工作中，人们通常的做法是在没有记入利润表而直接反映在所有者权益的事项中进行甄选，汇总符合其他综合收益的事项进行列报。

在资产负债表中，所有者权益的具体构成项目一般按实收资本（或股本）、资本公积、其他综合收益、盈余公积、未分配利润等项目加以列示。

延伸阅读

其他综合收益的由来

图6-1可以直观地反映企业所有者权益的具体构成内容。

限于篇幅和教材内容的定位要求，本章下面将着重阐述所有者权益中的投入资本和留存收益的具体核算内容。

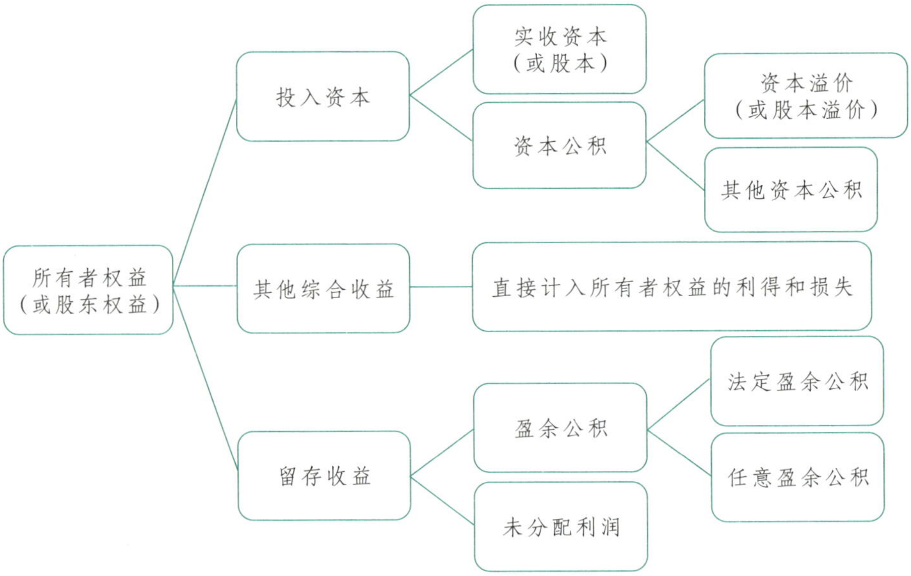

图6-1 所有者权益的构成内容

自测题6-1

第二节 投入资本

任何一个企业的设立都离不开经营的“本钱”——资本，而投入资本就是投资人提供给企业的资本，它是企业开展生产经营活动的必要物质基础。投入资本可以分为两个部分：一个是构成企业法定资本或注册资本的部分，这个部分在有限责任公司称为实收资本，在股份有限公司称为股本；另一个部分就是投资者的出资额超过其在法定资本或注册资本中所占份额的部分，一般称为资本公积。

一、实收资本

按照我国相关法律法规的规定，任何一个投资者要设立企业就必须要有实收资本（或股本，下同）。

（一）实收资本的含义及其来源

实收资本是指投资者实际投入企业经营活动的财产物资和货币资金，是企业所有者权益构成的主体，是企业注册成立的基本条件之一，也是企业正常运行所必需的资金和承担各项责任的财力保证。

实收资本的构成比例即投资者的出资比例或股东的股份比例，是确定所有者在企业所有者权益中所占的份额和参与企业财务经营决策的基础，也是企业进行利润分配或股利分配的依据，同时还是企业清算时确定所有者对企业净资产要求权的依据。

企业的实收资本主要来自于国家资本、法人资本、个人资本及外商资本等。投资者可以用货币出资，也可以用实物、知识产权、土地使用权等可以用货币估价并可以依法转让的非货币财产作价出资，对作为出资的非货币财产应当评估作价，核实财产，不得高估或者低估作价。法律、行政法规对评估作价有规定的，从其规定。但是，法律、行政法规规定不得作为出资的财产除外。

（二）注册资本与实收资本

注册资本也叫法定资本，是公司制企业章程规定的全体股东或发起人认缴的出资额或认购的股本总额，并在公司登记机关依法登记的资本。其中，有限责任公司的注册资本为在公司登记机关登记的全体股东认缴的出资额。法律、行政法规以及国务院决定对有限责任公司注册资本实缴、注册资本最低限额另有规定的，从其规定；股份有限公司采取发起设立方式设立的，注册资本为在公司登记机关登记的全体发起人认购的股本总额。在发起人认购的股份缴足前，不得向他人募集股份。股份有限公司采取募集方式设立的，注册资本为在公司登记机关登记的实收股本总额。法律、行政法规以及国务院决定对股份有限公司注册资本实缴、注册资本最低限额另有规定的，从其规定。

延伸阅读

公司制企业的相关法律规定

前已述及，实收资本是指投资者作为资本投入企业的各种财产，是企业注册登记的法定资本总额的来源，它表明所有者对企业的基本产权关系。《中华人民共和国企业法人登记管理条例》规定，除国家另有规定外，企业的实收资本应当与注册资本一致。企业实收资本比原注册资本数额增减超过20%时，应持资金使用证明或验资证明，向原登记主管机关申请变更登记。

（三）实收资本的计价

对实收资本的计价必然涉及对投入资产的计价，投资者出资方式不同，计价方法也有所差别。投资者以货币方式出资的，一般按其实际收到的货币资金在注册资本或股本中所占份额作为实收资本入账，如果是外币投资，应以交易日的即期汇率折算为人民币记账；投资者以非现金资产如房屋建筑物、机器设备、专利权和存货等出资的，应按照投资合同或协议约定的价值（但合同或协议约定的价值不公允的除外）入账。

（四）实收资本的增加、减少

企业的实收资本一旦形成，一般不能轻易变动。《中华人民共和国公司登记管理条例》规定，公司增加注册资本的，有限责任公司股东认缴新增资本的出资和股份有限公司的股东认购新股，应当分别依照《公司法》设立有限责任公司缴纳出资和设立股份有限公司缴纳股款的有关规定执行。公司用法定公积金转增注册资本的，验资证明应当载明留存的该项公积金不少于转增前公司注册资本的25%。公司减少注册资本的，应当自公告之日起45日后申请变更登记，并应当提交公司在报纸上登载公司减少注册资本公告的有关证明和公司债务清偿或债务担保情况的说明。公司减资后的注册资本不得低于法定的最低限额。公司变更实收资本的，应当提交依法设立的验资机构出具的验资证明，并应当按照公司章程载明的出资时间、出资方式缴纳出资。公司应当自足额缴纳出资或者股款之日起30日内申请变更登记。

1.实收资本增加的会计处理

企业实收资本增加的途径一般包括三种情况：一是所有者包括原企业的所有者和新加盟的所有者投入；二是企业经批准将其资本公积转为实收资本；三是企业将其盈余公积转为实收资本。这里需要注意的是，企业将资本公积和盈余公积转为实收资本时，独资企业核算比较简单，直接结转即可，对于有限责任公司或股份有限公司而言，应按原投资者所持股份同比例增加各股东的股权份额。

按照有关规定，有限责任公司在初创时，投资者按合同、协议或公司章程投入公司的资本应全额计入实收资本。

为了核算实收资本的增减变动情况，会计上需要设置“实收资本”账户，该账户的性质属于所有者权益类，用以反映投资人实际投入企业中的法定资本的增减变动情况，按投资人的不同设置明细账户。“实收资本”账户的结构如下：

实收资本

实收资本的减少	实际收到投资人的法定资本投资（增加）
	期末余额：实收资本的结余

【例6-1】新世纪有限责任公司于2×20年1月1日接受星联公司的投资3 000 000元，款项存入银行。具体内容参见有关票证。

业务流程：董事会决议、投资协议→财务部

这是一笔公司接受外部法人资本投资的业务，根据票证记载内容，其会计处理如下：

借：银行存款　　3 000 000

　贷：实收资本——星联公司　　3 000 000

【例6-2】新世纪有限责任公司于2×20年1月10日收到星联公司投资投入的固定资产和专利权。固定资产的合同约定价值为1 850 000元，专利权的合同约定价值为1 200 000元，有关手续均已办完。

业务流程：董事会决议、投资协议、相关财产登记变更→财务部

这是一笔接受实物资产投资的业务，对于实物资产投资，应按投资合同或协议约定的价值作为实收资本的入账价值。其会计处理如下：

借：固定资产　　1 850 000

　　无形资产　　1 200 000

　贷：实收资本——星联公司　　3 050 000

2.实收资本的减少

《公司法》第三十五条规定，公司成立后，股东不得抽逃出资。所以，企业的实收资本减少的情况比较少见，但在下列情况下，企业的实收资本可以减少：一是企业的资本过剩；二是企业发生重大亏损从而需要减少实收资本。

有限责任公司和一般企业返还投资的会计处理比较简单，按法定程序报经批准减少实收资本即可，其一般的会计处理为借记“实收资本”账户，贷记“银行存款”等账户。股份有限公司由于采用的是发行股票的方式筹集股本，返还股款时要回购发行的股票，这就涉及发行股票的价格与股票面值可能不同以及回购价格与发行价格可能不同的问题，内容比较复杂，其账务处理分为回购和注销两个环节。回购时应借记“库存股”账户，贷记“银行存款”账户。注销时，如果回购价大于回

购股份对应的股本，则借记“股本”“资本公积”“盈余公积”“利润分配”账户，贷记“库存股”账户；如果回购价小于回购股份对应的股本，则借记“股本”账户，贷记“库存股”“资本公积”等账户。

二、资本公积

（一）资本公积的含义

资本公积是企业收到投资者的超出其在企业法定资本（或股本）中所占份额的投资，以及直接计入所有者权益的利得和损失等。由此可见，企业的资本公积主要包括资本溢价（或股本溢价）和其他资本公积。资本公积的性质属于投入资本范畴，不是由企业的经营利润转化而来的，但它又不同于实收资本。

（二）资本公积的来源

1.资本（或股本）溢价

投资人设立企业，依其出资份额对企业经营决策等享有一定权利，当然依其认缴的出资额也对企业承担一定的责任，这就要求我们会计必须明确地反映投资者认缴的出资额，真实地反映投资人的权利和义务。

有限责任公司在创立时，出资者认缴的出资额应全部计入实收资本。在企业重组并有新的投资者加入时，为了维护原有投资者的权益，新加入投资者的出资额并不一定全部作为实收资本处理。这是因为，在企业正常经营过程中投入的资金即使与企业创立时投入的资金在数量上一致，但其获利能力却不一致。因此，相同数量的投资，由于出资时间不同，其对企业的影响程度不同，由此带给投资者的权利也不同。所以新加入的投资者要付出大于原有投资者的出资额，才能取得与投资者相同的投资比例。另外，不仅原投资者原有投资从质量上发生了变化，就是从数量上也可能发生变化。这是因为企业经营过程中实现利润的一部分留在企业形成留存收益，而留存收益也属于投资者权益，但其未转入实收资本。新加入的投资者如与原投资者共享这部分留存收益，也要求其付出大于原有投资者的出资额，才能取得与原有投资者相同的投资比例。

股份有限公司以发行股票的方式筹集股本。股票是企业签发的证明股东按其所持股份享有权利和承担义务的书面证明。由于股东按其所持企业股份享有权利和承担义务，为了反映和便于计算各股东所持股份占企业全部股本的比例，企业的股本总额应按股票的面值与股份总数的乘积计算。国家规定，实收股本总额应与注册资本相等。因此，为提供企业股本总额及其构成及注册资本等信息，在采用与股票面值相同的价格发行股票的情况下，企业发行股票取得的收入，应全部计入股本；在采用溢价发行股票的情况下，企业发行股票取得的收入，相当于股票面值的部分作为股本，超出股票面值的溢价收入就要作为股本溢价计入资本公积。

2.其他资本公积

企业资本公积的主要来源是资本（或股本）溢价，除此之外，某些直接计入所有者权益的利得和损失也会形成资本公积，即其他资本公积。比如，以权益结算的股份支付换取职工或其他方提供服务的，应按确定的金额计入资本公积中的其他资本公积；长期股权投资采用权益法核算时，被投资单位除净损益、其他综合收益和利润分配以外的所有者权益的其他变动，投资企业按持股比例计算的应享有份额部分应计入资本公积中的其他资本公积等。

（三）资本公积的用途

资本公积的用途实际上主要是资本（或股本）溢价的用途。而资本（或股本）溢价从经济实质上看属于投入资本范畴，其产生的根源就是投资人投入资本大于其在注册资本总额中的比例份额，所以将其转增资本可以使注册资本更加接近投入资本。这样做，一方面，改变了企业投入资本结构，加大了注册资本的额度，体现了稳健、可持续发展的潜力；另一方面，对于股份公司而言，可以增加企业股票流通量、激活股价。当然，按照我国《公司法》的规定，公司用资本公积转增资本时，其留存的资本公积不得少于转增前公司注册资本的25%。

（四）资本公积的增加、减少

为了核算资本公积的增减变动情况，会计上需要设置“资本公积”账户，该账户的性质属于所有者权益类，用以反映资本公积的增减变动及结余情况，按照“资本溢价”和“其他资本公积”设置明细账户。“资本公积”账户的结构如下：

资本公积

资本公积的减少	资本公积的增加
	期末余额：资本公积的结余

1.资本公积的增加

企业资本公积增加的途径前已述及，这里仅以有限责任公司的资本（或股本）溢价为例，说明资本公积增加业务的会计处理。

【例6-3】新世纪有限责任公司下属的利和公司由甲、乙、丙三位股东各自出资400万元设立，设立时实收资本为1 200万元。经过几年的经营，公司发展势头良好，意欲扩大公司规模。这时丁投资人有意加入该公司，并表示愿意出资500万元现金。按照各方签订的投资协议的约定，投资人丁占投资后利和公司有表决权资本的25%，丁投资人的出资已到位，有关手续均已办妥。

业务流程：董事会决议、投资协议变更→财务部

这是一笔接受投资的业务，这里既涉及法定资本部分，也涉及超面值缴入资本的问题。经过计算可以确定，丁投资人投入的500万元中有400万元（（1 200+x）×25%=x，由此计算出x=400）应计入法定资本，其余则作为资本公积中的资本溢价处理。编制的会计分录如下：

借：银行存款　　5 000 000
　贷：实收资本——丁投资人　　4 000 000
　　　资本公积——资本溢价　　1 000 000

2.资本公积的减少

企业资本公积减少的方式主要是将资本公积转增法定资本。企业将资本公积转增法定资本，一般需要经企业的股东大会或类似权力机构决议。这里要注意的是，

将资本公积转增法定资本：第一，没有改变企业的投入资本总额；第二，没有改变企业的所有者权益总额，只是调整了资本的结构。现举例说明资本公积转增资本的会计处理如下：

【例 6-4】新世纪有限责任公司下属的利和公司经批准，将账面的100万元资本公积按各自出资比例转增法定资本。

业务流程：董事会决议→财务部

这是一笔资本公积转增法定资本的业务，各自的出资额（参见【例 6-3】）均为400万元，因此，将100万元的资本公积转到每位投资人名下25万元。其会计处理如下：

借：资本公积——资本溢价	1 000 000	
贷：实收资本——甲投资人		250 000
——乙投资人		250 000
——丙投资人		250 000
——丁投资人		250 000

三、投入资本的报表列示

企业的投入资本在资产负债表中应分别按实收资本（或股本）和资本公积项目列示。其中，“实收资本”项目，反映企业各投资者实际投入企业的法定资本期末结余额，应根据“实收资本（或股本）”账户的期末余额填列；“资本公积”项目，反映企业资本公积的期末结余额，应根据“资本公积”账户的期末余额填列。

自测题 6-2

第三节　留存收益

一、留存收益的含义

留存收益是企业所有者权益的重要组成内容，是企业历年剩余的净收益累计而成的资本。在性质上与所有者投入资本同属所有者权益，是所有者权益的重要组成部分，只不过投入资本是由所有者从外部投入到企业中来，而留存收益是由企业经营所得的盈利累积而形成。

企业每年实现的净收益在依法向国家缴纳了所得税和提留国家规定的各项公积金之后，剩余的部分归投资者所有，从理论上说，应该按照投资者的出资比例全部分配给投资者。但在实务中，企业在盈利年份中一般都要积累一定比例的利润不予分配。

留存收益既然是所有者权益，股东便有权决定如何使用，按照公司章程或其他有关规定，公司可将留存收益在股东间进行分配，作为公司股东的投资所得；也可以为了某些特殊用途和目的，将其中一部分留在公司不予分配。可见，留存收益会因经营获取收益而增加，又因分给投资者而减少。留存收益的反面为亏损，公司经营如果入不敷出，就意味着亏损，发生经营亏损将减少留存收益。

对留存收益有较大影响的是股利分配。公司将会因分派股利而大幅度减少留存收益。因此，公司必须有足够的留存收益才能分配股利。但这并不意味着，只要有留存收益就能进行股利分配。公司往往会因特别目的或法律规定而限制留存收益，不作股利分配。

二、留存收益的构成内容

我国会计准则及相关法规规定，企业的留存收益一般由盈余公积和未分配利润两部分内容构成，其中盈余公积属于已拨定的留存收益，未分配利润属于未拨定的留存收益。

（一）盈余公积

盈余公积是指企业按照规定的比例从净利润中提取的一种储备，其目的就是限制股利的过量分配，也就是向投资人表明企业的税后利润所代表的资财应留取一部分以满足企业未来扩大生产规模、弥补日后可能发生的亏损等的需要，而不能以股利的形式“分尽吃光”。因此，从一定程度上说，企业的盈余公积带有一定的强制性。

1.盈余公积的来源

企业的盈余公积主要由法定盈余公积和任意盈余公积两部分构成。

（1）法定盈余公积

法定盈余公积是指企业按规定从净利润中提取的积累资金。法定，意味着提取时由国家法规强制规定。企业必须提取法定盈余公积，目的是确保企业不断积累资本，固本培元，自我壮大实力。我国《公司法》规定，公司制企业的法定盈余公积按照税后利润的10%提取，非公司制企业可按超过10%的比例提取，法定盈余公积累计额已达注册资本的50%时可以不再提取。在确定法定盈余公积提取基数时，不包括企业年初的未分配利润。

（2）任意盈余公积

任意盈余公积是指企业出于实际需要或采取审慎经营策略，从税后利润中提取的一部分留存利润。任意是出于自愿，而非外力强制，但也非随心所欲。如果企业有优先股，必须在支付了优先股股利之后，才可提取任意盈余公积。由于任意盈余公积是企业自愿的，其数额也视实际情况而定。

企业提取任意盈余公积的原因是多样的，如可能是需要偿还一笔长期负债，也可能是为了控制本期股利的分派不至于过高等。可见，任意盈余公积，一经确定用途就不能再供本期发放股利之用，所以提取任意盈余公积本身，就是压低当年股利的一种手段，是企业管理当局对发放股利施加的限制。

法定盈余公积和任意盈余公积的区别就在于其各自计提的依据不同。前者以国家的法律或行政规章为依据提取；后者则由企业自行决定提取。

2.盈余公积的用途

盈余公积形成之后，其用途有以下几个方面：

（1）弥补亏损。企业发生了亏损，应自行弥补。企业发生了亏损，其弥补的渠道主要有：税前利润弥补、税后利润弥补和盈余公积弥补。但用提取的盈余公积弥补亏损，应由公司董事会提议，并经股东大会或类似权力机构批准方可进行。

（2）转增资本。企业用盈余公积转增资本时，必须经投资人同意或股东大会决议批准并办理相应的增资手续，在实际转增时，要按股东原有持股比例结转。按照我国《公司法》的要求，转增资本后留存的盈余公积不得少于转增前公司注册资本的25%。

（3）分派现金股利。如果企业当年没有实现利润，原则上不得分配股利，但在特殊情况下，为了维护公司股票的信誉，符合规定的条件时，经股东大会作出特别决议，企业也可用盈余公积分派现金股利。

（二）未分配利润

未分配利润是企业留待以后年度进行分配的结存利润，也是企业所有者权益的组成部分。相对于所有者权益的其他部分来说，企业对于未分配利润的使用分配有较大的自主权。从数量上来说，未分配利润是企业期初未分配利润，加上本期实现的税后利润，减去提取的各种盈余公积和分配给股东的利润后的余额。未分配利润有两层含义：一是留待以后年度处理的利润；二是未指定特定用途的利润。

延伸阅读

利润分配的基本要求

三、留存收益的会计处理

（一）盈余公积的会计处理

为了反映盈余公积的形成及使用情况，企业应设置“盈余公积”账户，该账户的性质属于所有者权益类，反映企业盈余公积的增减变动及结余情况，并按“法定盈余公积”和“任意盈余公积”设置明细账户，进行明细核算。“盈余公积”账户的结构如下：

盈余公积

盈余公积的使用（减少）	盈余公积的提取（增加）
	期末余额：盈余公积的结余

下面分别说明盈余公积的提取和实际使用的会计处理过程。

1.提取盈余公积的会计处理

企业按照规定的比例从税后利润中提取盈余公积时，借记“利润分配”账户，贷记“盈余公积”（法定盈余公积、任意盈余公积）账户。现举例说明企业提取盈余公积的会计处理如下：

【例6-5】新世纪有限责任公司2×19年实现净利润580万元，按公司董事会提议并经股东大会决议的利润分配方案确定，按净利润的10%提取法定盈余公积、20%提取任意盈余公积。

业务流程：董事会决议、股东会决议→财务部

公司在进行利润分配提取盈余公积时，一方面会导致公司的可供分配利润减少，另一方面会导致公司的盈余公积增加。公司可以提取的盈余公积如下：

公司可以提取的法定盈余公积=580×10%=58（万元）

公司可以提取的任意盈余公积=580×20%=116（万元）

据此进行的会计处理如下：

借：利润分配——提取法定盈余公积　　580 000
　　　　　　——提取任意盈余公积　　1 160 000
　贷：盈余公积——法定盈余公积　　580 000
　　　　　　　——任意盈余公积　　1 160 000

2.盈余公积使用的会计处理

前已述及，企业可以用盈余公积弥补亏损、转增资本和分配股利。按规定用盈余公积弥补亏损时，应借记"盈余公积"账户，贷记"利润分配"账户；企业用提取的盈余公积转增资本，应当按照批准的转增资本的数额，借记"盈余公积"账户，贷记"实收资本"或"股本"账户；用盈余公积分配现金股利时，应借记"盈余公积"账户，贷记"应付股利"账户。

企业将盈余公积转增资本（或股本）时，应当按照转增资本（或股本）前的资本（或股本）结构比例，将盈余公积转增资本（或股本）的数额记入"实收资本"或"股本"账户下各股东的明细账，相应增加各股东对企业的资本（或股本）投资。现举例说明盈余公积转增资本的会计处理如下：

【例 6-6】 新世纪有限责任公司 2×19 年经股东大会批准，用盈余公积 600 000 元转增资本。

业务流程：股东会决议→财务部

公司用盈余公积转增法定资本，一方面公司的盈余公积减少，另一方面公司的实收资本增加。其会计处理如下：

借：盈余公积——法定（或任意）盈余公积　　600 000
　贷：实收资本　　600 000

（二）未分配利润的会计处理

企业未分配利润的核算，是通过"利润分配——未分配利润"明细账户进行的。企业在生产经营过程中取得的收入和发生的成本费用，最终通过"本年利润"账户进行归集，计算出当年盈利，然后转入"利润分配——未分配利润"账户进行分配，其结存于"利润分配——未分配利润"账户的贷方余额，即为未分配利润；如为借方余额，则为未弥补亏损。年度终了，再将"利润分配"账户下的其他明细账户（盈余公积补亏、提取法定盈余公积、应付优先股股利、提取任意盈余公积、应付普通股股利、转作股本的普通股股利）的余额，转入"未分配利润"明细账户。结转后，"未分配利润"明细账户的贷方余额，就是未分配利润的数额。

企业在生产经营过程中既可能发生盈利，也有可能出现亏损。企业在当年发生亏损的情况下，与实现利润的情况相同，应当将本年发生的亏损自"本年利润"账户转入"利润分配——未分配利润"账户，借记"利润分配——未分配利润"账户，贷记"本年利润"账户，结转后"利润分配"账户的借方余额即为未弥补亏损的数额。然后通过"利润分配"账户核算有关亏损的弥补情况。

企业发生的亏损可以次年实现的税前利润弥补。在以次年实现的税前利润弥补以前年度亏损的情况下，企业当年实现的利润自"本年利润"账户转入"利润分配

——未分配利润”账户的贷方，其贷方发生额与“利润分配——未分配利润”的借方余额自然抵补。因此，以当年实现净利润弥补以前年度结转的未弥补亏损时，不需要进行专门的账务处理。

由于未弥补亏损形成的时间长短不同等原因，以前年度未弥补亏损有的可以以当年实现的税前利润弥补，有的则须用税后利润弥补。无论是以税前利润还是以税后利润弥补亏损，其会计处理方法相同，所不同的只是两者计算缴纳所得税时的处理不同而已。在以税前利润弥补亏损的情况下，其弥补的数额可以抵减当期企业应纳税所得额，而以税后利润弥补的数额，则不能作为纳税所得扣除处理。

未分配利润的产生往往是伴随盈余公积的提取、股利的分配而进行的，下面举例说明盈余公积的形成、未分配利润的产生过程的会计处理如下：

【例6-7】新世纪有限责任公司2×19年年初未分配利润为贷方12 000 000元。2×19年实现净利润32 000 000元，经公司股东大会决议，公司按10%提取法定盈余公积，按5%提取任意盈余公积，向普通股股东派发现金股利10 000 000元。

业务流程：股东会决议→财务部

根据业务内容，可以确定企业在本次利润分配过程中提取的法定盈余公积为3 200 000元（32 000 000×10%），提取的任意盈余公积为1 600 000元（32 000 000×5%），有关的会计处理如下：

（1）提取盈余公积：

借：利润分配——提取法定盈余公积	3 200 000	
——提取任意盈余公积	1 600 000	
贷：盈余公积——法定盈余公积		3 200 000
——任意盈余公积		1 600 000

（2）分派现金股利：

借：利润分配——应付现金股利	10 000 000	
贷：应付股利		10 000 000

经过上述分配，新世纪有限责任公司2×19年年末结存的未分配利润为：

12 000 000+32 000 000−3 200 000−1 600 000−10 000 000=29 200 000（元）

四、留存收益的报表列示

企业的留存收益在资产负债表中应分别按盈余公积和未分配利润项目反映。其中“盈余公积”项目，反映企业期末盈余公积包括法定盈余公积和任意盈余公积的结存额，该项目应根据“盈余公积”账户的期末余额填列；“未分配利润”项目则反映企业期末时尚未分配的利润，该项目应根据“本年利润”和“利润分配”账户的期末余额计算分析填列。未弥补亏损在本项目以“−”号填列。

自测题6-3

链接本章引导案例

本章小结

所有者权益是指所有者在企业资产中享有的经济利益，其金额为资产减去负债后的差额。在资产负债表上，所有者权益应当按照实收资本（或股本）、资本公积、其他综合收益、盈余公积和未分配利润等项目分别列示。所有者权益会计，要解决不同企业的所有者对企业应承担的风险及其享有的利益的问题。

投入资本是股东或其他人提供给公司的资本，由实收资本（或股本）和资本公积两部分构成。实收资本（或股本）是公司的法定资本，未经一定的减资手续不得以任何形式减少或抽回，以保障债权人的利益。公司的实收资本（或股本）即为注册资本。资本公积指除法定资本以外，由股东或其他投资人所投入的资本，包括资本（或股本）溢价等。

其他综合收益是指根据其他会计准则规定未在当期损益中确认的各项利得和损失，包括以后会计期间不能重分类进损益的其他综合收益和以后会计期间满足规定条件时将重分类进损益的其他综合收益两部分内容。

留存收益是所有者权益的一个重要项目，是公司历年剩余的净收益累积而成的资本。虽然留存收益与投资者投入的资本属性一致，即均为所有者权益，但与投入资本不同的是，投入资本是由所有者从外部投入公司的，它构成了公司所有者权益的基本部分，而留存收益不是由投资者从外部投入的，是依靠公司经营所得的盈利累积而形成的。按我国有关制度规定，留存收益由盈余公积和未分配利润构成。盈余公积包括法定盈余公积、任意盈余公积。

复习思考

1.什么是所有者权益？其具体构成内容有哪些？

2.所有者权益与负债有何区别？

3.资本公积的来源和用途如何？盈余公积的构成和用途如何？

4.资本公积和盈余公积有何区别？

5.其他综合收益的含义及包括的具体内容有哪些？

6.留存收益包括哪些内容？各有什么用途？

7.公司制企业利润分配的顺序如何？

8.现金股利和股票股利对企业财务状况有何影响？

课后作业

第七章
利润表要素：收入

学习目标

通过对本章内容的学习，需要达到以下目标：

1. 熟悉收入的定义、特征及其分类。
2. 掌握五步法模型。
3. 掌握一般交易产生收入的会计核算以及报表列示方法。
4. 了解特定交易产生的收入。
5. 了解营业外收入。

思维导图

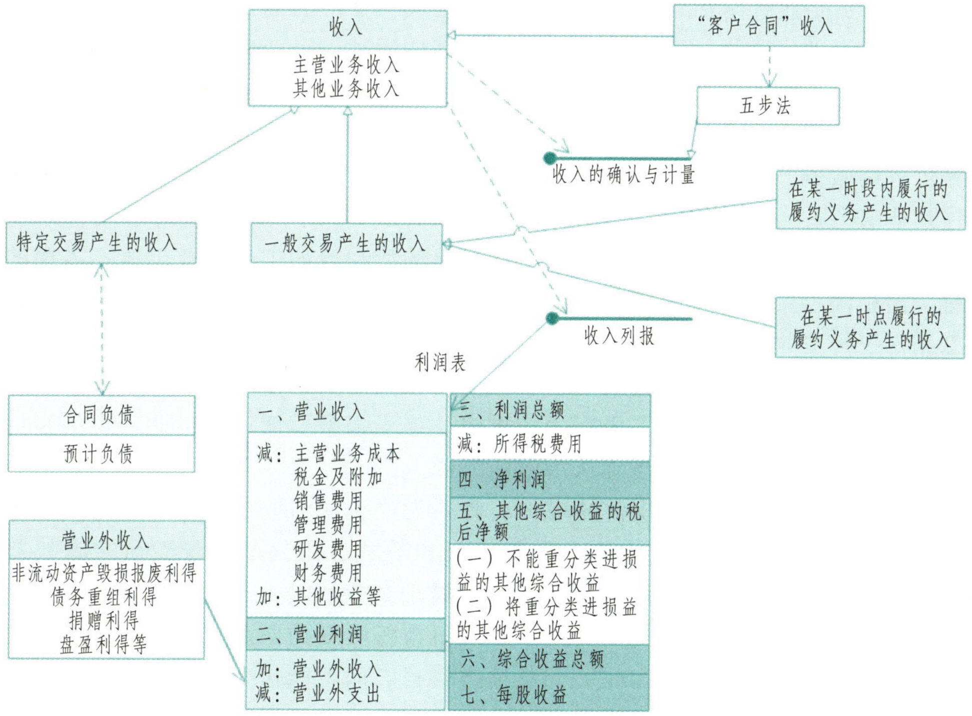

引导案例

陈华从张先生手中购买了一处兼营刷车业务的汽车修理公司。双方协议商定：陈华用现金支付部分购买款项，其余所欠款项由陈华用公司每月收入的30%偿还。

第一个月，陈华认为的收入如下：

1.汽车修理业务收入现金70 000元，刷车业务收入现金3 000元，全部确认为本月的主营业务收入。

2.为吸引客户，办理刷车优惠卡预收现金1 000元，全部确认为本月的收入。

3.部分客户尚欠本月汽车修理款90 000元，未确认为本月的收入。

问题：

如果你是张先生，你同意陈华对本月收入的确认吗？

相信通过对本章内容的学习，你会找到答案。

第一节 收入的确认与计量

视频 收入

一、收入的定义及其分类

（一）收入的定义

收入，是指企业在日常活动中形成的、会导致所有者权益增加的、与所有者投入资本无关的经济利益的总流入。收入具有如下特征：

1.收入是企业日常活动形成的经济利益流入。日常活动，是指企业为完成其经营目标所从事的经常性活动以及与之相关的其他活动。企业的有些活动属于为完成其经营目标所从事的经常性活动，如工业企业制造并销售产品、商品流通企业购进和销售商品、租赁企业出租资产、商业银行对外贷款、保险公司签发保单、咨询公司提供咨询服务、软件企业为客户开发软件、安装公司提供安装服务、建筑企业提供建造服务、广告商提供广告策划服务等，由此产生的经济利益的总流入构成收入；企业还有一些活动属于与经常性活动相关的活动，如工业企业出售不需用的原材料、出租固定资产及无形资产、利用闲置资金对外投资等，由此产生的经济利益的总流入也构成收入。除了日常活动以外，企业的有些活动不是为完成其经营目标所从事的经常性活动，也不属于与经常性活动相关的其他活动，如企业处置报废或毁损的固定资产和无形资产、进行债务重组、接受捐赠等活动，由此产生的经济利益的总流入不构成收入，应当确认为营业外收入。

2.收入必然导致所有者权益的增加。收入无论表现为资产的增加还是负债的减少，根据“资产=负债+所有者权益”的会计恒等式，最终必然导致所有者权益的增加。不符合这一特征的经济利益流入，不属于企业的收入。例如，企业代税务机关收取的税款，旅行社代客户购买门票、飞机票等收取的票款等，性质上属于代收款项，应作为暂收应付款记入相关的负债类科目，而不能作为收入处理。

3.收入不包括所有者向企业投入资本导致的经济利益流入。收入只包括企业自身活动获得的经济利益流入，而不包括企业的所有者向企业投入资本导致的经济利益流入。所有者向企业投入的资本，在增加资产的同时，直接增加所有者权益，不能作为企业的收入。

（二）收入的分类

1.收入按交易性质分类

收入按交易性质，可分为转让商品收入和提供服务收入。

（1）转让商品收入，是指企业通过销售产品或商品实现的收入，如工业企业销售产成品、半成品、原材料等实现的收入，商品流通企业销售商品实现的收入、房地产开发商销售自行开发的房地产实现的收入等。

（2）提供服务收入，是指企业通过提供各种服务实现的收入，如工业企业提供工业性劳务作业服务实现的收入、商品流通企业提供代购代销服务实现的收入、建筑企业提供建造服务实现的收入、金融企业提供各种金融服务实现的收入、交通运输企业提供运输服务实现的收入、咨询公司提供咨询服务实现的收入、软件开发企业为客户开发软件实现的收入、安装公司提供安装服务实现的收入、服务性企业提供餐饮等各类服务实现的收入等。

2.收入按在经营业务中所占的比重分类

收入按其在经营业务中所占的比重，可分为主营业务收入和其他业务收入。

（1）主营业务收入，或称基本业务收入，是指企业为完成其经营目标所从事的主要经营活动实现的收入。不同行业的企业具有不同的主营业务。例如，工业企业的主营业务是制造和销售产成品及半成品，商品流通企业的主营业务是销售商品，商业银行的主营业务是存贷款和办理结算，保险公司的主营业务是签发保单，租赁公司的主营业务是出租资产，咨询公司的主营业务是提供咨询服务，软件开发企业的主营业务是为客户开发软件，安装公司的主营业务是提供安装服务，旅游服务企业的主营业务是提供景点服务以及客房、餐饮服务等。企业通过主营业务形成的经济利益的总流入，属于主营业务收入。主营业务收入经常发生，并在收入中占有较大的比重。

（2）其他业务收入，或称附营业务收入，是指企业除主要经营业务以外的其他经营活动实现的收入，如工业企业出租固定资产、出租无形资产、出租周转材料、销售不需用的原材料等实现的收入。其他业务收入不经常发生，金额一般较小，在收入中所占比重较低。

二、收入的确认与计量

企业确认收入的方式应当反映其向客户转让商品或提供服务（以下简称“转让商品”）的模式，收入的金额应当反映企业因转让这些商品或服务（以下简称“商品”）而预期有权收取的对价金额。具体来说，收入的确认与计量应当采用五步法模型，即识别与客户订立的合同、识别合同中的单项履约义务、确定交易价格、将交易价格分摊至各单项履约义务、履行每一单项履约义务时确认收入。其中，识别与客户订立的合同、识别合同中的单项履约义务、履行每一单项履约义务时确认收入，基本属于收入的确认；确定交易价格、将交易价格分摊至各单项履约义务，基本属于收入的计量。

收入确认的五步法模型如图 7-1 所示。

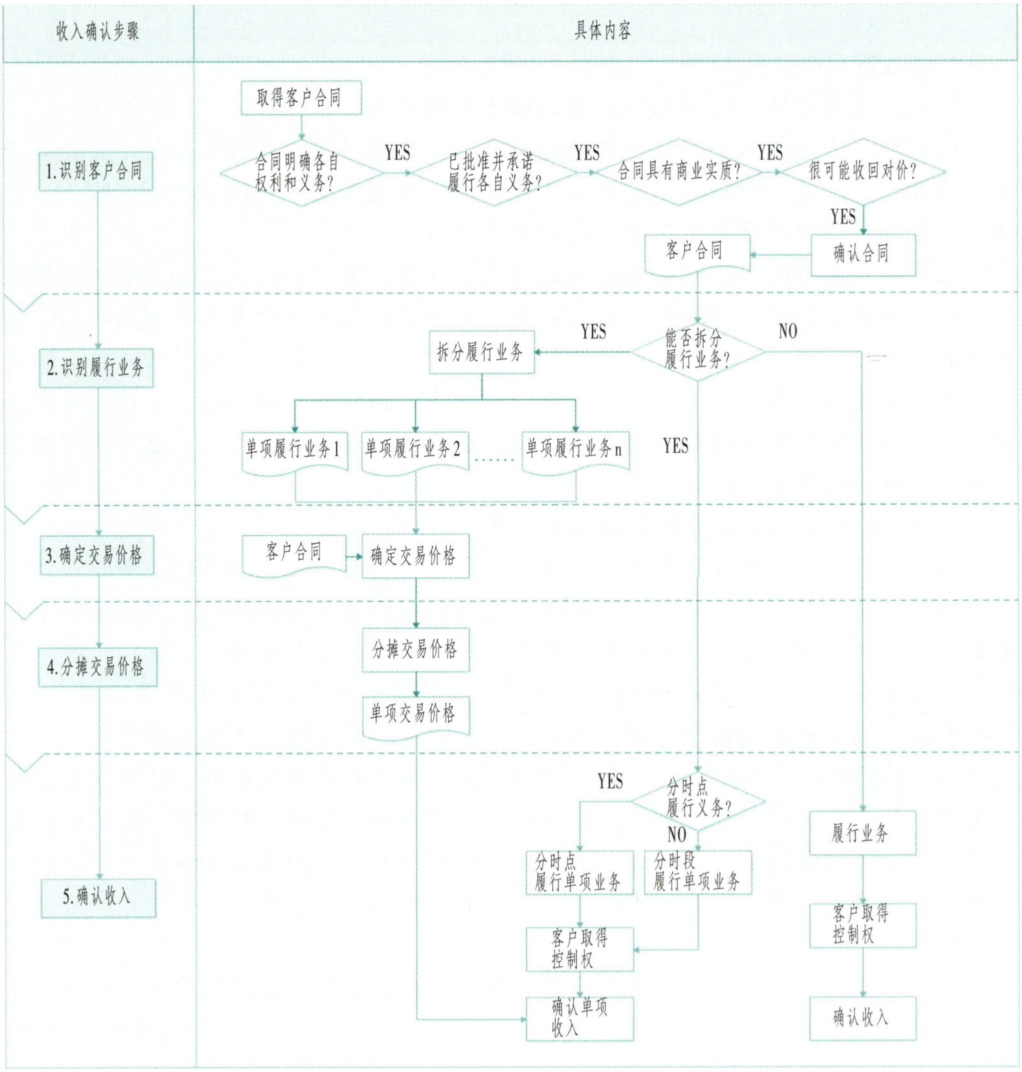

图 7-1 收入确认的五步法模型

（一）识别与客户订立的合同

合同，是指双方或多方之间订立有法律约束力的权利义务的协议，包括书面形式、口头形式以及其他可验证的形式；客户，是指与企业订立合同以向该企业购买其日常活动产出的商品并支付对价的一方。

1.收入确认的原则

企业应当在履行了合同中的履约义务，即在客户取得相关商品控制权时确认收入。

2.收入确认的前提条件

企业履行了合同中的履约义务，即客户取得了相关商品的控制权只是确认收入的时间节点，只有当企业与客户之间的合同同时满足下列条件时，企业才能在客户取得相关商品控制权时确认收入：

（1）合同各方已批准该合同并承诺将履行各自义务；

（2）该合同明确了合同各方与所转让商品相关的权利和义务；

（3）该合同有明确的与所转让商品相关的支付条款；

（4）该合同具有商业实质，即履行该合同将改变企业未来现金流量的风险、时间分布或金额；

（5）企业因向客户转让商品而有权取得的对价很可能收回。

此外，企业还应当注意识别合同合并与合同变更及其对收入确认的影响。

（二）识别合同中的单项履约义务

履约义务，是指合同中企业向客户转让可明确区分商品的承诺。履约义务既包括合同中明确的承诺，也包括由于企业已公开宣布的政策、特定声明或以往的习惯做法等导致合同订立时客户合理预期企业将履行的承诺。企业为履行合同而应开展的初始活动，通常不构成履约义务，除非该活动向客户转让了承诺的商品。

合同开始日，企业应当对合同进行评估，识别该合同所包含的各单项履约义务。企业应当将下列向客户转让商品的承诺作为单项履约义务：

1.企业向客户转让可明确区分商品（或商品组合）的承诺

可明确区分商品，是指企业向客户承诺的商品同时满足下列条件：

（1）客户能够从该商品本身或从该商品与其他易于获得的资源一起使用中受益；

（2）企业向客户转让该商品的承诺与合同中其他承诺可单独区分。

2.企业向客户转让一系列实质相同且转让模式相同的、可明确区分商品的承诺

转让模式相同，是指每一项可明确区分商品均满足在某一时段内履行履约义务的条件，且采用相同方法确定其履约进度。

企业在判断所转让的一系列商品是否实质上相同时，应当考虑合同中承诺的性质：如果企业承诺的是提供确定数量的商品，需要考虑这些商品本身是否实质相同；如果企业承诺的是在某一期间内随时向客户提供某项服务，则需要考虑企业在该期间内各个时间段的服务承诺是否相同，而不是具体的服务行为是否相同。

（三）确定交易价格

交易价格，是指企业因向客户转让商品而预期有权收取的对价金额。企业代第三方收取的款项以及企业预期将退还给客户的款项，应当作为负债进行会计处理，不计入交易价格。

合同标价并不一定代表交易价格，企业应当根据合同条款，并结合其以往的习惯做法确定交易价格。在确定交易价格时，企业应当考虑可变对价、合同中存在的重大融资成分、非现金对价、应付客户对价等因素的影响。

1.可变对价

企业与客户在合同中约定的对价金额可能会因折扣、价格折让、返利、退款、奖励积分、激励措施、业绩奖金、索赔等因素而发生变化。此外，根据某些或有事项的发生或不发生而收取不同对价金额的合同，也属于可变对价的情形。

2.合同中存在的重大融资成分

合同中存在重大融资成分的，企业应当按照假定客户在取得商品控制权时即以现金支付的应付金额确定交易价格。该交易价格与合同对价之间的差额，应当在合同期间内采用实际利率法摊销。

合同开始日，企业预计客户取得商品控制权与客户支付价款间隔不超过一年

的，可以不考虑合同中存在的重大融资成分。

3.非现金对价

非现金对价包括客户以存货、固定资产、无形资产、股权投资、客户提供的广告服务等方式支付的对价。客户支付非现金对价的，企业应当按照非现金对价的公允价值确定交易价格。非现金对价的公允价值不能合理估计的，企业应当参照其承诺向客户转让商品的单独售价间接确定交易价格。

4.应付客户对价

企业应付客户对价的，应当将该应付对价冲减交易价格，并在确认相关收入与支付（或承诺支付）客户对价二者孰晚的时点冲减当期收入，但应付客户对价是为了向客户取得其他可明确区分商品的除外。

（四）将交易价格分摊至各单项履约义务

合同中包含两项或多项履约义务的，企业应当在合同开始日，按照各单项履约义务所承诺商品的单独售价的相对比例，将交易价格分摊至各单项履约义务，并按照分摊至各单项履约义务的交易价格计量收入。企业不得因合同开始日之后单独售价的变动而重新分摊交易价格。

1.确定单独售价

企业在类似环境下向类似客户单独销售商品的价格，应作为确定该商品单独售价的最佳证据。单独售价无法直接观察的，企业应当综合考虑其能够合理取得的全部相关信息，采用市场调整法、成本加成法、余值法等方法合理估计单独售价。在估计单独售价时，企业应当最大限度地采用可观察的输入值，并对类似的情况采用一致的估计方法。

2.分摊合同折扣

合同折扣，是指合同中各单项履约义务所承诺商品的单独售价之和高于合同交易价格的金额。合同折扣的分摊，需要区分以下三种情况：

（1）通常情况下，企业应当在各单项履约义务之间按比例分摊合同折扣。

（2）有确凿证据表明合同折扣仅与合同中一项或多项（而非全部）履约义务相关的，企业应当将该合同折扣分摊至相关一项或多项履约义务。

（3）合同折扣仅与合同中一项或多项（而非全部）履约义务相关，且企业采用余值法估计单独售价的，应当首先在该一项或多项（而非全部）履约义务之间分摊合同折扣，然后采用余值法估计单独售价。

3.分摊可变对价

对于可变对价及可变对价的后续变动额，企业应当按照与分摊合同折扣相同的方法，将其分摊至与之相关的一项或多项履约义务，或者分摊至构成单项履约义务的一系列可明确区分商品中的一项或多项商品。

对于已履行的履约义务，其分摊的可变对价后续变动额应当调整变动当期的收入。

【例7-1】 2×20年8月20日，新世纪有限责任公司与乙公司签订合同，向其销售A产品和B产品。合同约定，A产品于2×20年10月31日前交付乙公司，B产品于2×21年1月31日前交付乙公司；合同约定的对价包括50 000元的固定对价和估计金额为6 000元的可变对价。该可变对价应计入交易价格。A产品的单独售价为36 000元，B产品的单独售价为24 000元，因此，新世纪有限责任公司因为客户一揽子购买商品而给予了客户折扣。新世纪有限责任公司认为，没有可观察的证据表明可变对价和合同折扣是专门针对A产品或者B产品的，因此，可变对价和合同折扣应在A、B两种产品之间按比例进行分摊。合同开始日，新世纪有限责任公司对可变对价和合同折扣的分摊见表7-1。

业务流程：编制销售订单→签订销售合同→分摊可变对价与合同折扣

表7-1　可变对价与合同折扣分摊表　单位：元

合同产品	按比例分摊	交易价格
A产品	36 000÷（36 000+24 000）×56 000	33 600
B产品	24 000÷（36 000+24 000）×56 000	22 400
合计		56 000

（五）履行每一单项履约义务时确认收入

合同开始日，企业应当在对合同进行评估并识别该合同所包含的各单项履约义务的基础上，确定各单项履约义务是在某一时段内履行，还是在某一时点履行，然后，在履行了各单项履约义务即客户取得相关商品控制权时分别确认收入。企业应当首先判断履约义务是否满足属于在某一时段内履行履约义务的条件。如果不能满足，则属于在某一时点履行履约义务。

满足下列条件之一的，属于在某一时段内履行履约义务：

（1）客户在企业履约的同时即取得并消耗企业履约所带来的经济利益。企业向客户提供的服务，大多属于在履约过程中持续向客户提供服务，而客户在企业提供服务的同时持续取得并消耗该服务所带来的经济利益。

（2）客户能够控制企业履约过程中在建的商品。企业在履约过程中在建的商品包括在产品、在建工程、尚未完成的研发项目、正在进行的服务等。如果客户能够控制企业在履约过程中形成的这些在建商品，则表明该合同义务属于在某一时段内履行的履约义务。

（3）企业履约过程中所产出的商品具有不可替代用途，且该企业在整个合同期间内有权就累计至今已完成的履约部分收取款项。具有不可替代用途，是指因合同限制或实际可行性限制，企业不能轻易地将商品用于其他用途；有权就累计至今已完成的履约部分收取款项，是指在由于客户或其他方原因终止合同的情况下，企业有权就累计至今已完成的履约部分收取能够补偿其已发生成本和合理利润的款项，并且该权利具有法律约束力。

三、收入的账户设置

（一）主营业务收入

为了反映和监督企业销售商品和提供劳务所实现的收入以及因销售商品而与购买单位之间发生的货款结算业务，企业应设置“主营业务收入”账户。该账户的性质是损益类，贷方登记企业实现的主营业务收入（即主营业务收入的增加），借方登记发生销售退回和销售折让时应冲减本期的主营业务收入和期末转入“本年利润”账户的主营业务收入额（按净额结转），结转后该账户期末应没有余额。“主营业务收入”账户应按照主营业务的种类设置明细账户，进行明细分类核算。

“主营业务收入”账户的结构如下：

主营业务收入

销售退回等 期末转入“本年利润”账户的净收入	本期实现的主营业务收入（增加）

（二）其他业务收入

企业在经营过程中，除了要发生主营业务之外，还会发生一些非经常性的、具有兼营性的其他业务。其他业务（也称附营业务）是指企业在经营过程中发生的除主营业务以外的其他销售业务，包括销售材料、出租包装物、出租固定资产、出租无形资产、出租商品、用材料进行非货币性资产交换或债务重组等活动。对于不同的企业而言，主营业务和其他业务的内容划分并不是绝对的，一个企业的主营业务可能是另一个企业的其他业务，即便在一个企业里，不同期间的主营业务和其他业务的内容也不是固定不变的。由于其他业务不属于企业主要的经营业务范围，按照重要性的要求，对其他业务的核算采取比较简单的方法。其他业务收入和支出的确认原则和计量方法与主营业务基本相同，但相对而言，没有主营业务的要求严格。

发生其他业务而实现的收入称为其他业务收入。在会计核算过程中，对于其他业务实现的收入是通过“其他业务收入”账户进行核算的。“其他业务收入”账户的性质是损益类，贷方登记实现的其他业务收入（即其他业务收入的增加），借方登记期末转入“本年利润”账户的其他业务收入额，经过结转该账户期末没有余额。该账户应按照其他业务的种类设置明细账户，进行明细分类核算。

“其他业务收入”账户的结构如下：

自测题 7-1

其他业务收入

期末转入“本年利润”账户的其他业务收入	本期实现的其他业务收入（增加）

第二节　一般交易产生的收入

收入确认与计量的五步法模型是为了满足企业在各种合同安排下，特别是在某些包含多重交易、可变对价等复杂合同安排下，对相关收入进行确认和计量的需要而设定的。在会计实务中，企业转让商品的交易在相当多的情况下并不复杂，属于履约义务单一、交易价格固定的简单合同。对于简单合同，企业在应用五步法模型时，可以简化或者省略其中的某些步骤，如在区分属于在某一时段内履行的履约义务还是在某一时点履行的履约义务的前提下，重点关注企业是否已经履行了履约义务，即客户是否已经取得了相关商品的控制权、企业因向客户转让商品而有权取得的对价是否很可能收回等。

一、在某一时段内履行的履约义务产生的收入

对于在某一时段内履行的履约义务，如提供期间服务、提供建筑安装服务等，企业应当在该段时间内按照履约进度确认收入，但是，履约进度不能合理确定的除外。资产负债表日，企业应当按照合同收入总额乘以履约进度再扣除以前会计期间累计确认的合同收入后的金额，确认当期收入；同时，按照履行合同估计发生的总成本乘以履约进度再扣除以前会计期间累计确认的合同成本后的金额，结转当期成本。用公式表示如下：

本期确认的收入=合同总收入×本期末止履约进度-以前期间已确认的收入

本期确认的成本=合同总成本×本期末止履约进度-以前期间已确认的成本

企业应当考虑商品的性质，采用产出法或投入法确定恰当的履约进度。其中，产出法是根据已转移给客户的商品对于客户的价值（如实际测量的完工进度、已实现的结果、已完成的时间进度、已生产或已交付的产品单位等）确定履约进度；投入法是根据企业为履行履约义务的投入（如已消耗的资源、已花费的工时、已发生的成本、已完成的时间进度等）确定履约进度。对于类似情况下的类似履约义务，企业应当采用相同的方法确定履约进度。在会计实务中，常用的确定履约进度的方法是成本法，即按照已经发生的成本占预计总成本的比例确定履约进度。

当履约进度不能合理确定时，企业已经发生的成本预计能够得到补偿的，应当按照已经发生的成本金额确认收入，直到履约进度能够合理确定为止。

【例7-2】2×20年3月20日，新世纪有限责任公司与甲公司签订了一项为期3年的劳务合同，为其写字楼提供保洁、维修服务。合同约定的服务费总额为1 800 000元，甲公司在合同开始日预付300 000元，其余服务费分3年、于每年的3月31日等额支付。该合同于2×20年4月1日开始执行。由于甲公司在新世纪有限责任公司履约的同时即取得并消耗新世纪有限责任公司履约所带来的经济利益，因而该项服务属于在某一时段内履行的履约义务。新世纪有限责任公司判断，因向客户提供保洁、维修服务而有权取得的对价很可能收回。新世纪有限责任公司按已完成的时间进度确定履约进度，并于每年的12月31日确认收入。假定不考虑相关税费。

业务流程：签订劳务合同→确认劳务收入、收到劳务价款→记账

（1）2×20年4月1日，预收劳务价款。

借：银行存款	300 000	
贷：合同负债——甲公司		300 000

（2）2×20年12月31日，确认劳务收入。

应确认劳务收入$=1\ 800\ 000\times\frac{9}{3\times12}=450\ 000$（元）

借：合同负债——甲公司	450 000	
贷：主营业务收入		450 000

(3) 2×21年3月31日，收到劳务价款。

应收劳务价款=（1 800 000−300 000）÷3=500 000（元）

借：银行存款　　500 000

　贷：合同负债——甲公司　　500 000

(4) 2×21年12月31日，确认劳务收入。

应确认劳务收入=$1\ 800\ 000\times\frac{9+12}{3\times12}-450\ 000=600\ 000$（元）

借：合同负债——甲公司　　600 000

　贷：主营业务收入　　600 000

(5) 2×22年3月31日，收到劳务价款。

借：银行存款　　500 000

　贷：合同负债——甲公司　　500 000

(6) 2×22年12月31日，确认劳务收入。

应确认劳务收入=$1\ 800\ 000\times\frac{9+12\times2}{3\times12}-$（450 000+600 000）=600 000（元）

借：合同负债——甲公司　　600 000

　贷：主营业务收入　　600 000

(7) 2×23年3月31日，收到劳务价款并确认劳务收入。

借：银行存款　　500 000

　贷：合同负债——甲公司　　500 000

应确认劳务收入=1 800 000−（450 000+600 000×2）=150 000（元）

借：合同负债——甲公司　　150 000

　贷：主营业务收入　　150 000

【例7-3】2×19年11月25日，新世纪有限责任公司与乙公司签订了一项设备安装劳务合同。根据合同约定，设备安装费总额为200 000元，乙公司预付50%，其余50%待设备安装完成、验收合格后支付。2×19年12月1日，新世纪有限责任公司开始进行设备安装，并收到乙公司预付的安装费。至2×19年12月31日，实际发生安装成本60 000元，其中，支付安装人员薪酬36 000元，领用库存原材料5 000元，以银行存款支付其他费用19 000元；据合理估计，至设备安装完成，还会发生安装成本90 000元。2×20年2月10日，设备安装完成，本年实际发生安装成本92 000元，其中，支付安装人员薪酬65 000元，领用库存原材料2 000元，以银行存款支付其他费用25 000元。设备经检验合格后，乙公司如约支付剩余安装费。由于乙公司能够控制新世纪有限责任公司履约过程中的在安装设备，因而该项安装服务属于在某一时段内履行的履约义务。新世纪有限责任公司判断，因向客户提供安装服务而有权取得的对价很可能收回。新世纪有限责任公司按已经发生的劳务成本占估计劳务总成本的比例确定履约进度。假定不考虑相关税费。

业务流程：签订劳务合同→确认劳务收入、收到劳务价款→记账

(1) 2×19年12月1日，预收50%的劳务价款。

借：银行存款　　100 000

贷：合同负债——乙公司　　100 000

（2）支付2×19年实际发生的安装成本。

借：劳务成本　　36 000

贷：应付职工薪酬　　36 000

借：劳务成本　　5 000

贷：原材料　　5 000

借：劳务成本　　19 000

贷：银行存款　　19 000

（3）2×19年12月31日，确认劳务收入并结转劳务成本。

$$履约进度=\frac{60\ 000}{60\ 000+90\ 000}\times 100\%=40\%$$

应确认劳务收入=200 000×40%=80 000（元）

应结转劳务成本=150 000×40%=60 000（元）

借：合同负债——乙公司　　80 000

贷：主营业务收入　　80 000

借：主营业务成本　　60 000

贷：劳务成本　　60 000

（4）支付2×20年发生的安装成本。

借：劳务成本　　65 000

贷：应付职工薪酬　　65 000

借：劳务成本　　2 000

贷：原材料　　2 000

借：劳务成本　　25 000

贷：银行存款　　25 000

（5）2×20年2月10日，确认其余的劳务收入并结转劳务成本。

应确认劳务收入=200 000−80 000=120 000（元）

应结转劳务成本=152 000−60 000=92 000（元）

借：合同负债——乙公司　　120 000

贷：主营业务收入　　120 000

借：主营业务成本　　92 000

贷：劳务成本　　92 000

（6）收到接受劳务方支付的剩余劳务价款。

借：银行存款　　100 000

贷：合同负债——乙公司　　100 000

二、在某一时点履行的履约义务产生的收入

对于在某一时点履行的履约义务，如销售商品、提供一次性服务等，企业应当在客户取得相关商品控制权的时点确认收入。在判断客户是否已取得商品控制权时，企业应当考虑下列迹象：

（1）企业就该商品享有现时收款权利，即客户就该商品负有现时付款义务。

（2）企业已将该商品的法定所有权转移给客户，即客户已拥有该商品的法定所有权。

（3）企业已将该商品实物转移给客户，即客户已占有该商品实物。

（4）企业已将该商品所有权上的主要风险和报酬转移给客户，即客户已取得该商品所有权上的主要风险和报酬。

（5）客户已接受该商品。

（6）其他表明客户已取得商品控制权的迹象。

需要注意的是，上述判断客户是否已取得商品控制权所应当考虑的迹象中，没有哪一项是决定性的。企业应当根据合同条款和交易实质进行综合分析，以判断客户是否以及何时取得商品的控制权，据以确定收入确认的时点。

当客户取得相关商品控制权时，企业应当按已收或应收的合同或协议价款确认销售收入，同时或在资产负债表日，按已销售商品的账面价值结转销售成本。如果销售的商品已经发出，但客户尚未取得相关商品的控制权，则发出的商品应通过“发出商品”科目进行核算，企业不应确认销售收入。资产负债表日，“发出商品”科目的余额，应在资产负债表的“存货”项目中反映。

【例 7–4】 2020年1月5日，新世纪有限责任公司销售一批电脑支架给沈阳正大精密电子有限公司，价税合计为600 000元，增值税税率为13%，款项已收到。

业务流程：编制销售订单→编制出货计划→编制出货单→发货→开发票→记账

借：银行存款	600 000	
贷：主营业务收入		530 973.45
应交税费——应交增值税（销项税额）		69 026.55

有关原始凭证，即增值税专用发票、银行收款凭证如图 7–2、图 7–3 所示。

辽宁增值税专用发票　　№ 00065897

此联不作报销、扣税凭证使用　　开票日期：2020年01月05日

购买方	名　　称：沈阳正大精密电子有限公司 纳税人识别号：91210112340792556E 地 址 、 电 话：辽宁省沈阳市浑南区485号024–88547844 开户行及账号：中国银行沈阳浑南支行400356896545				密码区	67/*+3*0/611*++0/+0*/*+3+2/9 *11*+66666**066611*+66666* 1**+216***6000*261*2*4/*547 203994+–42*64151*6915361/3*	
货物或应税劳务、服务名称	规格型号	单位	数量	单价	金额	税率	税额
电脑支架	YK–01	件	40 000	12.82051	530 973.45	13%	69 026.55
合　计					￥530 973.45		￥69 026.55
价税合计（大写）	⊗陆拾万元整					（小写）￥600 000.00	
销售方	名　　称：新世纪有限责任公司 纳税人识别号：91210112M676115414 地 址 、 电 话：沈阳浑南区华波路635号99822136 开户行及账号：中国银行沈阳浑南支行480658212074				备注	新世纪有限责任公司 91210112M676115414 发票专用章	

税总函〔2016〕××号××××公司

第一联：记账联　销售方记账凭证

收款人：　　复核：　　开票人：张磊　　销售方：（章）

图 7–2　增值税专用发票

中国银行收款凭证

入账日期：2020年01月05日　　交易机构：　　交易流水：
收款人名称：新世纪有限责任公司
收款人账号：480658212074
收款人开户行：中国银行沈阳浑南支行
付款人名称：沈阳正大精密电子有限公司
付款人账号：400356896545　　册号：　　序号：
付款人开户行：中国银行沈阳浑南支行
金额（小写）：CNY600 000.00　　结汇汇率：
金额（大写）：陆拾万元整
客户申请号：　　业务种类：普通汇兑
用途：货款
银行摘要：
备注：

中国银行股份有限公司
2020.01.05
电子回单专用章

此联为客户回单：　　银行盖章：
第1次打印（自助打印，注意重复）　　打印日期：2020-01-05

图7-3 银行收款凭证

【例7-5】2×19年1月20日，新世纪有限责任公司与甲公司签订合同，向甲公司销售一批A产品。A产品的生产成本为120 000元，合同约定的销售价格为150 000元，增值税销项税额为19 500元。新世纪有限责任公司开出发票账单并按合同约定的品种和质量发出A产品，甲公司收到A产品并验收入库。根据合同约定，甲公司须于30天内付款。

在这项交易中，新世纪有限责任公司已按照合同约定的品种和质量发出商品，甲公司也已将该批商品验收入库，表明新世纪有限责任公司已经履行了合同中的履约义务，甲公司也已经取得了该批商品的控制权；同时，新世纪有限责任公司判断，因向甲公司转让A产品而有权取得的对价很可能收回。因此，新世纪有限责任公司应于甲公司取得该批商品控制权时确认收入。

业务流程：编制销售订单→编制出货计划→编制出货单→发货→开发票→记账

借：应收账款——甲公司	169 500	
贷：主营业务收入		150 000
应交税费——应交增值税（销项税额）		19 500
借：主营业务成本	120 000	
贷：库存商品		120 000

【例7-6】承【例7-5】，现假定新世纪有限责任公司在向甲公司销售A产品时，已知悉甲公司资金周转发生困难，近期内难以收回货款，但为了减少存货积压以及考虑到与甲公司长期的业务往来关系，仍将A产品发运给甲公司并开出发票账单。甲公司于2×19年12月1日给新世纪有限责任公司开出、承兑一张面值169 500元、为期6个月的不带息商业汇票。2×20年6月1日，新世纪有限责任公司收回票款。

本例与【例7-5】唯一不同的是，新世纪有限责任公司在向甲公司销售A产品时已知悉甲公司资金周转发生困难，近期内几乎不可能收回货款，而能否收回货款以及何时收回货款，尚存在重大不确定因素，即不能满足“企业因向客户转让商品而有权取得的对价很可能收回”的条件。因此，新世纪有限责任公司在发出商品时不能确认销售收入，而应待将来满足上列条件后再确认销售收入。

业务流程：编制销售订单→编制出货计划→编制出货单→发货→开发票→记账

有关会计处理如下：

（1）2×19年1月20日，发出商品。

借：发出商品　　120 000

　贷：库存商品　　120 000

借：应收账款——甲公司（应收销项税额）　　19 500

　贷：应交税费——应交增值税（销项税额）　　19 500

（2）2×19年12月1日，收到甲公司开来的不带息商业汇票，新世纪有限责任公司判断已经满足“企业因向客户转让商品而有权取得的对价很可能收回”的条件，因而据以确认销售收入。

借：应收票据　　169 500

　贷：主营业务收入　　150 000

　　　应收账款——甲公司（应收销项税额）　　19 500

借：主营业务成本　　120 000

　贷：发出商品　　120 000

（3）2×20年6月1日，收回票款。

借：银行存款　　169 500

　贷：应收票据　　169 500

【例7-7】2×20年4月1日，新世纪有限责任公司与乙公司签订了一项合同，以195 000元的价格（不含增值税）向乙公司出售A、B、C三种产品。A、B、C三种产品的生产成本依次为65 000元、50 000元和35 000元；单独售价（不含增值税）依次为80 000元、70 000元和50 000元。新世纪有限责任公司按合同约定的品种和质量发出A、B、C三种产品，乙公司收到上述产品并验收入库。根据合同约定，乙公司须于2×20年4月1日、6月30日、9月30日和12月31日分4次等额付款（包括相应的增值税），新世纪有限责任公司按付款进度给乙公司开具增值税专用发票并产生增值税纳税义务。

由于A、B、C三种产品单独售价之和200 000元（80 000+70 000+50 000）超过了合同对价195 000元，因此，新世纪有限责任公司实际上是因为乙公司一揽子购买商品而给予了乙公司折扣。新世纪有限责任公司认为，没有可观察的证据表明该项折扣是针对一项或多项特定产品的，因此，将该项折扣在A、B、C三种产品之间按比例进行分摊。A、B、C三种产品合同折扣的分摊见表7-2。

表7-2　合同折扣分摊表　单位：元

合同产品	按比例分摊	单独售价
A产品	80 000÷200 000×195 000	78 000
B产品	70 000÷200 000×195 000	68 250
C产品	50 000÷200 000×195 000	48 750
合计		195 000

在这项交易中，新世纪有限责任公司采用的是分期收款销售方式。分期收款销售，是指商品已经交付客户，但货款分期收回的一种销售方式。在分期收款销售方式下，如果企业仅仅是为了确保到期收回货款而保留了商品的法定所有权，则企业保留的这项权利通常不会对客户取得对所购商品的控制权形成障碍。因此，企业将商品交付给客户，通常可以表明客户已经取得了对该批商品的控制权，企业应于向客户交付商品时确认销售收入。需要注意的是，在分期收款销售方式下，货款按照合同约定的收款日期分期收回，强调的只是分期结算货款而已，与客户是否取得对商品的控制权没有关系，企业不应当按照合同约定的收款日期分期确认收入。

业务流程：编制销售订单→编制出货计划→编制出货单→发货→开发票→分摊合同折扣→记账

新世纪有限责任公司的有关会计处理如下：

（1）2×20年4月1日，销售商品并收到乙公司支付的货款。

已收合同价款$=\frac{195\,000}{4}=48\,750$（元）

已收增值税销项税额=48 750×13%=6 337.50（元）

应收合同价款=195 000−48 750=146 250（元）

应收增值税=195 000×13%−6 337.50=19 012.50（元）

借：银行存款	55 087.50	
应收账款——乙公司	165 262.50	
贷：主营业务收入——A产品		78 000
——B产品		68 250
——C产品		48 750
应交税费——应交增值税（销项税额）		6 337.50
——待转销项税额		19 012.50

其中，“待转销项税额”明细科目核算一般纳税人销售货物、加工修理修配劳务、服务、无形资产或不动产，已确认相关收入（或利得）但尚未发生增值税纳税义务而需于以后期间确认为销项税额的增值税税额。

借：主营业务成本——A产品	65 000	
——B产品	50 000	
——C产品	35 000	
贷：库存商品——A产品		65 000
——B产品		50 000
——C产品		35 000

（2）2×20年6月30日，收到乙公司支付的货款。

借：银行存款	55 087.50	
应交税费——待转销项税额	6 337.50	
贷：应收账款——乙公司		55 087.50
应交税费——应交增值税（销项税额）		6 337.50

（3）2×20年9月30日，收到乙公司支付的货款。

借：银行存款　　55 087.50

　　应交税费——待转销项税额　　6 337.50

　贷：应收账款——乙公司　　55 087.50

　　　应交税费——应交增值税（销项税额）　　6 337.50

（4）2×20年12月31日，收到乙公司支付的货款。

借：银行存款　　55 087.50

　　应交税费——待转销项税额　　6 337.50

　贷：应收账款——乙公司　　55 087.50

　　　应交税费——应交增值税（销项税额）　　6 337.50

【例7-8】新世纪有限责任公司销售一批原材料，价款为28 000元，增值税销项税额为3 640元，价税款收到存入银行。

业务流程：编制销售订单→编制出货计划→编制出货单→发货→开发票→记账

按照规定，销售材料的收入属于其他业务收入。这项经济业务的发生，一方面使得公司的银行存款增加31 640元（28 000+3 640），另一方面使得公司的其他业务收入增加28 000元，增值税销项税额增加3 640元，因此，该项经济业务涉及“银行存款”“其他业务收入”“应交税费——应交增值税”三个账户。银行存款的增加是资产的增加，应记入“银行存款”账户的借方；其他业务收入的增加是收入的增加，应记入“其他业务收入”账户的贷方；增值税销项税额的增加是负债的增加，应记入“应交税费——应交增值税”账户的贷方。这项经济业务应编制的会计分录如下：

借：银行存款　　31 640

　贷：其他业务收入　　28 000

　　　应交税费——应交增值税（销项税额）　　3 640

【例7-9】新世纪有限责任公司出租一批包装物，收到含税租金106 000元存入银行。

业务流程：签订租赁合同→发出包装物→开发票→记账

出租包装物的租金收入同样属于让渡资产使用权收入，应列入其他业务收入。由于租金中包括增值税销项税额，故应进行价税分离，经计算不含税租金为100 000元（106 000÷（1+6%）），增值税销项税额为6 000元。这项经济业务的发生，一方面使得公司的其他业务收入增加100 000元，增值税销项税额增加6 000元，另一方面使得公司的银行存款增加106 000元，因此，该项经济业务涉及“银行存款”、“其他业务收入”和“应交税费——应交增值税”三个账户。银行存款的增加是资产的增加，应记入“银行存款”账户的借方；其他业务收入的增加是收入的增加，应记入“其他业务收入”账户的贷方；增值税销项税额的增加是负债的增加，应记入“应交税费——应交增值税”账户的贷方。这项经济业务应编制的会计分录如下：

借：银行存款　　106 000

贷：其他业务收入　　　　　　　　　　　　　　　　　　100 000

　　应交税费——应交增值税（销项税额）　　　　　　　　6 000

有关原始凭证，即增值税专用发票、银行收款凭证如图7-4、图7-5所示。

辽宁增值税专用发票　　No 00005685

此联不作报销、扣税凭证使用　　开票日期：2020年01月25日

购买方	名　　称：辽宁封德电子有限公司 纳税人识别号：912101123407485543 地 址 、 电 话：辽宁省沈阳市浑南区683号 024-88767767 开户行及账号：中国银行沈阳浑南支行 408987987667			密码区	67/*+3*0/611*++0/+0*/*+3+2/9 *11*+66666**066611*+66666* 1**+216***6000*261*2*4/*547 203994+-42*64151*6915361/3*		
货物或应税劳务、服务名称	规格型号	单位	数量	单价	金额	税率	税额
包装物租赁费			1	100 000.00	100 000.00	6%	6 000.00
合　计					¥100 000.00		¥6 000.00
价税合计（大写）	⊗壹拾万零陆仟元整				（小写）¥106 000.00		
销售方	名　　称：新世纪有限责任公司 纳税人识别号：91210112M676115414 地 址 、 电 话：沈阳浑南区华波路635号 99822136 开户行及账号：中国银行沈阳浑南支行 480658212074			备注	新世纪有限责任公司 91210112M676115414 发票专用章		

收款人：　　复核：　　开票人：　　销售方：（章）

税总函［2016］××号××××公司

第一联：记账联　销售方记账凭证

图7-4　增值税专用发票

中国银行收款凭证

入账日期：2020年01月25日　　交易机构：　　交易流水：
收款人名称：新世纪有限责任公司
收款人账号：480658212074
收款人开户行：中国银行沈阳浑南支行
付款人名称：辽宁封德电子有限公司
付款人账号：408987987667　　册号：　　序号：
付款人开户行：中国银行沈阳浑南支行
金额（小写）：CNY106000.00　　结汇汇率：
金额（大写）：壹拾万零陆仟元整
客户申请号：　　业务种类：
用途：包装物租赁费
银行摘要：
备注：

中国银行股份有限公司　2020.01.25　电子回单专用章

此联为客户回单：　　银行盖章：
第1次打印（自助打印，注意重复）　　打印日期：2020-01-25

图7-5　银行收款凭证

三、一般交易产生收入的报表列示

营业收入的列报主要体现在“利润表”中。

“营业收入”项目反映企业经营主要业务和其他业务所确认的收入总额。本项目应根据“主营业务收入”和“其他业务收入”账户的发生额分析填列。

自测题7-2

第三节 特定交易产生的收入

一、附有销售退回条款的销售

对于附有销售退回条款的销售，企业应当在客户取得相关商品控制权时，按照因向客户转让商品而预期有权收取的对价金额（即不包含预期因销售退回将退还的金额）确认收入，按照预期因销售退回将退还的金额确认负债；同时，按照预期将退回商品转让时的账面价值，扣除收回该商品预计发生的成本（包括退回商品的价值减损）后的余额，确认为一项资产，按照所转让商品转让时的账面价值，扣除上述资产成本的净额结转成本。

每一资产负债表日，企业应当重新估计未来销售退回情况，如有变化，应当作为会计估计变更进行会计处理。

二、附有质量保证条款的销售

对于附有质量保证条款的销售，企业应当评估该质量保证是否在向客户保证所销售商品符合既定标准之外提供了一项单独的服务。企业提供额外服务的，应当作为单项履约义务，按照收入准则规定进行会计处理；否则，质量保证责任应当按照《企业会计准则第13号——或有事项》的规定进行会计处理。在评估质量保证是否在向客户保证所销售商品符合既定标准之外提供了一项单独的服务时，企业应当考虑该质量保证是否为法定要求、质量保证期限以及企业承诺履行任务的性质等因素。客户能够选择单独购买质量保证的，该质量保证构成单项履约义务。

三、附有客户额外购买选择权的销售

对于附有客户额外购买选择权的销售，企业应当评估该选择权是否向客户提供了一项重大权利。企业提供重大权利的，应当作为单项履约义务，按照有关交易价格分摊的要求将交易价格分摊至该履约义务，在客户未来行使购买选择权取得相关商品控制权时，或者该选择权失效时，确认相应的收入。客户额外购买选择权的单独售价无法直接观察的，企业应当综合考虑客户行使和不行使该选择权所能获得的折扣的差异、客户行使该选择权的可能性等全部相关信息后，予以合理估计。

客户虽然有额外购买商品选择权，但客户行使该选择权购买商品时的价格反映了这些商品单独售价的，不应被视为企业向该客户提供了一项重大权利。

企业在向客户转让商品之前，如果客户已经支付了合同对价或企业已经取得了无条件收取合同对价的权利，则企业应当在客户实际支付款项与当期应支付款项孰早时点，将该已收或应收的款项列示为合同负债。

四、特定交易产生收入的报表列示

预计负债和合同负债的列报主要体现在“资产负债表”中。

“预计负债”项目，反映企业根据或有事项等相关准则确认的各项预计债务，包括对外提供担保、未决诉讼、产品质量保证、重组义务以及固定资产和矿区权益弃置义务等产生的预计负债，本项目应根据“预计负债”账户的期末余额填列。

“合同负债”项目，反映企业按照《企业会计准则第14号——收入》（2017年修订）的相关规定，根据本企业履行履约义务与客户付款之间的关系在资产负债表中列示合同负债。“合同负债”项目应根据“合同负债”的相关明细账户期末余额分析填列。

自测题7-3

第四节　营业外收入

一、营业外收入的概念

营业外收入是指企业取得的与日常活动没有直接关系的各项利得，主要包括非流动资产毁损报废利得、债务重组利得、与企业日常活动无关的政府补助、捐赠利得、盘盈利得等。非流动资产毁损报废利得，指因自然灾害等发生毁损、已丧失使用功能而报废非流动资产所产生的清理产生的收益；债务重组利得，指重组债务的账面价值超过清偿债务的现金、非现金资产的公允价值、所转股份的公允价值，或者重组后债务账面价值之间的差额；盘盈利得，指企业对于库存现金等资产清查盘点中盘盈的资产，报经批准后计入营业外收入的金额；政府补助，指与企业日常活动无关的、从政府无偿取得货币性资产或非货币性资产形成的利得；捐赠利得，指企业接受捐赠产生的利得。企业接受的捐赠和债务豁免，按照会计准则规定符合确认条件的，通常应当确认为当期收益。但是，企业接受控股股东（或控股股东的子公司）或非控股股东（或非控股股东的子公司）直接或间接代为偿债、债务豁免或捐赠，经济实质表明属于控股股东或非控股股东对企业的资本性投入，应当将相关利得计入所有者权益（资本公积）；企业发生破产重整，其非控股股东因执行人民法院批准的破产重整计划，通过让渡所持有的该企业部分股份向企业债权人偿债的，企业应将非控股股东所让渡股份按照其在让渡之日的公允价值计入所有者权益（资本公积），减少所豁免债务的账面价值，并将让渡股份公允价值与被豁免的债务账面价值之间的差额计入当期损益。控股股东按照破产重整计划让渡了所持有的部分该企业股权向企业债权人偿债的，该企业也按此原则处理。

凭证示例

库存现金盘点表

二、营业外收入的核算

企业应设置“营业外收入”账户，用来核算企业各项营业外收入的发生及其转销情况。该账户的性质是损益类，其贷方登记营业外收入的发生（即营业外收入的增加），借方登记期末转入“本年利润”账户的营业外收入额，经过结转，该账户期末没有余额。“营业外收入”账户应按照收入的具体项目设置明细账户，进行明细分类核算。

“营业外收入”账户的结构如下：

营业外收入

期末转入“本年利润”账户的营业外收入	本期发生的营业外收入（增加）

下面举例说明营业外收入的总分类核算。

【例7-10】新世纪有限责任公司收到与其日常活动无关的政府补助资金84 800元，存入银行。

业务流程：收到政府补助资金→取得收到资金的凭证→记账

与企业日常活动无关的政府补助资金属于企业的营业外收入。这项经济业务的发生，一方面使得公司的银行存款增加84 800元，另一方面使得公司的营业外收入增加84 800元，因此，该项经济业务涉及“银行存款”和“营业外收入”两个账户。银行存款的增加是资产的增加，应记入“银行存款”账户的借方，营业外收入的增加是收益的增加，应记入“营业外收入”账户的贷方。这项经济业务应编制的会计分录如下：

借：银行存款　　84 800
　贷：营业外收入　　84 800

自测题7-4

三、营业外收入的报表列示

营业外收入的列报主要体现在“利润表”中。在“利润表”中，“营业外收入”项目应根据“营业外收入”账户的发生额分析填列。

业务实践

收入

本章小结

本章主要介绍了收入的会计核算。本章的重点内容包括收入确认与计量的五步法模型，某一时段内履行的履约义务的确认与计量，某一时点履行的履约义务的确认与计量，主营业务收入、其他业务收入、营业外收入的核算。

收入，是指企业在日常活动中形成的、会导致所有者权益增加的、与所有者投入资本无关的经济利益的总流入。

链接本章引导案例

收入的确认与计量采用五步法模型，即识别与客户订立的合同、识别合同中的单项履约义务、确定交易价格、将交易价格分摊至各单项履约义务、履行每一单项履约义务时确认收入。其中，识别与客户订立的合同、识别合同中的单项履约义务、履行每一单项履约义务时确认收入，基本属于收入的确认；确定交易价格、将交易价格分摊至各单项履约义务，基本属于收入的计量。

对于简单合同，企业在应用五步法模型时，可以简化或者省略其中的某些步骤，如在区分属于在某一时段内履行的履约义务还是在某一时点履行的履约义务的前提下，重点关注企业是否已经履行了履约义务，即客户是否已经取得了相关商品的控制权、企业因向客户转让商品而有权取得的对价是否很可能收回等。具体而言，对于在某一时段内履行的履约义务，如提供期间服务、提供建筑安装服务等，企业应当在该段时间内按照履约进度确认收入，但是，履约进度不能合理确定的除外。资产负债表日，企业应当按照合同收入总额乘以履约进度再扣除以前会计期间累计确认的合同收入后的金额，确认当期收入；同时，按照履行合同估计发生的总成本乘以履约进度再扣除以前会计期间累计确认的合同成本后的金额，结转当期成本。对于在某一时点履行的履约义务，如销售商品、提供一次性服务等，企业应当在客户取得相关商品控制权的时点确认收入。

特定交易产生的收入包括：附有销售退回条款的销售；附有质量保证条款的销售；附有客户额外购买选择权的销售等。

为了反映和监督企业销售商品和提供劳务所实现的收入，以及因销售商品而与购买单位之间发生的货款结算业务，企业应设置“主营业务收入”账户。该账户的性质是损益类，贷方登记企业实现的主营业务收入（即主营业务收入的增加），借方登记发生销售退回和销售折让时应冲减本期的主营业务收入和期末转入“本年利润”账户的主营业务收入额（按净额结转），结转后该账户期末应没有余额。“主营业务收入”账户应按照主营业务的种类设置明细账户，进行明细分类核算。

为了反映和监督企业发生其他业务而实现的收入，企业应设置“其他业务收入”账户。该账户的性质是损益类，贷方登记实现的其他业务收入（即其他业务收入的增加），借方登记期末转入“本年利润”账户的其他业务收入额，经过结转之后，该账户期末没有余额。“其他业务收入”账户应按照其他业务的种类设置明细账户，进行明细分类核算。

为反映和监督企业各项营业外收入的发生及其转销情况，企业应设置“营业外收入”账户。该账户的性质是损益类，贷方登记营业外收入的发生（即营业外收入的增加），借方登记期末转入“本年利润”账户的营业外收入额，经过结转之后，该账户期末没有余额。“营业外收入”账户应按照收入的具体项目设置明细账户，进行明细分类核算。

复习思考

1.什么是收入？有何主要特征？

2.什么是收入确认与计量的五步法模型？

3.什么是在某一时段内履行的履约义务？如何确认与计量？

4.什么是在某一时点履行的履约义务？如何确认与计量？

5.什么是特定交易产生的收入？

6.什么是营业外收入？营业外收入包括哪些内容？

课后作业

第八章
利润表要素：费用

学习目标

通过对本章内容的学习，需要达到以下目标：

1. 熟悉主营业务成本、其他业务成本、税金及附加、期间费用、资产减值损失、营业外支出、所得税费用的含义、特征及各自包括的具体内容；熟悉上述各项费用的报表列示方法。

2. 掌握主营业务成本、其他业务成本、税金及附加、期间费用、资产减值损失、营业外支出、所得税费用的会计核算。

3. 掌握期间费用包括的具体内容。

4. 了解营业外支出包括的具体内容。

5. 了解所得税的会税差异。

思维导图

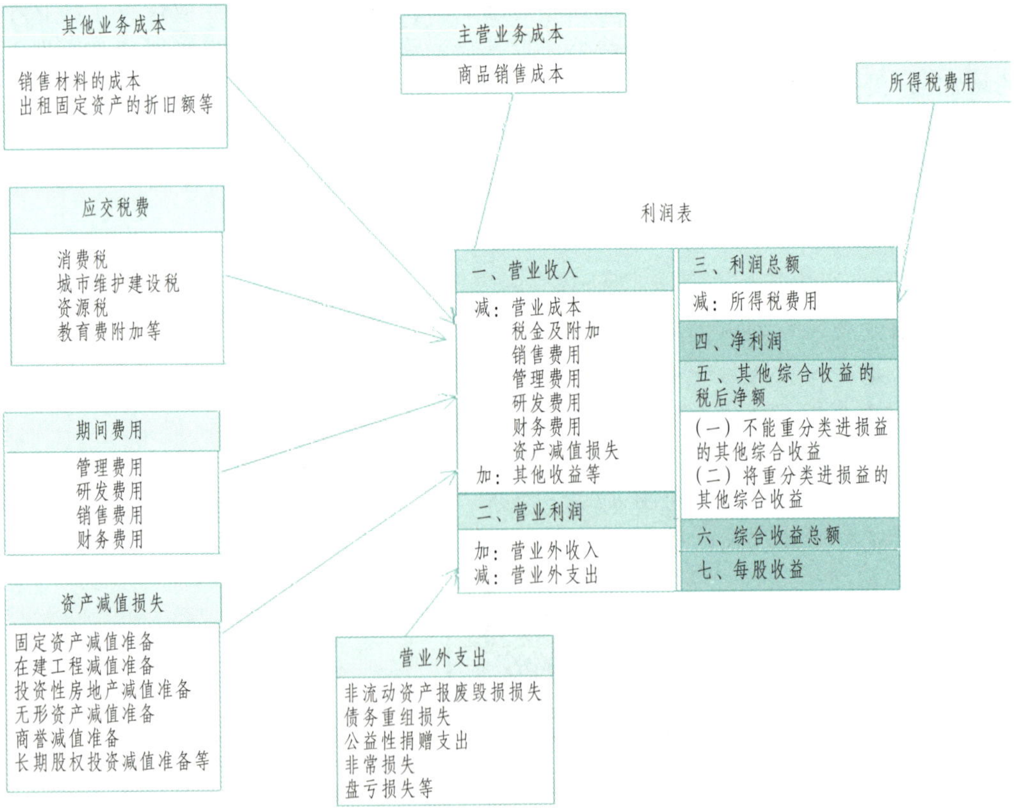

引导案例

陈华和张文于2020年3月1日用10 000元银行存款投资开办了一家电脑维修部，从事电脑维修，并附带销售电脑配件。他们首先租了一间房屋，每月房租1 000元，第一个月房租已经支付；为方便出行，花费1 400元买了一辆自行车；在报纸上做广告，广告费750元；向请来帮助修理电脑的同学支付报酬300元；3月15日，陈华和张文从银行提取1 000元用于个人生活支出；3月31日，收到水电费缴费单，共计100元，尚未支付。当月电脑维修收入2 700元已存入银行。陈华和张文认为他们第一个月经营情况不错，虽然亏了1 750元（2 700-（1 000+1 400+750+300+1 000）），但是打开了市场。

问题：

1. 陈华和张文认为亏了1 750元，他们的算法合理吗？

2. 计算电脑维修部3月份的收入和费用是多少。

相信学完本章内容，你会找到答案。

第一节 费用概述

一、费用的概念及特征

（一）费用的概念

按照我国企业会计准则的定义，费用是指企业在日常活动中发生的、会导致所有者权益减少的、与向所有者分配利润无关的经济利益的总流出。

在以上关于费用的定义中，重点强调的是费用与企业的日常经营活动及所有者权益变动之间的关系，其中也蕴含了企业发生的费用与企业实现的收入之间的配比关系。因为企业所有者权益的增加除吸收所有者投资外，主要取决于企业实现的利润，而利润的多少又直接受到企业在日常活动中发生的费用的影响和制约。可见，准则所定义的费用应是指能够直接影响企业某一会计期间经营成果——利润——的那部分费用。例如，企业在销售其生产的产品时，应把产品以一定的方式提供给客户，此时，企业库存商品这种资产的成本（即产品的销售成本）即演变为当期的费用，与销售产品所实现的销售收入之间形成了鲜明的对比关系，并为计算产品销售利润提供了必要条件。当然，有些费用的发生并不会直接给企业带来一定的收入，但也是企业的经营管理所不可缺少的。例如，企业用货币资金支付管理部门发生的办公费和差旅费，支付与产品销售有关的广告费和展销费等，这些费用在发生后不能为企业直接带来相应的收入，但由于其与企业一定会计期间的经营管理有关，按规定也应计入所发生期间的损益，即确认为其所发生期间的费用。在会计期末也要同相关的成本费用一样，与当期实现的营业收入相比较，进而确定企业在该会计期间实现的经营成果。

需要注意的是，企业资产的减少并不都意味着能够直接影响企业经营成果的确定。例如，企业购买材料和设备支付货款会减少企业的货币资金，进行产品生产会消耗货币资金以及材料和设备等实物资产，从一定意义上讲，也属于企业资产的消耗及某种费用的发生。但这类费用的发生，会使企业获得另一种新的资产，说明这种资产的消耗没有引起经济利益流出企业，也没有直接地为企业带来相应的收入。因而，这类费用也就不能与当期的收入相配比，不会直接影响企业一定会计期间经营成果的确定。例如，本章中所要重点研究的企业在产品生产过程中发生的可归属于产品成本的费用就属于这种费用，这些费用可称为生产费用。生产费用虽然表现为对企业资产的消耗，而且是确认企业一定会计期间所发生的与收入有着密切关系的费用的基础和前提，但两者之间存在着严格区别，不可混为一谈。

（二）费用的特征

按照我国企业会计准则对费用的定义，费用应具有以下三个基本特征：

1.费用是企业在日常活动中形成的

企业的日常活动是指企业为完成其经营目标所从事的经常性活动以及与之相关的活动。在不同的企业，其日常活动的内容是有较大差别的。例如，工业企业制造并销售产品、商品流通企业销售商品、安装公司提供安装服务，以及租赁公司出租资产等，均属于企业的日常活动。企业因日常活动所产生的费用通常包括营业成本（如销售成本）和期间费用等。日常活动是确认费用的重要判断标准，将费用界定为日常活动形成的，目的是将其与企业非日常活动所形成的经济利益的流出相区分。非日常活动所形成的经济利益的流出不能确认为费用，而应当计入损失。例如，企业因违反合同规定未及时支付货款而交纳的罚款，或因自然灾害等原因造成的设备和材料的损失等，都不是企业日常活动所发生的事项，由此而产生的损失就不作为费用认定，而应确认为企业的损失（营业外支出）。

2.费用会导致所有者权益的减少

与费用相关的经济利益的流出应当会导致所有者权益的减少，不会导致所有者权益减少的经济利益的流出不符合费用的定义，不应确认为费用。对于费用的发生最终会使企业的所有者权益减少并不难理解，因为一般说来，费用的增加往往是对企业实现收入的一种抵销，会减少企业的利润，而企业实现利润的所有权是属于所有者的，因而，费用的增加最终会减少企业的所有者权益。根据“资产=负债+所有者权益”这一会计等式的平衡关系，如果费用的增加，即资产的减少与负债无关，那么必然会减少企业的所有者权益。当然，有时费用的发生与负债的增加也是有密切关系的。

需要注意的是，企业在生产经营过程中发生的资产的减少并非都会引起企业所有者权益的减少。例如，企业以银行存款偿付一项债务本金，只是一项资产和一项负债的等额减少，不会对企业的所有者权益产生影响，因此，不应确认为企业的费用。

3.费用导致的经济利益总流出与向所有者分配利润无关

费用的发生应当会导致经济利益的流出，从而导致资产的减少或者负债的增加（最终也会导致资产的减少）。其表现形式包括现金或者现金等价物的流出，存货、固定资产和无形资产等的流出或者消耗等。企业向所有者分配利润也会导致经济利益的流出，但该经济利益的流出属于投资者投资回报的分配，是所有者权益的直接抵减项目，不应确认为费用，应当将其排除在费用的定义之外。

二、费用的组成内容

费用的组成内容有广义和狭义之分。我国企业会计准则所界定的费用可理解为狭义的费用。根据准则的定义，费用仅包括企业日常活动所产生的经济利益的总流出。这些费用主要是指企业为取得营业收入进行产品销售等营业活动所发生的企业现金和现金等价物的流出，具体包括主营业务成本、其他业务成本、税金及附加、销售费用、管理费用、财务费用、资产减值损失、公允价值变动损失、投资损失等。这些费用的发生与企业日常活动的开展有着密切关系，是与企业一定会计期间经营成果的确定有着直接关系的经济利益的流出，这些费用的发生最终都会导致企业所有者权益的减少。

从广义的角度来看，费用除了包括企业日常活动所发生的会导致所有者权益减少的经济利益流出外，还应包括损失。按照我国企业会计准则的规定，企业在非日常活动中发生的损失（营业外支出）可以直接计入当期利润，虽然这种损失不作为费用的内容加以界定，但不能否认其与狭义的费用具有一定的相同特征，即损失的产生也会引起经济利益从企业流出，也会减少企业当期的利润，并最终导致企业所有者权益的减少。在“收入-费用+利得（营业外收入）-损失（营业外支出）=利润”这个计算公式中，损失是作为一个减项而存在的，这种安排与费用作为利润的减项的效果是相同的，即都是减少当期的营业收入，因而，在一定意义上也可将其视为具有费用性质的一种要素（在有些国家的会计准则中，就是将“损失”作为会计要素之一而加以规定的）。基于以上理由，将其归入广义的费用之列。

自测题 8-1

第二节　主营业务成本

视频

主营业务的账务处理

一、主营业务成本的概念

企业在销售商品的过程中，一方面减少了库存的存货，另一方面作为取得主营业务收入而垫支的资金，表明企业发生了费用，我们把这项费用称为主营业务成本（亦称商品销售成本）。

二、主营业务成本的核算

为了核算主营业务成本的发生和结转情况，需要设置“主营业务成本”账户。该账户的性质是损益类，用来核算企业经营主营业务而发生的实际成本及其结转情况。其借方登记主营业务发生的实际成本，贷方登记期末转入“本年利润”账户的主营业务成本。经过结转之后，该账户期末没有余额。“主营业务成本”账户应按照主营业务的种类设置明细账户，进行明细分类核算。

“主营业务成本”账户的结构如下：

主营业务成本

本期发生的主营业务成本	期末转入“本年利润”账户的主营业务成本

将销售发出的商品成本转为主营业务成本，应遵循配比的要求，也就是说，不仅主营业务成本的结转应与主营业务收入在同一会计期间加以确认，而且应与主营业务收入在数量上保持一致。主营业务成本的计算公式如下：

本期应结转的主营业务成本=本期销售商品的数量×单位商品的生产成本

上式中单位商品生产成本的确定，应考虑期初库存的商品成本和本期入库的商品成本情况，可以分别采用先进先出法、月末一次加权平均法和个别计价法等来确定，方法一经确定，不得随意变动。

下面举例说明主营业务成本的总分类核算。

【例 8-1】新世纪有限责任公司在月末结转本月已销售的A、B产品的销售成本。其中A产品的单位成本为3 200元，B产品的单位成本为13 600元。销售A产品的数量为222台，B产品的数量为60台。

业务流程：产品出库单→产品销售成本核算表→入账

首先需要计算确定已销售的A、B产品的销售成本。由于本期A产品销售总成本为710 400元（3 200×222），B产品销售总成本为816 000元（13 600×60）。这项经济业务的发生，一方面使得公司的商品销售成本增加1 526 400元（710 400+816 000），另一方面使得公司的库存商品成本减少1 526 400元，因此，该项经济业务涉及“主营业务成本”和“库存商品”两个账户。商品销售成本的增加是费用成本的增加，应记入“主营业务成本”账户的借方；库存商品成本的减少是资产的减少，应记入“库存商品”账户的贷方。这项经济业务应编制的会计分录如下：

借：主营业务成本	1 526 400	
贷：库存商品——A产品		710 400
——B产品		816 000

三、主营业务成本的报表列示

自测题8-2

主营业务成本的列报主要体现在“利润表”中。在“利润表”中，“营业成本”项目反映企业经营主要业务和其他业务所发生的成本总额，该项目应根据“主营业务成本”和“其他业务成本”账户的发生额分析填列。

第三节　其他业务成本

视频

其他业务的账务处理

一、其他业务成本的概念

企业在实现主营业务的同时，往往还要发生一些其他业务支出，即与其他业务有关的成本和费用，包括销售材料的成本、出租固定资产的折旧额、出租无形资产的摊销额、出租包装物的成本或摊销额等。为了核算这些支出，需要设置“其他业务成本”账户。

二、其他业务成本的核算

“其他业务成本”账户的性质属于损益类，用来核算企业除主营业务以外的其他业务成本的发生及其转销情况。其借方登记其他业务成本包括材料销售成本、提供劳务的成本费用的发生，即其他业务成本的增加，贷方登记期末转入“本年利润”账户的其他业务成本额，经过结转后，期末没有余额。该账户应按照其他业务的种类设置明细账户，进行明细分类核算。

“其他业务成本”账户的结构如下：

其他业务成本

本期发生的其他业务成本（增加）	期末转入“本年利润”账户的其他业务成本

下面举例说明其他业务成本的总分类核算。

【例8-2】新世纪有限责任公司月末结转本月销售材料的成本16 000元。

业务流程：材料出库单→材料销售成本核算表→入账

这项经济业务的发生，一方面使得公司的其他业务成本增加16 000元，另一方面使得公司的库存材料成本减少16 000元，因此，该项经济业务涉及“其他业务成本”和“原材料”两个账户。其他业务成本的增加是费用成本的增加，应记入“其他业务成本”账户的借方；库存材料成本的减少是资产的减少，应记入“原材料”账户的贷方。这项经济业务应编制的会计分录如下：

借：其他业务成本　　16 000

　贷：原材料　　16 000

【例8-3】新世纪有限责任公司结转本月出租包装物的成本4 680元。

业务流程：包装物出库单→包装物成本核算表→入账

企业出租包装物的成本属于其他业务成本的内容。这项经济业务的发生，一方面使得公司的其他业务成本增加4 680元，另一方面使得公司的库存包装物成本减少4 680元，因此，该项经济业务涉及“其他业务成本”和“周转材料”两个账户。包装物成本的摊销是费用支出的增加，应记入“其他业务成本”账户的借方；库存包装物成本的减少是资产的减少，应记入“周转材料”账户的贷方。这项经济业务应编制的会计分录如下：

借：其他业务成本　　4 680

　贷：周转材料　　4 680

三、其他业务成本的报表列示

其他业务成本的列报主要体现在“利润表”中。

在“利润表”中，“营业成本”项目反映企业经营主要业务和其他业务所发生的成本总额，“营业成本”项目应根据“主营业务成本”和“其他业务成本”的发

自测题8-3

生额分析填列。

第四节　税金及附加

一、税金及附加的概念

企业销售商品、持有特定财产或发生特定行为，就应该向主管税务机关缴纳相应的税金及附加，包括消费税、城市维护建设税（简称城建税）、资源税、教育费附加，以及车船税、房产税、城镇土地使用税和印花税等。为了核算企业销售商品、持有特定财产以及发生特定行为应负担的税金及附加，需要设置“税金及附加”账户。

二、税金及附加的核算

“税金及附加”账户的性质是损益类，用来反映企业负担的各种税金及附加的计算及其结转情况。其借方登记按照有关计税依据计算出的各种税金及附加额，贷方登记期末转入“本年利润”账户的税金及附加额。经过结转之后，该账户期末没有余额。

这些税金及附加一般是根据有关计税基数，按照规定的税率计算缴纳。比如：

应交城建税=（应交消费税+应交增值税）×城建税税率

教育费附加的计算方法与城建税相同，只是比例不同。由于这些税金及附加大多是在当月计算而在下个月缴纳的，因而计算税金及附加时，一方面作为企业发生的一项费用支出，另一方面形成企业的一项负债。

“税金及附加”账户的结构如下：

税金及附加

本期应负担的税金及附加	期末转入“本年利润”账户的税金及附加

下面举例说明税金及附加业务的总分类核算。

【例8-4】新世纪有限责任公司经计算，本月应缴纳的消费税为35 000元，城建税为14 000元，教育费附加为6 000元，车船税为1 500元，房产税为3 000元。

这项经济业务的发生，一方面使得公司的税金及附加增加59 500元（35 000+14 000+6 000+1 500+3 000），另一方面使得公司的应交税费增加59 500元，因此，该项经济业务涉及“税金及附加”“应交税费”两个账户。税金及附加的增加是费用的增加，应记入“税金及附加”账户的借方；应交税费的增加是负债的增加，应记入“应交税费”账户的贷方。

业务流程：财务部门计算应纳消费税、城建税、教育费附加、车船税、房产税等→记账

这项经济业务应编制的会计分录如下：

借：税金及附加　　59 500

贷：应交税费——应交消费税　　35 000

——应交城市维护建设税　　14 000

——应交教育费附加　　6 000

——应交车船税　　1 500

——应交房产税　　3 000

【例8-5】新世纪有限责任公司以银行存款支付印花税500元。

业务流程：财务部门计算印花税→缴纳印花税→记账

印花税是对经营活动中书立、领受凭证行为征收的一种税。由于印花税的计算和完税在同一时点，故不需要通过“应交税费”账户核算。这项经济业务的发生，一方面使得公司应负担的税金增加500元，另一方面使得公司银行存款减少500元。税金的增加是费用的增加，应记入“税金及附加”账户的借方；银行存款的减少是资产的减少，应记入“银行存款”账户的贷方。这项经济业务应编制的会计分录如下：

借：税金及附加　　500

贷：银行存款　　500

三、税金及附加的报表列示

税金及附加的列报主要体现在“利润表”中。在“利润表”中，“税金及附加”项目应根据“税金及附加”账户的发生额分析填列。

自测题8-4

第五节　期间费用

视频

期间费用的核算

一、期间费用的概念

期间费用是指企业本期日常活动所发生的不能归属于特定核算对象的成本，而应直接计入当期损益的费用，包括管理费用、销售费用和财务费用。

管理费用是指企业为组织和管理企业生产经营所发生的管理费用，包括企业的董事会和行政管理部门在企业的经营管理中发生的或者应由企业统一负担的公司经费（包括行政管理部门职工薪酬、修理费、物料消耗、低值易耗品摊销、办公费和差旅费等）、工会经费、董事会费（包括董事会成员津贴、会议费和差旅费等）、聘请中介机构费、咨询费（含顾问费）、诉讼费、业务招待费、技术转让费、矿产资源补偿费、研究费用和排污费等。

销售费用是指企业销售商品和材料、提供劳务的过程中发生的各种费用以及为销售本企业商品而专设的销售机构（含销售网点、售后服务网点等）的经营费用，包括保险费、包装费、展览费和广告费、商品维修费、预计产品质量保证损失、运输费、装卸费等，以及为销售本企业商品而专设的销售机构（含销售网点、售后服务网点等）的职工薪酬、业务费和折旧费等经营费用。

财务费用是指企业为筹集生产经营所需资金等而发生的筹资费用，包括利息支出（减利息收入）、汇兑差额以及相关的手续费等。

二、期间费用的核算

1.管理费用的核算

企业为进行管理费用的核算，应设置“管理费用”账户。本账户核算企业为组织和管理生产经营所发生的管理费用。企业在筹建期间内发生的开办费，包括人员工资、办公费、培训费、差旅费、印刷费、注册登记费以及不计入固定资产价值的借款费用等，记入本账户（开办费）的借方，记入“银行存款”等账户的贷方；应付管理部门人员的薪酬，记入本账户的借方，记入“应付职工薪酬”账户的贷方；对企业管理部门使用的固定资产计提的折旧，记入本账户的借方，记入“累计折旧”账户的贷方；企业管理部门发生的办公费、水电费、业务招待费、聘请中介机构费、咨询费、诉讼费、技术转让费和研发费用（应予费用化的部分），记入本账户的借方，记入“银行存款”和“研发支出”等账户的贷方。会计期末时，应将本账户的余额转入“本年利润”账户，结转后本账户应无余额。

“管理费用”账户的结构如下：

管理费用

本期发生的管理费用	期末转入“本年利润”账户的管理费用

【例 8-6】 新世纪有限责任公司用现金购买办公用打印纸支出 960 元。

业务流程：申请部门编制报销申请→财务部门审核→付款→记账

编制的会计分录为：

借：管理费用——办公费　　960

　贷：库存现金　　960

有关原始凭证，即增值税普通发票如图 8-1 所示。

辽宁增值税普通发票　　№ 00058695

（辽宁 国家税务总局监制）

发票联

开票日期：2020年01月01日

购买方
名　　称：新世纪有限责任公司
纳税人识别号：91210112M676115414
地 址 、电 话：沈阳浑南区华波路635号99822136
开户行及账号：中国银行沈阳浑南支行480658212074

密码区
67/*+3*0/611*++0/+0*/*+3+2/9
11+66666**066611*+66666*
1**+216***6000*261*2*4/*547
203994+-42*64151*6915361/3*

货物或应税劳务、服务名称	规格型号	单位	数量	单价	金额	税率	税额
打印纸	A4	箱	20	42.47787	849.56	13%	110.44
合　计					￥849.56		￥110.44
价税合计（大写）	⊗玖佰陆拾元整					（小写）	￥960.00

现金付讫

销售方
名　　称：辽宁百旺办公用品有限公司
纳税人识别号：912101123407928856
地 址 、电 话：辽宁省沈阳市浑南区185号024-88655532
开户行及账号：中国银行沈阳浑南支行312965865845

备注　辽宁百旺办公用品有限公司 912101123407928856 发票专用章

收款人：王芳　　复核：　　开票人：李雷　　销售方：（章）

税总函〔2016〕××号××××公司

第二联：发票联　购买方记账凭证

图 8-1　增值税普通发票

【例8-7】新世纪有限责任公司用银行存款支付企业管理部门发生的水电费5 600元。

业务流程：申请部门编制报销申请→财务部门审核→付款→记账

编制的会计分录为：

借：管理费用——水电费　　5 600

　贷：银行存款　　5 600

【例8-8】新世纪有限责任公司因进行资产评估，用银行存款支付聘请中介机构费9 000元。

业务流程：申请部门编制报销申请→财务部门审核→付款→记账

编制的会计分录为：

借：管理费用——聘请中介机构费　　9 000

　贷：银行存款　　9 000

【例8-9】新世纪有限责任公司用现金支付业务招待费600元。

业务流程：申请部门编制报销申请→财务部门审核→付款→记账

编制的会计分录为：

借：管理费用——业务招待费　　600

　贷：库存现金　　600

【例8-10】新世纪有限责任公司本月计提企业行政管理部门使用的固定资产折旧费6 000元。

业务流程：财务部门计算并编制固定资产折旧表→记账

编制的会计分录为：

借：管理费用——折旧费　　6 000

　贷：累计折旧　　6 000

【例8-11】新世纪有限责任公司本月分配企业管理人员工资12 000元，计提职工福利费1 680元。

业务流程：各部门提交职工薪酬考核数据→人事部门进行薪酬计算并确定薪酬金额→相关领导审核→财务部门账务处理

编制的会计分录为：

借：管理费用——工资及福利费　　13 680

　贷：应付职工薪酬　　13 680

【例8-12】月末，新世纪有限责任公司将“管理费用”账户的发生额结转入“本年利润”账户。

业务流程：财务部门计算本期管理费用→结转入本年利润→记账

编制的会计分录为：

借：本年利润　　35 840

　贷：管理费用　　35 840

2.销售费用的核算

企业为进行销售费用的核算，应设置“销售费用”账户。本账户核算企业在销售商品和材料、提供劳务的过程中发生的各种费用。企业在销售商品过程中发生的保险费、包装费、展览费和广告费、运输费和装卸费等费用，记入本账户的借方，记入“库存现金”和“银行存款”等账户的贷方；企业发生的为销售本企业商品而专设的销售机构的职工薪酬、业务费等经营费用，记入本账户的借方，记入“应付职工薪酬”、“银行存款”和“累计折旧”等账户的贷方。会计期末时，应将本账户余额转入“本年利润”账户，结转后本账户应无余额。

“销售费用”账户的结构如下：

销售费用

本期发生的销售费用	期末转入“本年利润”账户的销售费用

【例8-13】新世纪有限责任公司用银行存款支付产品保险费5 000元。

业务流程：销售部门编制报销申请→财务部门审核→付款→记账

编制的会计分录为：

借：销售费用——保险费　　5 000

　贷：银行存款　　5 000

【例8-14】新世纪有限责任公司用银行存款支付产品广告费22 600元。

业务流程：销售部门编制报销申请→财务部门审核→付款→记账

编制的会计分录为：

借：销售费用——广告费　　22 600

　贷：银行存款　　22 600

有关原始凭证，即增值税专用发票、银行付款凭证如图8-2、图8-3所示。

辽宁增值税专用发票　№ 02067432

此联不作报销、扣税凭证使用　开票日期：2020年01月15日

税总函〔2016〕××号××××公司

购买方	名　　称：新世纪有限责任公司 纳税人识别号：91210112M676115414 地址、电话：沈阳浑南区华波路635号99822136 开户行及账号：中国银行沈阳浑南支行480658212074	密码区	67/*+3*0/611*++0/+0*/*+3+2/9 *11*+66666**066611*+66666* 1**+216***6000*261*2*4/*547 203994+-42*64151*6915361/3*

货物或应税劳务、服务名称	规格型号	单位	数量	单价	金额	税率	税额
广告费			1	20 000.00	20 000.00	13%	2 600.00
合　计					¥20 000.00		¥2 600.00
价税合计（大写）	⊗贰万贰仟陆佰元整				（小写）¥22 600.00		

销售方	名　　称：沈阳新力广告公司 纳税人识别号：91210106MA0P14159 地址、电话：沈阳市铁西区保工街42号024-65738921 开户行及账号：广发银行沈阳铁西支行2582421886	备注	沈阳新力广告公司 91210106MA0P14159 发票专用章

第一联：记账联　销售方记账凭证

收款人：　复核：　开票人：王晓　销售方：（章）

图8-2　增值税专用发票

中国银行付款凭证

入账日期：2020年01月15日

付款人名称：新世纪有限责任公司	
付款人账号：480658212074	收款人名称：沈阳新力广告公司
付款行全称：中国银行沈阳浑南支行	收款人账号：2582421886
金额：22 600	收款行全称：广发银行沈阳铁西支行
付款用途：支付广告费用	
客户申请号：	经办：
业务编号：	复核：

中国银行股份有限公司 2020.01.15 电子回单专用章

第1次打印（自助打印，注意重复）　　打印日期：2020-01-15

图8-3　银行付款凭证

【例8-15】新世纪有限责任公司用现金支付应由本公司负担的销售A产品的运输费600元。

业务流程：销售部门申请→财务部门审核→付款→记账

编制的会计分录为：

借：销售费用——运输费　600

　贷：库存现金　600

【例8-16】新世纪有限责任公司计算出本月应付给为销售本企业商品而专设的销售机构的职工工资4 000元。

业务流程：各部门提交职工薪酬考核数据→人事部门进行薪酬计算并确定薪酬金额→相关领导审核→财务部门账务处理

编制的会计分录为：

借：销售费用——工资　4 000

　贷：应付职工薪酬　4 000

【例8-17】新世纪有限责任公司本月按专设销售机构的职工工资总额提取职工福利费560元。

业务流程：各部门提交职工福利费考核数据→人事部门进行福利费计算并确定福利费金额→相关领导审核→财务部门账务处理

编制的会计分录为：

借：销售费用——职工福利　560

　贷：应付职工薪酬　560

【例8-18】新世纪有限责任公司计算出专设销售机构使用房屋应提取的折旧540元。

业务流程：财务部门计算并编制固定资产折旧表→记账

编制的会计分录为：

借：销售费用——折旧费　540

　贷：累计折旧　540

【例 8-19】月末，新世纪有限责任公司将“销售费用”账户的发生额结转入“本年利润”账户。

业务流程：财务部门计算本期销售费用→结转入本年利润→记账

编制的会计分录为：

借：本年利润	33 300	
贷：销售费用		33 300

3.财务费用的核算

企业为进行财务费用的核算，应设置“财务费用”账户。本账户核算企业为筹集生产经营所需资金等而发生的筹资费用，包括利息支出（减利息收入）、汇兑差额以及相关的手续费等。企业发生的财务费用，记入本账户的借方，记入“银行存款”等账户的贷方；企业获取的应冲减财务费用的利息收入等，记入“银行存款”等账户的借方，记入本账户的贷方。会计期末时，应将本账户余额转入“本年利润”账户，结转后本账户应无余额。

“财务费用”账户的结构如下：

财务费用

本期发生的财务费用	本期冲减的财务费用 期末转入“本年利润”账户的财务费用

【例 8-20】新世纪有限责任公司用银行存款支付本月应负担的短期借款利息1 500元。

业务流程：月末，财务部门支付利息→入账

编制的会计分录为：

借：财务费用	1 500	
贷：银行存款		1 500

注：如果企业的短期借款利息是通过预提的方式形成的，应借记“财务费用”账户，贷记“应付利息”账户。

【例 8-21】新世纪有限责任公司用银行存款支付在银行办理业务的手续费50元。

业务流程：财务部门支付手续费→入账

编制的会计分录为：

借：财务费用	50	
贷：银行存款		50

有关原始凭证，即客户付费回单如图 8-4 所示。

客户付费回单

客户号：　　　　　　　　　　　　　　　　　　　　日期：2020年01月19日

付款人账号：　　480658212074
付款人全称：　　新世纪有限责任公司
付款人开户银行：　中国银行沈阳浑南支行
小写（合计）金额：　CNY50.00
大写（合计）金额：　伍拾元整

中国银行股份有限公司
2020.01.19
电子回单专用章

业务种类：　　　　　　　　　　　　　　　　　业务编号：
费用名称：　　银行机构手续费（开具银行承兑汇票）
附言：
交易机构：　　交易渠道：　　交易流水号：　　经办：
回单编号：　　回单验证码：　　打印时间：2020-01-19　　已打印　1　次

图8-4　客户付费回单

【例8-22】新世纪有限责任公司收到银行通知，本季度公司在银行的存款利息为1 200元。已划入公司的银行存款户。

业务流程：财务部门收到存款利息→入账

编制的会计分录为：

借：银行存款　　　　1 200
　贷：财务费用　　　　1 200

【例8-23】月末，新世纪有限责任公司将“财务费用”账户的发生额转入“本年利润”账户。

业务流程：财务部门计算本期财务费用→结转入本年利润→记账

编制的会计分录为：

借：本年利润　　　　350
　贷：财务费用　　　　350

注意：在以上销售费用核算和管理费用核算的举例中，“销售费用”和“管理费用”账户只有借方发生额，而没有贷方发生额，月末时结转的发生额即为各个账户借方发生额的合计数，按该合计数结转入“本年利润”账户即可。而在财务费用核算的举例中，“财务费用”账户的借、贷双方都有发生额，因而，企业在期末将“财务费用”账户的发生额转入“本年利润”账户时，应先根据“财务费用”账户借、贷双方的记录计算出其实际发生额，之后才能根据实际发生额进行相应结转。在本部分的举例中，“财务费用”账户的本月实际发生额应为350元（1 500+50−1 200）。如果在“销售费用”“管理费用”账户中存在相同的情况，其发生额在月末结转过程中也应作同样的处理。

三、期间费用的报表列示

期间费用的列报主要体现在“利润表”中。在“利润表”中，“管理费用”项目、“销售费用”项目和“财务费用”项目应根据“管理费用”账户、“销售费用”账户和“财务费用”账户的发生额分析填列。

自测题 8-5

第六节 资产减值损失

一、资产减值损失概述

资产的主要特征之一是它必须能够为企业带来经济利益的流入，如果资产不能够为企业带来经济利益或者带来的经济利益低于其账面价值，那么，该资产就不能再予以确认，或者不能再以原账面价值予以确认，否则不符合资产的定义，也无法反映资产的实际价值，其结果会导致企业资产虚增和利润虚增。因此，当企业资产的可收回金额低于其账面价值时，即表明资产发生了减值，企业应当确认资产减值损失，并把资产的账面价值减记至可收回金额。减记的金额确认为资产减值损失，计入当期损益，同时，计提相应的资产减值准备。这样，企业当期确认的减值损失应当反映在其利润表中，而计提的资产减值准备应当作为相关资产的备抵项目，反映在资产负债表中，从而夯实企业资产价值，避免利润虚增，如实反映企业的财务状况和经营成果。

企业所有的资产在发生减值时原则上都应当对所发生的减值损失及时加以确认和计量，因此，资产减值包括所有资产的减值。但是，由于有关资产特性不同，其减值的会计处理也有所差别，因而所适用的具体准则也不尽相同。例如，存货、消耗性生物资产的减值分别适用《企业会计准则第1号——存货》和《企业会计准则第5号——生物资产》；递延所得税资产、融资租赁中出租人未担保余值等资产的减值，分别适用《企业会计准则第18号——所得税》和《企业会计准则第21号——租赁》；采用公允价值模式进行后续计量的投资性房地产和由《企业会计准则第22号——金融工具确认和计量》所规范的金融资产的减值，分别适用《企业会计准则第3号——投资性房地产》和《企业会计准则第22号——金融工具确认和计量》，这些资产减值会计的处理由相关章节阐述，本节不涉及有关内容。

凭证示例

固定资产减值测试表

本节涉及的主要是除上述资产以外的资产，这些资产通常属于企业非流动资产，具体包括：(1) 对子公司、联营企业和合营企业的长期股权投资；(2) 采用成本模式进行后续计量的投资性房地产；(3) 固定资产；(4) 生产性生物资产；(5) 无形资产；(6) 商誉；(7) 探明石油天然气矿区权益和井及相关设施。

二、资产减值损失的核算

凭证示例

无形资产减值明细表

为了正确核算企业确认的资产减值损失和计提的资产减值准备，企业应当设置“资产减值损失”账户，按照资产类别进行明细核算，反映各类资产在当期确认的资产减值损失金额；同时，应当根据不同的资产类别，分别设置“固定资产减值准备”“在建工程减值准备”“投资性房地产减值准备”“无形资产减值准备”“商誉减值准备”“长期股权投资减值准备”“生产性生物资产减值准备”等账户。

当企业确定资产发生了减值时，应当根据所确认的资产减值金额，借记“资产减值损失”账户，贷记“固定资产减值准备”“在建工程减值准备”“投资性房地产减值准备”“无形资产减值准备”“商誉减值准备”“长期股权投资减值准备”“生产性生物资产减值准备”等账户。在期末，企业应当将“资产减值损失”账户余额转入“本年利润”账户，结转后该账户应当没有余额。

“资产减值损失”账户的结构如下：

资产减值损失

本期发生的资产减值金额	期末转入“本年利润”账户的资产减值损失

资产减值损失确认后，减值资产的折旧或者摊销费用应当在未来期间作相应调整，以使该资产在剩余使用寿命内，系统地分摊调整后的资产账面价值（扣除预计净残值）。比如，固定资产计提了减值准备后，固定资产账面价值将根据计提的减值准备相应抵减，因此，固定资产在未来计提折旧时，应当以新的固定资产账面价值为基础计提每期折旧。

考虑到固定资产、无形资产、商誉等资产发生减值后，一方面价值回升的可能性比较小，通常属于永久性减值；另一方面从会计信息稳健性要求考虑，为了避免确认资产重估增值和操纵利润，资产减值损失一经确认，在以后会计期间不得转回。以前期间计提的资产减值准备，需要等到资产处置时才可转出。

【例 8-24】新世纪有限责任公司某一设备发生减值，其账面价值为 100 000 元，经计算其可收回金额为 90 000 元。形成的减值损失为 10 000 元（100 000-90 000）。

业务流程：减值测试→编制资产减值评估表→财务部审核→入账

编制的会计分录为：

借：资产减值损失　　10 000

　贷：固定资产减值准备　　10 000

【例 8-25】月末，新世纪有限责任公司购入的专利权经测试有减值迹象。该专利权的账面价值为 200 000 元，可收回金额为 180 000 元，确认减值损失为 20 000 元。

业务流程：减值测试→编制资产减值评估表→财务部审核→入账

编制的会计分录为：

借：资产减值损失　　20 000

　贷：无形资产减值准备　　20 000

三、资产减值损失的报表列示

资产减值损失的列报主要体现在“利润表”中。在“利润表”中，“资产减值损失”项目应根据“资产减值损失”账户的发生额分析填列。

自测题 8-6

第七节　营业外支出

一、营业外支出的概念

营业外支出是指与企业正常的生产经营活动没有直接关系的各项支出。这种支出不属于企业的生产经营费用。营业外支出包括非流动资产报废毁损损失、债务重组损失、公益性捐赠支出、非常损失、盘亏损失等。非流动资产毁损报废损失，指因自然灾害等发生毁损、已丧失使用功能而报废非流动资产所产生的清理损失；债务重组损失，指重组债权的账面余额超过受让资产的公允价值、所转股份的公允价值，或者重组后债权的账面价值之间的差额；公益性捐赠支出，指企业对外进行公益性捐赠发生的支出；非常损失，指企业对于因客观因素（如自然灾害等）造成的损失，在扣除保险公司赔偿后计入营业外支出的净损失。

二、营业外支出的核算

“营业外支出”账户，该账户的性质是损益类，用来核算企业各项营业外支出的发生及其转销情况。其借方登记营业外支出的发生（即营业外支出的增加），贷方登记期末转入“本年利润”账户的营业外支出额，经过结转之后，该账户期末没有余额。营业外支出账户应按照支出的具体项目设置明细账户，进行明细分类核算。

“营业外支出”账户的结构如下：

营业外支出

本期发生的营业外支出（增加）	期末转入“本年利润”账户的营业外支出

下面举例说明营业外支出的总分类核算。

【例8-26】新世纪有限责任公司用银行存款20 000元支付一项公益性捐赠。

企业的公益性捐赠属于营业外支出。这项经济业务的发生，一方面使得公司的银行存款减少20 000元，另一方面使得公司的营业外支出增加20 000元，因此，该项经济业务涉及“银行存款”和“营业外支出”两个账户。营业外支出的增加是费用的增加，应记入“营业外支出”账户的借方；银行存款的减少是资产的减少，应记入“银行存款”账户的贷方。

业务流程：公益性捐赠→取得捐赠凭证→财务部审核→入账

这项经济业务应编制的会计分录如下：

借：营业外支出	20 000	
贷：银行存款		20 000

三、营业外支出的报表列示

营业外支出的列报主要体现在“利润表”中。在“利润表”中，“营业外支出”

项目应根据“营业外支出”账户的发生额分析填列。

自测题 8-7

第八节　所得税费用

一、所得税费用的概念

所得税费用是企业按照国家税法的有关规定，对企业某一经营年度实现的经营所得和其他所得，按照相应的所得税税率计算缴纳的一种税款。所得税费用是企业使用政府所提供的各种服务而向政府支付的报酬。缴纳企业所得税是每一个盈利企业应尽的义务。

所得税费用从本质上说是以在分配领域内产生的各项收益额为课征对象的一个通行税种，也就是说，不论是企业还是个人，只要有收益就应该缴纳所得税。由于税收具有自动改变和累进的功能，它随着课征客体的收益的大小而随时作出调整，所以这种累进的所得税（其他税种也是如此）对国家经济起着自动调节的作用，是国家经济的内在稳定器。从另外一个角度来考察，对于一个经营实体而言，向国家缴纳了所得税，意味着其资源的流出、经济利益的减少，而且税收又具有强制性和无偿性，所以应将所得税作为经营实体的一种费用看待，这不仅符合费用要素的定义，也符合配比原则的要求。

二、所得税费用的核算

所得税是根据企业的所得额征收的，而企业的所得额又可以依据不同的标准分别计算确定，即所谓的会计所得和纳税所得。会计所得是由企业根据会计准则、制度等的要求确认的收入与费用进行配比计算得出的税前会计利润，纳税所得是根据税收法规规定的收入和准予扣除的费用计算得出的企业纳税所得，即应税利润。由于会计法规和税收法规是两个不同的经济范畴，两者的适度分离被认为是允许的，实际上它们分别遵循着不同的原则和方法，规范着不同的对象。会计的最终目标是提供财务报告，全面、真实、完整地反映企业的财务状况和经营成果，为会计信息的使用者提供有用的会计信息；税法的目的是确保税收收入。两者目标上的不同导致了收益确定上的差异。因此，按照会计法规计算确定的会计利润与按照税收法规计算确定的应税利润对同一个企业的同一个会计期间来说，其计算的结果往往不一致，在计算口径和确认时间方面存在一定的差异，即会税差异，我们一般将这个差异称为纳税调整项目。

企业所得税通常是按年计算、分期预缴、年末汇算清缴的，其计算公式为：

应交所得税=应纳税所得额×所得税税率

应纳税所得额=利润总额±所得税前利润中予以调整的项目

公式中的“所得税前利润中予以调整的项目”包括纳税调整增加项目和纳税调整减少项目两部分。纳税调整增加项目主要包括税法规定不允许扣除项目，企业已计入当期费用但超过税法规定扣除标准的金额，如超过税法规定标准的工资支出、业务招待费支出、税收罚款滞纳金、非公益性捐赠支出等；纳税调整减少项目主要包括按税法规定允许弥补的亏损和准予免税的项目，如5年内未弥补完的亏损、国债的利息收入等。由于纳税调整项目的内容比较复杂，在本教材中，为了简化核算，我们一般假设纳税调整项目为零，因而就可以以会计上的利润总额为基础计算所得税税额。企业的所得税税率通常为25%，各期应交所得税的计算公式为：

当期累计应交所得税=当期累计应纳税所得额×所得税税率

当期应交所得税=当期累计应交所得税-上期累计已交所得税

为了核算所得税费用的发生情况，在会计上需要设置“所得税费用”账户。该账户的性质是损益类，用来核算企业按照有关规定应在当期损益中扣除的所得税费用的计算及其结转情况。其借方登记按照应纳税所得额计算出的所得税费用额，贷方登记期末转入“本年利润”账户的所得税费用额，经过结转之后，该账户期末没有余额。

“所得税费用”账户的结构如下：

所得税费用

计算出的所得税费用额	期末转入“本年利润”账户的所得税费用额

下面举例说明所得税费用的总分类核算。

【例8-27】 新世纪有限责任公司本期实现的利润总额为500 000元，假设没有纳税调整项目，按照25%的税率计算本期的所得税费用为125 000元（500 000×25%）。

本期应交所得税计算出来之后，一般在当期并不实际缴纳，所以在形成所得税费用的同时也产生了企业的一项负债。这项经济业务的发生，一方面使得公司的所得税费用增加125 000元，另一方面使得公司的应交税费增加125 000元，因此，该项经济业务涉及“所得税费用”和“应交税费——应交所得税”两个账户。所得税费用的增加是费用的增加，应记入“所得税费用”账户的借方；应交税费的增加是负债的增加，应记入“应交税费——应交所得税”账户的贷方。

业务流程：企业财务部门计算应纳所得税额→记账

这项经济业务应编制的会计分录如下：

借：所得税费用　　125 000

　贷：应交税费——应交所得税　　125 000

自测题8-8

三、所得税费用的报表列示

所得税费用的列报主要体现在“利润表”中。在“利润表”中，“所得税费用”项目应根据“所得税费用”账户的发生额分析填列。

链接本章引导案例

本章小结

本章主要介绍了费用的会计核算。本章的重点内容包括主营业务成本、其他业务成本、税金及附加、期间费用、资产减值损失、营业外支出、所得税费用的核算。

企业在销售商品过程中，一方面减少了库存的存货，另一方面作为取得主营业务收入而垫支的资金，表明企业发生了费用，我们把这项费用称为主营业务成本(亦称商品销售成本)。企业在实现其他业务收入的同时，往往还要发生一些其他业务支出，即与其他业务有关的成本和费用，包括销售材料的成本、出租固定资产的折旧额、出租无形资产的摊销额、出租包装物的成本或摊销额等。

企业销售商品、持有特定财产或发生特定行为，就应该向主管税务机关缴纳相应的税金及附加，包括消费税、城市维护建设税、资源税、教育费附加，以及车船税、房产税、城镇土地使用税和印花税等。为了核算企业销售商品、持有特定财产以及发生特定行为应负担的税金及附加，需要设置“税金及附加”账户。

期间费用是指企业本期日常活动所发生的不能归属于特定核算对象的成本而应直接计入当期损益的费用，包括管理费用、销售费用和财务费用。

当企业资产的可收回金额低于其账面价值时，即表明资产发生了减值，企业应当确认资产减值损失，并把资产的账面价值减记至可收回金额。

营业外支出是指与企业正常的生产经营活动没有直接关系的各项支出。这种支出不属于企业的生产经营费用。营业外支出包括非流动资产报废毁损损失、债务重组损失、公益性捐赠支出、非常损失、盘亏损失等。

所得税费用是企业按照国家税法的有关规定，对企业某一经营年度实现的经营所得和其他所得，按照相应的所得税税率计算缴纳的一种税款。

复习思考

1. 费用具有哪些特征？费用包括哪些内容？
2. 主营业务成本与其他业务成本有何不同？
3. 期间费用包括哪些内容？
4. 为什么会出现资产减值？哪些资产可能出现资产减值损失？
5. 营业外支出包括哪些内容？
6. 什么是所得税的会税差异？

课后作业

第九章
利润表要素：利润

学习目标

通过对本章内容的学习，需要达到以下目标：

1. 掌握利润的含义。
2. 掌握营业利润、利润总额和净利润的计算公式。
3. 掌握本年利润计算与结转的基本会计处理程序。
4. 掌握可供分配利润的计算及分配顺序。
5. 掌握“利润分配”账户的使用。

思维导图

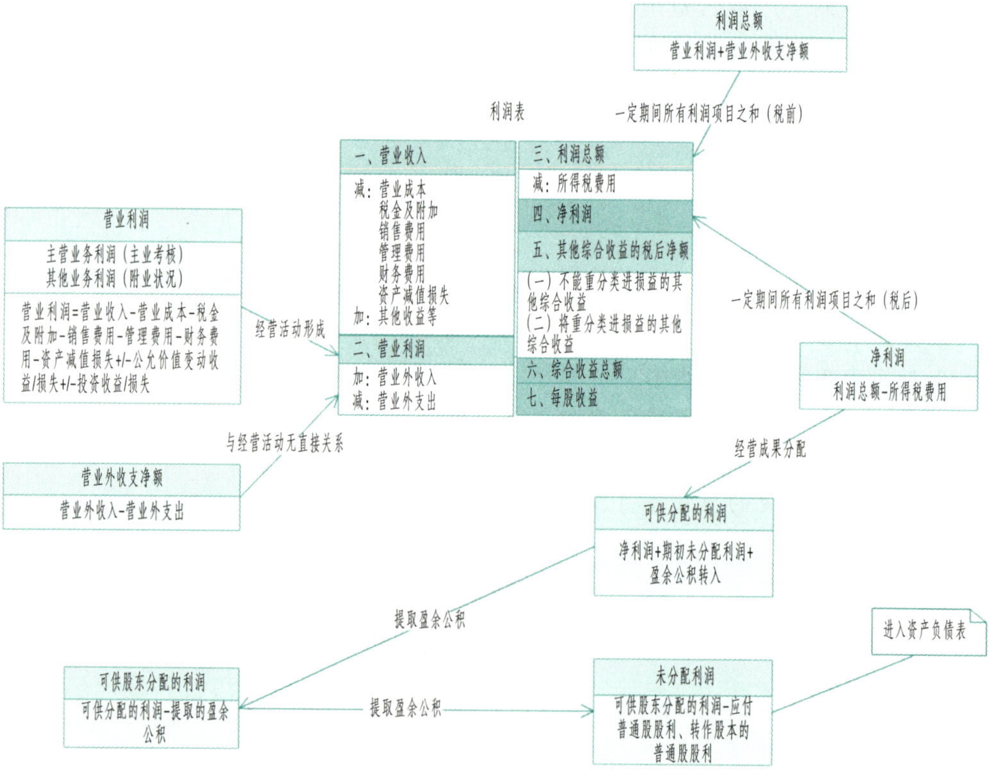

引导案例

华连工厂主要生产建筑材料（该企业只生产一种产品），适用的所得税税率为

25%，没有纳税调整项目。该厂5月份发生的收入与支出如下：

本期主营业务收入25 800 000元；职工薪酬支出合计8 892 000元，其中生产工人薪酬6 840 000元，车间管理人员薪酬684 000元，行政管理人员薪酬1 368 000元；折旧费420 000元，其中车间负担240 000元，管理部门负担180 000元；水电费360 000元，其中车间负担240 000元，管理部门消耗120 000元；财务费用504 000元；销售费用720 000元；税金及附加420 000元；本期销售的产品成本14 688 000元。

陈华是一名刚到该厂参加工作的会计人员，根据该厂5月份发生的业务，陈华计算本月的所得税为2 259 000元。但会计主管审核时，提出陈华的计算有误。

问题：

你认为陈华的计算正确吗？如果不正确请予以更正。

相信通过对本章内容的学习，你会对以上问题有所解答。

第一节 利润形成

视频

利润的构成

一、利润的概念

利润，是指企业在一定会计期间的经营成果，包括收入减去费用后的净额、直接计入当期利润的利得和损失等。其中，直接计入当期利润的利得和损失，是指应当计入当期损益、最终会引起所有者权益发生增减变动的、与所有者投入资本或者向所有者分配利润无关的利得或者损失。

收入减去费用后的净额反映的是企业日常活动的业绩，直接计入当期利润的利得和损失反映的是企业非日常活动的业绩。企业应当严格划分收入和利得、费用和损失之间的界线，以更加准确地反映企业的经营业绩。

利润的确认主要依赖于收入和费用以及直接计入当期利润的利得和损失的确认，利润金额的计量主要取决于收入和费用以及直接计入当期利润的利得和损失金额的计量。

二、利润的核算

在利润表中，利润的金额分为营业利润、利润总额和净利润三个层次计算确定。

（一）营业利润

营业利润，是指企业一定期间的日常活动取得的利润。营业利润的具体构成，可用公式表示如下：

$$\text{营业利润}=\text{营业收入}-\text{营业成本}-\text{税金及附加}-\text{销售费用}-\text{管理费用}-\text{财务费用}-\text{资产减值损失}+\text{投资净损益}$$

营业收入是指企业经营业务所实现的收入总额，包括主营业务收入和其他业务收入；营业成本是指企业经营业务所发生的实际成本总额，包括主营业务成本和其他业务成本；税金及附加是指企业经营业务应负担的税金及附加费用，如消费税、城市维护建设税、资源税、教育费附加、房产税、城镇土地使用税、车船税、印花税等；资产减值损失是指企业计提各项资产减值准备所形成的损失；投资损益是指企业以各种方式对外投资所取得的收益（或发生的损失）。

（二）利润总额

利润总额，是指企业一定期间的营业利润，加上营业外收入减去营业外支出后的所得税前利润总额，即：

利润总额=营业利润+营业外收入-营业外支出

（三）净利润

净利润，是指企业一定期间的利润总额减去所得税费用后的净额，即：

净利润=利润总额-所得税费用

【例 9-1】 新世纪有限责任公司2×20年度取得主营业务收入5 000万元，其他业务收入1 800万元，投资收益900万元，营业外收入250万元；发生主营业务成本3 500万元，其他业务成本1 400万元，税金及附加60万元，销售费用380万元，管理费用340万元，财务费用120万元，资产减值损失440万元，营业外支出210万元；本年度确认的所得税费用为520万元。

根据上述资料，新世纪有限责任公司2×20年度的利润构成情况见表9-1。

表 9-1　利润表（简表）

编制单位：新世纪有限责任公司　　2×20年度　　单位：元

项　目	本期金额
一、营业收入	68 000 000
减：营业成本	49 000 000
税金及附加	600 000
销售费用	3 800 000
管理费用	3 400 000
财务费用	1 200 000
资产减值损失	4 400 000
加：投资收益（损失以“-”号填列）	9 000 000
二、营业利润（亏损以“-”号填列）	14 600 000
加：营业外收入	2 500 000
减：营业外支出	2 100 000
三、利润总额（亏损总额以“-”号填列）	15 000 000
减：所得税费用	5 200 000
四、净利润（净亏损以“-”号填列）	9 800 000

（四）本年利润

为了核算企业一定时期内财务成果的具体形成情况，在会计上需要设置“本年利润”账户。该账户的性质是所有者权益类，用来核算企业一定时期内净利润的形成或亏损的发生情况。其贷方登记会计期末转入的各项收入，包括主营业务收入、其他业务收入、投资净收益和营业外收入等，借方登记会计期末转入的各项费用，包括主营业务成本、税金及附加、其他业务成本、管理费用、财务费用、销售费用、投资净损失、营业外支出和所得税费用等。该账户年内期末余额如果在贷方，表示实现的累计净利润；如果在借方，表示累计发生的亏损。年末应将该账户的余额转入“利润分配”账户（如果是净利润，应自该账户的借方转入“利润分配”账户的贷方；如果是亏损，应自该账户的贷方转入“利润分配”账户的借方），经过结转之后，该账户年末没有余额。

“本年利润”账户的结构如下：

本年利润

期末转入的各项费用：	期末转入的各项收入：
主营业务成本	主营业务收入
税金及附加	其他业务收入
其他业务成本	投资净收益
管理费用	营业外收入
财务费用	
销售费用	
投资净损失	
营业外支出	
所得税费用	

利润计算与结转的基本会计处理程序如下：

1.会计期末，企业应将各损益类账户的余额转入“本年利润”科目，结平各损益类账户。期末结转损益类账户余额后，“本年利润”账户如为贷方余额，反映年初至本期末累计实现的净利润；如为借方余额，反映年初至本期末累计发生的净亏损。

2.年度终了，企业应将收入和支出相抵后结出的本年实现的净利润，转入“利润分配——未分配利润”账户贷方；如果为净亏损，则转入“利润分配——未分配利润”账户借方。结转后，“本年利润”账户应无余额。

【例9-2】承【例9-1】，假定新世纪有限责任公司中期不进行利润结转，年末一次结转。

业务流程：财务部门计算本期收入、费用→结转入本年利润→记账

新世纪有限责任公司结转利润的会计处理如下：

①2×20年12月31日，结转本年损益类账户余额：

借：主营业务收入	50 000 000
其他业务收入	18 000 000
投资收益	9 000 000
营业外收入	2 500 000

贷：本年利润 79 500 000

借：本年利润 69 700 000

贷：主营业务成本 35 000 000

其他业务成本 14 000 000

税金及附加 600 000

销售费用 3 800 000

管理费用 3 400 000

财务费用 1 200 000

资产减值损失 4 400 000

营业外支出 2 100 000

所得税费用 5 200 000

②2×20年12月31日，结转本年净利润：

借：本年利润 9 800 000

贷：利润分配——未分配利润 9 800 000

三、利润的报表列示

利润的列报主要体现在“利润表”中。

在“利润表”中，“营业利润”项目反映企业实现的营业利润，如为亏损，以“-”号填列；“利润总额”项目反映企业实现的利润总额，如为亏损，以“-”号填列；“净利润”项目反映企业实现的净利润，如为亏损，以“-”号填列。

自测题 9-1

第二节 利润的分配

一、利润分配的概念

视频

利润分配的顺序

利润分配是指企业根据国家有关规定和企业章程、投资者协议等，对企业当年可供分配的利润所进行的分配。

可供分配的利润 = 当年实现的净利润(或净亏损) + 年初未分配利润(或-年初未弥补亏损) + 其他转入

(一) 提取法定盈余公积

按照《公司法》的有关规定，公司制企业应按照净利润（减弥补以前年度亏损，下同）的10%提取法定盈余公积，非公司制企业法定盈余公积的提取比例可超过净利润的10%，法定盈余公积累计额已达注册资本的50%时可以不再提取。值得注意的是，如果以前年度未分配利润有盈余（即年初未分配利润余额为正数），在计算提取法定盈余公积的基数时，不应包括企业年初未分配利润；如果以前年度有亏损（即年初未分配利润余额为负数），应先弥补以前年度亏损再提取盈余公积。

凭证示例

盈余公积计提表

(二) 提取任意盈余公积

公司制企业可根据股东会或股东大会的决议提取任意盈余公积。非公司制企业经类似权力机构批准，也可提取任意盈余公积。法定盈余公积和任意盈余公积的区别在于其各自计提的依据不同，前者以国家的法律法规为依据，后者由企业的权力机构自行决定。

（三）向投资者分配利润

公司弥补亏损和提取盈余公积后所余税后利润，有限责任公司股东按照实缴的出资比例分取红利，但是，全体股东约定不按照出资比例分取红利的除外；股份有限公司按照股东持有的股份比例分配，但股份有限公司章程规定不按持股比例分配的除外。

延伸阅读

现金股利、股票股利

凭证示例

股东大会决议

二、利润分配的核算

企业应通过“利润分配”账户，核算企业利润的分配（或亏损的弥补）和历年分配（或弥补）后的未分配利润（或未弥补亏损）。“利润分配”账户的性质是所有者权益类，用来核算企业一定时期内净利润的分配或亏损的弥补，以及历年结存的未分配利润（或未弥补亏损）情况。其借方登记实际分配的利润额，包括提取的盈余公积和分配给投资者的利润，以及年末从“本年利润”账户转入的全年累计亏损额；贷方登记用盈余公积弥补的亏损额等其他转入数，以及年末从“本年利润”账户转入的全年实现的净利润额。年内期末余额如果在借方，表示已分配的利润额；年末余额如果在借方，表示未弥补的亏损额；期末余额如果在贷方，表示未分配利润额。“利润分配”账户一般应设置以下几个主要的明细账户：“盈余公积补亏”“提取法定盈余公积”“提取任意盈余公积”“应付现金股利或利润”“转作资本（或股本）的股利”“未分配利润”等。年末，应将“利润分配”账户下的其他明细账户的余额转入“未分配利润”明细账户，经过结转后，除“未分配利润”明细账户有余额外，其他各明细账户均无余额。

“利润分配”账户的结构如下：

利润分配

实际分配的利润额： 提取法定盈余公积 提取任意盈余公积 应付现金股利 转作资本的股利 年末转入的亏损	盈余公积补亏 年末从“本年利润”账户转入的全年净利润
	期末余额：未分配利润

必须注意，企业对实现的净利润进行利润分配，意味着企业实现的净利润这项所有者权益的减少，本应在“本年利润”账户的借方进行登记，表示直接冲减本年已实现的净利润额。但是如果这样处理，“本年利润”账户的期末贷方余额就只能表示实现的利润额减去已分配的利润额之后的差额，即未分配利润额，而不能提供本年累计实现的净利润额这项指标，而累计净利润指标又恰恰是企业管理上需要提供的一个非常重要的指标。因此，为了使“本年利润”账户能够真实地反映企业一

定时期内实现的净利润数据，同时又能够通过其他账户提供企业未分配利润数据，在会计核算中，我们专门设置了“利润分配”账户，用以提供企业已分配的利润额。这样就可以根据需要，将“本年利润”账户的贷方余额（即累计净利润）与“利润分配”账户的借方余额（即累计已分配的利润额）相抵减，以求得未分配利润这项管理上所需要的指标。因而，对于“利润分配”账户，一定要结合“本年利润”账户加以深刻理解。

企业应通过“盈余公积”账户，核算盈余公积的提取、使用等情况。该账户贷方登记企业按照规定提取的各项盈余公积的数额，借方登记企业因将盈余公积用于弥补亏损、转增资本以及分配现金股利或利润等原因而减少的数额等；期末贷方余额表示企业提取的盈余公积结存数。该账户可分别通过“法定盈余公积”“任意盈余公积”进行明细核算。企业按规定提取盈余公积时，借记“利润分配——提取法定盈余公积（提取任意盈余公积）”账户，贷记“盈余公积”账户。经股东大会或类似机构决议用盈余公积弥补亏损或转增资本时，借记“盈余公积”账户，贷记“利润分配——盈余公积补亏”“实收资本（或股本）”账户。经股东大会决议用盈余公积派送新股时，按派送新股计算的金额，借记“盈余公积”账户，按股票面值和派送新股总数计算的股票面值总额，贷记“股本”账户。

“盈余公积”账户的结构如下：

盈余公积

实际使用的盈余公积（减少）	年末提取的盈余公积（增加）
	期末余额：结余的盈余公积

【例 9-3】 新世纪有限责任公司 2020 年度实现净利润 980 万元，按净利润的 10% 提取法定盈余公积，按净利润的 15% 提取任意盈余公积，向股东分派现金股利 350 万元，同时分派每股面值 1 元的股票股利 250 万股。

业务流程：董事会制定公司年度利润分配方案→股东会审议批准→财务部门记账

（1）提取盈余公积：

借：利润分配——提取法定盈余公积	980 000	
——提取任意盈余公积	1 470 000	
贷：盈余公积——法定盈余公积		980 000
——任意盈余公积		1 470 000

（2）分配现金股利：

借：利润分配——应付现金股利	3 500 000	
贷：应付股利		3 500 000

发放股利时：

借：应付股利	3 500 000	
贷：银行存款		3 500 000

发放股利有关原始凭证，即银行付款凭证如图 9-1 所示。

中国银行付款凭证

入账日期：2020年03月15日

付款人名称：新世纪有限责任公司
付款人账号：480658212074　　　　收款人名称：辽宁长城投资有限责任公司
付款行全称：中国银行沈阳浑南支行　　　　收款人账号：489849436731
金额：3 500 000　　　　收款行全称：中国银行沈阳和平支行
付款用途：支付股利

中国银行股份有限公司
2020.03.15
电子回单专用章

客户申请号：　　　　经办：
业务编号：　　　　复核：

第1次打印（自助打印，注意重复）　　　　打印日期：2020-03-15

图9-1　银行付款凭证

（3）分配股票股利，已办妥增资手续：

借：利润分配——转作股本的股利	2 500 000	
贷：股本		2 500 000

（4）结转“利润分配”账户所属其他明细账户余额：

借：利润分配——未分配利润	8 450 000	
贷：利润分配——提取法定盈余公积		980 000
——提取任意盈余公积		1 470 000
——应付现金股利		3 500 000
——转作股本的股利		2 500 000

三、利润分配的报表列示

利润分配的列报主要体现在“所有者权益变动表”和“资产负债表”中。

自测题9-2

在“所有者权益变动表”中，“利润分配”项目的子项目“提取盈余公积”中列示提取盈余公积的金额，“利润分配”项目的子项目“对所有者（或股东）的分配”中列示对所有者（或股东）分配利润的金额，“所有者权益内部结转”项目的子项目“盈余公积弥补亏损”中列示利润分配过程中使用盈余公积弥补亏损的金额。

在“资产负债表”中，“未分配利润”项目，反映企业尚未分配的利润。未弥补亏损在本项目内以“-”号填列。

链接本章引导案例

本章小结

利润，是指企业在一定会计期间的经营成果，包括收入减去费用后的净额、直接计入当期损益的利得和损失等。在利润表中，利润分为营业利润、利润总额和净利润三个层次。

（1）营业利润=营业收入-营业成本-税金及附加-销售费用-管理费用-财务费用-资产减值损失+投资净损益

（2）利润总额=营业利润+营业外收入-营业外支出

（3）净利润=利润总额-所得税费用

企业应设置“本年利润”账户，用于核算企业当期实现的净利润或发生的净亏损。利润计算与结转的基本会计处理程序如下：

（1）会计期末，企业应将各损益类账户的余额转入“本年利润”账户，结平各损益类账户。

（2）年度终了，将收支相抵后计算的本年净利润（或净亏损）转入“利润分配——未分配利润”账户，结转后“本年利润”账户应无余额。

企业当期实现的净利润，加上年初未分配利润（或减去年初未弥补亏损）后的余额，为可供分配的利润。可供分配的利润，一般按下列顺序分配：①提取法定盈余公积；②提取任意盈余公积；③应付现金股利或利润；④转作股本的股利。

企业应通过“利润分配”账户，核算企业利润的分配（或亏损的弥补）和历年分配（或弥补）后的未分配利润（或未弥补亏损）。“利润分配”账户的性质是所有者权益类，用来核算企业一定时期内净利润的分配或亏损的弥补，以及历年结存的未分配利润（或未弥补亏损）情况。

复习思考

1. 什么是利润？由哪些内容构成？
2. 如何计算营业利润、利润总额和净利润？
3. 请阐述利润计算与结转的基本会计处理程序。
4. 可供分配的利润的分配顺序是什么？
5. “利润分配”账户如何使用？

课后作业

第十章
财务报表的编制

学习目标

通过对本章内容的学习，需要达到以下目标：

1.了解财务报表的业务流程和财务报表的编制程序，了解财务报表编制环节的风险及管控措施。

2.掌握各财务报表的结构，掌握资产负债表、利润表和所有者权益变动表各项目的填列方法。

3.掌握现金流量表的编制原理。

4.理解四张报表之间的内在联系，以便为有效解读财务报表奠定基础。

思维导图

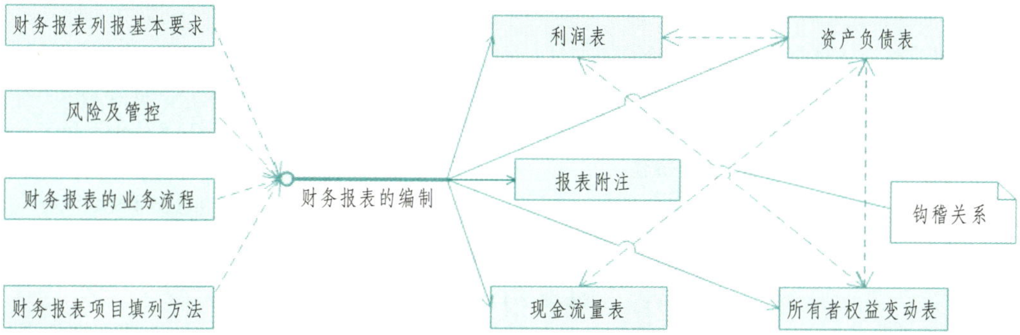

引导案例

小张同学正在结合上市公司年报学习“会计学”课程。在翻阅宝山钢铁股份有限公司2018年财务报表的过程中，小张同学关注到资产负债表和利润表中都有列报与其他综合收益相关的信息，见表10-1、表10-2。

小张同学在思考：为什么其他综合收益信息在两张报表里都有列报呢？这些信息都是怎样填入报表的呢？两张报表中列报的信息有什么内在联系呢？

要解决小张同学的疑问，就要从财务报表的编制流程说起，进而重点关注资产负债表、利润表、现金流量表和所有者权益变动表的具体编制方法，并简要梳理这些财务报表之间的内在联系。

接下来，我们就对上述问题进行系统阐述。

表 10-1 资产负债表（局部）

2018 年 12 月 31 日 金额单位：元

项目	上年年末余额	期末余额
……		
所有者权益：		
股本	22 268 111 875.00	22 267 915 125.00
资本公积	56 360 561 245.89	56 595 284 290.30
减：库存股	712 416 884.50	665 644 518.00
其他综合收益	−42 593 990.71	−98 865 566.55
盈余公积	29 774 721 062.00	32 628 859 658.50
未分配利润	41 315 860 945.00	42 711 853 524.76
所有者权益合计	148 964 244 252.68	153 439 402 514.01

表 10-2 利润表（局部）

2018 年 1—12 月 金额单位：元

项目	本期发生额	上期发生额
……		
四、净利润（净亏损以“-”号填列）	14 270 692 982.51	9 401 183 384.64
五、其他综合收益的税后净额	−56 271 575.84	−15 598 731.46
（一）不能重分类进损益的其他综合收益		
（二）将重分类进损益的其他综合收益	−56 271 575.84	−15 598 731.46
1.权益法下可转损益的其他综合收益	23 782 674.16	−34 821 981.46
2.可供出售金融资产公允价值变动损益	−80 054 250.00	19 223 250.00
六、综合收益总额	14 214 421 406.67	9 385 584 653.18

第一节 财务报表的编制流程

一、财务报表的概念与构成

视频

财务报表的构成

（一）财务报表的概念

财务报表也称会计报表，是对企业财务状况、经营成果和现金流量的结构性表述。财务报表至少应当包括资产负债表、利润表、现金流量表、所有者权益变动表和报表附注。财务报表信息的列报与披露须以企业会计准则为规范。

财务报表是财务报告的组成部分之一。财务报告也称财务会计报告，包括财务报表和其他相关信息。其他相关信息是未包括在财务报表中的具有决策相关性的非财务信息，比如企业承担的社会责任、对社区的贡献、可持续发展能力等。其他相关信息多由企业自愿披露。

财务报表与财务报告的关系如图 10-1 所示。

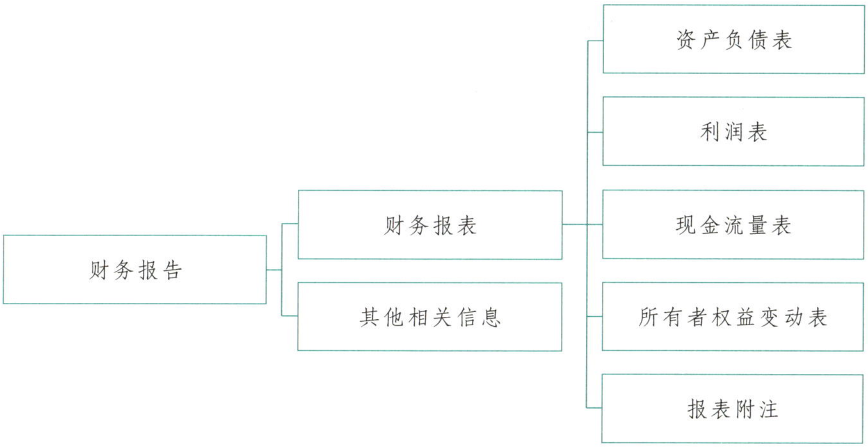

图 10-1　财务报表与财务报告的关系

财务报告浏览

宝山钢铁股份有限公司的2018年年度财务报告第十一节

（二）财务报表的构成

财务报表的构成可以从不同的分类中进行观察。

1.从财务报表反映的内容来看

从反映的内容来看，财务报表至少包括资产负债表、利润表、现金流量表、所有者权益变动表和报表附注。

资产负债表是反映企业在某一特定日期的财务状况的报表。通过该表可以了解企业在报告期末的资产、负债、所有者权益及其相互关系，由于资产负债表揭示了企业在特定日期的财务状况，因此也称为财务状况表。

利润表是反映企业在一定会计期间的经营成果情况的报表。通过该表可以了解企业报告期内经营业绩的主要来源与构成。

现金流量表是反映企业在一定会计期间的现金和现金等价物流入和流出情况的报表。由于现金流量表分别按经营活动、投资活动和筹资活动列报现金流量，因此，通过该表可以了解企业报告期内与各类活动有关的现金和现金等价物的增减变动情况。

所有者权益变动表是反映构成所有者权益的各组成部分在一定期间的增减变动情况的报表。该表全面反映了企业在一定期间所有者权益变动的情况，这些情况不仅局限于所有者权益总量的增减变动，还包括所有者权益增减变动的重要结构性信息，所以，通过该表可以了解所有者权益增减变动的根源。

报表附注是对在资产负债表、利润表、现金流量表和所有者权益变动表等报表中列示项目的文字描述或明细资料，以及对未能在这些报表中列示项目的说明等。

值得一提的是，财务报表的上述各组成部分具有同等的重要程度。

2.从财务报表的编制主体来看

从编制主体来看，财务报表包括每个企业编制的个别财务报表和母公司编制的合并财务报表两类。

个别财务报表由每个企业自行编制，反映的是同时作为一个独立的会计主体和法人主体的单一企业的财务状况、经营成果和现金流量信息。合并财务报表由母公司编制，反映的是母公司及其子公司构成的企业集团整体的财务状况、经营成果和现金流量信息。企业集团不是一个独立的法人主体，但合并财务报表使其成为经济意义上的一个报告主体。

3. 从财务报表的编制时间基础来看

从编制的时间基础来看，财务报表包括年度财务报表和中期财务报表。

年度财务报表是按一个完整会计年度编制的财务报表；中期财务报表则是以短于一个完整的会计年度的报告期间为基础编制的财务报表，比如月报、季报、半年报等。

二、财务报表的业务流程

延伸阅读

财政部会计司对《企业内部控制应用指引第14号——财务报告》的解读

与财务报表有关的业务包括财务报表的编制、对外提供以及分析利用三个部分，因而财务报表的业务流程包括财务报表的编制流程、对外提供流程、分析利用流程三个阶段。由于财务报表构成财务报告的主体内容，因此，依据“财务报告业务流程图”[①]梳理的财务报表业务流程如图10-2所示。

从图10-2不难看出，从制订财务报表编制方案到审核之前的各环节；属于财务报表的编制阶段，从审核到对外提供的各环节，属于对外提供阶段；除此之外，制定财务分析制度、编写财务分析报告、根据分析中发现的问题进行整改落实，这些环节则都归属于分析利用阶段。

财务报表编制阶段实际上包含编制前的基础工作和具体编制两大环节。基础工作主要有制订财务报表编制方案、确定重大事项的会计处理、清查资产核实债务以及结账四个重要节点。企业财务部门制订并由部门负责人审核的财务报表编制方案，主要明确财务报表的编制方法、编制程序、职责分工、编报时间安排等内容。在依据财务报表编制方案正式编制财务报表之前，企业一方面要确认债务重组、非货币性资产交易、公允价值的计量、收购兼并、资产减值等对当期有重大影响的主要事项及其会计处理，另一方面要组织财务部门和相关部门进行资产清查、减值测试和债权债务核实工作；在编制年度财务报表之前，企业还应在日常定期核对信息的基础上完成对账、调账、差错更正等事项，然后实施关账和结账操作。

结账之后，企业的财务部门就进入本企业财务报表即个别财务报表的具体编制环节（企业集团的母公司则还需要在母公司和子公司个别财务报表的基础上编制合并财务报表）。接下来，我们将重点介绍与企业个别财务报表的编制环节有关的问题。

那么，在财务报表的具体编制环节，从会计准则和内部控制规范来看，财务报表的列报有哪些基本要求呢？编制财务报表过程中可能面临哪些风险以及应如何进行管控？诸财务报表各项目怎样进行填列？诸财务报表相关项目之间又有哪些重要的钩稽关系？这些问题构成学习财务报表编制问题应着重关注的重要知识点，这些重要知识点的关系如图10-3所示。

接下来，我们先对前两个问题进行简要梳理，稍后将重点介绍各财务报表项目的具体填列方法以及诸报表之间的主要钩稽关系。

---

① 转引自“提高财务报告质量夯实企业发展基础——财政部会计司解读《企业内部控制应用指引第14号——财务报告》”。

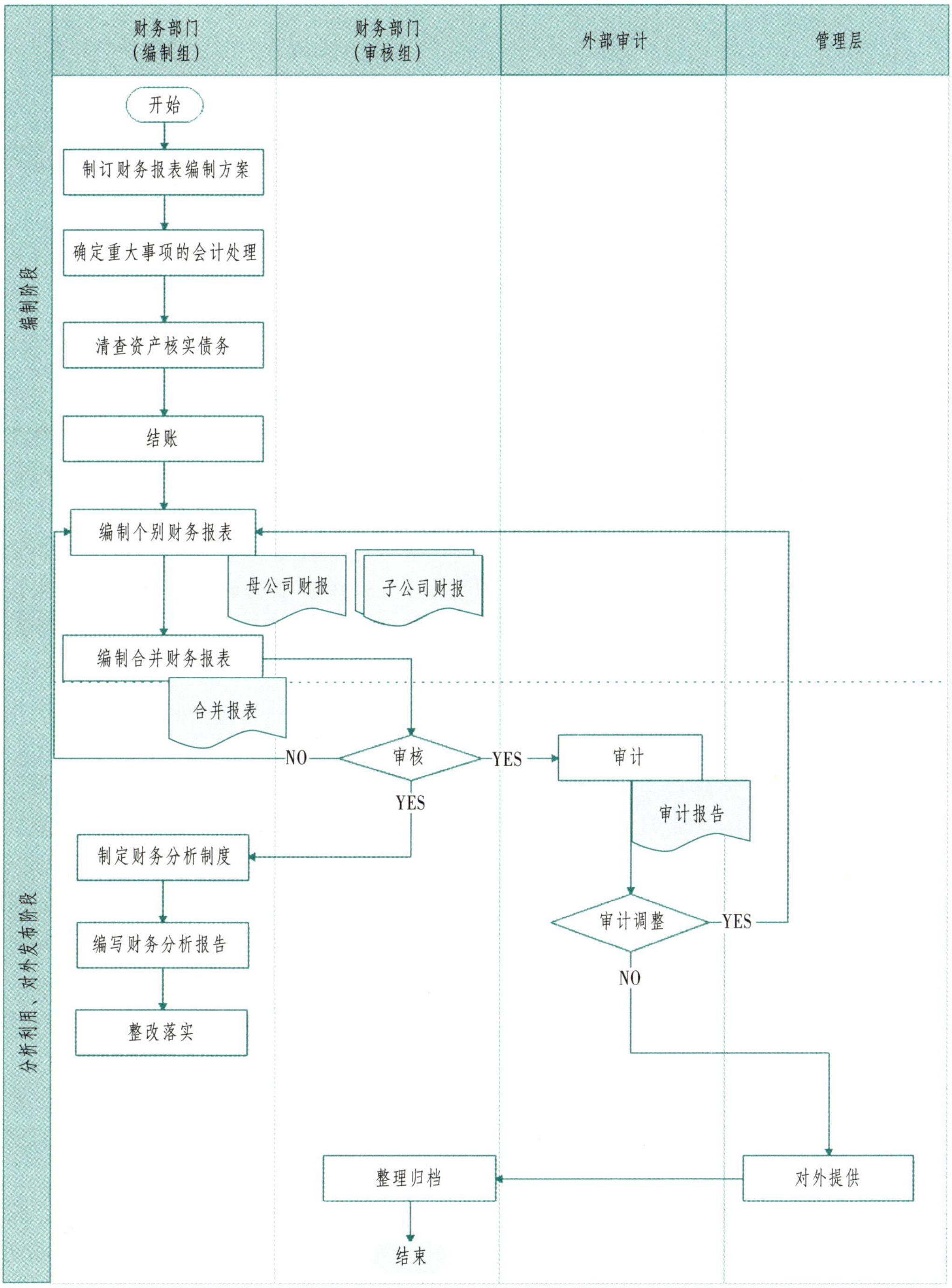

图 10-2　财务报表业务流程

三、财务报表列报的基本要求

《企业会计准则第30号——财务报表列报》提出了财务报表列报的基本要求，主要有以下几个方面：

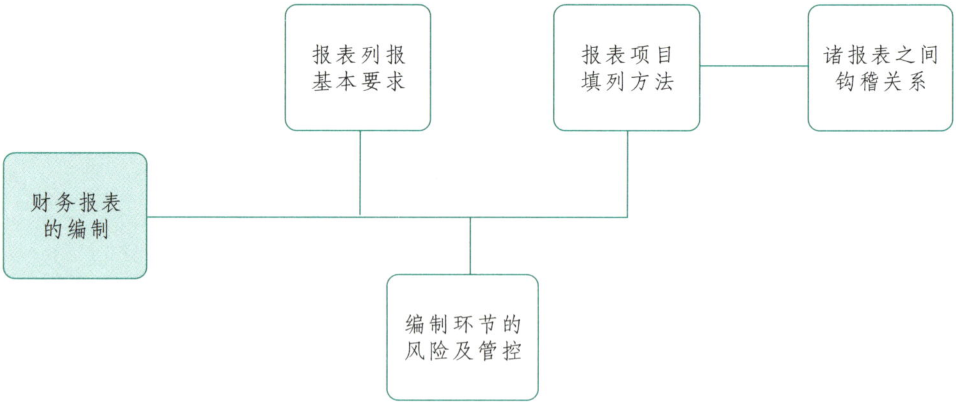

图 10-3 财务报表编制环节的主要关注点

1.依据各项会计准则确认和计量的结果编制财务报表。企业应当根据实际发生的交易和事项，按照《企业会计准则——基本准则》和其他各项会计准则的规定进行确认和计量，在此基础上编制财务报表。企业应当在附注中对这一情况作出声明，只有遵循了企业会计准则的所有规定时，财务报表才应当被称为“遵循了企业会计准则”。同时，企业不应以附注披露代替对交易或事项的确认和计量。如果按照各项会计准则规定披露的信息不足以让报表使用者了解特定交易或事项对企业财务状况、经营成果和现金流量的影响，企业还应当披露其他必要信息。

2.列报基础。企业应当以持续经营为基础编制财务报表。在编制财务报表的过程中，企业管理层应当利用所有可获得信息来评价企业自报告期末起至少12个月的持续经营能力。企业处于非持续经营状态时，应当采用清算价值等其他基础编制财务报表，比如破产企业的资产采用可变现净值计量、负债按其预计的结算金额计量，非持续经营的情况下，企业应在附注中声明财务报表未以持续经营为基础列报、披露未以持续经营为基础的原因以及财务报表的编制基础。

3.权责发生制。除现金流量表按照收付实现制原则进行编制外，其他财务报表按照权责发生制原则进行编制。

4.列报的一致性。财务报表项目的列报应当在各个会计期间保持一致，不得随意变更（这一要求不仅针对财务报表中的项目名称，还包括财务报表项目的分类、排列顺序等方面），但下列情况除外：会计准则要求改变财务报表项目的列报、企业经营业务的性质发生重大变化或对企业经营影响较大的交易或事项发生后变更财务报表项目的列报能够提供更可靠、更相关的会计信息。

5.依据重要性原则单独或汇总列报项目。如果某项目单个看不具有重要性，可将其与其他项目汇总列报；如具有重要性，则应当单独列报。具体来讲，性质或功能类不同的项目，应当在财务报表中单独列报，但不具有重要性的项目除外；性质或功能类似的项目，其所属类别具有重要性的，应当按其类别在财务报表中单独列报；某些项目的重要性程度不足以在资产负债表、利润表、现金流量表或所有者权益变动表中单独列示，但对附注具有重要性的，应当在附注中单独披露。

6.报表项目金额间的互相抵销。财务报表中的资产项目和负债项目的金额、收入项目和费用项目的金额、直接计入当期利润的利得项目和损失项目的金额，不得互相抵销，即不得以净额列报，但其他会计准则另有规定的除外。以下三种情况不属于抵销：一组类似交易形成的利得和损失以净额列示的；资产或负债项目按扣除备抵项目后的净额列示的；非日常活动产生的利得和损失，以同一交易形成的收益扣减相关费用后的净额列示更能反映交易实质的。

7.比较信息的列报。列报当期财务报表时，至少应当提供所有列报项目上一个可比会计期间的比较数据，以及与理解当期财务报表相关的说明，其他会计准则另有规定的除外。

8.报表表首的列报。企业应当在财务报表的显著位置至少披露下列各项：编报企业的名称、资产负债表日或财务报表涵盖的会计期间、货币名称和单位，财务报表是合并财务报表的应当予以标明。

9.报告期间。企业至少应当按年编制财务报表，年度财务报表涵盖的期间短于一年的，应当披露年度财务报表的涵盖期间短于一年的原因以及报表数据不具可比性这一事实。

四、财务报表编制环节的主要风险及管控措施

（一）主要风险

企业在根据上述财务报表列报的基本要求按期编制财务报表的过程中，面临的主要风险有：

（1）提供虚假财务信息，误导报表使用者，导致决策失误，干扰市场秩序；

（2）报表数据不完整、不准确；

（3）报表种类不完整；

（4）附注内容不完整。

（二）管控措施

企业主要应从以下几个方面对上述风险予以管控：

1.确保报表内容的真实完整

首先，应确保企业报告的资产、负债、所有者权益金额真实可靠，这就要注意以下三个方面：一是各项资产的计价方法不得随意变更，如有减值，应当合理计提资产减值准备，严禁虚增资产或虚减资产；二是各项负债应当反映企业的现时义务，不得提前、推迟或不确认负债，严禁虚增或虚减负债；三是应当确保所有者权益能够反映企业资产扣除负债后由所有者享有的剩余权益，应当做好所有者权益的保值增值工作，严禁虚假出资、抽逃出资、资本不实。

其次，应确保企业在财务报表中如实列示当期收入、费用和利润，具体也要注意三个方面：一是应当按照收入准则的规定标准对收入进行确认，不得虚列或者隐瞒收入，也不得推迟或提前确认收入；二是应当按照相关会计制度规定对各项成本费用进行确认，不得随意改变成本、费用的确认标准和计量方法，不得虚列、多列、不列或者少列成本、费用；三是不得随意调整利润的计算、分配方法，不得编造虚假利润。

最后，应当按照会计准则规定的现金流量类别列报现金流量，划清各类交易或事项的现金流量的界限。

2.确保报表附注内容的完整性

企业应当按照统一的会计准则和相关披露规范，对反映企业财务状况、经营成果和现金流量的报表中需要说明的事项，作出真实、完整、清晰的说明，确保企业的担保、诉讼、未决事项、资产重组等重大或有事项在附注中得到应有的反映和披露。

3.确保编制流程的规范性

首先，按照岗位分工和规定的程序编制财务报表。一方面，财务部门应制定本单位财务报表编制分工表，并由财务部门负责人审核，确保编制范围的完整；另一方面，财务报表编制岗位的人员要按照登记完整、核对无误的会计账簿记录和其他有关资料，对相关信息进行汇总编制，确保财务报表项目与相关账户对应关系正确、计算无误；再有一点就是，要进行校验审核工作，包括核对期初数、审核财务报表有关项目的对应关系、审核报表前后钩稽关系、核对期末数、核对试算平衡表和工作底稿、校验各报表之间的钩稽关系等。

自测题 10-1

其次，财务部门负责人在上报财务报表之前，要审核报表内容和种类的真实性、完整性。

第二节 财务报表各项目的填列方法

视频

资产负债表的内容、格式和作用

一、资产负债表的编制

（一）资产负债表的格式

资产负债表的结构主要有账户式、报告式和财务状况式三种。我国现行的资产负债表采用的是账户式结构，即根据“资产=负债+所有者权益”的基本等式，将资产负债表分为左、右两方，左方列示各资产项目，右方则列示各负债和所有者权益项目，左、右两方总数相等。为了比较各会计要素在报告期内的余额变化，资产负债表左、右两方均分别列示“年初余额”和“期末余额”两栏。

资产负债表的资产和负债项目按流动性分类列报。对于资产项目来说，是按其流动速度、变现快慢分为流动资产、非流动资产两大类；对于负债项目来说，则是按其到期日的近远、需要偿还的先后顺序分为流动负债、非流动负债两大类。这种项目分类方法的优点是能帮助报表使用者了解企业的支付能力、偿债能力状况。资产负债表中的所有者权益项目一般按照实收资本（或股本）、资本公积、其他综合收益、盈余公积和未分配利润等项目分项列示。

一般企业资产负债表的格式见后文表10-5。

（二）流动性与非流动性项目的具体划分原则

1.流动资产与非流动资产的划分

资产满足下列条件之一的，应当归类为流动资产：

（1）预计在一个正常营业周期中变现、出售或耗用。这一条件适用于其形态变化与营业周期相关的资产，比如应收账款、存货等。变现一般针对应收账款等而言，指将资产变为现金；出售一般针对产品等存货而言；耗用一般指将存货（如原材料）转变成另一种形态（如产成品）。

（2）主要为交易目的而持有。投资于证券而形成的金融资产，如果为短期内出售变现的目的而持有，就属于这一类资产。

（3）预计在资产负债表日起一年内（含一年）变现。非为交易目的而持有的投资于债券而形成的金融资产，某些长期应收款等，有可能符合这一条件。

（4）自资产负债表日起一年内，交换其他资产或清偿负债的能力不受限制的现金或现金等价物。

除流动资产以外的资产，列报为非流动资产。

2.流动负债与非流动负债的划分

负债满足下列条件之一的，应当归类为流动负债：

（1）预计在一个正常营业周期中清偿。企业正常营业周期中的经营性负债项目(包括应付账款、应付职工薪酬等)，即使在资产负债表日后超过一年才予以清偿，因其属于企业正常营业周期中使用的营运资金的一部分，所以仍应划分为流动负债。

（2）主要为交易目的而持有。

（3）自资产负债表日起一年内到期应予以清偿。

（4）企业无权自主地将清偿推迟至资产负债表日后一年以上。

除流动负债以外的负债，列报为非流动负债。

对于在资产负债表日起一年内到期的负债，企业有意图且有能力自主地将偿债义务展期至资产负债表日后一年以上的，应当归类为非流动负债；不能自主地将偿债义务展期至资产负债表日后一年以上的，即使在资产负债表日后、财务报告批准报出日前签订了重新安排清偿计划协议，该项负债仍应归类为流动负债。

企业在资产负债表日或之前违反了长期借款协议，导致贷款人可随时要求清偿的负债，应当归类为流动负债。贷款人在资产负债表日或之前同意提供在资产负债表日后一年以上的宽限期，在此期间内企业能够改正违约行为，且贷款人不能要求随时清偿的，该项负债应当归类为非流动负债。

3.正常营业周期的界定

判断流动资产、流动负债时所称的一个正常营业周期，是指企业从购买用于加工的资产起至实现现金或现金等价物的期间。

正常营业周期通常短于一年，在一年内有几个营业周期。但是，也存在正常营业周期长于一年的情况，如房地产开发企业开发用于出售的房地产开发产品，造船企业制造的用于出售的大型船只等，从购买原材料进入生产，到制造出产品出售并收回现金或现金等价物的过程，往往超过一年，在这种情况下，与生产循环相关的产成品、应收账款、原材料尽管是超过一年才变现、出售或耗用，仍应作为流动资产列示。

当正常营业周期不能确定时，应当以一年（12个月）作为正常营业周期。

（三）资产负债表各项目的填列方法

1.总体思路

本表“上年年末余额”栏内各项数字，应根据上年年末资产负债表的“期末余额”栏内所列数字填列；本表“期末余额”栏内各项目数字，应根据报告期末有关账户余额资料填列。

2.资产负债表“期末余额”栏各项目的具体填列方法

报告期末，在根据有关账户余额资料填列资产负债表“期末余额”栏各项目时，有两个重要问题必须引起注意：一是资产负债表的各项目名称多数情况下与会计科目名称一致，但也有不一致的情况；二是资产负债表并不是简单的会计科目余额表。所以，根据报告期末资产、负债、所有者权益类所有账户的余额资料填列资产负债表各项目时，有的可直接填列，有的则需要分析计算后填列。

对资产负债表主要项目具体填列方法的归纳见表10-3。

表10-3 资产负债表主要项目填列方法归纳

填列方法	资产项目	负债、所有者权益项目
1.根据有关总账账户余额直接填列	➢ 交易性金融资产 ➢ 合同资产 ➢ 其他权益工具投资 ➢ 其他债权投资 ➢ 固定资产清理 ➢ 递延所得税资产等	➢ 短期借款 ➢ 交易性金融负债 ➢ 应付职工薪酬 ➢ 应交税费 ➢ 合同负债 ➢ 持有待售负债 ➢ 预计负债 ➢ 递延所得税负债等 ➢ 实收资本（或股本） ➢ 资本公积 ➢ 盈余公积 ➢ 其他综合收益等
2.根据有关总账账户余额之和填列	➢ 货币资金	➢ 其他应付款等
3.根据有关总账账户借方余额减去其中一年内将到期的部分以及相关备抵账户余额之后的差额填列	➢ 应收票据 ➢ 应收账款 ➢ 其他应收款 ➢ 存货 ➢ 持有待售资产 ➢ 债权投资等 ➢ 长期股权投资 ➢ 长期应收款 ➢ 投资性房地产 ➢ 固定资产 ➢ 在建工程 ➢ 无形资产等	➢ 长期借款 ➢ 应付债券 ➢ 长期应付款等
4.根据有关账户余额分析填列	➢ 一年内到期的非流动资产 ➢ 其他流动资产 ➢ 其他非流动资产	➢ 一年内到期的非流动负债 ➢ 其他流动负债 ➢ 其他非流动负债 ➢ 未分配利润

下面举例说明资产负债表各项目的填列方法。

【例 10-1】烟华股份有限公司 2×18 年 12 月 31 日有关账户余额资料见表 10-4。

表 10-4 有关账户余额资料

2×18 年 12 月 31 日 单位：元

资产类账户	期末余额	负债及所有者权益类账户	期末余额
流动资产：		流动负债：	
库存现金、银行存款等	1 492 000	短期借款	400 000
应收票据	30 000	应付账款	690 000
应收账款	1 600 000	应交税费	15 000
坏账准备	60 000	应付利息	45 000
其他应收款	68 000	非流动负债：	
存货类账户	1 010 000	长期借款	1 800 000
非流动资产：		所有者权益：	
其他债权投资	200 000	股本	4 900 000
长期股权投资	170 000	资本公积	100 000
固定资产	2 000 000	盈余公积	90 000
累计折旧	600 000	利润分配	115 000
在建工程	1 000 000		
工程物资	430 000		
无形资产	800 000		
递延所得税资产	15 000		
资产类账户余额总计	8 155 000	负债及所有者权益类账户余额总计	8 155 000

2×19 年该公司发生的有关交易及事项如下（为简化起见，各类业务仅举一例）：

（1）职工张强报销差旅费 8 000 元。

（2）购买一批原材料，价款和增值税（增值税税率 13%，后同）共 2 260 000 元，材料已验收入库，货款及税款暂未付。

（3）用银行存款偿还到期长期借款本金 300 000 元和已计利息 30 000 元（其中 20 000 元已计入有关固定资产成本）、短期借款本金 400 000 元和已计入应付利息的利息 40 000 元。

（4）购入一台设备，用银行存款支付设备价款 100 000 元及增值税 13 000 元，设备交付使用。

（5）本期发出原材料 800 000 元，其中生产产品领用 600 000 元、生产车间一般消耗 80 000 元、企业行政管理部门消耗 10 000 元，在建工程消耗 110 000 元。

（6）本期计提固定资产折旧 80 010 元，其中生产车间负担 70 000 元、行政管理部门负担 10 010 元。

（7）发放工资 510 000 元，工资费用分配如下：生产工人 200 000 元、车间管理人员 100 000 元、行政管理人员 110 000 元、在建工程人员 100 000 元。另外，用现金支付办公费用 92 800 元。

（8）用现金支付各类人员的福利费71 400元，其中：生产工人28 000元、车间管理人员14 000元、行政管理人员15 400元、在建工程人员14 000元。

（9）根据销售合同预收货款20 000元，存入银行。

（10）将未到期的应收票据（银行承兑汇票）30 000元办理贴现，贴现息为600元。

（11）借入长期借款700 000元（用于固定资产建造工程）、短期借款180 000元。

（12）计提长期借款利息50 000元（计入在建工程成本）和短期借款利息2 000元（计入应付利息）。

（13）毁损一台设备，其账面原始价值为60 000元、累计折旧为40 000元，用现金支付清理费用800元，处置残料取得变价收入13 000元，存入银行。

（14）收到被投资方于本年已宣告分派的现金股利20 000元（本公司对长期股权投资采用成本法核算，被投资方的所得税税率为25%）。

（15）计提无形资产摊销20 000元。

（16）按每股1.1元的价格发行面值为800 000元的普通股，有关金融机构扣除附加费用5 000元。

（17）收到应收账款430 000元；收到以前年度已核销的坏账109 000元；本年发生坏账70 000元。

（18）分配制造费用，计算并结转完工产品成本。本期没有期末在产品（期初在产品成本为200 000元）。

（19）销售产品，销售收入为4 000 000元，货款及增值税税款已收妥并存入银行，销售成本为2 000 000元。

（20）计算并结转应交城市维护建设税60 000元和应交教育费附加30 000元。

（21）上交本年应交增值税90 000元、城市维护建设税60 000元、教育费附加35 000元。

（22）用银行存款支付广告费等销售费用40 020元。

（23）收回押金等应收款60 000元。

（24）用银行存款购买国债250 000元，分类为以摊余成本计量的金融资产。

（25）用银行存款400 000元偿还应付账款。

（26）计提坏账准备10 000元。

（27）预计长期股权投资的可收回金额低于账面价值70 000元。

（28）企业持有的其他债权投资，期末公允价值为230 000元。

（29）计算确定应交所得税、递延所得税及所得税费用（所得税税率为25%），并用银行存款上交所得税200 000元。

（30）结转各损益类账户余额。

（31）将本年利润结转至“利润分配——未分配利润”明细账。

（32）计提盈余公积115 500元。

（33）宣告分派现金股利300 000元。

（34）将“利润分配”有关明细账户的余额结转至“未分配利润”明细账。

根据上述业务编制会计分录如下：

(1) 借：管理费用	8 000	
贷：其他应收款		8 000
(2) 借：原材料	2 000 000	
应交税费——应交增值税（进项税额）	260 000	
贷：应付账款		2 260 000
(3) 借：长期借款	330 000	
短期借款	400 000	
应付利息	40 000	
贷：银行存款		770 000
(4) 借：固定资产	100 000	
应交税费——应交增值税（进项税额）	13 000	
贷：银行存款		113 000
(5) 借：生产成本	600 000	
制造费用	80 000	
管理费用	10 000	
在建工程	110 000	
贷：原材料		800 000
(6) 借：制造费用	70 000	
管理费用	10 010	
贷：累计折旧		80 010
(7) 借：应付职工薪酬	510 000	
贷：库存现金		510 000
借：生产成本	200 000	
制造费用	100 000	
管理费用	110 000	
在建工程	100 000	
贷：应付职工薪酬		510 000
借：管理费用	92 800	
贷：库存现金		92 800
(8) 借：生产成本	28 000	
制造费用	14 000	
管理费用	15 400	
在建工程	14 000	
贷：应付职工薪酬		71 400
借：应付职工薪酬	71 400	
贷：库存现金		71 400
(9) 借：银行存款	20 000	
贷：合同负债		20 000

（10）借：银行存款	29 400	
财务费用	600	
贷：应收票据		30 000
（11）借：银行存款	880 000	
贷：长期借款		700 000
短期借款		180 000
（12）借：在建工程	50 000	
贷：长期借款		50 000
借：财务费用	2 000	
贷：应付利息		2 000
（13）借：固定资产清理	20 000	
累计折旧	40 000	
贷：固定资产		60 000
借：固定资产清理	800	
贷：库存现金		800
借：银行存款	13 000	
贷：固定资产清理		13 000
借：营业外支出——处置固定资产损失	7 800	
贷：固定资产清理		7 800
（14）借：应收股利	20 000	
贷：投资收益		20 000
借：银行存款	20 000	
贷：应收股利		20 000
（15）借：管理费用	20 000	
贷：累计摊销		20 000
（16）借：银行存款	875 000	
贷：股本		800 000
资本公积		75 000
（17）借：银行存款	430 000	
贷：应收账款		430 000
借：应收账款	109 000	
贷：坏账准备		109 000
借：银行存款	109 000	
贷：应收账款		109 000
借：坏账准备	70 000	
贷：应收账款		70 000
（18）借：生产成本	264 000	
贷：制造费用		264 000
借：库存商品	1 292 000	

贷：生产成本		1 292 000
（19）借：银行存款	4 520 000	
贷：主营业务收入		4 000 000
应交税费——应交增值税（销项税额）		520 000
借：主营业务成本	2 000 000	
贷：库存商品		2 000 000
（20）借：税金及附加	90 000	
贷：应交税费		90 000
（21）借：应交税费	185 000	
贷：银行存款		185 000
（22）借：销售费用	40 020	
贷：银行存款		40 020
（23）借：银行存款	60 000	
贷：其他应收款		60 000
（24）借：债权投资	250 000	
贷：银行存款		250 000
（25）借：应付账款	400 000	
贷：银行存款		400 000
（26）借：信用减值损失	10 000	
贷：坏账准备		10 000
（27）借：资产减值损失	70 000	
贷：长期股权投资减值准备		70 000
（28）借：其他债权投资	30 000	
贷：其他综合收益		30 000
（29）借：所得税费用	398 343*	
贷：应交税费——应交所得税		398 343
（*为简化起见，数字取整数）		
借：递延所得税资产	20 000	
贷：所得税费用		20 000
借：其他综合收益	7 500	
贷：递延所得税负债		7 500
借：应交税费——应交所得税	200 000	
贷：银行存款		200 000
（30）借：主营业务收入	4 000 000	
投资收益	20 000	
贷：本年利润		4 020 000
借：本年利润	2 864 973	
贷：主营业务成本		2 000 000
税金及附加		90 000

贷：管理费用　　266 210
　　财务费用　　2 600
　　销售费用　　40 020
　　资产减值损失　　70 000
　　信用减值损失　　10 000
　　营业外支出　　7 800
　　所得税费用　　378 343

（31）借：本年利润　　1 155 027
　　贷：利润分配——未分配利润　　1 155 027

（32）借：利润分配——提取盈余公积　　115 500
　　贷：盈余公积　　115 500

（33）借：利润分配——应付普通股股利　　300 000
　　贷：应付股利　　300 000

（34）借：利润分配——未分配利润　　415 500
　　贷：利润分配——提取盈余公积　　115 500
　　　　　　　　——应付普通股股利　　300 000

根据上述资料，整理2×19年12月31日有关账户余额资料（此处略）。

根据上述资料，编制2×19年烟华股份有限公司的资产负债表，见表10-5。

表10-5　　资产负债表　　会企01表

编制单位：烟华股份有限公司　　2×19年12月31日　　单位：元

资　产	期末余额	上年年末余额	负债及所有者权益	期末余额	上年年末余额
流动资产：			流动负债：		
货币资金	5 815 380	1 492 000	短期借款	180 000	400 000
交易性金融资产	0	0	交易性金融负债	0	0
衍生金融资产	0	0	衍生金融负债	0	0
应收票据	0	30 000	应付票据	0	0
应收账款	991 000	1 540 000	应付账款	2 550 000	690 000
预付款项	0	0	预收款项	0	0
其他应收款	0	68 000	合同负债	20 000	0
存货	1 302 000	1 010 000	应付职工薪酬	0	0
合同资产	0	0	应交税费	365 343	15 000
持有待售资产	0	0	其他应付款	307 000	45 000
一年内到期的非流动资产	0	0	持有待售负债	0	0
流动资产合计	8 108 380	4 140 000	一年内到期的非流动负债	0	0
非流动资产：	0		其他流动负债	0	0
债权投资	250 000	0	流动负债合计	3 422 343	1 150 000
其他债权投资	230 000	200 000	非流动负债：		
长期应收款	0	0	长期借款	2 220 000	1 800 000
长期股权投资	100 000	170 000	应付债券	0	0

续表

资　产	期末余额	上年年末余额	负债及所有者权益	期末余额	上年年末余额
其他权益工具投资	0	0	租赁负债	0	0
投资性房地产	0	0	长期应付款	0	0
固定资产	1 399 990	1 400 000	预计负债	0	0
在建工程	1 704 000	1 430 000	递延收益	0	0
使用权资产	0	0	递延所得税负债	7 500	0
无形资产	780 000	800 000	非流动负债合计	2 227 500	1 800 000
开发支出	0	0	负债合计	5 649 843	2 950 000
商誉	0	0	所有者权益：		
长期待摊费用	0	0	实收资本（或股本）	5 700 000	4 900 000
递延所得税资产	35 000	15 000	其他权益工具	0	0
其他非流动资产	0	0	资本公积	175 000	100 000
非流动资产合计	4 498 990	4 015 000	减：库存股	0	0
			其他综合收益	22 500	0
			盈余公积	205 500	90 000
			未分配利润	854 527	115 000
			所有者权益合计	6 957 527	5 205 000
资产总计	12 607 370	8 155 000	负债及所有者权益总计	12 607 370	8 155 000

二、利润表的编制

视频

利润表的内容、格式和作用

（一）利润表的格式

利润表的格式有单步式和多步式两种，我国现行的利润表采取的是多步式格式。

在多步式利润表中，企业应当分别列示从事经营业务取得的收入、对外投资取得的收入与非经营业务取得的收入，并按照费用的功能分类，将费用划分为从事经营业务发生的成本、销售费用、管理费用和财务费用等。

企业会计准则对利润表格式分别一般企业、商业银行、保险公司、证券公司等企业类型予以规定。一般企业利润表的格式见后文表10-7。

（二）利润表各项目的填列方法

1.总体思路

利润表“上期金额”栏，反映各项目的上期实际发生数，根据上年该期利润表“本期金额”栏内所列数字填列。如果上年该期利润表与本期利润表的项目名称和内容不相一致，应对上年该期利润表的项目名称和数字按本期的规定进行调整，填入本表“上期金额”栏。

利润表“本期金额”栏，反映各项目的本期实际发生数，根据各有关账户的本期发生额分析填列。

2.利润表“本期金额”栏各项目的具体填列方法

在填列利润表“本期金额”栏中各项目时，要注意两点；一是利润表中的项目是报告期内有关要素的发生额，而不是余额；二是利润表中大多数项目需要根据有关账户的发生额填列，有的项目则作为中间项目，是在表中直接计算的结果。

对利润表“本期金额”栏主要项目具体填列方法的归纳见表10-6。

表 10-6　　利润表主要项目填列方法归纳

项目	填列方法
一、营业收入	分别根据有关损益类账户本期发生额分析填列
减：营业成本	分别根据有关损益类账户本期发生额分析填列
税金及附加	分别根据有关损益类账户本期发生额分析填列
销售费用	分别根据有关损益类账户本期发生额分析填列
管理费用	分别根据有关损益类账户本期发生额分析填列
研发费用	分别根据有关损益类账户本期发生额分析填列
财务费用	分别根据有关损益类账户本期发生额分析填列
加：其他收益	分别根据有关损益类账户本期发生额分析填列
投资收益（损失以“-”号填列）	分别根据有关损益类账户本期发生额分析填列
公允价值变动收益（损失以“-”号填列）	分别根据有关损益类账户本期发生额分析填列
信用减值损失（损失以“-”号填列）	分别根据有关损益类账户本期发生额分析填列
资产减值损失（损失以“-”号填列）	分别根据有关损益类账户本期发生额分析填列
资产处置收益（损失以“-”号填列）	分别根据有关损益类账户本期发生额分析填列
二、营业利润（亏损以“-”号填列）	根据各该项目以上有关项目数据计算填列
加：营业外收入	分别根据有关损益类账户本期发生额分析填列
减：营业外支出	分别根据有关损益类账户本期发生额分析填列
三、利润总额（亏损以“-”号填列）	根据各该项目以上有关项目数据计算填列
减：所得税费用	分别根据有关损益类账户本期发生额分析填列
四、净利润（净亏损以“-”号填列）	根据各该项目以上有关项目数据计算填列
五、其他综合收益的税后净额	
（一）不能重分类进损益的其他综合收益	根据“其他综合收益”账户本期发生额分析填列
1.重新计量设定受益计划变动额	根据“其他综合收益”账户本期发生额分析填列
2.权益法下不能转损益的其他综合收益	根据“其他综合收益”账户本期发生额分析填列
3.其他权益工具投资公允价值变动	根据“其他综合收益”账户本期发生额分析填列
4.企业自身信用风险公允价值变动	根据“其他综合收益”账户本期发生额分析填列
……	
（二）将重分类进损益的其他综合收益	根据“其他综合收益”账户本期发生额分析填列
1.权益法下可转损益的其他综合收益	根据“其他综合收益”账户本期发生额分析填列
2.其他债权投资公允价值变动	根据“其他综合收益”账户本期发生额分析填列
3.金融资产重分类计入其他综合收益的金额	根据“其他综合收益”账户本期发生额分析填列
4.其他债权投资信用减值准备	根据“其他综合收益”账户本期发生额分析填列
5.现金流量套期储备	根据“其他综合收益”账户本期发生额分析填列
6.外币财务报表折算差额	根据“其他综合收益”账户本期发生额分析填列
……	
六、综合收益总额	根据各该项目以上有关项目数据计算填列
七、每股收益：	
（一）基本每股收益	
（二）稀释每股收益	

【例 10-2】承【例 10-1】，根据有关资料编制的烟华股份有限公司 2×19 年度利润表见表 10-7。

表 10-7　　利润表　　会企 02 表

编制单位：烟华股份有限公司　　2×19 年度　　单位：元

项　目	本期金额	上期金额
一、营业收入	4 000 000	略
减：营业成本	2 000 000	
税金及附加	90 000	
销售费用	40 020	
管理费用	266 210	
研发费用	0	
财务费用	2 600	
加：其他收益	0	
投资收益（损失以“-”号填列）	20 000	
公允价值变动收益（损失以“-”号填列）	0	
信用减值损失（损失以“-”号填列）	10 000	
资产减值损失（损失以“-”号填列）	70 000	
资产处置收益（损失以“-”号填列）		
二、营业利润（亏损以“-”号填列）	1 541 170	
加：营业外收入	0	
减：营业外支出	7 800	
三、利润总额（亏损以“-”号填列）	1 533 370	
减：所得税费用	378 343	
四、净利润（净亏损以“-”号填列）	1 155 027	
五、其他综合收益的税后净额		
（一）不能重分类进损益的其他综合收益		
1.重新计量设定受益计划变动额	0	
2.权益法下不能转损益的其他综合收益	0	
3.其他权益工具投资公允价值变动	0	
4.企业自身信用风险公允价值变动	0	
……	0	
（二）将重分类进损益的其他综合收益		
1.权益法下可转损益的其他综合收益	0	
2.其他债权投资公允价值变动	22 500	
3.金融资产重分类计入其他综合收益的金额	0	
4.其他债权投资信用减值准备	0	
5.现金流量套期储备	0	
6.外币财务报表折算差额	0	
……	0	
六、综合收益总额	1 177 527	
七、每股收益：		
（一）基本每股收益	（略）	
（二）稀释每股收益		

三、所有者权益变动表的编制

（一）所有者权益变动表的格式

所有者权益变动表是反映所有者权益各组成部分在一定会计期间的增减变动情况的报表。

所有者权益变动表采用矩阵结构，分别按所有者权益各项目来列示导致所有者权益变动的交易或事项；所有者权益变动表作为一张年度报表，还同时列示“本年金额”和“上年金额”的比较信息。

一般企业所有者权益变动表的具体格式参见后文表10-9。

（二）所有者权益变动表各项目的填列方法

本表根据“实收资本”“股本”“资本公积”“其他综合收益”“盈余公积”“利润分配”科目的发生额分析填列。具体填列方法的归纳见表10-8。

表10-8 所有者权益变动表主要项目的填列方法归纳

项目	本年金额								上年金额							
	实收资本（或股本）	其他权益工具	资本公积	减：库存股	其他综合收益	盈余公积	未分配利润	所有者权益合计	实收资本（或股本）	其他权益工具	资本公积	减：库存股	其他综合收益	盈余公积	未分配利润	所有者权益合计
一、上年年末余额	分别根据有关项目的上年末余额填列															
加：会计政策变更	反映会计政策变更累计影响金额和前期会计差错更正的累计影响金额对有关项目上年末余额的调整金额，分别根据“盈余公积”“利润分配”“以前年度损益调整”等科目的发生额分析填列															
会计差错更正																
其他																
二、本年年初余额	以上四行之和								➢“上年金额”栏各项目数字，根据上年度所有者权益变动表“本年金额”栏有关数字填列 ➢如果上年度所有者权益变动表规定的各个项目的名称和内容同本年度不一致，应当对上年度所有者权益变动表有关项目的名称和内容按照本年度的规定进行调整，按调整后的数字填入“上年金额”栏							
三、本年增减变动金额（减少以“-”号填列）	“本年增减变动金额”各项目，分别反映各所有者权益组成项目在本年度内的增减变动金额，应分别根据“实收资本（股本）”“其他权益工具”“资本公积”“库存股”“其他综合收益”“盈余公积”“利润分配”等科目及其有关明细科目的有关发生额分析填列															
（一）综合收益总额																
（二）所有者投入和减少资本																
1.所有者投入的普通股																
2.其他权益工具持有者投入的资本																
3.股份支付计入所有者权益的金额																
4.其他																
（三）利润分配																

续表

项目	本年金额								上年金额							
	实收资本（或股本）	其他权益工具	资本公积	减：库存股	其他综合收益	盈余公积	未分配利润	所有者权益合计	实收资本（或股本）	其他权益工具	资本公积	减：库存股	其他综合收益	盈余公积	未分配利润	所有者权益合计
1.提取盈余公积																
2.对所有者（或股东）的分配																
3.其他																
（四）所有者权益内部结转																
1.资本公积转增资本（或股本）																
2.盈余公积转增资本（或股本）																
3.盈余公积弥补亏损																
4.设定受益计划变动额结转留存收益																
5.其他综合收益结转留存收益																
6.其他																
四、本年年末余额	“本年年初余额”与“本年增减变动金额”两者之和															

【例10-3】承【例10-1】、【例10-2】。根据有关资料编制的烟华股份有限公司2×19年度所有者权益变动表见表10-9。

表10-9　所有者权益变动表　会企04表

编制单位：烟华股份有限公司　2×19年度　单位：元

项目	本年金额								上年金额
	实收资本	其他权益工具	资本公积	减：库存股	其他综合收益	盈余公积	未分配利润	合计	略
一、上年年末余额	4 900 000	0	100 000	0	0	90 000	115 000	5 205 000	
加：会计政策变更									
会计差错更正									
其他									

续表

项目	本年金额								上年金额
	实收资本	其他权益工具	资本公积	减：库存股	其他综合收益	盈余公积	未分配利润	合计	略
二、本年年初余额	4 900 000		100 000	0	0	90 000	115 000	5 205 000	
三、本年增减变动金额（减少以“-”号填列）									
（一）综合收益总额					22 500		1 155 027	1 177 527	
（二）所有者投入和减少资本									
1.所有者投入的普通股	800 000		75 000					875 000	
2.其他权益工具持有者投入的资本									
3.股份支付计入所有者权益的金额									
4.其他									
（三）利润分配									
1.提取盈余公积						115 500	-115 500	0	
2.对所有者（或股东）的分配							-300 000	-300 000	
3.其他									
（四）所有者权益内部结转									
1.资本公积转增资本（或股本）									
2.盈余公积转增资本（或股本）									
3.盈余公积弥补亏损									
4.设定受益计划变动额结转留存收益									
5.其他综合收益结转留存收益									
6.其他									
四、本年年末余额	5 700 000		175 000	0	22 500	205 500	854 527	6 957 527	

四、现金流量表的编制

（一）现金与现金流量的概念

现金流量表里的“现金”是指现金及现金等价物。这里的“现金”是指企业的库存现金以及可以随时用于支付的存款（包括银行存款和其他货币资金），但不包括不能随时支取的存款。这里的“现金等价物”是指企业持有的期限短、流动性强、易于转换为已知金额的现金、价值变动风险很小的投资。“期限短”一般是指从购买日起3个月内到期。现金等价物通常包括3个月内到期的债券投资。由于权益性投资变现的金额通常不确定，所以不属于现金等价物。不同企业现金等价物的范围也可能不同。企业应当根据本企业的具体情况，确定现金等价物的范围，一经确定不得随意变更。

现金流量是指企业某一期间内现金和现金等价物的流入与流出，即现金和现金等价物的收入与支出。

由此可见，企业如果不存在不能随时支取的定期存款和现金等价物，则现金流量表里的“现金”就等同于资产负债表里的“货币资金”，现金流量表就是在解释资产负债表里“货币资金”项目期初余额到期末余额的变化过程。

（二）现金流量表的格式

现金流量表中按照企业发生的经济业务性质将企业一定期间内产生的现金流量分为经营活动现金流量、投资活动现金流量和筹资活动现金流量三类。

1.经营活动现金流量

与企业经营活动相关的现金流量就是经营活动现金流量。

经营活动是指企业投资和筹资活动以外的所有交易和事项。从这个界定来看，正确区分投资活动和筹资活动无疑有助于正确理解经营活动的含义。以下几个方面更是正确理解经营活动的突破口：

（1）经营活动是与净利润的实现有主要关系的交易或事项。或者说，企业一定时期的净利润主要来自于经营活动。所以，经营活动产生的现金流量是企业通过运用所拥有的资产自身创造的现金流量，主要是与企业净利润有关的现金流量。正是经营活动与净利润的这一天然联系，才能够解释为什么经营活动现金流量报告方法的直接法和间接法都与利润表资料有关；才能够解释为什么各行业现金流量表格式的区别主要体现在经营活动现金流量项目的设计上。

（2）经营活动现金流量不一定等于净利润。两者存在差异的原因主要有：与净利润有关的交易或事项不一定涉及现金；与净利润有关的交易或事项不一定都涉及经营活动；许多属于经营活动的交易或事项（即使涉及现金的变动）与净利润没有直接关系。这是理解经营活动现金流量列报方法的关键。

（3）不同类型的企业，经营活动的内容可能不同。比如，工商企业的经营活动主要包括销售商品或提供劳务、经营性租赁、购买货物或接受劳务、制造产品、广告宣传、推销产品、缴纳税款等；而金融企业的经营活动则显然不能等同于工商企业。银行吸收存款和发放贷款是其经营活动，而取得银行贷款在工商企业则是筹资活动；证券公司购买有价证券是其经营活动，而购买有价证券在工商企业则是投资活动。

2.投资活动现金流量

与企业投资活动相关的现金流量就是投资活动现金流量。

投资活动是指企业非流动资产的购建和不包括在现金等价物范围的投资及其处置活动。也就是说，投资活动是非流动资产和不包括在现金等价物范围内的投资的增减变动事项，包括权益性证券投资的取得和收回、债券投资的购买和收回、固定资产和无形资产及其他长期资产的购建和处置、子公司及其他营业单位的购买和处置等。

作为现金等价物的投资产生的现金流量，不包括在现金流量表的投资活动现金流量内。与我国现行现金流量表中的投资活动有关的业务主要是涉及非现金等价物的交易性投资、债权投资、股权投资以及固定资产、工程物资、在建工程、无形资产、其他长期资产等的增减变动业务。

3.筹资活动现金流量

与企业筹资活动相关的现金流量就是筹资活动现金流量。

筹资活动是指导致企业资本及债务规模和构成发生变化的活动，包括吸收权益性资本、发行债券、借入资金、支付股利、偿还债务等。与我国现行现金流量表中的筹资活动有关的业务主要涉及短期借款与长期借款、应付股利、应付利息、应付债券、股本等的增减变动。

企业会计准则对现金流量表格式分别按一般企业、商业银行、保险公司、证券公司等企业类型予以规定。企业应当根据其经营活动的性质，确定本企业适用的现金流量表格式。

一般企业现金流量表的格式见后文表10-10。

（三）现金流量表的编制原理

1.编表依据

现金流量表按照收付实现制反映企业报告期内经营活动、投资活动、筹资活动的现金流动信息。而企业编制现金流量表之前的已有会计信息都是按权责发生制基础生成的，主要有资产负债表、利润表、所有者权益变动表等财务报表及有关账户记录资料。所以，现金流量表的编制依据必然是资产负债表、利润表等财务报表以及有关账户记录资料；编制现金流量表的过程本身则是将权责发生制下的会计资料转换为按收付实现制表示的现金流动。

2.编表思路

在将权责发生制下的会计资料转换为按收付实现制表示的现金流动的过程中，企业需要根据企业规模以及业务量的大小，选择适当的编制思路。

一种编表思路是直接从企业会计记录中获得有关企业现金收入和现金支出的信息；另一种编表思路是在利润表的营业收入、营业成本等数据的基础上，通过调整有关资产负债表项目来获得具体的现金流量信息。例如，“销售商品、提供劳务收到的现金”项目的数据，就可以根据库存现金日记账、银行存款日记账中对应账户为“主营业务收入”“应收账款”等账户的相关记录填列，也可以根据利润表中的“营业收入”项目金额和资产负债表中的“应收账款”等项目金额变动数分析填列（具体方法后面将做详细阐述）。

实际工作中还可以采用工作底稿法、T形账户法等辅助方法编制现金流量表。

3.编制要求

现金流量表的编制要遵循以下几项要求：（1）分类列报，现金流量表应分别按经营活动、投资活动和筹资活动列报企业的现金流量；（2）按总额列报，现金流量应当分别按现金流入总额和现金流出总额列报，而不是按现金流入减去现金流出的净额反映。

4.具体项目的列报方法

（1）经营活动现金流量的列报方法

企业会计准则要求在现金流量表中采用直接法列示经营活动现金流量，在现金流量表注释中采用间接法披露将净利润调节为经营活动现金流量的信息。

①直接法的基本原理

直接法，是指通过现金收入和现金支出的主要类别列示经营活动现金流量的方法。由于净利润主要来自企业的经营活动，所以，直接法实际上是从利润表的项目（如“营业收入”“营业成本”等）出发，结合资产负债表有关项目（如“应收账款”“应付账款”“存货”等）的变动情况，逐项将与经营活动有关的利润表项目转换为经营活动现金流入和经营活动现金流出项目，这是理解直接法的关键。但是，实际操作时并不是所有的项目都需要通过这种“转换过程”，因为直接法下经营活动现金流量的项目有时并不完全与利润表项目逐一对应。

根据我国现金流量表准则，现金流量表中直接法下经营活动现金流入与现金流出的项目设置比较简单，主要有“销售商品、提供劳务收到的现金”、“收到的税费返还”、“购买商品、接受劳务支付的现金”、“支付给职工以及为职工支付的现金”、“支付的各项税费”、“收到其他与经营活动有关的现金”和“支付其他与经营活动有关的现金”等项目，其中如“支付给职工以及为职工支付的现金”项目，实际上分别与利润表中“营业成本”“销售费用”“管理费用”等诸多项目有关。

采用直接法填列各有关项目时，有两个要点值得注意：首先，要明确每个项目反映的内容是什么；在此基础上，仔细把握填列每个项目时应考虑的因素有哪些。例如，“销售商品、提供劳务收到的现金”项目，反映的是企业在报告期内与销售商品、提供劳务有关的现金流入，这种现金流入既包括货款也包括增值税销项税额，既包括与本期销售的商品有关的现金流入，也包括与以前期间已销售商品和以后期间将要销售商品有关的现金流入；这种特定的内容决定了在填列本项目时既应该考虑本期的销售收入，也应该考虑应收账款、合同负债等项目的变动因素。

②间接法的基本原理

间接法与直接法一样，都是从利润表项目入手；间接法与直接法不同，其以利润表的最后一项“净利润”为起算点，调整不涉及经营活动的净利润项目、不涉及现金的净利润项目、与经营活动有关的非现金流动资产的变动、与经营活动有关的流动负债的变动等，据此计算出经营活动现金流量净额。

间接法下，将净利润调节为经营活动现金流量的方法用计算公式表示如下：

$$\text{经营活动产生的现金流量净额}=\text{净利润}+\text{实际没有支付现金的利润借项}-\text{实际没有收到现金的利润贷项}+\text{不涉及经营活动的利润借项}-\text{不涉及经营活动的利润贷项}+\text{与经营活动有关的、非现金流动资产的减少数（}-\text{增加数）}+\text{与经营活动有关的流动负债的增加数（}-\text{减少数）}$$

（2）投资活动现金流量、筹资活动现金流量的列报方法

投资活动、筹资活动相对于经营活动而言，不是企业的主要交易和事项，从而相关业务数量不会很大，一般可以根据有关账户记录资料分析填列有关现金流量表项目。

投资活动现金流量的报告，需要依据有关账户的记录分析填列，这些账户主要有：银行存款、交易性金融资产、债权投资、其他债权投资、长期股权投资、其他权益工具投资、投资收益、应收股利、应收利息、固定资产、累计折旧、在建工程、无形资产、累计摊销以及长期待摊费用等。

筹资活动现金流量的报告，需要依据有关账户的记录分析填列，这些账户主要有：银行存款、库存现金、短期借款、应付股利、应付利息、长期借款、应付债券、长期应付款、股本、资本公积等。

【例10-4】根据【例10-1】的资料编制的现金流量表见表10-10。

表10-10　　现金流量表　　会企03表

编制单位：烟华股份有限公司　　2×19年12月　　单位：元

项目	本期金额	上期金额
一、经营活动产生的现金流量：		（略）
销售商品、提供劳务收到的现金	5 108 400	
收到的税费返还	0	
收到其他与经营活动有关的现金	60 000	
经营活动现金流入小计	5 168 400	
购买商品、接受劳务支付的现金	400 000	
支付给职工以及为职工支付的现金	467 400	
支付的各项税费	385 000	
支付其他与经营活动有关的现金	132 820	
经营活动现金流出小计	1 385 220	
经营活动产生的现金流量净额	3 783 180	
二、投资活动产生的现金流量：		
收回投资收到的现金	0	
取得投资收益收到的现金	20 000	
处置固定资产、无形资产和其他长期资产收回的现金净额	12 200	
处置子公司及其他营业单位收到的现金净额	0	
收到其他与投资活动有关的现金	0	
投资活动现金流入小计	32 200	
购建固定资产、无形资产和其他长期资产支付的现金	227 000	
投资支付的现金	250 000	
取得子公司及其他营业单位支付的现金净额	0	
支付其他与投资活动有关的现金	0	
投资活动现金流出小计	477 000	
投资活动产生的现金流量净额	-444 800	

续表

项目	本期金额	上期金额
三、筹资活动产生的现金流量：		
吸收投资收到的现金	875 000	
取得借款收到的现金	880 000	
收到其他与筹资活动有关的现金	0	
筹资活动现金流入小计	1 755 000	
偿还债务支付的现金	730 000	
分配股利、利润或偿付利息支付的现金	40 000	
支付其他与筹资活动有关的现金	0	
筹资活动现金流出小计	770 000	
筹资活动产生的现金流量净额	985 000	
四、汇率变动对现金及现金等价物的影响	0	
五、现金及现金等价物净增加额	4 323 380	
加：期初现金及现金等价物余额	1 492 000	
六、期末现金及现金等价物余额	5 815 380	

五、财务报表附注

附注是财务报表不可或缺的组成部分，是对在资产负债表、利润表、现金流量表和所有者权益变动表等报表中列示项目的文字描述或明细资料，以及对未能在这些报表中列示项目的说明等。

（一）一般按顺序披露的信息

财务报表附注一般应当按照下列顺序至少披露如下信息：

1.企业的基本情况

（1）企业注册地、组织形式和总部地址。

（2）企业的业务性质和主要经营活动，如企业所处的行业、所提供的主要产品或服务、客户的性质、销售策略、监管环境的性质等。

（3）母公司以及集团最终母公司的名称。

（4）财务报告的批准报出者和财务报告批准报出日，或者以签字人签字日期为准。

（5）营业期限有限的企业，还应当披露有关其营业期限的信息。

2.财务报表的编制基础

3.遵循企业会计准则的声明

企业应当声明编制的财务报表符合企业会计准则的要求，真实、完整地反映了企业的财务状况、经营成果和现金流量等有关信息。

4.重要会计政策和会计估计

根据财务报表列报准则的规定，企业应当披露采用的重要会计政策和会计估计，不重要的会计政策和会计估计可以不披露。

重要会计政策的说明，包括财务报表项目的计量基础和在运用会计政策过程中所作的重要判断等。重要会计估计的说明，包括可能导致下一个会计期间内资产、负债账面价值重大调整的会计估计的确定依据等。

企业应当披露采用的重要会计政策和会计估计，并结合企业的具体实际披露其重要会计政策的确定依据和财务报表项目的计量基础，及会计估计所采用的关键假设和不确定因素。

5.会计政策和会计估计变更以及差错更正的说明

企业应当按照《企业会计准则第28号——会计政策、会计估计变更和差错更正》及其应用指南的规定，披露会计政策和会计估计变更以及差错更正的有关情况。

6.报表重要项目的说明

企业对报表重要项目的说明，应当按照资产负债表、利润表、现金流量表、所有者权益变动表的顺序及其项目列示的顺序，采用文字和数字描述相结合的方式进行披露。报表重要项目的明细金额合计，应当与报表项目金额相衔接。

7.或有和承诺事项、资产负债表日后非调整事项、关联方关系及其交易等需要说明的事项

8.有助于财务报表使用者评价企业管理资本的目标、政策及程序的信息

（二）其他需披露的重要信息

1.关于其他综合收益信息的披露

企业应当在附注中披露下列关于其他综合收益各项目的信息：

（1）其他综合收益各项目及其所得税影响；

（2）其他综合收益各项目原计入其他综合收益、当期转出计入当期损益的金额；

（3）其他综合收益各项目的期初和期末余额及其调节情况。

2.关于终止经营信息的披露

企业应当在附注中披露终止经营的收入、费用、利润总额、所得税费用和净利润，以及归属于母公司所有者的终止经营利润。

自测题10-2

3.企业应当在附注中披露在资产负债表日后、财务报告批准报出日前提议或宣布发放的股利总额和每股股利金额（或向投资者分配的利润总额）

第三节 财务报表之间的内在关系

视频

财务报表之间的钩稽关系

资产负债表、利润表、现金流量表、所有者权益变动表等财务报表，既有各自特定的列报内容，彼此之间又有一定的内在联系，从而构成比较完整的财务信息呈报体系。接下来我们分别从不同的角度来探究四张报表之间的主要关系，以为有效解读报表信息奠定基础。

一、资产负债表与利润表

利润表的主要功能是列报企业一定期间的经营成果，它通过展现“净利润”的计算过程，来揭示企业在特定报告期内“净利润”的构成要素及相互作用的结果。而这个“结果”直接成为资产负债表中所有者权益部分留存收益项目的变动之源，

并间接提示读者其对资产负债表的资产部分、负债部分相关项目曾经产生的影响。

利润表项目如何直接解释资产负债表中留存收益的变动，如果以表10–5、表10–7的数据为例，我们可以清晰地看到答案（如图10–4所示）。

资产负债表（局部）

2×19年12月31日

项目	上年年末余额	期末余额
⋮		
所有者权益：		
实收资本（或股本）	4 900 000	5 700 000
资本公积	100 000	175 000
其他综合收益	0	22 500
盈余公积	90 000	205 500
未分配利润	115 000	854 527
所有者权益合计	5 205 000	6 957 527

留存收益：期末余额–期初余额=本期净增加额

(205 500+854 527) – (90 000+115 000) =855 027

利润表（局部）

2×19年度

项目	本期金额
一、营业收入	4 000 000
⋮	⋮
四、净利润	1 155 027
⋮	⋮

本期实现的净利润–分配给股东的股利=留存收益

1 155 027 – 300 000 = 855 027

图10–4　净利润与留存收益的关系

利润表项目如何间接地对资产负债表有关资产、负债项目产生影响，只要回顾前面各章的内容，就很容易梳理出若干线索。比如，利润表中“营业收入”项目的金额通常涉及资产负债表中“货币资金”“应收账款”“应收票据”等项目的余额变动，利润表中“营业成本”项目的金额通常涉及资产负债表中“存货”等项目的余额变动，利润表中“税金及附加”“所得税费用”等项目的金额通常涉及资产负债表中“货币资金”“应交税费”等项目的余额变动，利润表中“投资收益”“信用减值损失”“公允价值变动收益”等项目的金额则往往与资产负债表中“长期股权投资”“交易性金融资产”等金融资产项目的余额变动有关。

二、资产负债表与所有者权益变动表

资产负债表通过列示企业一定日期的资产结余状况、负债余额状况以及所有者权益余额状况，来呈现企业报告期末的静态的财务状况。现行的资产负债表通过设置“上年年末余额”“期末余额”两个栏目来提供有价值的比较信息。那么，想了解某一项目的“上年年末余额”是怎样发展到“期末余额”的吗？所有者权益变动表就提供了这个机会。

所有者权益变动表是一张静态与动态相结合的报表，它集中揭示了资产负债表中的所有者权益各项目是怎样由年初余额变化到年末结果的。

以“未分配利润”这个项目为例，从表10–5、表10–9中我们可以清晰地看到这种内在联系（如图10–5所示）。

资产负债表（局部）

2×19年12月31日

项目	上年年末余额	期末余额
⋮		
所有者权益：		
实收资本（或股本）	4 900 000	5 700 000
资本公积	100 000	175 000
其他综合收益	0	22 500
盈余公积	90 000	205 500
未分配利润	115 000	854 527
所有者权益合计	5 205 000	6 957 527

所有者权益变动表（局部）

2×19年度

项目	本年金额	上年金额
	未分配利润	（略）
一、上年年末余额	115 000	
⋮		
二、本年年初余额	115 000	
三、本年增减变动金额		
（一）综合收益总额	1 155 027	
（二）所有者投入和减少资本		
⋮		
（三）利润分配		
1.提取盈余公积	-115 500	
2.对所有者的分配	-300 000	
（四）所有者权益内部结转		
盈余公积弥补亏损		
设定受益计划变动额结转留存收益		
其他综合收益结转留存收益		
⋮		
四、本年年末余额	854 527	

图10-5 “未分配利润”静态与动态的呈报

三、资产负债表、利润表与所有者权益变动表

在探索这三张报表之间的内在关系时，有两条线索是最主要的：一是利润表的“净利润”项目，它既构成所有者权益变动表利润分配的基础，同时也构成资产负债表留存收益的变动因子；二是三张报表中同时存在的“其他综合收益”项目。现在我们就重点探讨其他综合收益项目在三张报表中的立体报告。

其他综合收益的内容很复杂，信息量也很大。资产负债表列示了“其他综合收益”的年初余额和期末余额，两者之间的动态过程分别通过利润表和所有者权益变动表予以详陈。

首先，来看这个动态过程一般包含哪些信息。报告期内其他综合收益的动态信息包括：

a.本期确认的将来不能重分类进损益的其他综合收益的发生；

b.本期将以前确认的不能重分类进损益的其他综合收益转入留存收益；

c.本期确认的将来能重分类进损益的其他综合收益的发生；

d.本期将以前确认的能重分类进损益的其他综合收益转入损益。

其次，来看其他综合收益的动态信息是如何呈现的。

一方面，报告期内其他综合收益的增减变动额主要在利润表中列报。现行的报

表体系是将其他综合收益详细的分类报告信息与净利润信息一道，放在利润表里，从而利润表里就包括净利润和其他综合收益两大板块，最后直接报出综合收益总额（从这个意义上来讲，将“利润表”称作“综合收益表”应该更为妥当）。也就是说，上述的a、b、c、d各项变动信息都可以通过利润表获得。

另一方面，上述4种变动中的第二种情况b，利润表只提供这类业务导致的其他综合收益的减少额，这个减少额并不会导致利润表中净利润的增加，那么，它的去向就要通过所有者权益变动表“其他综合收益结转留存收益”项目来反映。

由此可见，意欲了解特定报告期内其他综合收益的来龙去脉及其结果，需要三张报表形成多维度的全面呈现。

从表10-5、表10-7、表10-9，我们就可以清晰地看到三张报表对其他综合收益的立体报告（如图10-6所示）。

资产负债表（局部）

2×19年12月31日

项目	上年年末余额	期末余额
⋮		
所有者权益：		
实收资本（或股本）	4 900 000	5 700 000
资本公积	100 000	175 000
其他综合收益	0	22 500
盈余公积	90 000	205 500
未分配利润	115 000	854 527
所有者权益合计	5 205 000	6 957 527

利润表（局部）

2×19年度

项目	本年金额
⋮	
四、净利润	1 155 027
五、其他综合收益的税后净额	
（一）不能重分类进损益的其他综合收益	
⋮	
（二）将重分类进损益的其他综合收益	
其他债权投资公允价值变动	22 500
⋮	
六、综合收益总额	1 177 527

所有者权益变动表（局部）

2×19年度

项目	本年金额		上年金额
	⋮	其他综合收益	（略）
一、上年年末余额		0	
⋮			
二、本年年初余额		0	
三、本年增减变动金额			
（一）综合收益总额		22 500	
（三）利润分配			
（四）所有者权益内部结转			
5.其他综合收益结转留存收益			
⋮			
四、本年年末余额		22 500	

图10-6　从“其他综合收益”的呈报看三张报表的关系

四、资产负债表与现金流量表

探索资产负债表与现金流量表关系的线索至少有两条：一是可以从资产负债表项目分析现金流量表对经营活动、投资活动和筹资活动的分类原理；二是现金流量表可以说是对资产负债表“货币资金”项目之动态的直接说明。

首先，来看第一条线索。现金流量表中的现金流量分为经营活动、投资活动和筹资活动现金流量三大类。我们在前面现金流量表的编制部分，主要是通过阐述三类活动的基本概念来介绍三类活动的内涵。在学习和实务工作中，怎样更好地理解三类活动的分类原理，不仅关系到对现金流量表的编制与分析，还关系到从报表体系的角度改进资产负债表的考量。

从资产负债表的视角，对资产负债表项目与经营活动、投资活动、筹资活动进行大致的对应观照，有助于我们对现金流量表含义及其编制方法的进一步把握（如图 10-7 所示）。

资产负债表主要项目

资产项目	负债和所有者权益项目
流动资产：	流动负债：
货币资金	◆ 短期借款
◇ 应收票据	◇ 应付票据
◇ 应收账款	◇ 应付账款
➢ 其他应收款	◇ 应付职工薪酬
◇ 存货	◇ 应交税费
	➢ 其他应付款
非流动资产：	非流动负债：
• 债权投资	◆ 长期借款
• 其他债权投资	◆ 应付债券
• 长期应收款	◆ 长期应付款
• 长期股权投资	➢ 预计负债
• 其他权益工具投资	➢ 递延所得税负债
• 投资性房地产	所有者权益：
• 固定资产	◆ 实收资本（或股本）
• 无形资产	◆ 资本公积
➢ 递延所得税资产	➢ 其他综合收益
	◇ 盈余公积
	◇ 未分配利润

• 这些项目涉及的业务，主要与投资活动相关

◆ 这些项目涉及的业务，主要与筹资活动相关

➢ 这些项目涉及的业务，主要与经营活动相关，但也可能涉及投资活动或筹资活动。比如“其他应收款”项目中的应收股利、应收利息，就与投资活动相关；“其他应付款”项目中的应付股利、应付利息，则与筹资活动相关

◇ 这些项目涉及的业务，主要与经营活动相关

重要提示：
——留存收益来自净利润
——净利润的产生主要依赖经营活动
——应收票据等资产的变动、应付票据等负债的变动，大多属于经营活动，属于影响留存收益的主要活动

图 10-7　从资产负债表项目看现金流量表里三类活动的分类

其次，来看第二条线索。我们在前面讲述现金流量表的现金概念时曾经提到一个观点：企业如果不存在不能随时支取的定期存款和现金等价物，则现金流量表里的“现金”就等同于资产负债表里的“货币资金”，从而现金流量表就是在解释资产负债表里“货币资金”项目期初余额到期末余额的变化过程。

根据表 10-5 和表 10-10，我们可以重温两张报表的这一内在关系（如图 10-8 所示）。

资产负债表（局部）

2×19年12月31日

项目	上年年末余额	期末余额
流动资产：		
货币资金	1 492 000	5 815 380
……		

货币资金：期末余额−期初余额=本期净增加额

5 815 380−1 492 000 = 4 323 380

现金流量表（局部）

2×19年12月

项目	本期金额
一、经营活动产生的现金流量：	
……	……
经营活动产生的现金流量净额	3 783 180
二、投资活动产生的现金流量：	
……	……
投资活动产生的现金流量净额	−444 800
三、筹资活动产生的现金流量：	
……	……
筹资活动产生的现金流量净额	985 000
五、现金及现金等价物净增加额	4 323 380
加：期初现金及现金等价物余额	1 492 000
六、期末现金及现金等价物余额	5 815 380

图 10-8 现金流量表对资产负债表的主要说明

五、利润表与现金流量表

现金流量表中对经营活动现金流量的报告（直接法）以及现金流量表注释中将净利润调整为经营活动现金流量净额（间接法），都能说明利润表与现金流量表的关系极为密切，而理解这种密切关系的切入点是：通常情况下，企业的净利润主要来自经营活动，所以，要得到经营活动现金流量的信息，就要从利润表出发（无论是直接法还是间接法）。

首先，从直接法来看。如果分析一下表10-10“销售商品、提供劳务收到的现金”项目的计算过程，可以帮助我们进一步理解直接法下基于利润表项目、结合资产负债表项目以及有关账户记录资料计算经营活动现金流量信息的原理如下：

销售商品、提供劳务收到的现金 = 营业收入 + 应收账款项目（期初余额 − 期末余额）+ 应收票据项目（期初余额 − 期末余额）+ 合同负债项目（期末余额 − 期初余额）− 未收现的应收账款、应收票据本期减少额 + 直接销售业务应交增值税（销项税额）的发生额

表10-10中“销售商品、提供劳务收到的现金”5 108 400元的计算过程如下：

5 108 400=营业收入4 000 000+应收账款余额减少（1 540 000−991 000）+应收票据余额减少（30 000−0）+合同负债余额增加（20 000−0）−未收现的应收票据减少额（贴现息）600−未收现的应收账款减少额（计提坏账准备）10 000+直接销售业务应交增值税（销项税额）的发生额520 000

然后，从间接法来看。根据【例10-4】的资料，在现金流量表注释中披露的经营活动现金净流量如图10-9所示：

以上描述的是四张财务报表相关项目之间的主要关系。要进一步理解诸财务报表的内在关系及其代表的信息意义，还需系统掌握财务报表分析理论与方法。下一章，我们将学习财务报表分析的内容。

将净利润调节为经营活动的现金流量：	
净利润	1 155 027
加：信用减值准备、资产减值准备	80 010
固定资产折旧、油气资产折耗、生产性生物资产折旧	80 100
无形资产摊销	20 000
长期待摊费用的摊销	0
处置固定资产、无形资产和其他长期资产的损失（收益以“-”号填列）	0
固定资产报废损失（收益以“-”号填列）	7 800
公允价值变动损失（收益以“-”号填列）	0
财务费用（收益以“-”号填列）	2 000
投资损失（收益以“-”号填列）	-20 000
递延所得税资产减少（增加以“-”号填列）	-20 000
递延所得税负债增加（减少以“-”号填列）	0*
存货的减少（增加以“-”号填列）	-402 000**
经营性应收项目的减少（增加以“-”号填列）	637 000***
经营性应付项目的增加（减少以“-”号填列）	2 243 343****
其他	0
经营活动产生的现金流量净额	3 783 180

*本例中递延所得税负债的变动并未影响损益

**402 000=（1 302 000-1 010 000）+110 000，存货的增减变动应剔除与在建工程等非经营活动的影响

***637 000=（30 000-0）+（1 540 000-991 000-10 000）+（68 000-0）

****2 243 343=（2 550 000-690 000）+（20 000-0）+（365 343-15 000）+13 000

与表 10-10“经营活动产生的现金流量净额”相等

自测题 10-3

图 10-9　现金流量表中披露的经营活动现金流量

链接本章引导案例

本章小结

本章首先在概要阐述财务报表概念、构成的基础上，介绍了财务报表编制与报送的业务流程和风险管控的基本内容，并梳理了财务报表列报的基本要求；然后重点讲解资产负债表、利润表、所有者权益变动表和现金流量表的编制原理和方法；最后以其他综合收益为切入点，详细梳理诸财务报表之间的内在联系。本章的教学目的在于帮助读者了解财务信息的生成原理，为有效分析财务报表奠定基础。

复习思考

1. 如何理解财务报表的构成？企业为什么要定期编制财务报表？
2. 财务报表的编制与报送过程主要有哪些风险？应如何管控这些风险？
3. 资产负债表的编制依据是什么？资产负债表能提供哪些信息？
4. 利润表的编制依据是什么？利润表能提供哪些信息？

5.资产负债表与利润表、所有者权益变动表有什么内在联系？

6.现金流量表有什么作用？现金流量如何分类？

7.资产负债表与现金流量表有什么内在联系？

8.利润表与现金流量表有什么内在联系？

9.报表附注有何作用？报表附注主要披露哪些内容？

课后作业

第十一章 财务报表的分析与利用

学习目标

通过对本章内容的学习，需要达到以下目标：

1. 了解财务报表分析的作用。

2. 掌握财务报表分析的方法，熟练分析资产负债表、利润表和现金流量表。

3. 熟练运用财务指标分析企业的短期偿债能力、长期偿债能力、营运能力和盈利能力。

4. 掌握杜邦分析方法，并运用杜邦分析方法全面地评价企业的总体财务状况以及经营成果。

思维导图

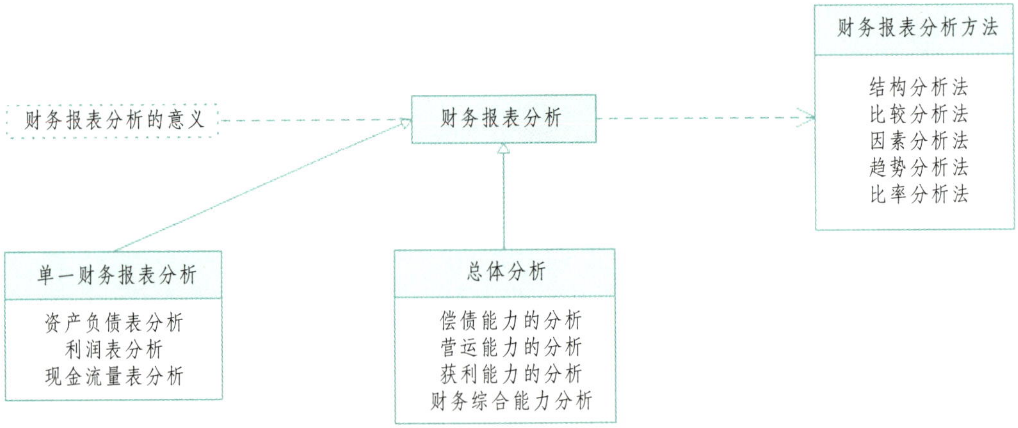

引导案例

截至2×19年年底，C公司已经拥有B公司20%有表决权资本的控制权，2×20年C公司有意对B公司继续追加投资，这就需要对B公司的财务状况、盈利情况、偿债能力及营运能力等进行分析评价。但是，C公司认为B公司的盈利能力比其财务状况、营运能力更为重要，他们的投资目标是希望通过追加投资获得更多的利润。为了能够正确地作出投资决策，C公司搜集了B公司的一些相关资料（见表11-1）。

问题：

根据上述资料，如果你是C公司的财务人员，在上述资料的基础上，你将如何评价B公司的盈利能力状况，并对本公司2×20年的投资决策提出一些建议和意见？

表 11-1　　B公司相关资料　　金额单位：元

项目	2×19年	2×18年
平均总资产	3 205 000	2 815 000
利润总额	395 100	115 200
利息支出	5 000	8 000
息税前利润	400 100	123 200
净利润	264 717	77 184
总资产报酬率	12.48%	4.38%
净资产收益率	14.04%	7.26%
总资产周转率	1 505 000÷3 205 000=0.47	1 202 000÷2 815 000=0.43
销售收入息税前利润率	400 100÷1 505 000×100%=26.58%	123 200÷1 202 000×100%=10.25%

注：$总资产报酬率=\frac{息税前利润}{平均总资产}\times 100\%$。

相信学完本章内容，你会有所启发。

第一节　财务报表分析的意义和方法

一、财务报表分析的意义

虽然企业编制的对外报送的财务报表可以从不同的角度反映企业的财务状况、经营成果和现金流量的变动状况，但是它们所显示的都只是过去的历史资料，而且每一张报表只表明某一部分的事实，不能直接地揭示各报表项目之间的内在联系，也很难使报表使用者充分地了解企业的发展趋势及在同行业中处于何种地位，所以只有充分地运用财务分析方法和相关的技术，将财务报表的各个项目紧密地联系起来，全面、综合地进行分析，才能合理地利用财务报表并达到最佳效果。

所谓财务报表分析，就是以财务报表和其他相关资料为依据和起点，采用一系列专门方法和技术，对企业的基本财务状况和企业的偿债能力、盈利能力、营运能力进行分析，为企业的投资者、债权人和管理当局等会计信息使用者了解过去、分析现状、预测未来，进而作出正确决策提供准确的会计信息的一种科学方法。

尽管财务报表使用者作出的经济决策差异很大，但只要对财务报表作出不同的分析，均可得到有效的利用。例如，债权人利用财务报表分析资料，探析企业的偿债能力、资产运转情况及获利能力，从而作出信贷决策。企业投资者利用财务报表分析资料，可以计算企业的资产报酬率来评价投资收益，进而作出相应的投资决策。企业管理当局也能充分利用财务报表分析数据，发现企业目前存在的问题，从而及时采取有效的对策。

然而，需要指出的是，财务报表分析还必须结合目前的经济与技术发展情况，以及社会经济现状与发展趋向等相关情况加以综合分析，才能对企业生产经营情况作出正确的判断，从而提高利用效率。

财务报表分析的主要作用在于充分揭示企业的现有状况，研究企业未来的发展趋势，为财务报表使用者提供评价、预测和决策等相关的信息。具体的作用可以表述如下：

（一）评价企业已经发生的经济业务

财务报表分析，主要是通过对企业财务报表等相关资料的分析，能够基本判断企业过去的财务状况和经营成果，即根据相关的法规和企业理财目标，分析企业目前的偿债能力、盈利能力和营运能力是否存在问题，并剖析问题产生的原因，为企业所有者、管理当局，为政府部门、投资者和债权人的考评与决策提供一定参考。

（二）预测企业的未来前景

财务报表分析不仅可以评价过去，而且可以通过对已经发生的经济业务的分析，预测企业的未来发展状况及趋势。通过财务报表分析，不仅可以评估企业未来的价值及价值创造，还可以为企业未来的财务预测、财务决策指明方向，并为企业进行财务危机预测提供必要的信息。

二、财务报表分析的方法

延伸阅读

结构分析法简单举例

为了能使信息使用者掌握会计报告各种数据之间的重要关系，通常采用结构分析法、比较分析法、因素分析法、趋势分析法及比率分析法等财务报表分析方法进行分析。

（一）结构分析法

结构分析法主要是以企业的资产负债表、利润表、现金流量表等资料为依据，对企业财务状况构成的合理性、利润的构成和现金流量的来源及流向等进行总体测算与分析，以便从财务的角度发现企业面临的潜在风险。

（二）比较分析法

延伸阅读

比较分析法简单举例

比较分析法是一贯性和可比性的集中体现。它通常是利用同一企业的不同时期，或同一时期的不同企业有关相同性质或类别的指标，进行横向和纵向对比分析，进而确定差异，分析原因。

比较分析法的主要形式有：

（1）将实际指标与计划指标进行对比，以便分析检查计划的完成情况。

（2）将本期实际指标与上期实际指标对比，其结果可以提示企业有关指标的变动情况。

（3）将本企业实际指标与同行业相应指标的平均水平或先进水平对比，从中可以分析企业的现状，以及企业在行业中所处位置，并分析存在的差异及原因，以便采取相应的对策。

在运用比较分析法时，对比的指标可以是绝对数指标，如产品销售收入、利润总额等，也可以是相对数指标，如产品毛利率、资金周转率。但需要注意的是，无论进行何种指标的对比，其指标的计算口径、计价基础和时间单位都应保持一致，这样才具有可比性，才能保证比较结果的准确性。

（三）因素分析法

延伸阅读

因素分析法简单举例

因素分析法是用来揭示经济指标变化的原因，测定各个因素对经济指标变动的影响程度的分析方法。它又可具体划分为主次因素分析法、因果分析法及连环替代法等。

（1）主次因素分析法是将影响经济指标的各因素区分为主要因素、次要因素，然后对主要因素进行深入分析，对其他因素则花费较少时间，以取得事半功倍之效果。

（2）因果分析法是将经济指标分解为若干因素，对每个因素再进一步分析，以揭示经济指标变化的原因。

（3）连环替代法是一种因素分析法，它不仅能定性，而且能定量地测定影响经济指标的各个因素对该指标变动的影响程度。其方法是将经济指标分解为两个或两个以上的因素，逐一变动各个因素，从数量上测算每一个因素变动对经济指标总体的影响。

（四）趋势分析法

延伸阅读

趋势分析法简单举例

趋势分析法是根据一个企业连续数期的财务报表资料的各个项目进行比较，以求出金额和百分比增减变动的方向和幅度，从而揭示当期财务状况和经营状况增减变化的性质及其趋向。趋势分析法通常采用图示方法，即做成统计图表，但财务人员通常采用的方法是编制比较财务报表。具体做法有两种：

（1）编制绝对数比较财务报表，即将一般财务报表的“金额栏”划分为若干期的金额，以便进行比较，作进一步的了解与研究。

（2）编制相对数比较财务报表，即将财务报表上某一关键项目的金额当作100%，计算出其他项目对关键项目的百分比，以显示出各个项目的相对地位，然后把连续若干按相对数编制的财务报表合并为比较财务报表，以反映各个项目结构上的变化。

（五）比率分析法

延伸阅读

比率分析法简单举例

比率分析法是研究财务报表内两个或两个以上项目之间关系的分析方法，它用相对数来表示，因而又称为财务比率。该比率指标可以揭示企业的财务状况及经营成果。财务比率的种类较多，概括起来主要有：反映偿债能力的比率、反映营运能力的比率和反映获利能力的比率。

理论只有联系实际，才能从实际出发，指导实践。切实把握现实的、具体的、生动的社会发展资料，是理论联系实际的基础。分析研究社会问题，进而把握事物发展变化的本质及规律，正确地指导实践，是理论联系实际的目的。

同学们在进行财务报表分析时，不仅要学习财务分析方法，还必须结合目前的经济与技术发展情况，以及社会经济现状与发展趋向等相关情况加以综合分析，才能对企业生产经营情况作出正确的判断，从而提高利用效率。

自测题 11-1

第二节　资产负债表分析

在所有财务报表中，资产负债表是最为复杂、内涵信息也最为丰富的一张报表。企业正常运行的资金不仅要有合理的来源，还要有合理的构成。如果企业资金来源及其构成比较混乱，那么就会伴随着各种风险损失。一般来讲，资产、负债、所有者权益三者之间存在着合理的比例关系，企业财务结构是否合理一般通过这些比例可以反映出来。

下面以新世纪有限责任公司2×20年12月31日的资产负债表（见表11-2）为例，分析该公司的基本财务结构，并对其要素作进一步分析。

表11-2　资产负债表　会企01表

编制单位：新世纪有限责任公司　2×20年12月31日　单位：元

资产	期末余额	上年年末余额	负债和所有者权益（或股东权益）	期末余额	上年年末余额
流动资产：			流动负债：		
货币资金	209 409 076.41	262 015 644.70	短期借款	20 000 000.00	20 000 000.00
交易性金融资产	0.00	0.00	交易性金融负债		
应收票据	0	0	应付票据	0	0
应收账款	148 744 488.57	136 404 662.15	应付账款	252 941 593.32	161 763 956.83
预付款项	40 041 961.04	38 427 486.65	预收款项	0	0
其他应收款	1 119 602.84	450 813.16	应付职工薪酬	7 563 338.26	6 404 637.47
存货	332 652 679.34	240 805 631.09	应交税费	1 745 160.76	5 160 705.97
持有待售资产	0.00	0.00	其他应付款	38 776 360.17	50 286 017.20
一年内到期的非流动资产	0.00	0.00	持有待售负债	0.00	0.00
其他流动资产			一年内到期的非流动负债	0.00	0.00
流动资产合计	731 967 808.20	678 104 237.75	其他流动负债	0.00	0.00
非流动资产：			流动负债合计	321 026 452.51	243 615 317.47
可供出售金融资产	0.00	0.00	非流动负债：		
持有至到期投资	0.00	0.00	预计负债	0.00	0.00
长期应收款	0.00	0.00	递延所得税负债	0.00	0.00
长期股权投资	2 173 083.12	0.00	其他非流动负债		
投资性房地产	0.00	0.00	非流动负债合计	25 000 000.00	10 000 000.00
固定资产	287 481 972.40	195 332 408.33	负债合计	346 026 452.51	253 615 317.47
在建工程	45 908 199.16	49 292 748.00	所有者权益（或股东权益）：		
生产性生物资产	0.00	0.00	实收资本（或股本）	240 000 000.00	150 000 000.00
油气资产	0.00	0.00	资本公积	382 241 084.70	442 241 084.70
无形资产	831 966.60	741 206.64	盈余公积	39 803 234.57	27 683 431.09
长期待摊费用	8 117 723.67	0.00	未分配利润	68 409 981.37	49 930 767.46
递延所得税资产	0.00	0.00	所有者权益（或股东权益）合计	730 454 300.64	669 855 283.25
其他非流动资产	0.00	0.00			
非流动资产合计	344 512 944.95	245 366 362.97			
资产总计	1 076 480 753.15	923 470 600.72	负债和所有者权益（或股东权益）总计	1 076 480 753.15	923 470 600.72

根据新世纪有限责任公司两年来资产负债表的结构进行分析，从理论上说，可以初步判断该公司属于稳健型的财务结构。相对而言，虽然该公司的流动资产比例2×20年比2×19年小幅下降了5.43%，但总体来说，两年来流动资产比例均超过了60%，保持在较高的水平，表明该公司拥有充足的流动资产可以偿债；同时，虽然股东权益比例2×20年比2×19年小幅下降了4.68%，但两年来也一直维持较高的比重，说明该公司的自有资金比较充裕，其负债成本相对较低，财务风险也较低。同时也应注意，从某种程度上说，这种稳健型的结构可能也会降低企业的盈利水平。不过，需要说明的是，资产负债表的基本结构分析只是一种大致的推断。从实务分析的角度来看，报表各个项目的内部构成其实是非常复杂的，如果不通过详细分析而盲目下结论，往往会被一些表象所迷惑，所以尚需对各个要素作进一步分析。

一、资产项目结构百分比分析

以新世纪有限责任公司为例，首先对该公司资产项目结构百分比进行分析，见表11-3。

表11-3 各项资产比重及差异

项　目	2×19年比重（%）	2×20年比重（%）	差异（%）
流动资产	73.43	68.00	-5.43
长期股权投资	0	0.20	0.20
固定资产（含在建工程）	26.49	30.97	4.48
无形资产	0.08	0.08	0
长期待摊费用	0	0.75	0.75

表11-3表明，在该公司的全部资产中，除了流动资产所占总资产的比重下降了5.43%外，其余的资产项目基本上呈现出不同程度的增长。固定资产（含在建工程，下同）增长的幅度较大，占总资产的比重从2×19年的26.49%增长到2×20年的30.97%，增长了4.48%。根据资产负债表的项目分析，固定资产增加的原因可能包括公司新购置或新建了固定资产和以前年度的在建工程项目本期完工转入等方面。这种性质的增加说明公司的固定资产投资能力有所增强，对于提高企业的生产能力是有好处的。另外，从固定资产占总资产的比重来看，其构成比率较高（30.97%）有利于增加公司的获利能力。但另一方面，在其他因素不变的情况下，由于固定资产的变现能力较差，固定资产比重的增加可能不利于企业充分调度资金，造成资金循环缓慢，现金流转受阻，因而增加了财务风险。

二、流动资产项目结构百分比分析

要明确流动资产占比下降的原因，有必要进一步分析流动资产各个因素占总资产的比重以及其增减变动情况（见表11-4）。表11-4表明，在新世纪有限责任公司的流动资产中，除了存货有一定的增幅外，货币资金、应收账款、预付款项普遍下降（其他应收款等项目由于数额过小，在此忽略不计），说明企业采取了一定的信用措施，尽量减少或避免发生坏账的可能性。尤其货币资金的下降幅度之大，可能会造成公司临时货币资金短缺，短期偿债能力也会有所减弱。至于货币资金急剧减少的原因，可以进一步分析该公司的现金流量表。经查实该公司2×20年现金流量表得知，该公司的现金及现金等价物净增加额为-52 606 568元，其现金主要用于购买商品、购置固定资产、进行权益性投资、偿还债务和分配股利等。

表 11-4 流动资产比重及差异

项　目	2×19年比重（%）	2×20年比重（%）	差异（%）
货币资金	28.37	19.45	-8.92
应收账款	14.77	13.82	-0.95
预付款项	4.16	3.72	-0.44
存货	26.08	30.9	4.82

三、权益项目结构百分比分析

与资产项目相类似，资产负债表权益方也是极为重要的。资产负债表权益结构，尤其是非流动负债与股权资本的结构，直接决定着企业财务风险的大小，见表11-5。

表 11-5 权益项目的比重及差异

项　目	2×19年比重（%）	2×20年比重（%）	差异（%）
短期借款	2.2	1.86	-0.34
应付账款	17.52	23.5	5.98
应付职工薪酬	0.69	0.7	0.01
其他应付款	5.45	3.6	-1.85
应交税费	0.56	0.16	-0.4
非流动负债	1.1	2.3	1.2
实收资本（或股本）	16.23	22.3	6.07
资本公积	47.88	35.5	-12.38
盈余公积	2.99	3.7	0.71
未分配利润	5.41	6.4	0.99

分析新世纪有限责任公司2×19年和2×20年资产负债表中权益项目的结构，我们可以得到如下信息：

1.2×20年与2×19年相比，流动负债呈增长趋势，增长额约为7 741万元，增长率为31.78%，占权益比重从2×19年的26.38%增长到2×20年的29.82%，除了短期借款、其他应付款和应交税费项目下降以外，其他的流动负债项目均出现上升趋势，其中增长幅度较大的是应付账款项目，这说明公司2×20年流动负债的压力比2×19年有所增加，公司应注意能否及时筹措到足够的资金来偿还即将到期的流动负债。

2. 该公司的非流动负债2×20年比2×19年增长了1 500万元，占权益比重从2×19年的1.1%增长到2×20年的2.3%，一方面说明公司的财务杠杆的作用正在增强，另一方面说明公司的非流动负债负担有所加重，资金成本也有所提高。但从总体来看，由于非流动负债占权益比重很小，所以公司长期偿债风险很小。

3. 由于公司调整了权益结构，致使2×20年比2×19年所有者权益占权益的比重有所下降，但所有者权益绝对额却有所增加，除了资本公积项目降低了6 000万元，占权益比重降低了12.38%，其余的股东权益项目均呈现出不同程度的增长，尤其是实收资本增幅达60%，占权益总额的比重增长了6.07%，盈余公积和未分配利润增幅也分别达到43.78%和37.01%。公司的增资扩股可能有一部分来源于资本公积的转增，有一部分来源于配股募集。从总体上看，该公司的自有资本还是很雄厚的。

需要进一步补充说明的是，如果公司资产负债表的结构出现所有者权益为零的情况，从理论上说，可以初步判断为公司处于高度风险状态。因为所有者权益的多少说明了企业规模的大小及实力的雄厚状况。企业如果没有自有资金，就意味着必须全部通过借款来筹措所需要的资金。在这种情况下，一旦市场萧条、银根紧缩，资金周转就会陷入困境，最终将会导致财务危机的发生。如果公司资产负债表的结构出现所有者权益为负值的情况，从理论上说，可以初步判断公司面临即将破产的状态。在此种情形下，企业发生的亏损已经将一部分资本吃掉了，企业已经资不抵债。所有者权益已形成负值，已不具备经营条件。所以，与这类企业发生业务往来必须慎之又慎，应现钱交易，否则难以收回货款。

自测题 11-2

第三节 利润表分析

利润表分析是财务报表分析的另一个重要部分。通过利润表盈利结构分析，可以比较全面地了解企业的盈利状况、盈利水平、盈利的持续性和盈利的稳定性。

根据利润表可能具有的四种盈利结构的情况，进行利润构成的一般性分析，见表11-6。

表11-6 利润表四种盈利结构

结构 项目	1	2	3	4
营业利润	+	+	−	−
利润总额	+	−	+	−

在第1种情况下，营业利润和利润总额均呈现盈利状态，这是一种比较理想的状态。一般而言，如果企业的盈利结构经常处于这种状态，那么企业的财务状况和经营成果是稳定和持续的。

在第2种情况下，营业利润处于盈利状态，而利润总额则呈现亏损状态，这说明企业亏损总额的发生主要源于非营业性支出与损失，比如营业外支出过大，以至于公司的营业利润不足以抵补。不过，非营业性支出与损失一般不具有长期性和稳定性，所以它形成的亏损也不会持续。

在第3种情况下，营业利润处于亏损状态，而利润总额呈现盈利状态，表面上看企业在总体上仍然盈利，但已潜伏着一些风险。如果营业利润发生亏损，而仅仅依靠营业外收入将很难维持，非营业性利润是非常不稳定的，一旦这类收益减少，企业就立即面临生存危机。

在第4种情况下，营业利润和利润总额均呈现亏损状态，说明企业的财务状况非常严峻，尽管有可能存在非营业性收益，但已经是微不足道的，从根本上不能弥补企业的总体亏损，在这种情况下，企业如果不能及时调整经营战略，很可能会资不抵债，最后必然陷入破产的境地。

下面以新世纪有限责任公司2×19年和2×20年度利润表为例，分析该公司的基本盈利结构，并对其要素作进一步分析（见表11-7）。

表11-7　　利润表　　会企02表

编制单位：新世纪有限责任公司　　2×20年度　　金额单位：元

项　目	本期金额	上期金额
一、营业收入	538 163 454.86	323 400 755.91
减：营业成本	447 824 402.52	250 274 776.66
税金及附加		
销售费用	5 589 605.64	1 910 063.05
管理费用	30 825 262.92	23 848 936.07
研发费用		
财务费用	-4 507 262.44	-1 313 145.74
其中：利息费用		
利息收入		
资产减值损失		
加：投资收益（损失以“-”号填列）		2 050 000.00
公允价值变动收益（损失以“-”号填列）		
二、营业利润（亏损以“-”号填列）	58 431 446.22	50 730 125.87
加：营业外收入	8 246 474.74	14 313 615.85
减：营业外支出	674 299.86	445 442.40
三、利润总额（亏损总额以“-”号填列）	66 003 621.10	64 598 299.32
减：所得税费用	5 404 603.71	10 080 111.47
四、净利润（净亏损以“-”号填列）	60 599 017.39	54 518 187.85
五、其他综合收益的税后净额		
六、综合收益总额		
七、每股收益		
（一）基本每股收益		
（二）稀释每股收益		

初步看，该公司各部分都是盈利的，应属于比较好的状态。但如果从总量上进一步分析，就会发现，其实利润表的各个构成部分对于企业利润增长和未来经营成果的贡献并非都是一样的，因此需要对具体项目进行分析，才能得出有利用价值的信息。

一、净利润分析

净利润是指企业所有者最终取得的财务成果。新世纪有限责任公司2×20年实现的净利润为6 059.9万元，比上年增加了608.08万元，增长率为11.15%。公司净利润的增长幅度大于利润总额的增长幅度，是由所得税比上年降低了46.38%所致。

二、利润总额分析

利润总额可以揭示企业当期盈利总规模，它不仅反映企业的营业利润，而且反映营业外收支情况等。比较2×20年和2×19年的营业利润和利润总额项目，可以看出，新世纪有限责任公司营业利润增加了770.13万元，增长率为15.18%；而利润总额只增加了140.53万元，增长率仅为2.18%。显然，营业利润与利润总额并没有同步增长，这说明可能在营业外收支项目上出现了问题，应该对营业外支出的明细项目作进一步详细分析。

值得说明的是，营业外收入属于企业的非营业性收益，其增加会直接影响企业利润总额的形成，并提高企业的价值，有利于企业的未来发展，然而它毕竟不是企业持续经营活动的收益，所以在对财务报表进行分析时，如果将这部分收益从利润总额中剔除，将有利于分析评价企业利润来源的稳定性。

三、营业利润分析

一般而言，企业的经营活动应该是企业利润总额的主要来源，营业利润在利润总额中所占的比重越大，说明该企业利润来源越稳定、越持久；反之，则说明企业的经营风险加大。如前所述，新世纪有限责任公司营业利润2×20年比2×19年增长了15.18%，其营业利润的增长可能主要归功于营业收入的增长和利息收入的增长。

销售费用和管理费用的大幅增长可能也影响了营业利润的提高。新世纪有限责任公司2×20年的销售费用和管理费用均比2×19年有较大幅度的增长，增长金额分别为367.95万元和697.63万元，增长率分别为192.64%和29.25%，至于销售费用和管理费用开支的明细项目，还需要作进一步分析。值得注意的是，在对期间费用进行分析时，一方面要注意其增减变化是否受到企业会计政策的影响；另一方面也要警惕企业是否为了避税而片面地提高三项费用。

自测题11-3

第四节　现金流量表分析

现金流量表分析是进行企业财务报表分析和投资价值判断的重要一环。如前所述，现金流量表中的现金流量主要由经营活动现金流量、投资活动现金流量和筹资活动现金流量构成。

根据现金流量表可能具有的八种现金流量结构进行初步分析，见表11-8。

表11-8　八种现金流量结构

结构 三种活动	1	2	3	4	5	6	7	8
经营活动	+	+	+	+	−	−	−	−
投资活动	+	+	−	−	+	+	−	−
筹资活动	+	−	+	−	+	−	+	−

在第1种情况下，各种活动现金净流量均为正值，最终为现金流量净增加，说明企业的经营状况、投资收益状况和融资状况均处于良好的状态，但此时应该积极寻求新的投资机会，否则会造成资金的浪费。

在第2种情况下，经营活动和投资活动现金净流量均为正值，表明这两项活动产生了现金流量净增加，虽然筹资活动可能进入了偿还期，但财务状况仍比较安全。

在第3种情况下，经营活动和筹资活动现金净流量均为正值，投资活动现金净流量为负值，表明企业可能正处于扩大再生产时期，可能通过各种筹资进行再投资，但应注意分析各项投资的回报率。

在第4种情况下，经营活动现金净流量为正值，而投资活动和筹资活动的现金净流量均为负值。这种情况表明，虽然企业的经营状况良好，但可能一方面继续投资，一方面偿还债务，此时企业应该密切关注经营状况的变化，防止因经营失策而导致财务状况的急剧恶化。

在第5种情况下，经营活动现金净流量为负值，而投资活动和筹资活动的现金净流量均为正值。在这种情况下，如果是处于成长期的企业，可能由于人力、物力、财力的利用率相对较低，或者投入大量的资金开拓市场，而使这一时期的经营活动现金流量出现了净减少；但如果是依靠筹资活动来维持经营活动需要的企业，尽管它可能收回投资，但此时企业的财务状况已不容乐观。

在第6种情况下，经营活动和筹资活动现金净流量均为负值，而投资活动的现金净流量为正值。这种情况表明，企业面临着偿债的压力，经营活动也不稳定，企业也可能因为市场饱和，销售量下降，将大幅度地收回投资，此时企业可能处于衰退时期。

在第7种情况下，经营活动和投资活动现金净流量均为负值，而筹资活动现金净流量为正值。这种情况表明，企业完全依靠筹资来维持经营活动和进行投资活动，资金成本增加，可能面临着较大的财务风险。

在第8种情况下，经营活动、投资活动和筹资活动现金净流量均为负值，此种情况表明，企业的财务状况已发出了危险的信号。

值得说明的是，无论出现上述哪种结果，都不能轻易地论断，需要与本企业所处的发展时期和发展战略相联系，才能得出相应的结论。以新世纪有限责任公司现金流量表（见表11-9）为例，可以对其进行初步的分析。新世纪有限责任公司

2×19年经营活动和投资活动现金净流量分别为-1 121.33万元和-11 024.44万元，筹资活动的现金净流量为1 998.26万元，这种情况说明新世纪有限责任公司基本上是依靠借款来维持经营活动，虽然经营活动现金流出大于流入，但企业依然进行投资活动和购建固定资产或无形资产等，说明公司采用了以扩张为目标的经营战略；2×20年其经营活动现金净流量为2 348.23万元，投资活动和筹资活动现金净流量分别为-7 527.7万元和-94.05万元，这种情况说明，企业的经营状况转好，但可能一方面继续购建固定资产，一方面偿还债务或分配股利，此时，企业可能还是处于发展扩张时期，但企业的负担也随之加重。以上只是一种初步的推断，如果要对新世纪有限责任公司的现金流量质量的好坏得出结论，尚需要对三项活动现金流量的具体来源和流向进行详细的比较分析。

一、经营活动现金流量分析

阅读现金流量表，最关键的是看经营活动的现金净流量，因为它所带来的现金流量是企业价值提高的源泉，也是投资者财富增加的源头。也就是说，经营活动现金流量的大小反映了企业自身获得现金的能力。一般而言，企业经营活动产生的现金净流量为正数，并且经营活动的现金流量占全部现金流量的比重越大，说明企业的财务状况越趋向稳定，企业的营销状况就越好，成本控制水平也就越高。相反，经营活动产生的现金净流量长期为负数，或者现金流量变化无常，则说明该企业的财务状况或者偿债能力出现了问题，应当引起足够的重视。新世纪有限责任公司一举将2×20年经营活动现金净流量扭负为正，这主要是由于销售商品、提供劳务收到的现金比上年增加了34 372.97万元，说明公司的资金周转率有了较大的提高，营销状况也呈现出良好的状态，同时收到的税费返还也比上年增加了227.98万元。经营活动现金流出的各个项目虽然也比上年有一定幅度的增加（增长率为130.6%），但最终还是小于现金流入的增长幅度（增长率为152.5%）。

二、投资活动现金流量分析

投资活动所产生的现金流量在很大程度上具有可控性。投资活动现金流量情况不仅反映了企业投资规模的扩张和收缩情况，也反映了投资活动中对内投资和对外投资的关系。通常，投资活动中对内投资的现金净流出量大幅度提高，往往意味着该企业面临着一个新的发展机遇，即将步入快速增长阶段。

新世纪有限责任公司投资活动现金净流量连续两年均为负数，但2×20年比2×19年的现金流量有所增加。2×19年投资活动现金净流量减少主要是由大量购置固定资产和进行权益性投资所引起的，现金流出高达1.64亿元，2×20年没有取得投资收益，但处置了少量的固定资产，取得现金49.50万元。公司2×20年没有继续进行权益性或债权性投资，但继续购建固定资产或无形资产支出达7 577.20万元，从这一点上看，公司连续进行大幅度的对内投资，可能意味着公司正处于扩张时期。但企业也应该时时关注对外投资的报酬与风险，注意资金的安全性，及时回笼资金。

表 11-9 **现金流量表** 会企 03 表

编制单位：新世纪有限责任公司 2×20 年度 金额单位：元

项　　目	本期金额	上期金额
一、经营活动产生的现金流量		
销售商品、提供劳务收到的现金	562 842 812.11	219 113 133.60
收到的税费返还	3 457 163.58	1 177 346.11
收到其他与经营活动有关的现金	1 784 054.35	4 654 674.36
经营活动现金流入小计	568 084 030.04	224 945 154.07
购买商品、接受劳务支付的现金	471 510 520.52	198 918 722.18
支付给职工以及为职工支付的现金	57 395 759.83	33 330 036.62
支付的各项税费	9 040 395.03	1 759 008.22
支付其他与经营活动有关的现金	6 655 038.03	2 150 694.01
经营活动现金流出小计	544 601 713.41	236 158 461.03
经营活动产生的现金流量净额	23 482 316.63	−11 213 306.96
二、投资活动产生的现金流量		
收回投资收到的现金	0.00	50 000 000.00
取得投资收益收到的现金	0.00	2 050 000.00
处置固定资产、无形资产和其他长期资产收回的现金净额	494 985.56	2 179 546.22
处置子公司及其他营业单位收到的现金净额	0.00	0.00
收到其他与投资活动有关的现金	0.00	0.00
投资活动现金流入小计	494 985.56	54 229 546.22
购建固定资产、无形资产和其他长期资产支付的现金	75 772 001.63	114 473 930.28
投资支付的现金	0.00	50 000 000.00
取得子公司及其他营业单位支付的现金净额	0.00	0.00
支付其他与投资活动有关的现金	0.00	0.00
投资活动现金流出小计	75 772 001.63	164 473 930.28
投资活动产生的现金流量净额	−75 277 016.07	−110 244 384.06
三、筹资活动产生的现金流量		
吸收投资收到的现金	0.00	0.00
取得借款收到的现金	20 000 000.00	20 000 000.00
收到其他与筹资活动有关的现金	15 000 000.00	0.00
筹资活动现金流入小计	35 000 000.00	20 000 000.00
偿还债务支付的现金	20 000 000.00	0.00
支付股利、利润或偿付利息支付的现金	15 334 750.00	0.00
支付其他与筹资活动有关的现金	605 776.96	17 415.00
筹资活动现金流出小计	35 940 526.96	17 415.00
筹资活动产生的现金流量净额	−940 526.96	19 982 585.00
四、汇率变动对现金及现金等价物的影响	128 658.11	0.00
五、现金及现金等价物净增加额	−52 606 568.29	−101 475 106.02

三、筹资活动现金流量分析

筹资活动现金净流入量大幅度增加，说明公司以扩大投资和经营活动为目标，需要从外部大量筹集资金；如果筹资活动的现金净流出量大幅度增加，则说明公司规模正在收缩。

新世纪有限责任公司筹资活动现金流入量2×20年略高于2×19年，主要是增加了其他与筹资活动有关的现金1 500万元，而筹资活动现金流出量2×20年也比2×19年多出3 592.31万元，其主要是用于偿还债务和分配股利，这说明公司认为经营较为正常，且有足够的能力偿还债务，并分配现金股利以回报广大投资者。

自测题11-4

第五节　总体分析

如前所述，进行财务报表的一般性分析只是一种逻辑上的推测，如果要全面、系统地评估企业的财务状况和经营成果，尚需要结合一些其他的分析方法，比如利用财务报表中相关指标计算各种比率，来反映它们之间的相互关系，从而可以综合地评价企业的偿债能力、营运能力和盈利能力。

一、公司偿债能力分析

分析公司的偿债能力，主要是通过资产负债表中的流动资产与流动负债之间的关系、速动资产与流动负债之间的关系、总负债与总资产之间的关系和总负债与所有者权益之间的关系来测算公司的短期和长期偿债能力。

（一）流动比率

流动比率是指企业流动资产与流动负债的比率，其计算公式为：

$$\text{流动比率}=\frac{\text{流动资产}}{\text{流动负债}}$$

流动比率是衡量短期偿债能力的最常用的指标。通常而言，流动比率越高，说明资产的流动性越大，短期偿债能力越强。不过，过高的流动比率也许是存货超储积压、存在大量应收账款的结果。此外，较高的流动比率也可能反映了企业拥有过分充裕的现金，且不能将这部分多余的现金充分、有效地利用的现象。

以新世纪有限责任公司为例，计算该公司2×19年和2×20年的流动比率：

2×19年流动比率=678 104 237.75÷243 615 317.47=2.78

2×20年流动比率=731 967 808.20÷321 026 452.51=2.28

从计算结果来看，新世纪有限责任公司近两年的流动比率一直保持在2以上，比较合适，从表面上看短期偿债能力没有问题，但通过我们在前面的分析得知，该公司流动资产项目中增幅最大的是存货项目，而货币资金则出现较大幅度的下降，存货的变现能力相对较差，因此该公司的短期偿债能力还是值得怀疑的，应该对照该公司的速动比率和现金比率进行综合评析。

需要注意的是，在使用财务比率时，一方面，必须注意财务报表的数据是否经过人为的“乔装打扮”。例如，有的企业赶在编制报表日前将借款还掉，下年初再设法借入，以掩饰其偿债能力。在这种情况下，企业的流动比率所揭示的信息就缺乏真实性。另一方面，还应注意分析会计期末前后一段时间的变化情况，并分析该企业的流动比率在同行业的水平，或与其他企业进行横向和纵向比较，以判断趋势。比如，A公司的流动比率为2.00，B公司的为1.80，如果只比较这一项，A公司的短期偿债能力胜过B公司。再分析一下A、B两个公司过去流动比率的动向，A公司从5年前的2.50降到2.00，B公司则逐年改善从1.30达到1.80。只从现在的数字看，A公司是好的，不过从发展前景来看，B公司要优胜数倍，B公司由于年年努力经营，财务状况明显改善，从这种倾向来看，B公司为优胜者。所以，报表分析的手法不只是计算比率，根据计算分析的数据进行相关判断也是很有必要的。

（二）速动比率

速动比率又称酸性试验比率，是指速动资产同流动负债的比率，它反映企业短期内可变现资产偿还短期内到期债务的能力。速动比率是对流动比率的补充。其计算公式如下：

$$速动比率=\frac{速动资产}{流动负债}$$

速动资产包括货币资金、交易性金融资产和应收账款等项目，这些都属于能尽快换成现金的流动资产，通常以流动资产减去存货的数额作为速动资产的数额。速动比率在衡量拥有流动性较差的存货或存货数量较大的公司的资产流动性时尤为有用。

以新世纪有限责任公司为例，计算该公司2×19年和2×20年的速动比率：

2×19年速动比率=（678 104 237.75−240 805 631.09）÷243 615 317.47=1.80

2×20年速动比率=（731 967 808.20−332 652 679.34）÷321 026 452.51=1.24

该公司2×20年比2×19年的速动比率有所下降，虽然也处于较为正常的水平，但由于货币资金的减少，各种应收款项收现率又难以确定，因此，还是给公司带来了短期偿债的压力。

（三）现金比率

现金比率是指企业货币资金与流动负债的比率。其计算公式为：

$$现金比率=\frac{货币资金}{流动负债}$$

以新世纪有限责任公司为例，计算该公司2×19年和2×20年的现金比率：

2×19年现金比率=262 015 644.70÷243 615 317.47=1.08

2×20年现金比率=209 409 076.41÷321 026 452.51=0.65

该公司的现金比率在2×20年出现了下滑走势，说明2×20年较之2×19年在短期偿债能力上确实有所下降，并且该公司的短期偿债能力在同期同行业中也处于中游，值得信息使用者关注。

（四）资产负债率

资产负债率，也叫负债比率、举债经营比率。它是指负债总额对全部资产总额之比，用来衡量企业利用债权人提供资金进行经营活动的能力，反映债权人发放贷款的安全程度。其计算公式为：

$$资产负债率=\frac{负债总额}{资产总额}\times100\%$$

资产负债率是衡量债权人权益安全性的指标，它将总负债表达为总资产的一定比例，即等于总负债除以总资产。

资产负债率不是衡量短期资产流动性的指标，而是衡量债权人长期信用风险的指标。借款金额占总资产的比重越小，企业不能偿还到期债务的风险也就越小。从债权人的观点来看，资产负债率越低，他们的资金就越安全。大多数财务结构合理的公司一般将资产负债率维持在50%以下。不过，需要重申的是，财务分析人员应结合行业特点作出具体分析，如银行业的资产负债率一般较高，常常超过90%。

以新世纪有限责任公司为例，计算该公司2×19年和2×20年的资产负债率：

2×19年资产负债率=253 615 317.47÷923 470 600.72×100%=27.46%

2×20年资产负债率=346 026 452.51÷1 076 480 753.15×100%=32.14%

从计算结果可见，该公司资产负债率2×20年年末较年初有所提高，一方面，说明该公司的长期偿债能力有所下降；另一方面，公司的负债比重只占总资产的1/3左右，说明企业的负债并不高，企业在某些方面可能还没有很好地利用负债杠杆增加企业的收益。

（五）产权比率

产权比率也叫负债对所有者权益的比率，这一比率是衡量企业长期偿债能力的指标之一。其计算公式为：

$$产权比率=\frac{负债总额}{所有者权益总额}\times100\%$$

产权比率是用来表明由债权人提供的和由投资者提供的资金来源的相对关系，反映企业基本财务结构的稳定性。一般来说，所有者提供的资本大于借入资本为好，但也不能一概而论。该指标同时表明了债权人投入的资本受到所有者权益保障的程度，或者说是企业清算时对债权人利益的保障程度。

以新世纪有限责任公司为例，计算该公司2×19年和2×20年的产权比率：

2×19年产权比率=253 615 317.47÷669 855 283.25×100%=37.86%

2×20年产权比率=346 026 452.51÷730 454 300.64×100%=47.37%

计算结果表明，该公司产权比率2×20年末较年初上升了接近10个百分点，债权人投入的资金受到所有者权益保障的程度降低了近10个百分点，这对债权人来说并不是十分有利的。

二、公司营运能力分析

分析公司的营运能力，主要是通过资产负债表中的应收账款或存货与利润表中的营业收入或营业成本之间的关系来测算资产的基本运转能力。

（一）应收账款周转率

应收账款周转率是反映应收账款周转速度的比率，有两种表示方法：

1.应收账款周转次数，其计算公式为：

$$应收账款周转次数=\frac{营业收入}{应收账款平均余额}$$

2.应收账款周转天数，其计算公式为：

$$应收账款周转天数=\frac{360}{应收账款周转次数}$$

应收账款周转率是反映企业资产流动情况的一项指标。如果企业赊销条件严格，则应收账款周转次数会增加，周转天数会减少，还可以减少坏账损失，但也可能会丧失销售商品的机会，减少销售收入；反之，如果放宽企业赊销条件，则有利于扩大商品销售，增加销售收入，但应收账款周转速度会减慢，更多的营运资金会被占用在应收账款上，还可能增加坏账损失。看来，衡量应收账款周转率的标准是企业的信用政策，分析人员可以将计算出的指标与该企业前期指标、行业平均水平相比较，判断该指标的高低。

以新世纪有限责任公司为例，假如新世纪有限责任公司2×18年、2×19年和2×20年应收账款余额分别为69 602 700元、136 404 662.15元和148 744 488.57元，根据利润表中提供的营业收入数据，计算该公司2×19年和2×20年的应收账款周转率：

2×19年应收账款周转率=323 400 755.91÷［（69 602 700+136 404 662.15）÷2］=3.14（次）

2×20年应收账款周转率=538 163 454.86÷［（136 404 662.15+148 744 488.57）÷2］
=3.77（次）

计算结果表明，新世纪有限责任公司的应收账款周转率出现了上升，即由3.14次上升到3.77次，相应地周转天数也缩短了，由115天（360÷3.14）下降到95天（360÷3.77），说明企业加强了应收账款的回收工作，并略见成效，但是公司还需要进一步提高资金使用效率。

（二）存货周转率

存货周转率是反映存货周转速度的比率，有两种表示方法：

1.存货周转次数，反映年度内存货平均周转的次数，其计算公式为：

$$存货周转次数=\frac{营业成本}{存货平均余额}$$

2.存货周转天数，其计算公式为：

$$存货周转天数=\frac{360}{存货周转次数}$$

存货周转率是反映企业存货流动情况的一项指标。存货周转次数越多，周转天数越少，说明存货周转越快，企业实现利润会相应增加；反之，存货周转缓慢，企业实现利润会相应减少。分析人员可以将计算出的指标与该企业前期指标、行业平均水平相比较，判断该指标的高低。

以新世纪有限责任公司为例，假如新世纪有限责任公司2×18年、2×19年和2×20年年末存货余额分别为148 138 500元、240 805 631.09元和332 652 679.34元，根据利润表中提供的营业成本数据，计算该公司2×19年和2×20年的存货周转率：

2×19年存货周转率=250 274 776.66÷［（148 138 500+240 805 631.09）÷2］=1.29（次）

2×20年存货周转率=447 824 402.52÷［（240 805 631.09+332 652 679.34）÷2］=1.56（次）

计算结果表明，新世纪有限责任公司的存货周转率虽然有所提高，由1.29次上升到1.56次，并且相应地周转天数也缩短了，由279天（360÷1.29）缩短到231天（360÷1.56），但总体来说，存货周转速度仍然较慢，在同期同行业中排名靠后。究其原因，可能是生产任务量过大，材料储备增加。由此，公司应该充分重视存货的管理工作，尽量减少积压，提高存货的流动性和使用效率。

三、公司获利能力分析

分析公司的盈利能力，主要是通过利润表中的净利润与营业收入、实收资本以及所有者权益之间、普通股股利总额与普通股股份数之间、普通股每股市价与每股盈利之间的关系来测算公司获取利润的能力。

（一）营业利润率

营业利润率是企业净利润与营业收入净额的比率，其计算公式为：

$$营业利润率=\frac{净利润}{营业收入}\times 100\%$$

营业利润率是反映企业获利能力的一项重要指标，这项指标越高，说明企业从营业收入中获取利润的能力越强。影响该指标的因素有很多，比如，商品质量、成本、价格、销售数量、期间费用、税金等，分析时应结合这些具体指标的综合情况加以评价。

以新世纪有限责任公司为例，计算该公司2×19年、2×20年的营业利润率：

2×19年营业利润率=54 518 187.85÷323 400 755.91×100%=16.86%

2×20年营业利润率=60 599 017.39÷538 163 454.86×100%=11.26%

计算结果表明，该公司营业利润率2×20年比2×19年下降了5.6个百分点，说明公司从营业收入中获利的能力在下降。

（二）资本收益率

资本收益率是企业净利润与实收资本的比率，其计算公式为：

$$资本收益率=\frac{净利润}{实收资本}\times 100\%$$

资本收益率越高，说明企业的资本获利能力越强，对股份有限公司而言，意味着股票升值。影响这项指标的因素包括净利润和企业负债经营的规模。在不明显增加财务风险的条件下，负债经营规模的大小会直接影响该指标的高低，因此分析时应考虑周全。

以新世纪有限责任公司为例，计算该公司2×19年、2×20年的资本收益率：

2×19年资本收益率=54 518 187.85÷150 000 000.00×100%=36.35%

2×20年资本收益率=60 599 017.39÷240 000 000.00×100%=25.25%

计算结果表明，该公司2×20年资本收益率比2×19年下降的幅度较大，减少了11.1个百分点，公司应从多种渠道查找原因，及时采取有效措施进行改进。

（三）净资产收益率

净资产收益率反映的是所有者对企业投资部分的获利能力，也叫所有者权益报酬率。其计算公式为：

$$净资产收益率=\frac{净利润}{所有者权益平均余额}\times 100\%$$

净资产收益率越高，说明企业所有者权益获利能力越强。净资产收益率可能高于也可能低于总资产收益率，这取决于公司如何融资及其营业收入及费用的数量。遭受净损失的公司为其股东带来负的净资产收益率。对所有者而言，该项指标事关重大。习惯上，股东期望规模较大、财力雄厚的公司的权益投资平均年度收益率较高。年度净资产收益率达到较高的水平一般在那些有新产品或非常成功的产品的高速成长公司比较常见。在我国，该指标既是上市公司对外必须披露的信息内容之一，也是决定上市公司能否配股等再融资的重要依据。

以新世纪有限责任公司为例，计算该公司2×19年、2×20年的净资产收益率（假设2×18年末所有者权益为637 839 600元）：

2×19年净资产收益率=54 518 187.85÷［（637 839 600+669 855 283.25）÷2］×100%=8.34%

2×20年净资产收益率=60 599 017.39÷［（669 855 283.25+730 454 300.64）÷2］×100%=8.66%

计算结果表明，新世纪有限责任公司2×20年的净资产收益率比2×19年略有提高，说明公司所有者权益的获利能力基本维持原有的水平。

（四）每股收益

每股收益是股份制企业净利润与普通股股数的比率，其计算公式为：

$$每股收益=\frac{净利润}{普通股股数}$$

公司的所有权是由所持有的股数占股本总数的比例决定的。若某人持有100股某公司的股票，那么，净利润对此人意味着什么？为了有助于公司股票持有者搞清楚净利润同股权之间的关系，公司需要计算每股收益。从本质上说，每股收益就是每股净利润，只不过这是一种表达方式。

每股收益越高，说明企业的每股获利能力越强。影响这项指标的因素包括企业的获利能力和企业的股利发放政策。每股收益可能是所有财务比率中使用最广泛的比率。每股收益的变动趋势是对未来收益的预期，也是影响公司股票市值的主要因素。

假如C股份有限公司2×19年流通在外的普通股股数为150 000 000股，2×20年流通在外的普通股股数为240 000 000股，2×19年净利润为54 518 187.85元，2×20年净利润为60 599 017.39元。

其计算公式如下：

2×19年每股收益=54 518 187.85÷150 000 000=0.36（元）

2×20年每股收益=60 599 017.39÷240 000 000=0.25（元）

计算结果表明，该公司每股收益从2×19年的0.36元下降到2×20年的0.25元，说明公司每股获利能力在减弱，这种下降可能影响股票的价格，投资者应予以关注。

（五）市盈率

市盈率是普通股每股市价与每股盈利的比率，其计算公式为：

$$市盈率=\frac{普通股每股市价}{普通股每股净利润}$$

财务分析者用市盈率来表达公司股票市值与每股收益之间的关系。在公司经营亏损的情况下，市盈率无法计算。

从理论上说，该市盈率应表达为12∶1，但是实务上一般省略了“∶1”，就用前一个数字表述市盈率。许多报纸的财经版都转刊上市公司每天公布的市盈率数值。市盈率反映了投资者对公司未来经营情况的预期。预期越好，市盈率就越高。一般来讲，公司合理的股份定位为每股收益的12~15倍，如果投资者预测公司的每股收益增速较快，那么，投资者可能付出的股价将是每股收益的20倍、30倍，甚至更高。10倍或更低的市盈率反映了投资者对公司每股收益水平下降的预期，这样，股票的价值会被低估。同样，过高的市盈率预示着投资者认为公司的每股收益水平将上涨，同时也意味着股票价值被高估。

值得一提的是，如果每股收益下降到相当低的水平，股票价格并不随着每股收益水平的降低而跌到相当低的水平，也就是说，尽管公司投资者对公司盈利前景并不看好，每股收益相当低的公司也有可能市盈率较高，这种现象在我国的ST股票中较常见。

四、公司财务综合能力分析

利用各种能力的分析方法可以分析企业在偿债能力、资产管理水平、企业获利能力等方面的财务状况。但是，它们都不足以全面地评价企业的总体财务状况以及经营成果。为了弥补这一不足，必须有一种方法能够进行相互关联的分析，将有关的指标和报表结合起来，采用适当标准进行综合性的分析评价，既能全面体现企业整体财务状况，又能指出指标与指标之间和指标与报表之间的内在联系，杜邦分析法就是其中的一种。杜邦分析法是由美国杜邦公司最先采用的，故称杜邦分析法。这些财务比率之间的关系可以表示如下：

净资产收益率=净资产利润率×权益乘数

权益乘数=总资产平均余额÷所有者权益平均余额

净资产利润率=营业利润率×总资产周转率

营业利润率=净利润÷营业收入

总资产周转率=营业收入÷总资产平均余额

总资产平均余额=（期初总资产+期末总资产）÷2

所有者权益平均余额=（期初所有者权益+期末所有者权益）÷2

假设2×18年年末总资产为776 188 288元，2×18年年末所有者权益为637 839 600元。可以算出：

2×19年总资产平均余额=（776 188 288+923 470 601.72）÷2=849 829 444.86（元）

2×20年总资产平均余额=（923 470 601.72+1 076 480 753.15）÷2=999 975 677.075（元）

2×19年所有者权益平均余额=（637 839 600+669 855 283.25）÷2=653 847 441.625（元）

2×20年所有者权益平均余额=（669 855 283.25+730 454 300.64）÷2=700 154 791.945（元）

以新世纪有限责任公司为例，绘制该公司2×19年和2×20年的杜邦分析图，如图11-1和图11-2所示。

通过对指标的分解可以看出，新世纪有限责任公司2×20年净资产收益率比2×19年有小幅增长，其变动主要是资本结构（权益乘数）变动和资产利用效果（净资产利润率）变动两方面共同作用的结果，即净资产利润率下降了0.36个百分点，而权益乘数增加了0.13。

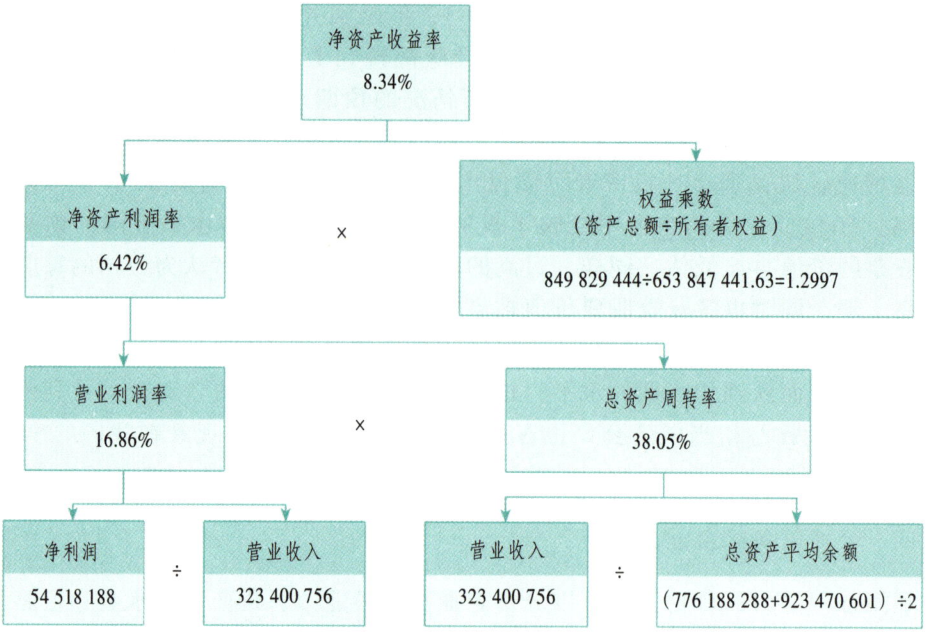

图 11-1　新世纪有限责任公司 2×19 年杜邦分析图

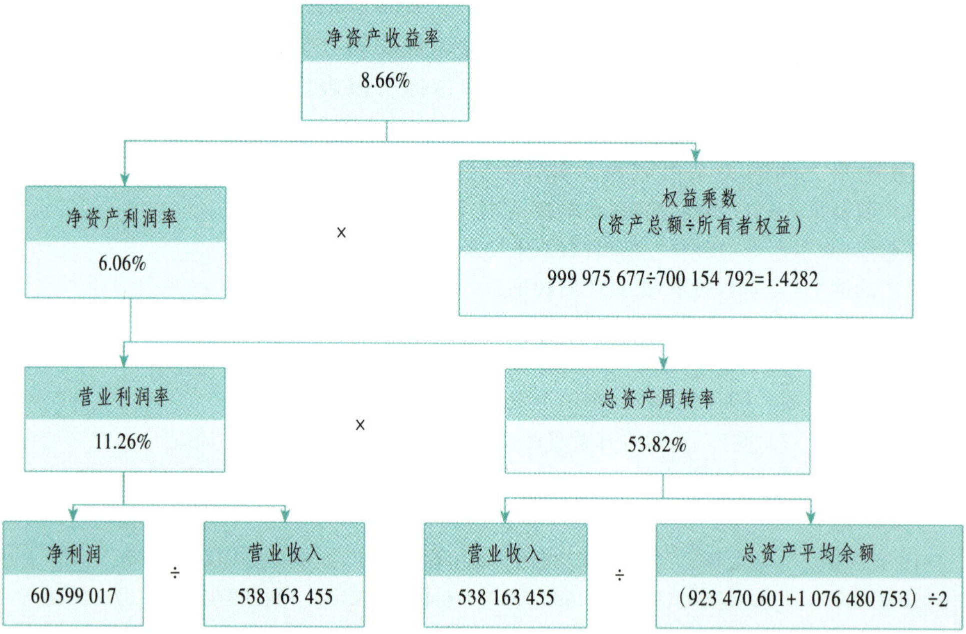

图 11-2　新世纪有限责任公司 2×20 年杜邦分析图

权益乘数反映了所有者权益与资产的关系，主要受资产负债率的影响。该指标越大，表示企业负债程度越高，偿还债务能力越差，财务风险越高。这个指标同时也反映了财务杠杆对利润水平的影响。新世纪有限责任公司权益乘数的上升，一方面表明了该公司具有一定的融资能力，如果在公司收益较好的年份，它可以使股东获得的潜在报酬增加，但股东要承担因负债增加而引起的风险；另一方面也说明了公司的偿债能力面临着压力，新世纪有限责任公司的经营者应审时度势，全面考虑，在制定借入资本决策时，必须充分估计预期的利润和增加的风险，在二者之间权衡，从而作出正确决策。

资产净利润率变动的原因主要来自于营业利润率和总资产周转率两个方面。因此，要进一步从销售成果和资产运营两方面来分析。

营业利润率反映了公司净利润与营业收入的关系，从这个意义上讲，提高营业利润率是提高企业盈利能力的关键所在。新世纪有限责任公司2×20年营业利润率比2×19年下降了5.6个百分点，主要原因在于：一是营业收入增长的百分比（66.4%）远远大于净利润增长的百分比（11.15%）；二是2×20年营业成本、管理费用和销售费用比2×19年有较大幅度的增长，因此降低成本费用是提高销售利润率的重要途径。

自测题 11-5

新世纪有限责任公司2×20年总资产周转率比2×19年有较大的提高，从38.05%增加到53.82%，总体来看，公司的资产使用比较合理，流动资产和非流动资产比率安排也较为恰当，说明该公司运用资产赚取利润的能力有所增强。

链接本章引导案例

本章小结

本章主要介绍了财务报表的分析程序和分析方法。财务报表分析就是以财务报表和其他相关资料为依据和起点，采用一系列专门方法和技术，对企业的基本财务状况、偿债能力、盈利能力和营运能力进行分析，为企业的投资者、债权人和管理当局等会计信息使用者了解过去、分析现状、预测未来进而作出正确决策而提供准确的会计信息的一种科学方法。

财务报表分析通常采用结构分析法、比较分析法、因素分析法、趋势分析法及比率分析法等方法。

一般来讲，资产、负债、所有者权益三者之间存在着合理的比例关系，企业财务结构是否合理一般通过这些比例进行反映。资产负债表分析项目有资产项目结构百分比的分析、流动资产项目结构百分比的分析、权益项目结构百分比的分析。

通过利润表盈利结构分析，可以比较全面地了解企业的盈利状况、盈利水平、盈利的持续性和盈利的稳定性。分析项目有净利润项目的分析、利润总额项目的分析、营业利润项目的分析。

现金流量表的分析是进行企业财务报表分析和投资价值判断中的重要一环。现金流量表中的现金流量主要由经营活动现金流量、投资活动现金流量和筹资活动现金流量构成。首先根据现金流量表可能具有的八种现金流量结构进行初步分析，然后尚需要对三项活动现金流量的具体来源和流向进行详细的比较分析。

利用财务报表中相关指标计算各种比率，来反映它们之间的相互关系，从而可以综合地评价企业的偿债能力、营运能力和盈利能力。

对于偿债能力的分析，主要是通过资产负债表中的流动资产与流动负债之间的关系、速动资产与流动负债之间的关系、总负债与总资产之间的关系和总负债与所有者权益之间的关系来测算公司的短期和长期偿债能力，常用的比率如下：

$$流动比率=\frac{流动资产}{流动负债}$$

$$速动比率=\frac{速动资产}{流动负债}$$

$$现金比率=\frac{现金}{流动负债}$$

$$资产负债率=\frac{负债总额}{资产总额}\times 100\%$$

$$产权比率=\frac{负债总额}{所有者权益总额}\times 100\%$$

分析公司的营运能力，主要是通过资产负债表中的应收账款或存货与利润表中的营业收入或营业成本之间的关系来测算资产的基本运转能力，常用的比率如下：

$$应收账款周转次数=\frac{营业收入}{应收账款平均余额}$$

$$应收账款周转天数=\frac{360}{应收账款周转次数}$$

$$存货周转次数=\frac{营业成本}{存货平均余额}$$

$$存货周转天数=\frac{360}{存货周转次数}$$

分析公司的盈利能力，主要是通过利润表中的净利润与营业收入、实收资本以及所有者权益之间的关系，普通股股利总额与普通股股份数之间、普通股每股市价与每股盈利之间的关系等来测算公司获取利润的能力，常用的比率如下：

$$营业利润率=\frac{营业利润}{营业收入}\times 100\%$$

$$资本收益率=\frac{净利润}{实收资本}\times 100\%$$

$$净资产收益率=\frac{净利润}{所有者权益平均余额}\times 100\%$$

$$每股收益=\frac{普通股股利总额}{普通股股份数}$$

$$市盈率=\frac{普通股每股市价}{普通股每股净利润}$$

全面地评价企业的总体财务状况以及经营成果，需要采用能够进行相互关联的分析，将有关的指标和报表结合起来，采用适当标准进行综合性的分析评价，既全面体现企业整体财务状况，又指出指标与指标之间和指标与报表之间的内在联系的方法。杜邦分析法就是其中的一种。杜邦分析法由美国杜邦公司最先采用，故称杜邦分析法。该方法中财务比率之间的关系可以表示如下：

$$净资产收益率=资产净利润率\times 权益乘数$$

$$权益乘数=\frac{资产总额}{所有者权益总额}$$

$$资产净利润率=营业净利润率\times 资产周转率$$

$$营业净利润率=\frac{净利润}{营业收入}$$

$$\text{资产周转率}=\frac{\text{营业收入}}{\text{资产平均余额}}$$

复习思考

1. 财务报表分析有什么作用？
2. 财务报表分析方法有哪些？
3. 反映短期偿债能力的财务指标有哪些？请评述。
4. 反映长期偿债能力的财务指标有哪些？请评述。
5. 反映营运能力的财务指标有哪些？请评述。
6. 反映盈利能力的财务指标有哪些？请评述。
7. 如何进行财务报表的一般性分析？应该掌握哪些基本方法和技巧？
8. 杜邦分析方法包括哪些基本指标？它们的关系如何？
9. 在杜邦分析方法中，净资产收益率与哪些因素有密切的关系？为什么？

课后作业